大型邮轮系列

Management Technology and Practice
of Logistics Integration and Distribution
for Large Cruise Ship Projects

大型邮轮工程
物流集配管理
技术与实践

陈 刚——主编

上海科学技术出版社

内 容 提 要

近年来，国家大力推动邮轮产业发展，提升造船工业国际竞争力，同时促进邮轮旅游消费市场发展。"爱达·魔都"号作为国产首艘大型邮轮，其建造过程复杂、物资数量巨大、供应链流程长，物流集配体系的高效运作对邮轮建造至关重要，因此船舶制造企业需构建多层级物流集配体系，结合物联网技术进行精细化管控，为物资仓储、配送和风险管理提供技术支持，实现物流集配全流程高效运作和精益化管控，适应供应链数字化管理发展需求。

本书分为三篇共 11 章，系统介绍大型邮轮建造物流集配管理模式及技术发展。管理篇宏观分析物流模式、特点和难点，构建适合国内的物流集配管理模式。技术篇探讨精益仓储和配送技术，如资源优化、物资编码识别、快速出入库、配送流程优化等。实践篇展示应用全流程，如到货计划、配送计划、精益仓储管理等。

本书面向的读者对象为船舶工业物流集配现代化建设的管理者、技术人员，旨在帮助读者掌握船舶工业物流集配的核心要素，从而优化物流流程，提升库存周转率，降低物流成本，并最终实现供应链整体效能的提升。

图书在版编目（CIP）数据

大型邮轮工程物流集配管理技术与实践 / 陈刚主编. -- 上海：上海科学技术出版社，2024.10
ISBN 978-7-5478-6453-1

Ⅰ. ①大… Ⅱ. ①陈… Ⅲ. ①旅游船－物流管理－研究 Ⅳ. ①U695.2

中国国家版本馆CIP数据核字(2023)第242294号

大型邮轮工程物流集配管理技术与实践
陈　刚　主编

上海世纪出版（集团）有限公司
上海科学技术出版社　出版、发行
（上海市闵行区号景路159弄A座9F-10F）
邮政编码 201101　www.sstp.cn
上海颛辉印刷厂有限公司印刷
开本 889×1194　1/16　印张 22.5
字数 500 千字
2024 年 10 月第 1 版　2024 年 10 月第 1 次印刷
ISBN 978 - 7 - 5478 - 6453 - 1/U · 146
定价：235.00 元

本书如有缺页、错装或坏损等严重质量问题，请向工厂联系调换

编写委员会

主任编委： 陈　刚

副主任编委： 杨连生　周　琦　刘建峰　孙向东　张学辉　袁　轶

参编人员： 徐　靖　郑贤勇　张　星　许璧雯　陈云清　苏　翔
　　　　　　　王　平　尹静波　王海燕　杨家其　李敬花

编著单位： 上海外高桥造船有限公司

前 言

近年来,国家高度重视邮轮产业的发展,有关部委相继出台了一系列政策予以引导和扶持,这些举措旨在推动我国邮轮产业全产业链的发展壮大,不断提升造船工业的国际竞争力的同时,拉动邮轮旅游消费市场。物流业的高效运作可以保障邮轮制造业所需的物资、零部件及时供应,确保建造进度的稳定和质量的保障;同时,邮轮制造业的发展需求又推动了物流业的创新与升级,以适应更高效、智能的供应链管理的需要。这种协同关系不仅有助于邮轮建造业的蓬勃发展,还对整个国家工业体系和经济结构的优化升级具有深远影响。如今,为紧跟船舶工业高端化、绿色化和智能化的发展趋势,物流管理也向着自动化、智能化方向快速发展,依托大数据和物联网平台,利用人工智能、区块链、5G等新型高科技技术,助力造船企业数字化转型,并推动绿色物流发展。

大型邮轮工程物流集配管理技术与实践背景扎根于产业的需求和发展趋势,以国产首艘大型邮轮"爱达·魔都号"的工程实践为依托,管理、技术和实践相互交融,推动了邮轮工程物流领域的发展,为工程的顺利交付和运营提供了坚实的基础。物流集配管理涵盖了供应链的各个环节,从供应商管理、仓储管理、配送计划到物流资源调度,都需要精细的规划和高效的协同。同时,邮轮工程的复杂性和多样性也增加了物流管理的挑战,在国产首艘大型邮轮建造的筹备阶段,产生了面向大型邮轮的物流集配构建多层级的建造物流集配体系、结合物联网等技术进行建造物流集配的信息管控、构建可与其他异构平台信息共享的建造物流集配管理系统等需求,随着信息技术和物联网技术的飞速发展,通过系统性的管理论述、技术探讨和实践应用,大型邮轮工程物流集配管理得以实现更高水平的自动化和智能化。无人机、自动驾驶车辆、物联网传感器等技术的应用,为物资的实时监测、精准配送和风险管理提供了强有力的支持。数据分析、人工智能等技术的引入,也使得管理者能够更好地预测需求、优化配送路径、降低成本,并提升整体管理效率。大型邮轮工程物流集配管理技术在工程实践中得到了广泛应用和不断优化创新,探索出了适合中国邮轮产业高质量发展的物流管理模式。

为给予读者切实可行实践指导,本书将重点阐述大型邮轮工程的物流集配管理的管理模式和技术发展。本书分为三篇共11章,分别为管理篇、技术篇和实践篇。

(1) 管理篇从不同方面介绍了大型邮轮在研制过程中物流集配的管理模式。第1章邮轮工程物流集配概述,宏观分析了邮轮建造过程中物流集配的模式、特点和难点。第2章邮轮建造物资及其分类,从微观层面介绍了邮轮建造所需的管理对象、物资特点和物资的分类。第3章物流集配管理模式,在分析欧洲、日本等国外邮轮建造物流管理模式的基础上,初步构建了我国邮轮建造的物流集配的管理模式,并在国产首制大型邮轮工程项目上得以实践。第4章、第5章分别从风险和仿真效益两方面介绍物流集配管理过程中的重点,为邮轮建造的物流提供更安全和高效的模式。

(2) 技术篇涵盖了邮轮建造过程中的精益仓储和物流配送管理技术。第6章探讨了精益仓储管理,包括仓储场地资源优化、物资编码与识别技术及快速出入库技术等,这些技术共同实现了高效物资管理和动态感知。第7章聚焦于精益配送管理技术,包括配送作业流程分析和优化、配送资源调度与追踪技术及物流配送路径规划,这些策略有效提升了配送效率和准确性。第8章介绍了物流集配管理平台,详细探讨了智能仓储管理系统和智能配送管理系统,涵盖了多个物资管理和配送模块。通过这些技术,大型邮轮工程实现了更高效、更准确的物流集配管理,为大型邮轮建造的物流管理提供了深入洞察和实用指导。

(3) 实践篇展现了邮轮建造中集配计划、精益仓储和物流配送管理的具体实践。第9章深入探讨了到货计划、托盘集配计划、配送计划及交钥匙工程(TurnKey)分包类物资(简称"TK类物资")配送计划等方面的实践。第10章以精益仓储管理为核心,涵盖机电设备、舾装件、阀件、TK类物资等多个方面的实践。在这些实践中,全流程跟踪定位、图形化界面交互、信息快速采集、双向控制与绩效评价等技术被应用于仓储管理。第11章聚焦物流配送管理的实践,包括厂外物流配送、物料配送、中间产品配送管理。这些实践涉及配送特性、网络建设、载运工具选择等多个方面。其中,物流配送仿真管理实践不仅包括车辆调度仿真验证,还包括中间产品转运调度技术仿真,这有助于实现更高效的物流配送。通过具体实践,深入展示了大型邮轮建造过程中的精益物流管理策略,为实际操作提供了有价值的指导。

本书总结了大型邮轮建造过程中在基础、经典和前沿三方面相关的技术,将不同技术与船厂物流集配无缝对接,大大提高了船厂物流的效率和作业安全。例如,云开箱功能通过物资管理员使用光学字符识别(OCR)的标准信息模板导入智能物料管理平台软件操作模块,从而实现自动生成预到货通知单并派工给收货组人员,可以大大提高物资管理的效率和准确性;近距离无线通信(NFC)、射频识别(RFID)、手持终端(PDA)、电子笔等不同的信息感知识别技术在不同类型的物资、设备及不同层级上的应用,结合了大型邮轮工程配送过程的实际需求;全流程跟踪定位和数字巡航设备可以提供物料的位置信息、运动轨迹和状态,进行路线规划和导航,检测异常情况并发出报警,进行数据分析和优化,实现物料的实时监控和管理,提高物料管理的效率和准确性。

随着全球化趋势的不断加深,大型邮轮工程物流集配管理也将面临国际化的挑战和机遇。跨国物流合作将增加,高效的物流模式不仅可以降低成本,还能够提供更优质的物流服务。而随着环保意识的不断提高,大型邮轮工程物流集配管理也将更加注重可持续发展集配模式不仅将考虑成本与效率,还将考虑环保、碳减排因素。回收与再利用将成为重要的课题,进而促进资源的循环利用。物流集配管理需依托更加智能化的决策支持系统。通过大数据分析和数字化转型,系统将为管理者提供精准的决策建议应对突发事件和变化。随着各类技术的迅猛发展,具备跨领域知识和技能的专业人才的需求量将稳步上升。同时,跨领域的合作也将加速创新为大型邮轮工程物流集配管理带来更多可能性,加快船舶企业的数智化转型升级。未来大型邮轮工程物流集配管理将继续在智能化、高效化、绿色化、数字化等方面迎来巨大的变革和创新。这也将不断探索新的技术和模式支撑国产邮轮建造,增强我国船舶建造行业的核心竞争力,并且为大型邮轮工程的顺利运作和发展提供有力支持,同时也为整个物流业的发展注入活力。

本书汇聚了国产首艘大型邮轮"爱达·魔都号"工程建设者们的工程实践,得到了武汉理工大学杨家其教授、哈尔滨工程大学李敬花教授、江苏科技大学苏翔与王平教授、上海交通大学尹静波教授等高校权威学者的参与和支持。全书由杨连生编写第1~3章、第5章,王海燕编写第4章,徐靖编写第6章、第8章,张星编写第7章、第11章,陈云清编写第9章,郑贤勇编写第10章,最后由陈刚统稿并审订。随着船舶与海洋工程装备的复杂度日益增加,以及造船企业数字化转型的日益深入,船舶工业的物流管理也必须不断探索新技术的应用,会有许多观点需要更新,许多理论需要修正,许多策例需要充实,许多方法需要补充和改进。希望本书的出版起到抛砖引玉的效果,欢迎行业内外的专家与广大读者批评指正,共同提升船舶工业的物流集配管理水平,持续助力中国由造船大国向造船强国迈进。

2024年6月于上海

目　录

管　理　篇

第 1 章　物流集配概述 ·· 3

　1.1　物流集配技术发展现状与趋势 ·· 3

　1.2　制造业物流集配技术 ··· 9

　1.3　邮轮工程物流集配管理需求 ·· 10

第 2 章　大型邮轮建造物资分类 ··· 13

　2.1　常规船舶物资管理对象及其特点 ··· 13

　2.2　大型邮轮物资管理对象及其特点 ··· 15

　2.3　大型邮轮建造物资分类方法 ·· 17

第 3 章　大型邮轮物流集配管理模式 ··· 24

　3.1　国外大型邮轮工程物流集配管理模式 ·· 24

　3.2　我国大型邮轮物流集配管理模式 ··· 30

第 4 章　物流集配风险管理 ·· 47

　4.1　物流集配管理风险辨识 ··· 47

　4.2　物流集配风险评估 ·· 58

　4.3　物流集配管理风险预警与管控 ·· 83

第 5 章　物流集配效益评估及仿真 ··· 100

　5.1　物流集配效益评估 ·· 100

5.2 邮轮物资物流集配仿真⋯⋯⋯⋯⋯⋯⋯⋯⋯⋯⋯⋯⋯⋯⋯⋯⋯⋯⋯⋯⋯⋯⋯⋯⋯ 108

技 术 篇

第 6 章 精益仓储管理技术⋯⋯⋯⋯⋯⋯⋯⋯⋯⋯⋯⋯⋯⋯⋯⋯⋯⋯⋯⋯⋯⋯⋯⋯ 135
6.1 精益仓储管理概述⋯⋯⋯⋯⋯⋯⋯⋯⋯⋯⋯⋯⋯⋯⋯⋯⋯⋯⋯⋯⋯⋯⋯⋯ 135
6.2 仓储场地资源优化与配置技术⋯⋯⋯⋯⋯⋯⋯⋯⋯⋯⋯⋯⋯⋯⋯⋯⋯⋯⋯ 136
6.3 物资编码及识别技术⋯⋯⋯⋯⋯⋯⋯⋯⋯⋯⋯⋯⋯⋯⋯⋯⋯⋯⋯⋯⋯⋯⋯ 141
6.4 快速出入库技术⋯⋯⋯⋯⋯⋯⋯⋯⋯⋯⋯⋯⋯⋯⋯⋯⋯⋯⋯⋯⋯⋯⋯⋯⋯ 151
6.5 物资动态感知技术⋯⋯⋯⋯⋯⋯⋯⋯⋯⋯⋯⋯⋯⋯⋯⋯⋯⋯⋯⋯⋯⋯⋯⋯ 159

第 7 章 精益配送管理⋯⋯⋯⋯⋯⋯⋯⋯⋯⋯⋯⋯⋯⋯⋯⋯⋯⋯⋯⋯⋯⋯⋯⋯⋯⋯ 168
7.1 精益配送管理概述⋯⋯⋯⋯⋯⋯⋯⋯⋯⋯⋯⋯⋯⋯⋯⋯⋯⋯⋯⋯⋯⋯⋯⋯ 168
7.2 3PL/4PL 管理⋯⋯⋯⋯⋯⋯⋯⋯⋯⋯⋯⋯⋯⋯⋯⋯⋯⋯⋯⋯⋯⋯⋯⋯⋯⋯⋯ 169
7.3 配送资源调度技术⋯⋯⋯⋯⋯⋯⋯⋯⋯⋯⋯⋯⋯⋯⋯⋯⋯⋯⋯⋯⋯⋯⋯⋯ 172
7.4 路径规划技术⋯⋯⋯⋯⋯⋯⋯⋯⋯⋯⋯⋯⋯⋯⋯⋯⋯⋯⋯⋯⋯⋯⋯⋯⋯⋯ 190

第 8 章 物流集配管理平台⋯⋯⋯⋯⋯⋯⋯⋯⋯⋯⋯⋯⋯⋯⋯⋯⋯⋯⋯⋯⋯⋯⋯⋯ 198
8.1 仓储配送管理系统概述⋯⋯⋯⋯⋯⋯⋯⋯⋯⋯⋯⋯⋯⋯⋯⋯⋯⋯⋯⋯⋯⋯ 198
8.2 仓储管理系统⋯⋯⋯⋯⋯⋯⋯⋯⋯⋯⋯⋯⋯⋯⋯⋯⋯⋯⋯⋯⋯⋯⋯⋯⋯⋯ 199
8.3 配送管理系统⋯⋯⋯⋯⋯⋯⋯⋯⋯⋯⋯⋯⋯⋯⋯⋯⋯⋯⋯⋯⋯⋯⋯⋯⋯⋯ 224

实 践 篇

第 9 章 物流集配计划管理与实践⋯⋯⋯⋯⋯⋯⋯⋯⋯⋯⋯⋯⋯⋯⋯⋯⋯⋯⋯⋯ 247
9.1 物流集配的计划管理⋯⋯⋯⋯⋯⋯⋯⋯⋯⋯⋯⋯⋯⋯⋯⋯⋯⋯⋯⋯⋯⋯⋯ 247
9.2 物流集配计划管理实践⋯⋯⋯⋯⋯⋯⋯⋯⋯⋯⋯⋯⋯⋯⋯⋯⋯⋯⋯⋯⋯⋯ 259

第 10 章 精益仓储管理实践⋯⋯⋯⋯⋯⋯⋯⋯⋯⋯⋯⋯⋯⋯⋯⋯⋯⋯⋯⋯⋯⋯⋯ 276
10.1 机电设备仓储管理实践⋯⋯⋯⋯⋯⋯⋯⋯⋯⋯⋯⋯⋯⋯⋯⋯⋯⋯⋯⋯⋯ 276

10.2 舾装件仓储管理实践 ·· 288
10.3 Turnkey 类物资仓储管理实践 ··· 294

第 11 章 物流配送管理实践 ·· 303
11.1 常规物资物流配送管理 ·· 303
11.2 非常规物资物流配送管理 ··· 313
11.3 中间产品物流管理 ·· 322

参考文献 ··· 326
中英文名称及简称对照 ··· 332
全文示意图一览 ··· 335
全文表格一览 ·· 344

管 理 篇

第 1 章　物流集配概述

物流和集配是制造型企业供应链管理的一个重要环节，随着船舶与海洋工程装备的复杂度日益提升，对企业物流管理水平也提出了新的管理诉求。本章介绍了物流集配技术的发展历程和发展趋势，以及基于集配中心的物流网络模式，并结合集配中心运营模式的现状及物流集配技术与管理发展趋势，提炼出大型邮轮建造物流集配管理需求。

1.1　物流集配技术发展现状与趋势

1.1.1　概述

物流是物品从供应地向接收地的实体流动过程中，根据实际需要，将运输、储存、装卸、搬运、包装、流通加工、配送、信息处理等功能有机结合。物流管理是供应链管理的一部分，即为满足工程需要，通过工程计划、实施和控制，促使产品、服务和信息的有效流动和高效协同。集和配是造船企业内部对造船活动涉及的物资内部管理的约定俗成用语，本质上也是工程物流管理的一部分，本书使用物流集配这一描述，主要目的是便于读者理解。

物流按照流通范围划分为社会物流和企业物流，如图 1-1 所示。社会物流是指超越单一企业或家庭，涉及全社会范围内商品流通领域的所有物流活动[1]，本章中提及的社会物流特指企业外部的物流活动，即为履行合同项下交货义务所涉及的物流活动，一般由乙方或甲方委托专业的物流企业承担。企业物流是企业内部的物品实体流动，是具体的、微观的物流活动的典型领域[2]。企业物流在不同的发展阶段包含的内容不断地增加、丰富，涉及的领域也在不断地扩大，几乎贯穿了企业的采购、运输、存储、搬运、生产计划、订单处理、包装、客户服务及存货预测等整个运营过程[3]。

根据企业分类不同，企业物流进一步分为制造业物流和非制造业物流。两者都包括企业供应物流、生产物流、销售物流、回收物流和废弃物物流等具体的物流活动。

集配是物资管理中的一个核心环节，通常包括：

（1）物资分类：需要考虑物资的属性、用途、价值、管理方式等因素，选择最适合的分类原则，以便于对各类物资进行准确识别和跟踪管理。

（2）物资仓储：仓储在物资集配过程中起着关键作用，包括物资卸货、登记、存放、监控、盘点和保护等，以确保物资的安全和可追踪性。

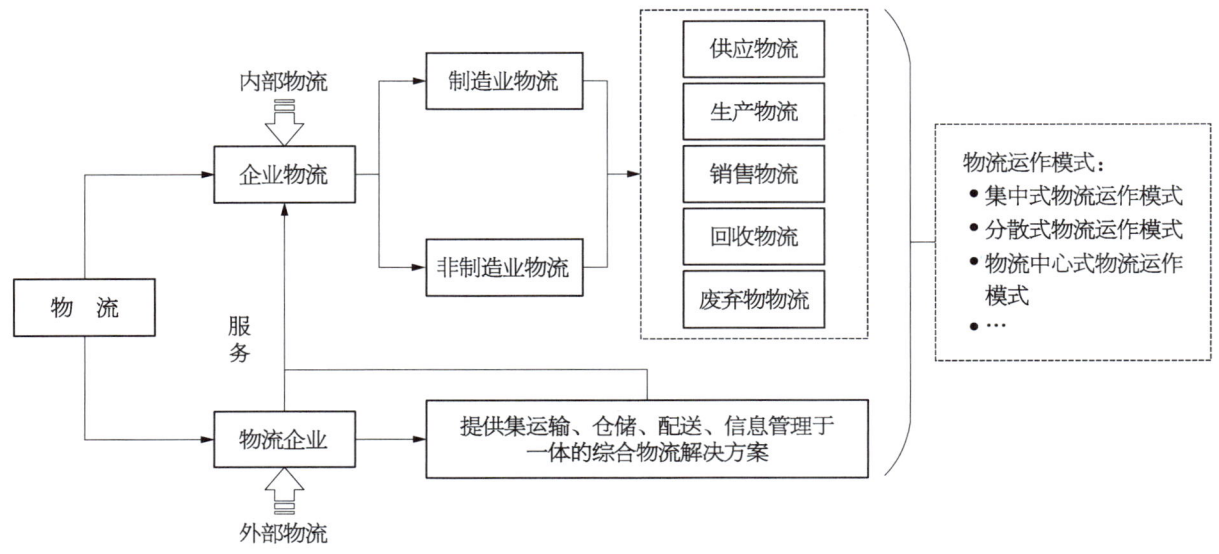

图 1-1 物流分类

（3）托盘集配：基于托盘需求计划，按照设计托盘表进行物资拣选，形成完整的安装托盘。

集配在现代物流管理中不断优化整合，不仅可以提高物流效率，降低成本，还能提供更好的客户服务体验。物流与集配结合，产生了不同的管理模式，常见的物流运作模式有集中式、分散式和物流中心式等。集配中心（supply-hub）集聚物流配置、库存储存、财务支付及售后处理等功能，具有经济、快捷、准确、方便及可控等特点，可将物资统一集中配送至目的地，有效降低作业成本，提高作业效率[4]。

汽车、电子等行业也广泛采用基于集配中心的物流网络模式来支持上游制造企业准时制生产和采购，以应对越来越短的产品制造周期和订单生产的要求。

1.1.2 集配中心运营模式的发展现状与趋势

基于物流网络的集配中心运营模式具体流程为：供应商将其产品存放于集配中心，由制造商下达物流需求计划，供应商根据该计划，在物流网络运营主体协调下，确定库存量、库存周期及相应的补货策略。此物流网络可以由制造商负责运营，也可以由第三方物流企业负责，主要职责是管理和控制库存物资，实时跟进制造商下达的采购订单，根据需求计划完成物资托盘集配等，如图 1-2 所示。

根据运营模式的不同可对嵌入集配中心的物流网络运营模式进行划分。

1）制造商负责运营控制的集配中心模式

该模式由制造商建立原材料集配中心，根据其生产计划选择原材料的供应商，管理和控制其库存物资，从而满足其生产工位的生产需求。由制造商直接控制和管理其库存能够非常有效地满足其生产需求，实现准时制生产，但是管理库存等这些非核心的业务会在一定程度上浪费制造商的资源和精力。

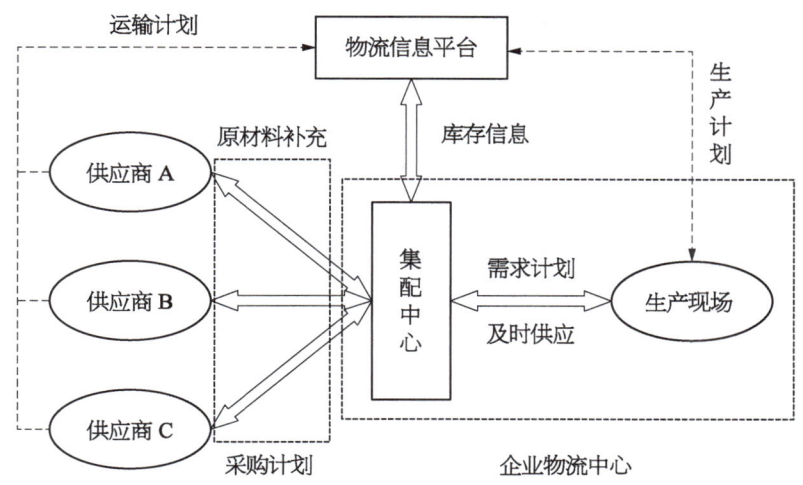

图 1-2 集配中心的运营模式

2）原材料供应商联合管理集配中心的模式

该模式下，集配中心一般建立在生产现场附近，由负责原材料供应的企业联合管理集配中心。每个供应商根据制造商下达的物流需求计划来设置标准库存、配送提前期等策略。这种情况下，原材料供应策略将由供应商负责制定，导致制造商与供应商间存在着信息不对称，供应商之间如何协调货物的配送，以实现准时、高效的生产，成为运营中面临的主要挑战。

3）第三方物流企业主导运营集配中心的模式

该模式下，集配中心的地点可根据实际情况设定在制造商附近或制造商厂区内。制造商的原材料由第三方物流企业管理和控制，首先将物流需求计划发送至第三方物流企业，企业获得需求清单后将物资直接运送到生产现场，第三方物流企业根据物料的消耗量支付给供应商相应的费用。这种由第三方物流企业主导运营的模式，既发挥了第三方物流企业的专业优势，又使得供应商和制造商能够专注于其核心业务的发展，但是如何协调匹配供应商和制造商之间的利益关系是在实际运营中需要考虑的重点问题。

当前，全球物流运作模式正朝着数字化、智能化和绿色化方向发展，随着物联网技术、人工智能、大数据等技术的快速崛起，物流运作模式将更加智能化、高效化、安全化。集配中心更适合在供应链系统中，集成物流、信息流、资金流等多种要素，将集配模式与新技术、新理念相结合，是企业正在探索应用和发展的趋势。

1.1.3 物流集配技术发展趋势

《"十四五"现代物流发展规划》提出，到 2025 年，我国基本建成供需适配、内外联通、安全高效、智慧绿色的现代物流体系。智慧物流体系是物流产业发展和转型的必由之路，物流行业正处于增速放缓、效率提升、需求调整和动力转换的关键战略发展时期，需要通过有效利用云计算、大数据、物联网、移动互联和人工智能等重新构架业务流程，优化资源配置，推动传统物流业务向"数字物流"转型发展。

1) 物流集配信息化技术

通过物流集配信息化,可以实现物资信息的共享、传递、存储、处理和决策,其功能特点主要包括:

(1) 信息采集:通过各种信息技术手段实现对物流活动中各个环节的信息采集,包括订单、运输、仓储、配送等环节。

(2) 信息传输:利用通信网络技术实现物流集配信息的实时传输,提高信息传递的及时性和准确性。

(3) 信息处理:利用计算机技术实现对物流信息的处理和分析,帮助企业进行决策和管理。

(4) 信息应用:将物流信息应用到实际业务中,提高物流管理的效率和效益。

近年来,物流信息化融合了多项产业技术,与大数据、人工智能等信息技术相结合,形成配送效率更高的模式,呈现以下趋势特征:

(1) 随着立体堆垛技术、机器人技术和云计算技术等新技术不断发展和应用,实现仓储作业的自动化和智能化,提高仓储效率和准确率;通过云计算技术实现仓储数据的集中存储和处理,提高仓储管理的透明度和协同性,实现智能仓储。

(2) 随着大数据分析和人工智能算法等新技术不断完善和应用,通过对海量数据进行挖掘和分析,配合无人驾驶技术和无人机技术等新技术,实现对货源和运力之间进行精准匹配和优化配置,实现智能配送。

(3) 随着物联网技术和区块链技术等新技术不断创新和应用,提高运输场景中的信任度,实现智能监控。

(4) 随着语音识别技术和自然语言处理技术等新技术不断进步和应用,通过语音识别技术实现对用户语音指令的识别和响应,提高服务便捷性和友好性,通过自然语言处理技术实现对需求的理解和分析,提高服务贴合度和满意度,实现智能交互。

2) 物流集配自动化技术

物流集配自动化可以提高物流效率和降低物流成本,同时也可以提高物流安全性。许多大型物流企业已经开始应用自动化设备和机器人等技术,实现物流自动化作业。物流自动化主要体现在:

(1) 机械的自动化:采用自动化机械手段进行物流作业是物流自动化的主要内容,包括叉车的利用、立体自动仓库、自动分拣和分拣传送设备。

(2) 作业的自动化:根据作业的内容,使用相关的物流设备,采用科学、合理的流程和适当的作业指示方法,发挥出更高的作业效率。

(3) 数据处理的自动化:对产生的各种数据,利用数据分析技术,结合电子设备,快速、准确和及时地进行收集、存储、加工、分析和检索等处理。

物流集配自动化的实现往往与其他技术相结合,形成一套自动化的系统,如图 1-3 所示。系统主要有以下三个方面:

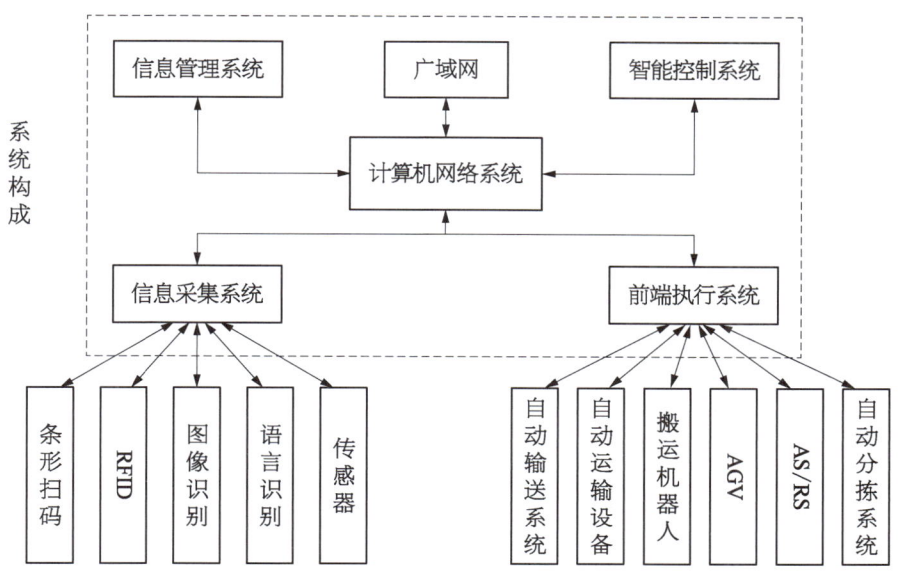

图 1-3 物流自动化系统

（1）自动化立体库呈现出密集型存储及柔性自动化的趋势，出现了面向产品种类繁多、复杂作业控制的自动化控制系统，智能穿梭车＋密集型货架组成的智能密集存储系统。

（2）自动化分拣技术正在向模块化、柔性化、智能化方向发展，出现了机器人搬运＋智能分拣＋在线称重＋智能打包＋自动贴标等技术融合创新，交叉带、模组带、皮带、滚筒、麦克纳姆轮等组合应用创新等。

（3）自动化搬运技术装备是物流系统中最重要的物流设备，通过自动控制技术，进行自主导航、自动抓取、自动装卸、自动码垛实现自动化搬运。目前搬运装备正由传统的磁条导航、激光导航，向二维码导航、AI 调度＋导航、视觉导航、地图构建与即时定位 SLAM 导航等方向发展，搬运设施产品也出现了无人化叉车、AGV 搬运、机器手码垛、机器手真空抓取、自动装车伸缩机、分拣机器人等新产品。

3）物流集配人工智能技术

物流集配人工智能是指利用人工智能技术和算法，帮助企业实现快速、准确的物流决策和作业。在物流上，人工智能主要应用在智慧仓储管理和运输配送管理，主要体现在以下四个方面：

（1）优化路线规划：人工智能技术可以通过优化算法，制定更高效的物流路线，降低成本并提高配送满意度。

（2）自动化处理：人工智能技术可以用于开发物流自动化系统，如自主导航车辆、自动化仓储系统和机械臂等，大幅提高物流处理效率，减少人工错误及作业负荷。

（3）智能配送：通过实时追踪车辆位置和交通情况，智能配送系统可以为客户提供更准确的交货时间预测。

（4）智能安全：人工智能技术可以通过分析数据，检测和预防潜在的安全威胁。例如，通过面部识别技术,系统可以识别进入禁区的人员,以确保仓库、车辆和其他设备的安全。

4) 物流集配数字化技术

物流集配数字化是以数据处理、图形图像、虚拟现实、数据库、网络通信、数字控制等技术为基础,将数字化全面应用于物流集配的各个环节,实现信息的采集、存储、处理、传输、共享,提高物流效率和服务水平。通过数字化仿真技术,可以对物流集配系统进行模拟和预测,帮助专业人员更好地了解系统的运作,辅助决策。

物流集配数字化针对物流系统进行系统建模,并在电子计算机上编制相应应用程序,模拟实际系统运行状况,统计和分析模拟结果,指导实际系统的规划设计与运作管理。物流集配仿真使用的建模方法有排队理论、Petri网、线性规划等。建立的整个系统可以评估对象系统(配送中心、仓库存储系统、拣货系统、运输系统等)的整体能力效益,使用的软件主要是具有强大建模和仿真能力的 Arena、FlexSim、AnyLogic 等。通过建立不同类型的智能体,能够应对各种复杂的物流集配场景,从而方便地进行分析和优化,仿真流程如图1-4所示。

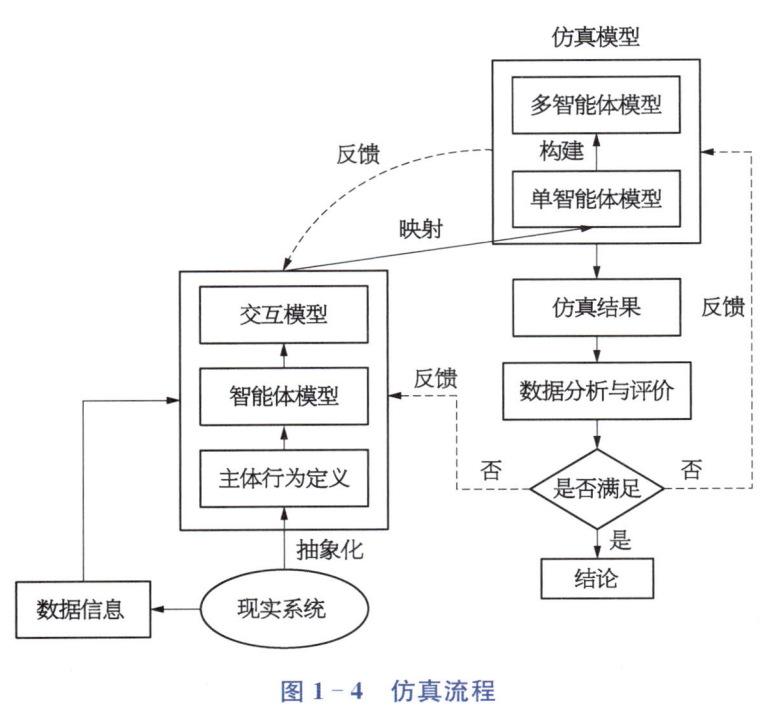

图1-4 仿真流程

人工智能、大数据、边缘计算、5G等前沿技术与物流内部业务的整合,实现了物流集配作业与管理流程的透明化、数字化和一体化。在物流作业层面,通过智能化设备的应用,将进一步提高物流集配各环节的自动化和智能化水平[5];在管理决策方面,数字化技术的应用使物流集配各环节信息能够实时共享,提高信息传递的可靠性,促进物流集配的快速协同作业。

5) 物联网技术

通过物联网技术,企业的物流信息得到快速传递和处理,实现物流对象的互联互通。物联网包括感知技术体系、通信与网络技术体系、智能技术体系三大技术体系,通过这三大体系所包含的北斗系统、传感、红外、激光等物联网技术可完成对物的识别、定位、追踪、计数、分类、拣选的信息化操作,如图1-5所示。

6) 5G 技术

5G 技术为物流集配行业提供了更高效、更安全、更智能的解决方案。5G 网络的高速度、低延迟和超大连接特性,可以大幅提升物流集配货物追踪、实时监控、自动驾驶等各个环节的作业效率。同时,5G技术还可以提供更先进的数据分析和智能决策支持,为未来的智能物流

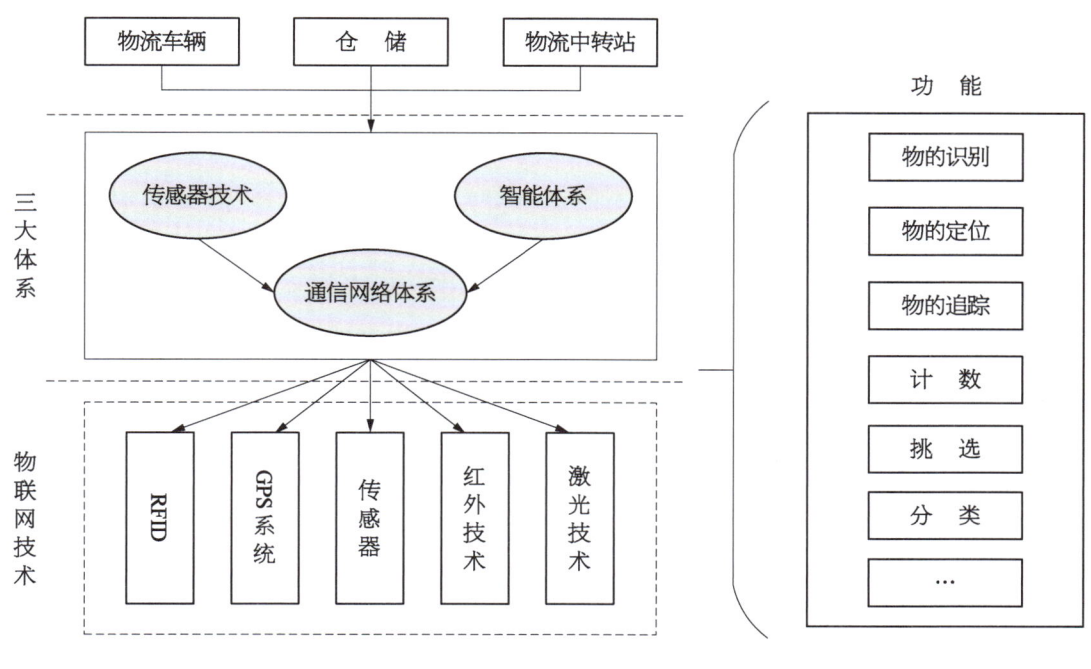

图 1-5 物流物联网系统

打下基础。基于 5G 技术的物联网可以应用于能源供给、仓储、物流监控、用户服务等物流集配各方面[6]。

1.2 制造业物流集配技术

非制造业物流集配通常更注重货物的储存、包装、配送等环节,以满足不同类型企业的特定需求,如生鲜食品、危险品等复杂物资的运输和储存问题。而制造业物流则更加注重原材料、半成品和成品在生产过程中的实物流动,需要更加关注物料需求计划、生产计划等信息流动,以确保制造过程的连续性和高效性。制造业物流主要服务于企业内部的需求,造船工业属于典型的装备制造业,因此本节主要分析制造业的物流集配技术与管理。

根据制造过程的不同,目前的制造类型主要分为连续型制造和离散型制造两种[7]。连续型制造是指按照一系列相互连续的流程将原材料转化为产成品,如冶金炼油、食品加工等。相对于连续型制造,离散型制造是指按照一系列互不连续的生产工序,以工段、小组的形式将多种零部件经多种工序加工装配成产成品,如船舶制造、飞机制造等。相应的以制造企业为核心的供应链也可分为两种:连续型制造供应链和离散型制造供应链。下面以适用于船舶制造企业的离散型制造供应链展开分析。

离散型制造供应链涉及零部件、供应商数量众多,产地分散,为了应对供应链中需求变更、运输计划调整等不确定因素的干扰,供应链上各节点企业普遍设置有自己的安全库存及库存管理策略。不同的库存管理策略可能引起生产需求扭曲放大,进而增大了整个供应链整体库存量和成本。为了降低供应链的库存水平,日本一些企业进行了相关探索,逐渐采用一种新的供应物流管理模式——供应商管理库存(vendor managed inventory,VMI)模式[8]。目前,许多供应链核心制造企业都普遍采用这种模式,要求各供应商在其附近建立或租用 VMI 仓库,投资 VMI 管理系统,共享需求和库存信息。依据协商确定的库存策略、管理流程、参数,供应商管理库存并负责对制造商进行小批量、多批次、准时制供应。这种模式取代了以往供应链各层级之间"各自为政"的供应物流管理模式,通过制造商和供应商之间的纵向协同,共享需求、库存信息,有效地减少了供应链上的生产需求扭曲放大现象,降低了整体库存水平。

虽然 VMI 模式在供应链不同层级企业之间的纵向协同方面取得了一定成效,但也存在以下问题:

(1) 同层级节点存在各供应商间横向协同能力不足。由于离散型制造企业所涉及的物资供应商各自独立、分散地进行零部件生产及供应。在机器出现故障、运输延误等供应风险情况下,一两个零部件不能及时供应,就会造成停工待料,进而造成供应链中断,延误产成品交付,无法快速响应客户需求。

(2) 整车运输易产生额外库存。在 VMI 模式下,各供应商对其 VMI 仓库都是采用整车直达运输,降低运输成本。但目前制造商大多采用按订单组装(assemble to order,ATO)模式进行产品打包,整车运输就会造成各零部件不能与产品结构物料清单的比例配套,容易产生额外库存。

针对 VMI 供应物流模式在各供应商之间横向协同方面的不足,部分国际领先离散型制造企业开始采用一种新的物流集配模式——基于集配中心的供应物流模式。基于集配中心的供应物流模式属于宏观的运营模式需要一定的技术与管理来支撑[9],主要包括以下几个方面:

(1) 物流信息系统:通过建立物流信息系统,可以实现物流信息的收集、处理、存储、传输和应用,进而实现物流信息的共享和优化。

(2) 自动化设备:采用自动化设备可以提高物流运作的效率和精度,如自动化仓库、自动化货架、自动化搬运设备等。

(3) 物联网技术:通过物联网技术可以实现物流设备的远程监控和管理,实现物流信息的实时采集和传输,提高物流运作的可靠性和灵活性。

(4) 精益生产:采用精益生产方式,提高计划准确性,减少浪费,实现生产过程的精细化管理。

(5) JIT 生产:可以实现原材料、半成品和成品的准时供应,避免库存积压和浪费。

(6) 供应链管理:可以实现上下游企业之间的协同与合作。

1.3 邮轮工程物流集配管理需求

船舶建造属于离散型制造,由不同的中间产品组装而成。船舶建造过程实质上是一个典型的"物的流通"的过程,从购买原材料、零部件开始,依次流通或加工、装配,最终形成整船。

船厂物流集配活动是一个完整的循环运营过程,过程中从原材料到最终产品的转化及伴随的物流流程均呈现高度的复杂性,需要以生产物流为中心,通过引入现代的管理技术和手段,提高物流集配作业效率和水平,保障各种类型船舶的有序生产建造。

大型邮轮全船物量巨大、安装活动多、计划层级多、界面复杂、交叉作业多,是典型的巨系统工程,大型邮轮的设计建造具有如下特点:

(1) 定制化特征明显,规范规则众多。

邮轮定制化特征明显、规范规则众多。邮轮技术标准规范要求严格,需要符合众多国际国内规范规则及法定检验、口岸国/挂旗国法规等,尤其体现在全船安全性设计、舒适性设计、替代设计、娱乐艺术性及环保性设计、空船重量重心控制、振动噪声控制、"安全返港"等。上述邮轮设计特点注定了邮轮建造物资具有跨多行业(涉及船舶相关专业与工业设计、艺术设计、建筑工程等专业)、沿用标准复杂、新材料新系统众多、设计定型耗时长引发物资供货纳期管理严格等特点,部分区域还需要按设计要求或功能要求特别研制新型材料。

(2) 工程物量巨大,建造工时巨大。

大型邮轮材质复杂,上层建筑中应用薄板焊接结构,全船多达2 500万个零部件,4 750 km电缆布置,见表1-1,巨大的建造物量对制造精细化管理提出更高要求。

表1-1 大型邮轮与常规船舶物流集配管理比较

分　类	大型邮轮	常规商用船舶(以208 K散货船为例)
建造物量	物资数量大(多达2 500万个零部件),配套物量大	物资数量较少,零件数约40万个
物资管理	物资分类复杂,价值较高,损耗风险高,物资拣选费工费时,成本高	物资种类较少,对物流设施要求低
仓储方式	仓储数量大,供应商地域及运输方式不同,要求不同仓储管理方式	物资数量较少,厂内集中仓储
配送方式	集配到工程的各个环节(如内装工程)	重在仓储管理,配送功能弱
建造工时	超过1 000万工时	80万工时
内装物量	大于2 000个内装舱室	27个内装舱室
电缆长度	4 750 km	175 km
管线长度	超过400 km	约30 km
供应商数量	供应商数量超过1 000家,包括约100家战略供应商、近900家普通供应商	10多家战略供应商,400多家普通供应商

(3) 供应链长,相关方众多,供应链国际化特色明显。

大型邮轮业务相关方众多、具有产业集群化、供应链全球化和建造复杂化等特征,涵盖船东、供应商、设计院所、船厂和分包商等大量工程界面。邮轮制造项目管理对象多,需要 100 余家战略供应商及 800 多家普通供应商密切合作,且供应商来自北美洲、大洋洲、欧洲和亚洲等地,管理要求复杂,不同作业内容之间的协调难度大。

上述邮轮建造特点衍生出面向大型邮轮建造的物流集配特定管理要求如下:

(1) 需要构建多层级的建造物流集配体系。

邮轮建造物资供应从物流角度分割为境外、通关、国内、厂内等层级,涉及的相关方也在持续变化中,需要构建多层级物流集配管理体系确保物流通畅。根据不同物资的物流集配属性又可分为厂前物流和建造物流两大层级,细分为境外层级、通关层级、厂外层级、厂内层级、上船层级多个物流层级。

邮轮建造过程中的多层级、多样物流集配模式和海量物流集配任务,以及建造物资苛刻的存储、施工要求等各种因素,对围绕邮轮建造过程的配套仓储环节提出了更高的管理需求。基于邮轮建造物流集配模式的研究,制定优化的仓储部署方案,构建各个层级仓储相关环境,结合新一代信息化技术,实现各层级仓储活动的优化管理和信息可视化的目标。为此,亟须构建多层级的大型邮轮建造物流集配体系。

(2) 需要结合物联网等技术进行建造物流集配的信息管控。

大型邮轮建造的零件数量异常庞大,且单船定制性强,与常规船舶在设计理念、建造工艺和项目管控等方面存在着巨大差异。同时,多层级的物流集配方式存在信息存储分散的问题,会导致建造阶段的物流管理失控,进而引发整船建造项目管理体系连锁性崩溃。为此,需要在完整获取物流集配信息的同时,对信息进行准确检索、定位,以满足物流集配信息管控精确到单件的需求。借助工业物联网完善的信息感知能力,结合工业物联网技术应用,可对生产过程信息进行全面记录,结合信息管控系统,对物流集配层级内/跨层级的数据流统一管理,保证各类物资信息一致,实现对大型邮轮集配的信息精益管控,有助于我国邮轮建造及其他复杂产品制造行业的物流管理水平快速提升。

(3) 需要构建可与其他异构平台信息共享的建造物流集配管理系统。

大型邮轮建造过程物流集配在业务和信息上并非孤立,以建造过程中的协同设计平台等异构管理系统为主要集成对象,对船舶建造物流、资金流和业务流等各项管理进行信息整合,有利于消除信息孤岛,减少通信迟滞导致的生产进度延误。在大型邮轮建造过程中,需要针对物资属性、物流环节等管理特性,构建相应的物流集配环境,满足物资在物流集配活动中的质量要求和信息要求,真正发挥建造物流集配管理系统的优势,快速、准确进行船舶建造资源分配,实现对船舶建造全局信息的即时可视化。

综上,无论是为支撑国产首艘大型邮轮建造,还是增强我国船舶建造行业的核心竞争力,都需要结合企业实际情况从管理系统集成性、生产经济性等角度进行综合考虑,提升造船企业的物资物流集配精细化管理水平。

第 2 章　大型邮轮建造物资分类

近40余年科技革命和工业革命的快速发展,社会化大分工不断细化,专业化发展的小型公司不断涌现,对历经百余年发展邮轮制造业的产业业态重构产生了深远的影响。当前,以邮轮总装建造企业为龙头,积聚产业链上的各类物资供应商、专业化的工程总包商等,成功构建了邮轮制造产业生态圈,其与亚洲在常规船舶制造的工程组织模式存在着明显的区别,构建了船厂、材料及设备供应商、系统集成商和系统/区域的工程总包商的邮轮制造产业生态,与国内外的民用航空的工程组织模式类似。上述邮轮的工程组织模式势必对初次涉足邮轮制造的船厂来说带来物资物流的巨大挑战。

本章通过对比常规船舶和大型邮轮建造物资的管理对象及其特点,在分析大型邮轮各类物资的属性和特点的基础上,结合供应链管理常用的ABC分类方法提出了符合大型邮轮精益物流集配管理需求的分类方法,为提高物资管理水平奠定良好的基础。

2.1　常规船舶物资管理对象及其特点

2.1.1　常规船舶物资管理对象

常规船舶物资一般可分为材料类物资、设备类物资、配套类物资三大类。

1) 材料类物资

材料类物资通常指船舶建造活动使用的各种原材料,主要包括钢材、焊接材料、管道材料、油漆、有色金属、木材、隔热绝缘材料、油料及其他一些辅助性材料。

其中,钢材作为最为核心和基础的物资之一,通常根据其形态和用途分为钢板、型钢和钢管三大类。钢板常被用于制造大型结构件或连接部件。型钢包括角钢、球扁钢、槽钢、方钢、结构钢管、工字钢等,每种型钢都有其独特的截面形状,以满足船舶不同区域的结构性能需求及重量控制要求。

管线材料按材质分包括碳钢、有色金属和非金属材料,采用各种连接方式形成闭式系统,以一定的压力实现输送流体(如水、油、气等)的目的,从而支撑船舶的正常运行。

焊接材料是指焊接时所消耗材料的统称,如焊条、焊丝、金属粉末、焊剂、气体等。油漆用于船舶外观保护和装饰,起到防腐、防锈、防水等作用。木材则主要用于船体结构中的非承重部分，如甲板、舱室隔板等。油料是船舶运行所必需的燃料，如燃油、润滑油等。

2）设备类物资

设备类物资包括船舶动力设备、船舶电气设备和其他设备物资。

船舶动力设备通常是为特定船舶订购的专用设备，主要包括推进装置及为推进装置服务的辅助机械设备和系统，如燃油泵、滑油泵、冷却水水泵、加热器、过滤器、冷却器等。

船舶电气设备包括船上的主辅机及其他电气设备，根据用途可分主机遥控、配电设备、外通设备、内通设备、照明灯、信号灯、投光灯、电力装置 8 个种类，其通用属性主要包括型号、规格、功率等。

船舶其他设备主要包括锚设备与系泊设备、舵设备与操舵装置、救生设备、消防设备、船内外通信设备、照明设备等。

3）配套类物资

配套类物资主要包括舾装件、阀及阀附件、仪表和管子及管附件等。

舾装件通常分为铁舾件（梯子、栏杆、平台等）、管舾件（管支架、U 型钢、护圈等）和电舾件（扁钢、电缆托架、基座等）。

阀及阀附件和管子及管附件按照国际/国家或船舶行业标准进行选型。以管附件为例，通常依据物资功能划分，如法兰、弯头、通舱件等。

2.1.2　常规船舶物资管理特点

常规船舶物资管理以中间产品为导向，具有变更响应快速、供应链相对成熟和信息化管理颗粒度较粗等特点，具体如下：

（1）以中间产品为导向。总装建造生产为基础的船舶建造模式决定了常规船舶建造很大程度上是一系列"中间产品"的装配过程，物资管理需要以中间产品为导向，密切对接生产过程各个环节，根据中间产品的需求进行物资集配送服务。

（2）变更响应快速。常规船舶基本为系列建造产品，建造周期 1~2 年，物资以小批量多批次供应，计划调整后通常能快速做出物流变更响应，较好地满足现场生产需求。

（3）供应链相对成熟。国内外船舶配套产业已形成面向常规船舶的多品类、多层次的供应商体系，供应商的稳定性和选择多样性有保障，在供应能力、服务配合、战略合作拓展等方面得到了深度发展和效果验证。

（4）信息化管理颗粒度较粗。以常规船舶为主产品结构的船厂基本实现了物资管理流程的信息化，但在现代化物流技术运用、物资管理颗粒度上仍有多处空白和不足，缺乏紧迫的变革驱动力。比如，设备类物资的随机附件明细无法在信息系统中体现，仍需大量人工操作进行辅助管理，填补信息系统不具备的功能。

2.2 大型邮轮物资管理对象及其特点

2.2.1 大型邮轮物资管理对象

大型邮轮除了是集船体结构、机械设备、电气设备、通信系统、导航系统、安全系统于一身的船舶产品,还融合了酒店和娱乐元素。大型邮轮作为"海上移动城市",其内装工程相比于常规船舶更加注重乘客的舒适度及服务需求,因此在大型邮轮建造过程中,有必要将内装工程作为一个重要特色环节进行管理[10]。

大型邮轮总计多达107个系统,949个子系统。各型设备数量多达5.5万件、各类零部件总数多达2 500万个、各种电缆累计完工总长度达4 750 km。虽然大型邮轮建造物资从物资大类来看与常规船舶差异不大,但物资数量与常规船舶相比显著增加。大型邮轮与常规船舶部分物资数量对比见表2-1。

表2-1 大型邮轮与常规船舶物资数量对比表

物资大类	物资种类	类别	大型邮轮 数量	大型邮轮 单位	20万t散货船 数量	20万t散货船 单位
材料类	内装工程	预制阳台	>700	个	0	个
材料类	内装工程	绝缘材料	150 000~200 000	m²	约13 000	m²
设备类	机电设备	机械设备	700	台	356	台
设备类	机电设备	电气设备	28 000	个	2 456	个
设备类	机电设备	照明设备	≥90 000	个	1 000	个
设备类	电缆	电缆	4 750	km	175	km
配套类	管系	管子	>700	km	>30	km
配套类	管系	风管	>1 600	t	>40	t
…	…	…	…	…	…	…

1) 内装工程类物资差异性

大型邮轮建造物资与常规船舶差异性最突出的地方集中于内装工程类物资。以国产首艘大型邮轮为例,内装工程主要包括舱室、公共区域、餐饮冷库区域、技术区域、门窗梯道、阳台及全船玻璃、内装材料和重要交叉系统8大块内容。绝缘材料物量约为20万t散货船的10倍左右。在内装工程类物资方面,大型邮轮较常规船舶数量更多且更注重个性化和定制化。

2）设备类物资差异性

大型邮轮的设备类物资较常规船舶体积和重量更大，特别在机电设备类物资上，这种差异更加明显。同时大型邮轮主要搭载乘客从事旅行、参观、游览等活动，全船容纳乘客达几千人，因此电气设备较常规船舶数量更多。

以国产首艘大型邮轮为例，大型邮轮主机的长度达 11 m 以上，宽度和高度在 5 m 左右，重量约 23 t，而常规船舶的主机长度一般为 5 m 左右，宽度和高度在 2 m 左右，重量 8 到 9 t；大型邮轮全船设有 51 个空调站，包含 HVAC 类物资，如冷媒水机组 5 套、应急制冷机组 7 套、空调箱（AHU）94 套、风机 133 台、末端装置 14 000 个、风闸箱 92 台、电动风闸 840 只、消音器 1 297 只，风管及附件近 2 000 t，工程物量是常规船舶的数十倍。

3）配套类物资差异性

大型邮轮配套类物资中，其管系材料物量巨大也更为复杂，除常规的金属管，还采用了大量新技术管道，包括铜镍扣压管、不锈钢扣压管、铝塑多层复合管等塑料管、BLUCHER 管等，针对不同流体介质和工作压力的系统选用不同连接形式、不同材料的管线。

2.2.2　大型邮轮物资管理特点

由于大型邮轮物资管理对象的特殊性，需要以更加精准高效的管理模式实现物资管理精益化，减少因物资供应问题对生产进度产生的影响，才能有效保障邮轮建造效率。大型邮轮物资管理具有场地管理标准化要求高、物资配送层级复杂、特有的内装物资分包模式、物资管理高度信息化和物流集配技术现代化等特点。

（1）场地管理标准化要求高。由于大型邮轮建造物资数量繁多，部分设备及结构件体积和重量巨大的特点，仓储面积需求比多艘建造的常规船舶还多，物流设备设施起重、承载能力配置更高。为充分利用有限的场地资源，保证各类物资物流的正常运转，场地标准化管理程度要大幅提升和细化。通过有效的物资分类、场地功能定置、立体存储设施配置，提高场地利用率，降低物流成本。

（2）物资配送层级复杂。大型邮轮有多种专用物资来自国际供应链[11]。常规船舶通常有 10 多家战略供应商、400 多家普通供应商，国内供应商占多数；大型邮轮有 100 多家战略供应商、800 多家普通供应商，国外供应商比例大，供货时间长、供应链层级多、业务界面复杂，相关方沟通成本高，响应及时性难度大，需要在体系上确立多方协同的机制来确保供应链顺畅运作。因此，将供应链划分为不同的层级结构，重塑多层级物流管理体系，面向境外、通关、国内和厂内等多个界面，分解流程链条、理顺各方关系、制定操作细则。

（3）特有的内装物资分包模式。大型邮轮内装物资的管理可分为"供应商提供材料，船厂安装"和"供应商或船厂提供材料，供应商船上施工"两种模式，前者是常规船舶建造普遍使用的模式，后者则是大型邮轮建造特有的 Turnkey 模式。Turnkey 分包商负责内装物资自主管理，参与实地的建造过程，船厂负责提供场地，由于内装工程周期长、涉及分包商多、持续交叉作业，各分包商管理能力、协同配合程度参差有别，且 Turnkey 模式的物流在进入施工环节前相对封闭,对船厂容易产生物资信息黑箱,对项目工程进度控制协同带来风险。作为对策,需采用系统化和体系化的管理方法,在无需双方投入更多人力的情况下,实现物资信息透明和动态反馈同步,大幅降低供应不及时的风险。

(4) 物资管理高度信息化。大型邮轮建造物资的种类和规格非常多样化,物资供应涉及全球范围内上千家跨国供应商,由于上游供应体系的不同,到货方式、物资信息、包装样式等会存在较大差异,给船厂管理带来了极大难度。为确保对全船多达 2 500 万个零部件的实时跟踪,避免物资在库却管理失联的风险,必须通过高度信息化的手段,以适用于物资特点和船厂物流集配模式的管理系统为平台,开展各类物资的到货计划、库存预警、快速配托等线上操作,更好地掌握物资到货的全局状态和底层单件的细节信息,为各层级管理人员提供辅助决策的数据。

(5) 物流集配技术现代化。大型邮轮建造物资在物资装卸、搬运、存储、集配、发放、配送等流程操作难度较常规船舶显著增加,利用现代化的物流集配技术成为管理的刚性需求,包括识别技术、定位技术、数字孪生、智能算法、调度技术、仓储技术、物联网技术等[12],实现物资信息快速录入、库位智能分配、在库物资迅速查找、高校分拣集配,各环节全过程能以高度可视化方式呈现并真实反映仓储区的场景状态及运行情况,实现物资存储即时状态的透明化和历史信息的可溯性,在执行效能和运行成本上全面超越常规船舶的物资管理模式[13]。

2.3 大型邮轮建造物资分类方法

2.3.1 常规船舶建造物资分类方法

目前,在常规船舶的物资管理中一般使用供应链管理中常用的 ABC 分类法对物资进行分类,ABC 分类法又称重点物资管理法,主要从错综复杂、名目繁多的客观事物或经济现象中应用已有的数据进行分析,找出主次进行分类,根据不同情况加以管理。

将 ABC 分类法应用于船舶物资管理的基本思路是,将船舶建造物资按照占用资金与总数占比的多少,依次划分为 A、B、C 三大类,并通过对不同的物资采用不同的管理方法,强调重点物资管理的原则,将管理的重心放在重点物资上,增强管理的针对性,提高管理的效率。

ABC 分类法的思想经常用于考核船舶建造物资管理成本,其一般的分类标准如下:占用库存资金量最大,其物资品种数目占总物资数的 10%,库存资金数占用通常达到库存资金的 70%,称为 A 类物资;而占用库存资金数次多,其物资品种数目占总数 25%,占用的库存资金数通常达到库存资金的 20%,称为 B 类物资;而 C 类物资是品种数目最多,通常占库存物资总数的 65%,但库存资金占用总和却仅为 10%。使用 ABC 分类法将常规船舶建造物资分类后得到结果见表 2-2。

表 2-2 常规船舶建造物资分类情况

物资大类	品种数目占比	库存资金占比	物资种类
A类	10%	70%	钢材、发动机等船舶动力设备等
B类	25%	20%	船舶电气设备和其他设备物资等
C类	65%	10%	油漆、隔热绝缘材料、有色金属、焊材、辅助设备和备件等

2.3.2 大型邮轮建造物资分类方法

ABC分类法大体上能满足常规船舶建造中不同种类物资的分类仓储需求,且与物资需求部门的对口较好,但该方法将单位物资采购成本作为衡量物资重要性的主要标准,这种方法在面对大型邮轮数量巨大、种类繁多的物资管理对象时,无法满足精益管理的需求。因此,有必要面向物流集配优化寻找大型邮轮建造物资分类的更优方案。

为了满足大型邮轮的物资需求量大、生产周期紧张等物资管理需求,引入了基于模糊聚类的大型邮轮建造物资分类方法[14]。模糊聚类分析法是一种采用模糊数学语言对事物按一定的要求进行描述和分类的数学方法。根据研究对象本身的属性来构造模糊矩阵,并在此基础上基于一定的隶属度来确定聚类关系,即用模糊数学的方法把样本之间的模糊关系定量的确定,从而客观且准确地进行聚类。它的基本过程包括:通过构建物资分类属性综合评价模型和物资管理综合评价体系,对样本进行模糊综合评价,得到样本的影响因素综合评价值。利用聚类方法中的层次聚类法对样本进行处理和分析,得到最终的分类结果。

这种分类方法的主要优点如下:

(1) 精度更高:模糊聚类分析法能够考虑到大型邮轮建造物资数据之间的模糊性,对相似度较高的物资进行更精确的分类。这有助于提高物资管理的精度,减少混淆和误分类的情况。

(2) 灵活性更强:模糊聚类分析法可以处理具有不同特征的大型邮轮建造物资,并且可以根据不同的需求和条件进行灵活调整。

(3) 考虑因素更多:模糊聚类分析法可以综合考虑多种因素,如大型邮轮建造物资的属性、用途、数量等,从而更全面地反映物资之间的相似度和差异性。这有助于更好地理解物资的需求和消耗模式。

根据模糊聚类分析法,通过提取各级影响因素构建物资分类属性综合评价模型,围绕大型邮轮建造物资成本、仓储要求、储备寿命及物流指标建立物理管理综合评价体系,运用物资分类属性综合评价模型得到各类物资的综合评价值,最终采用层次聚类分析处理方式,得出国产首制大型邮轮建造物资的分类结果。

1) 物资分类属性综合评价模型构建

模型的建立采用模糊综合评判方法。对体系中的三级影响因素进行模糊综合评判,得到对应的上层二级影响因素的综合评价值,并采用加权法建立模糊矩阵[15]。设三级影响因素集合为 $F=\{f_1, f_2, f_3, \cdots, f_n\}$,其中 $f_i(i=1, 2, \cdots, n)$ 表示某个二级影响因素的第 i 个三级影响因素。设第 i 个三级影响因素的模糊评价为 $R=\{r_1, r_2, r_3, \cdots, r_n\}$,其中 $r_j(j=1, 2, \cdots, m)$ 表示对每个三级影响因素做出的模糊评价。由矩阵 F 和矩阵 R 可以构成该二级影响因素的模糊评价矩阵 W:

$$W = \begin{bmatrix} W_{11} & \cdots & W_{1m} \\ \vdots & \ddots & \vdots \\ W_{n1} & \cdots & W_{nm} \end{bmatrix} \tag{2-1}$$

式中　W——模糊评价矩阵。

依据实际情况,每个三级影响因素对它所属的二级影响因素的影响程度有所不同,假定某三级影响因素的影响度为 δ_i,可以构成一个权重矩阵,设为 $H=[\delta_1, \delta_2, \cdots, \delta_n]$,权重系数满足 $\sum_{i=1}^{n} \delta_i = 1$。在模糊综合评判中,需要使用综合评判算子进行模糊变换,算子可依据实际情况选取不同类型,主要有取小取大型 $M(\wedge, \vee)$,相乘取大型 $M(\cdot, \vee)$ 和加权平均型 $M(\cdot, +)$,前两种算子突出主要因素,显得粗略,为了在综合评价中充分注意而又有区别地考虑到各个因素的作用,采用加权平均型算子,将矩阵 H 和矩阵 W 相乘,得到该二级影响因素的综合评价判定结果矩阵 P:

$$P = H \cdot W = [\delta_1, \delta_2, \cdots, \delta_n] \cdot \begin{bmatrix} W_{11} & \cdots & W_{1m} \\ \vdots & \ddots & \vdots \\ W_{n1} & \cdots & W_{nm} \end{bmatrix} = [p_1, p_2, \cdots, p_m] \tag{2-2}$$

式中　P——综合评价判定结果矩阵;
　　　H——权重矩阵;
　　　W——模糊评价矩阵;
　　　δ_i——某三级影响因素的影响度。

对综合评价矩阵 P 采用模糊向量单值化方法处理。令等级分类的各等级评语为 t,由低到高对 t 分别赋值,可以得到等级矩阵 $T=[t_1, t_2, \cdots, t_m]^T$。通过等级矩阵可以突出矩阵 P 中三级影响因素的高评价因素,弱化低评价因素在该二级影响因素的最终综合评价值 Q 中的比例。其中:

$$Q = P \cdot T = [p_1, p_2, \cdots, p_m][t_1, t_2, \cdots, t_m]^T = \sum_{i=1}^{m} p_i t_i \tag{2-3}$$

式中　Q——综合评价值;
　　　P——综合评价判定结果矩阵;
　　　T——等级矩阵。

Q 值的大小即为该二级影响因素的综合评价值,客观反映了该因素在大型邮轮物资分类整体影响因素中的重要程度。对评价体系中其他二级影响因素应用同样的方法,依次可以得到各因素的综合评价值。对于不同的物资,依据评价体系相应可以得到二级影响因素的综合评价值。对大型邮轮所有建造物资的综合评价值,利用聚类方法中的层次聚类法分析对数据进行处理,得到最终的分类结果。

2) 物资管理综合评价体系构建

物资管理综合评价体系是一个三层评价体系,顶层为面向大型邮轮的物资管理评价体系;中间层为大型邮轮物资分类的二级影响因素,基于物资仓储及物流阶段要考虑的因素,构建的二级影响因素为四个,分别为物资成本、物资仓储要求、物资储存寿命及采购难易程度要求,如图2-1所示;底层是相对每个二级影响因素的三级影响子因素,针对每个二级影响因素,它的三级影响子因素有所不同[16]。

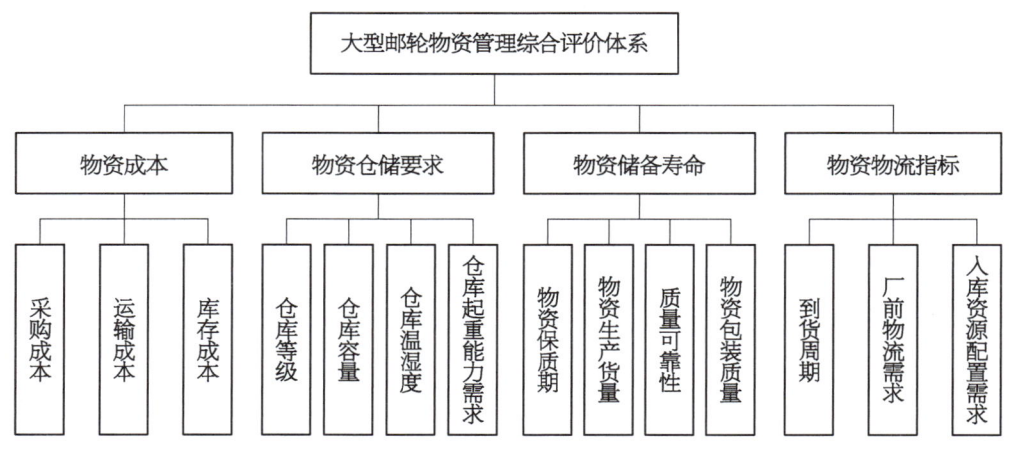

图2-1 建造物资管理综合评价体系示意图

3) 物资分类属性综合评价模型运用

依据大型邮轮建造物资需求的实际情况,针对与常规船舶产品相似的各种物资及大型船舶物资管理过程中的主要物资(包括Turnkey类内装物资、隔热绝缘、机电设备、电装设备、管系设备、冷空通等),构建各物资对大型邮轮重要程度评价表,对船厂物资保管人员、管理人员进行调查问卷,基于统计结果,通过上文建立的评价指标体系和指标分析模型对二级影响因素进行模糊综合评价,可以得到每种大型邮轮建造物资的二级影响因素综合评价值,见表2-3。

表2-3 大型邮轮主要物资影响因素综合评价表

序号	种 类	物资成本	物资物流指标	物资储存寿命	物资仓储要求
1	Turnkey类物资	0.55	0.57	0.6	0.69
2	焊 材	0.55	0.45	0.75	0.55
3	油 漆	0.56	0.42	0.64	0.64
4	型 钢	0.55	0.73	0.53	0.49
5	钢 板	0.69	0.64	0.66	0.48

（续表）

序号	种　类	物资成本	物资物流指标	物资储存寿命	物资仓储要求
6	钢　管	0.69	0.59	0.75	0.5
7	隔热绝缘	0.57	0.68	0.63	0.74
8	机电设备	0.47	0.46	0.71	0.57
9	电装设备	0.73	0.5	0.42	0.55
10	管系设备	0.64	0.5	0.57	0.48
11	电　缆	0.53	0.57	0.61	0.74
12	通用舾装件	0.59	0.45	0.49	0.48
13	非通用舾装件	0.64	0.64	0.65	0.49
14	阀　件	0.62	0.46	0.45	0.48
15	管附件	0.47	0.42	0.61	0.53
16	小五金	0.39	0.45	0.66	0.52
17	船东供应品	0.6	0.56	0.46	0.66

对表中数据采用层次聚类分析处理，聚类变量为表 2-3 中的 4 个综合评价值，经 SPSS11.5 软件包处理，聚类方法采用 Ward 离差平方和法，度量距离选择欧式距离平方（squared euclidean distance）法，可得到 Dendrogram 树形图，如图 2-2 所示。

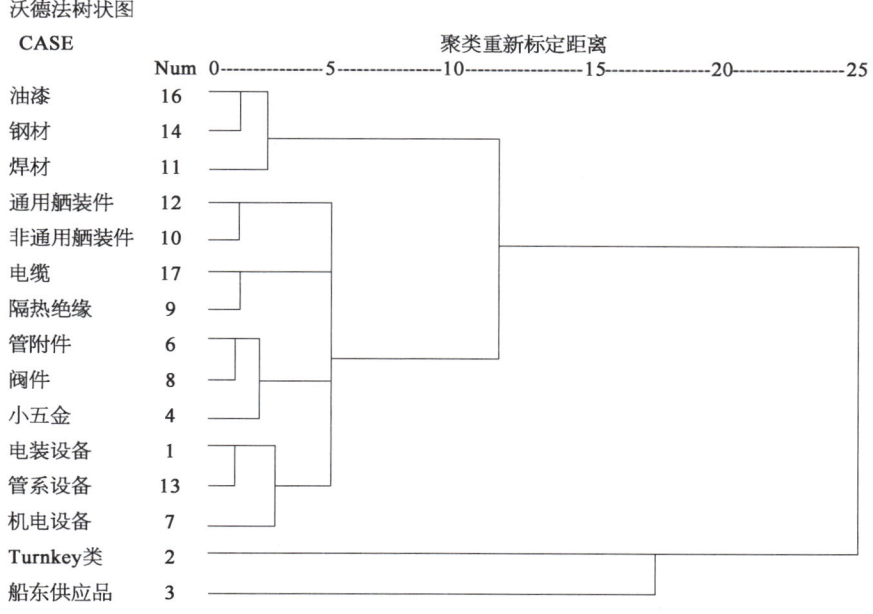

图 2-2　聚类分析树形图

将每种物资的四种评价指标作为每个物资的评价向量,然后计算找到方差最小的两个向量,将这两个评价向量对应的物资聚合为一类,再把聚类后的物资作为一个小组,与剩余的物资再次执行方差计算并找到方差最小的向量组进行聚合,直至所有物资聚集到一个大类之内。图中的横坐标对应的就是向量组的方差。

依据大型邮轮物资分类评价体系中二级影响因素,取聚类数量为17,由聚类分析结果可知,可将17种主要物资概括为两类:常规类和非常规类,如图2-3所示。根据不同类型物资的特点和需求,明确大型邮轮物资管理重点和方向,从而采取针对性的管理措施。

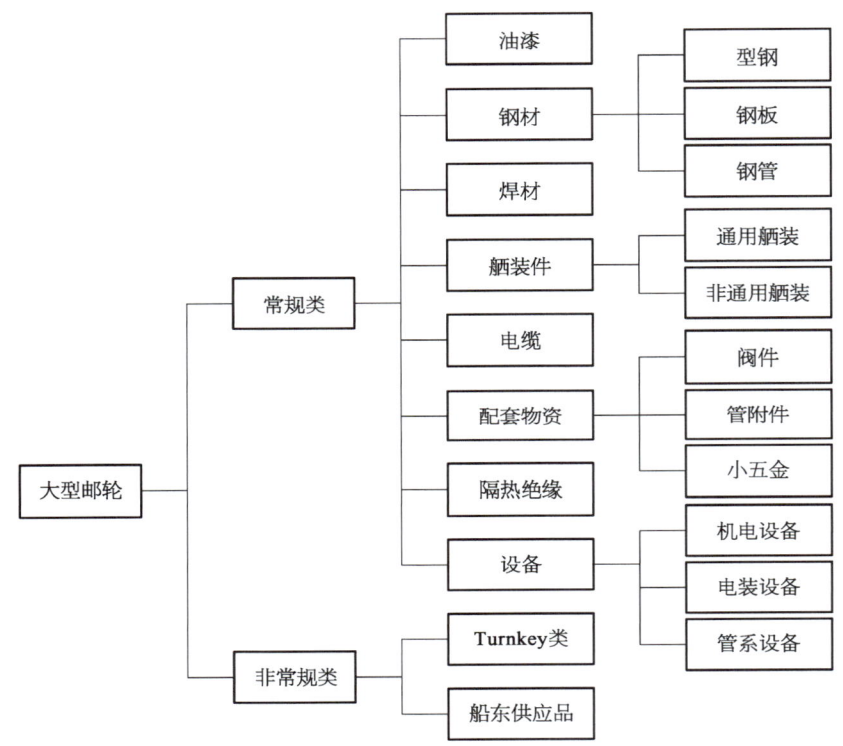

图2-3 面向大型邮轮的主要物资分类

常规类物资包括油漆、钢材、焊材、舾装件、电缆、配套物资、隔热绝缘、设备,其最大的特点是物资成本较低,易于采购。这些物资由于生产成本较低,市场上有大量的生产厂商,因此在灾害或其他紧急情况下,即使库存不足,也能迅速从市场上获得补充。另外,该类物资储存寿命相对较长,对仓储环境的要求不高,因此在储备管理上不需要过于复杂或高昂的投入,采取基本的仓储管理措施就能满足需求,可以减少仓储成本,简化管理流程。

非常规类物资包括Turnkey类物资和船东供应品,具有更高的物资成本和仓储要求,而其采购难易度和物资储存寿命两因素相对较低。这些物资往往涉及特定的技术规格和质量要求,因此其采购过程相对复杂,且采购周期可能较长。此外,由于这些物资往往需要在特定的环境条件下存储,以确保其性能和使用寿命,因此对仓库的等级容量、温湿度控制等方面都有较高的要求。以大型邮轮Turnkey类内装物资为例,其物资供应链条长,供应商众多,管理模式复杂,协同程度参差不齐,导致物资信息存在黑匣子,对项目工程进度产生重要影响。为应对这种非常规物资的管理难点,应加强向供应商端延伸的前置管理,实现对其物资类型、到货计划、仓储状态、上船进度的主动跟踪和掌控。

综上,在管理非常规类物资时,需要加强包括采购、运输、存储和分发等各个环节的过程管理,同时,通过优化仓库布局、提高整体硬件水平,从而满足物资存储的特殊要求,以确保物资在整个供应链中的质量和安全,并能够及时、准确地提供计划所需的物资。

见表2-4,常规船舶建造物资分类使用的ABC分类法将单位物资采购成本作为衡量物资重要性的主要标准,而模糊聚类分析法综合考虑多种因素,如物资成本、物资仓储要求、物资储存寿命和物资物流指标,更注重整体仓储和物流的能效,可以更全面地反映物资之间的相似度和差异性,从而降低管理成本,提高管理效率。因此,探索将模糊聚类分析法作为国产首制大型邮轮建造物资的分类方法是可行的。

表2-4 物资分类方法对比表

分类方法	物资成本	物资仓储要求	物资储存寿命	物资物流指标
ABC分类法	根据物资的价值和重要性进行分类	不关注物资仓储要求	不关注物资储存寿命	不关注物资物流指标
模糊聚类分析法	更注重物资之间的相似性和差异性,在物资成本上不如ABC分类法明确	根据物资的特性和相似性进行聚类,可能在某些聚类中物资仓储要求较高,而在其他聚类中则较低。这种方法更注重整体仓储的效率和优化	考虑到物资的储存寿命,尤其是对于那些需要长期存储的物资,模糊聚类分析法更适用	考虑到物流因素,如运输成本、运输时间等,以优化整体的物流效率

第 3 章　大型邮轮物流集配管理模式

本章在分析国外大型邮轮建造过程中的物流集配管理模式的基础上,结合我国大型邮轮实际建造过程物流集配所面临的复杂局面,探索了一套以物资分类为导向、响应工程变更的适用于我国大型邮轮建造物资物流集配的高效管理模式,力求确保物资供应的及时性和准确性。

3.1　国外大型邮轮工程物流集配管理模式

欧洲是全球邮轮设计建造最活跃的地区,其建造历史可以追溯到 19 世纪末,目前具有代表性的船厂有德国迈尔造船集团(Meyer Werft)、意大利芬坎蒂尼造船集团(Fincantieri)和法国大西洋船厂(Chantiers de l'Atlantique),日本三菱重工(Mitsubishi)于 21 世纪初正式进军大型邮轮的建造领域,在经历四艘大型邮轮的建造后决定放弃这一领域。

迈尔船厂成立于 1795 年,位于德国的帕彭堡(Papenburg),是世界上最大的邮轮建造企业之一。其创立初期主要从事木船建造,于 1872 年开始生产蒸汽驱动的铁壳船,并在 1988 年建造了第一艘大型邮轮"海洋之星"号。此后,迈尔船厂迅速发展,并成为世界上主要的邮轮建造商之一。迈尔船厂建造了很多世界知名的大型邮轮,包括 AIDA 系列、地中海系列、诺唯真系列等。

迈尔船厂被称为全球最现代化的船厂,是德国工业 4.0 时代的典型代表。其拥有世界上迄今为止最大的室内干船坞,使施工进度不受天气影响,为邮轮的按期交船提供了重要保障;迈尔船厂还拥有欧洲最大的激光焊接中心,迈尔船厂还把 VR 技术运用在了造船上,通过读取结构、管系、电缆、设备的模型数据,在设计阶段就可以 3D 实景检查和完善相关区域的布置,大量减少后期修改,整个生产过程全面推进数字化。这些现代化技术的应用使得迈尔船厂在大型豪华邮轮建造这一业界顶尖领域处于领先地位。

芬坎蒂尼船厂成立于 1959 年,总部位于意大利,是世界上最大的邮轮建造公司之一。起初,芬坎蒂尼主要从事商业船舶和军舰的建造,20 世纪 90 年代,芬坎蒂尼船厂向嘉年华集团交付了第一艘邮轮"皇冠公主"号,由此开始涉足邮轮行业。之后,芬坎蒂尼快速扩大了邮轮建造业务,建造了如"威尼斯"号、皇家加勒比国际邮轮等大型邮轮,成了全球最主要的邮轮建造商之一,邮轮建造市场份额超过 40%。

芬坎蒂尼能够成长为一个造船帝国,离不开在研发创新方面所做的持续努力。从普通邮轮到探险邮轮再到高奢邮轮，芬坎蒂尼准确把握了细分市场的需求，不断进行技术和产品的创新，满足客户的各种定制化要求。芬坎蒂尼共设立了3个设计中心和1个研究中心，从结构和材料、振动和噪声、虚拟建模、生物工程等领域持续研发，确保芬坎蒂尼船型设计建造保持世界领先水平。综合芬坎蒂尼船厂各个业务领域的情况来看，它的成功可以归结为以下几点：长期稳定合作的邮轮供应链体系、经验丰富的技术工人、卓越的研发团队、贯彻始终的创新理念、良好的市场前瞻性，以及完善的技术咨询和售后服务。

法国大西洋船厂成立于1861年，位于法国圣纳泽尔（Saint Nazaire）。1984年开始由法国阿尔斯通集团所有，2006年被挪威阿克尔集团收购，2008年韩国STX集团收购了阿克尔船厂业务，并将船厂改名成为STX France。2016年，STX France宣告破产，芬坎蒂尼一度想收购该船厂，但最终未能收购成功，目前法国政府仍是大西洋船厂的主要股东。法国大西洋造船厂旗下有2 500名员工，其中拥有一个包含500名工程师在内的共600名技术人员组成的设计室，利用配置的世界先进生产设备，大西洋造船厂能建造30~300 m区间的豪华邮轮，已经交付了包括"玛利亚皇后2"号、"挪威EPIC"号、皇家加勒比的"海洋绿洲3"号和"海洋绿洲4"号在内的46艘邮轮。法国的文化传承使得大西洋船厂在邮轮的设计领域独领风骚。

三菱重工是日本的一家知名工业和船舶建造公司，成立于1884年，其前身为长崎造船所。三菱重工最初以造船为主要业务，并在船舶建造领域集配了丰富的经验和技术。在我国国产首艘大型邮轮出现之前，日本是亚洲唯一建造过大型邮轮的国家，曾建造和拥有"飞鸟号"（MsAsuka1991）、"日本丸"（MvNippon-Maru1990）、"富士丸"（MvFuji-Maru1989）等多艘2万多总吨位的邮轮，并且在2004年为公主邮轮建造交付2艘11.3万总吨邮轮"钻石公主"号和"蓝宝石公主"号，以及在2016年和2017年为AIDA邮轮建造交付了2艘12.5万总吨的"AIDA prima"号和"AIDA perla"号。2017年，三菱重工宣布由于邮轮供应链的本土化程度难以提高，被迫退出大型邮轮建造市场。

这些公司的发展历程展示了邮轮建造业从最初的小规模到今天规模化和国际化的变迁。迈尔船厂、芬坎蒂尼船厂和法国大西洋船厂通过不断创新和技术进步，在邮轮设计、建造和船舶技术方面的专业知识和经验教训为邮轮行业的发展提供强有力的支持，推动了邮轮旅游业的快速发展。

分析欧洲、日本大型邮轮物流集配模式，对于探索国产大型邮轮物流集配的管理模式和改善方向，具有重要的研究意义。

3.1.1 欧洲大型邮轮工程物流集配管理模式

1) 欧洲大型邮轮物流集配模式的发展历程

欧洲在大型邮轮物流集配模式的主要发展历程分为五个阶段，如图3-1所示。

（1）机械化阶段（20世纪50年代初—70年代初）。

邮轮建造最早期的阶段是依靠人工进行物流集配操作，涉及人工搬运、手工分拣和装载/卸载货物等过程。随着技术的进步，起重机、输送带、自动化装卸系统等机械化设备被引入邮轮物流集配中，显著提高了物流集配的效率和精确度。

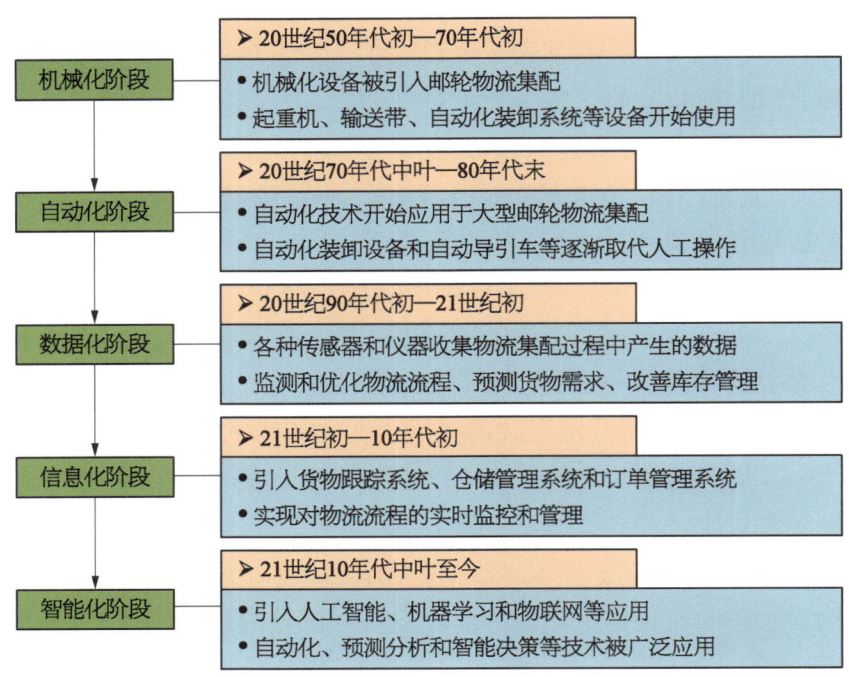

图 3-1　欧洲大型邮轮物流集配模式的发展历程

(2) 自动化阶段(20世纪70年代中叶—80年代末)。

在此期间内,自动化技术开始应用于大型邮轮物流集配作业。自动化装卸设备、机器人和自动导引车等逐渐取代人工操作,实现物流流程的自动化。这一阶段的目标是进一步提高生产效率、降低错误率,并减少对人力资源的依赖。

(3) 数据化阶段(20世纪90年代初—21世纪初)。

此阶段强调数据的收集、分析和利用。通过各种传感器和仪器,收集物流集配过程中产生的大量数据,用于监测和优化物流流程、预测货物需求、改善库存管理等。

(4) 信息化阶段(21世纪初—10年代初)。

信息技术开始在邮轮物流集配中充当关键角色。通过引入货物跟踪系统、仓储管理系统和订单管理系统等信息化系统,实现对物流流程的实时监控和管理。这使得物流操作更加高效、准确,同时也为数据分析和决策提供了便利。

(5) 智能化阶段(21世纪10年代中叶至今)。

智能化阶段是欧洲大型邮轮物流集配模式的最新阶段。在这一阶段,人工智能、机器学习和物联网等智能技术被广泛应用。通过自动化、预测分析和智能决策等技术,为邮轮物流集配活动带来了更高的效率、灵活性和可靠性。

2) 欧洲大型邮轮物流集配模式

在具有近百年建造经验的历史背景下,欧洲邮轮建造企业已经构筑起了完善的邮轮配套体系,各船舶建造企业均具有适合各自邮轮建造特点的项目管理和物流集配管理模式,实现了与邮轮设计建造过程的高效整合。欧洲邮轮建造企业十分注重跨行业联动,通过与上游供应商、物流服务企业及分包商之间的密切合作实现总装建造厂的集约化。在欧洲,大型邮轮项目的配套物流包括100多家战略供应商和近千家专业供应商,邮轮建造企业在物流管理方面实行按配套产品类别、仓储类型、运输方式等分类管理及供应商选择评价等管控策略,广泛使用条形码跟踪物资和船舶零部件,开发物流管理平台对外部供应商进行高效管控。

欧洲邮轮建造厂对于本国尤其是本地区的配套供应商会重点扶持,总装建造厂与本地区的一些配套供应商形成了密切和稳固的共生关系。随着邮轮市场的进一步发展,欧洲邮轮建造企业和配套商、船东等上下级合作方逐渐形成了具有垄断性质的产业联盟,在邮轮建造的配套物资来源上形成了向欧洲本土供应商倾斜的行业标准及质量规范,这使得多数欧洲邮轮建造商的建造物流模式趋于固化,主要的物流运输活动层级也圈定在欧洲范围内,弱化了建造物流管理的需求。

3.1.2 日本大型邮轮工程物流集配管理模式

1)日本大型邮轮物流集配模式的发展历程

日本在大型邮轮物流集配模式主要发展历程如图3-2所示。

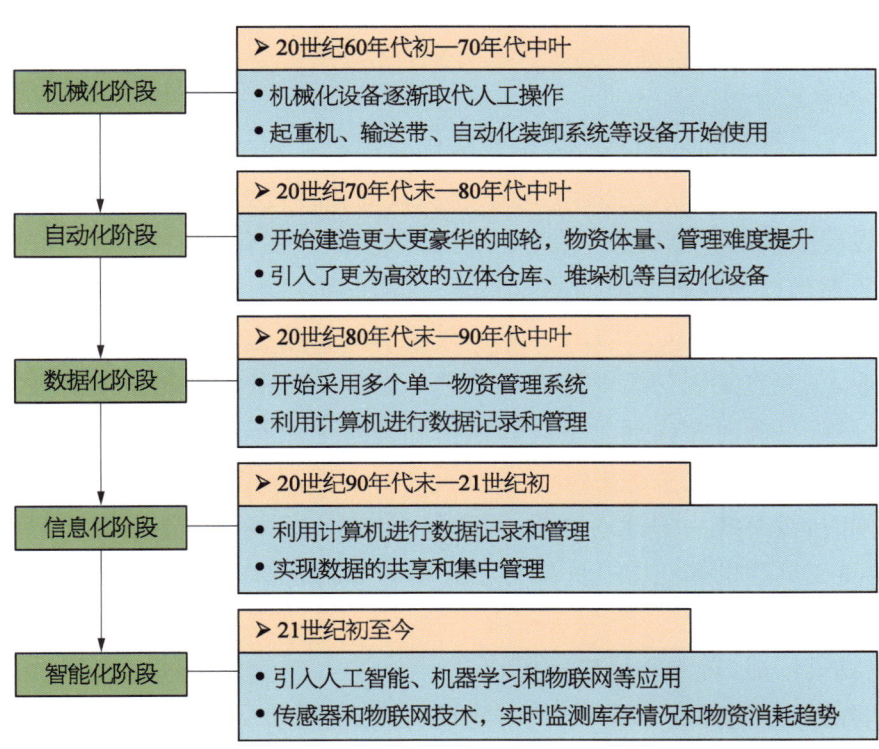

图3-2 日本大型邮轮物流集配模式的发展历程

(1)机械化阶段(20世纪60年代初—70年代中叶)。

自动化起重机、输送带系统、自动化仓储系统和船舶自动化设备的应用,减少人工操作需求,提高物流效率,缩短货物装卸时间,降低人力成本,显著提高了日本大型邮轮物流集配的效率和精确性。

(2) 自动化阶段(20世纪70年代末—80年代中叶)。

该时期日本开始建造更大更豪华的邮轮,相应的建造物资体量、管理难度提升。为此引入了更为高效的立体仓库、堆垛机等自动化设备来执行出入库、物流运输等作业任务。

(3) 数据化阶段(20世纪80年代末—90年代中叶)。

此阶段采用多个单一物资管理系统管理邮轮建造物资物流集配的各个具体业务。这种系统主要利用计算机进行数据记录和管理,但每个系统通常只能实现单一功能,如采购管理或库存管理。系统之间缺乏有效的数据交流和共享。

(4) 信息化阶段(20世纪90年代末—21世纪初)。

随着信息与通信技术的发展,各个单一物资管理系统间的壁垒被打破,日本邮轮建造行业开始逐步实现集成系统的应用。集成系统将不同的管理功能整合在一个统一的平台上,实现数据的共享和集中管理。这使得邮轮建造物资的采购、库存、配送等环节能够更加高效和准确地进行管理。

(5) 智能化阶段(21世纪初至今)。

随着物联网、人工智能和大数据技术的快速发展,日本邮轮建造物资管理正朝着智能化方向发展。智能化管理模式意味着系统能够自动分析和学习数据,提供智能化的建议和决策支持,为建造者提供更高效、更精确的物资管理方案。

2) 日本大型邮轮物流集配模式

日本船企在大型邮轮建造初始阶段仍然沿用常规船舶建造管理思路执行邮轮项目,由于大量建造物资仍需要从客户或行业指定的欧洲供货商跨洋进口,使得亚洲邮轮建造企业相比于欧洲同行要设置更多的仓储层级,管理难度加大,在欧美文化为主导的国际邮轮市场中,亚洲邮轮建造业长期难以跻身行业前列。

2011年三菱重工接获AIDA Cruises的2艘豪华邮轮建造合同,其中AIDA Prima是该系列邮轮的首制船,三菱重工因初始设计方案的总体性能不能满足强制生效的新规范引起总体设计方案的大幅修改,同时在内部舱室设计风格和理念上因不能满足船东要求而进行多次变更,建造AIDA Prima时三菱重工也没有实施项目制管理,职能制管理的弊病完全展现,各部门各司其职的同时,没有统一的计划协同、调度和充分的过程协调,造成库存管理混乱,一方面是高库存,三菱重工周边的第三方仓库库存了大量的首制船物资;另外一方面紧缺物资又无法按期到货,最终由于设计变更、材料供应进展不顺、内部装饰方法变更等多种复杂因素引起首制船工期延误、物资停滞,首制船巨额亏损。

在该系列船的第二艘邮轮AIDA Perla建造时,三菱重工变更建造物流集配管理模式,将邮轮建造物流委托专门物流公司佐川进行管理,佐川物流负责全船60%内装材料的物流和集配到船服务。佐川物流在船厂外部设有16个仓库存放材料和设备,在船厂内另设一仓储中心(占地面积约15 000 m^2),根据船厂和各分包商每天的需求,以托盘形式将物资送到船上指定生产舱位,同时利用信息追溯系统跟踪船舶内装施工进度和配送物资的使用情况,将送往现场超过3 d未用的物资转回仓库,减少物资浪费。

日本船舶建造企业运用供应链联合管理模式,物流已充分和企业生产经营流程相结合,具备强大、快捷的托盘配送能力,这一模式对我国首艘大型邮轮建造物流集配体系的建立具有较大的借鉴意义。

3.1.3 国外大型邮轮物流集配管理模式分析

1) 欧洲大型邮轮物流集配管理模式分析

在垄断性供应链产业联盟以及成熟物流服务分包商支持下,欧洲船舶制造企业采用先进技术和高效管理手段,构建了一种适用于自身轻量化物流集配管理建造物资集配模式。

欧洲大型邮轮物流集配模式运用高科技手段,如智能化装卸设备和信息化物流系统等,对货物进行集装、仓储和配送。该模式适用于造船市场成熟的欧洲地区,实现物流流程优化,提高物流效率,降低物流成本。同时欧洲大型邮轮建造物资分包商具有强分包能力,使其形成了以船厂为中心、分包商为外围的多层级仓储模式,将大量仓储压力及风险转移至分包商。

欧洲大型邮轮物流集配模式的特点可以归纳为以下几点:

(1) 标准化管理:供应链全过程采用统一标准,各方协同合作,优化资源配置,实现物资利用最大化。

(2) 规模化运营:通过集中物流资源,优化物流节点方式,实现对物流供应链的高效管控,有效缩短供货周期,减少库存成本。

(3) 智能化操作:采用现代物流技术手段,实现物流集配全过程的智能操作和全过程跟踪。

(4) 专业化生产:设立专门的大型邮轮建造重型,物资集中供应,服务高效生产。

欧洲大型邮轮物流集配模式的实施方案主要包括以下几个方面:

(1) 构筑完善且集约化的邮轮配套体系:欧洲邮轮建造企业普遍利用本地区配套供应商,构筑完善且集约化的邮轮配套体系,形成了配套成熟且稳固的供应链网络,并将非必要总包物流管理工作外包给成熟物流配套商或物资供应商,使得邮轮建造企业无须额外再对建造物流环节配置管理资源,从而更加聚焦于船舶建造企业本身的总装建造环节,客观上实现了邮轮建造效率的提高。

(2) 加强供应链标准化协同:构建统一的、标准化的供应链体系,供应链上下道高效协同,通过系统化的物流规划设计和复杂精准的仓储管理系统(WMS)的应用,实现保持较低的库存水平,同时节省了人工和材料成本。

(3) 利用现代化的物流设备和智能化的物流系统:采用现代化的物流设备,帮助企业实现快速、准确的货物配送。同时利用信息系统实时监控货物的位置、状态、数量等信息,并进行预警、分析和决策优化。

(4) 实现室内规模化生产建造:为应对天气原因给大型邮轮施工带来的影响,保障生产节奏,在大部分欧洲船厂仍采用室外船坞建造大型邮轮时,迈尔船厂首先在欧洲应用专业化的室内干船坞完成大型邮轮建造。利用成熟的计划体系,物资集中供应,建造资源专业化应用,实现大型邮轮系列化、规模化生产,也使迈尔船厂在大型邮轮建造领域保持领先地位。

2）日本大型邮轮物流集配管理模式分析

日本大型邮轮物流集配模式适用于货物量大、供应链长、品质要求高、交付期限较长、成本控制要求高的管理场景，通过与专业化的第四方物流公司高效协同，利用信息技术的支持，实现货物流转的实时跟踪和监控，提高了仓储和配送服务的效率和安全性，为研究我国大型邮轮工程物流集配管理模式提供参考。

日本大型邮轮物流集配模式的特点可以归纳为以下几点：

（1）全球化生产：大型邮轮建造物资大部分来源于欧洲，为了有效保障物资供应，采用智能化的多式联运网络，实现了快速、高效的物流配送。

（2）计划体系管理：邮轮建造项目经理提出应明确的施工计划，将与计划相符的采购和施工的清单交予物流公司，并将采购指示发给分包商，物流公司则帮助船舶建造企业管理施工进度和辅助船厂进行交货。

（3）专业团队管理：根据业务内容，利用专业配套物流团队完成物资物流集配全过程管理。

（4）网络化协同：采用网络化协同的方式，通过智能化的物流信息系统实现了物流各环节之间的紧密协调和信息共享，保障物资及时供应。

日本大型邮轮物流集配模式的实施方案包括以下几个方面：

（1）与第四方物流高效协同：与专业第四方物流公司协同合作，帮助船舶制造企业完成供应商出货、物资到货、清关、临时仓储、送货入厂和货物上船等整个建造流程的物流集配管理。

（2）建立多式联运网络：建立海、陆、空多种运输方式的多式联运网络，实现物流配送的高效、快速和灵活。

（3）细化团队明确职能职责：细分物流集配团队，明确各团队职能职责，根据施工进度表、物流集配计划动态调整团队，实现成熟配套，解决物资重复订购，供应延期等问题，有效节省建造成本。

（4）有效应用智能化物流信息系统：将船舶制造企业与智能化物流信息系统信息对接，实现物流集配数据的实时交换。同时利用物流信息系统安排一系列物流集配工作，弥补企业内部生产系统的不足，有效利用资源，实现高效协同。

3.2 我国大型邮轮物流集配管理模式

3.2.1 我国大型邮轮物流集配管理模式分析

同欧洲和日本大型邮轮物流集配模式相比，我国大型邮轮物流集配模式面临如下现状：

（1）欧洲大型邮轮的制造属于垄断经营产业，制造商与分包商集中在相同区域，成熟的区域化生产使得大型邮轮物资实现"0库存"，通过对分包商进行精细化的管理完成对大型邮轮物资的统一集配；日本大型邮轮的分包商来自全球，通过第四方合作完成了海外物资的物流集配工作,尤其是后期物资数量庞大,增加了以人工为主导的物资管理压力,没有国际物流经验的人员去配套和跟进这些物资的配送,造成了物资缺失。因此,我国大型邮轮建造物资需要精细化的管理确保物资供应的及时性和准确性。

(2) 欧洲大型邮轮的分包商大部分分布在船厂周围 150 km 范围内,物流集配模式层级单一,物流往往仅需采用陆运方式,高效便捷;日本由于地理位置的限制,其分包商遍布海外,通过与专业的第四方物流公司协同合作完成对多层级分包商的物流集配管理,化繁为简,物流运输以海运为主。结合欧洲、日本的物资配套模式,基于国内外供应商分布范围广的情况,我国大型邮轮建造物资需采用海、陆、空等多种运输方式,实现全球和区域间不同层级物流的快速、高效配送。

(3) 欧洲大型邮轮的垄断性经营使得建造商变更能够快速执行的同时完成对周边区域范围内分包商的协同,通过区域协同的方式减少或快速执行变更;而日本三菱和分包商之间为了灵活应对这些不规则的变更,三菱重工的施工进展情况与物流公司保持高度信息一致,使得第二条船相比较第一条船的建造工期缩短了 12 个月。因此,我国在应对变更导致的物流任务变动的时候需要做到信息透明与共享,与分包商协同合作,完成供应商出货、物资到货、清关、临时仓储、送货入厂和货物上船等整个建造流程的物流集配管理。

通过对大型邮轮物流集配现状的分析,再结合大型邮轮物资量大种类多,物流供应链复杂多样及变更频繁的特点[17],摸索出适用于我国大型邮轮建造物资物流集配管理模式,需要包含以下几个方面:

(1) 大型邮轮的建造涉及多种海量的物资,这些物资在仓储和管理过程中有很多不同的要求,需要占用大量的仓储场地,花费大量人力、物力。为有效控制大型邮轮物资管理仓储成本,需要针对科学划分的常规类、非常规类物资开展分类管理,根据不同的物资属性及邮轮建造过程中的生产组织模式特点,明确各相关方责任范围,制定相应的管理流程,采用必要先进的仓储物流技术,做好物资到货、场地安排、出入库管理等管理策划。

(2) 大型邮轮建造物资的供应链面向全球,物资量大、供应商多、物流网络极为复杂,单一的物流配送方式不能满足大型邮轮建造物资需求[18]。需要采取合理的组织方式,将全供应链上的国内外供应商、分包商、物流承运方、船厂等相关方进行合理的层级划分,配合先进的物流配送技术,将不同层级上的各相关方进行协同管理,以及时响应大型邮轮建造过程中各大节点对物资供应的需求。

(3) 大型邮轮属于数量单一、高度定制化型生产的产品,技术难度高、生产组织管理复杂,物资种类多且量大,再加上大型邮轮制造工艺繁杂、建造周期漫长,建造过程中发生的各类变更频繁,通常多达十多万条,非常有必要采取有效的管理手段,在包括设计、采购、供应商、各生产部门、各分包商等在内的全体相关方之间建立变更信息高效共享、协同机制,以响应大型邮轮工程变更。

3.2.2 以物资分类为导向的物流集配管理模式

根据大型邮轮物资分类方法,大型邮轮物资分为常规和非常规类物资。常规类物资物流集配模式管理上和常规船舶基本相同,船厂为常规物资提供仓库资源,对物资信息做好收集和记录,为船厂与供应商之间物资流转协作提供信息支持;非常规类物资物流集配模式管理上与常规船舶显著不同,依据大型邮轮分包模式对物资进行分类,船厂根据仓储场地类型为非常规物资配置场地资源,结合分包模式的特点对非常规物资进行物流集配工作。

1) 常规类物资物流集配管理模式

常规类物资由船厂采购并自行管理,船厂管理供应链全流程,为常规物资提供仓储场地、物资管理与物流配送,负责供应商到货物资的接收与现场部门领用物资的发放。常规类物资物流集配管理流程如下:

(1) 船厂根据大型邮轮节点计划生成采购计划,采购部门根据采购计划向供应商发送采购需求并由供应商反馈预计送货时间。

(2) 物流集配部门根据到货计划为常规类物资准备仓储场地,并通知供应商送货时间和地点。

(3) 物资到货后物流集配部门确认入库,根据常规物资种类分类存放。

(4) 生产部门根据生产计划提出领用申请,物流集配部门根据需求并配送至邮轮生产地点。流程如图 3-3 所示。

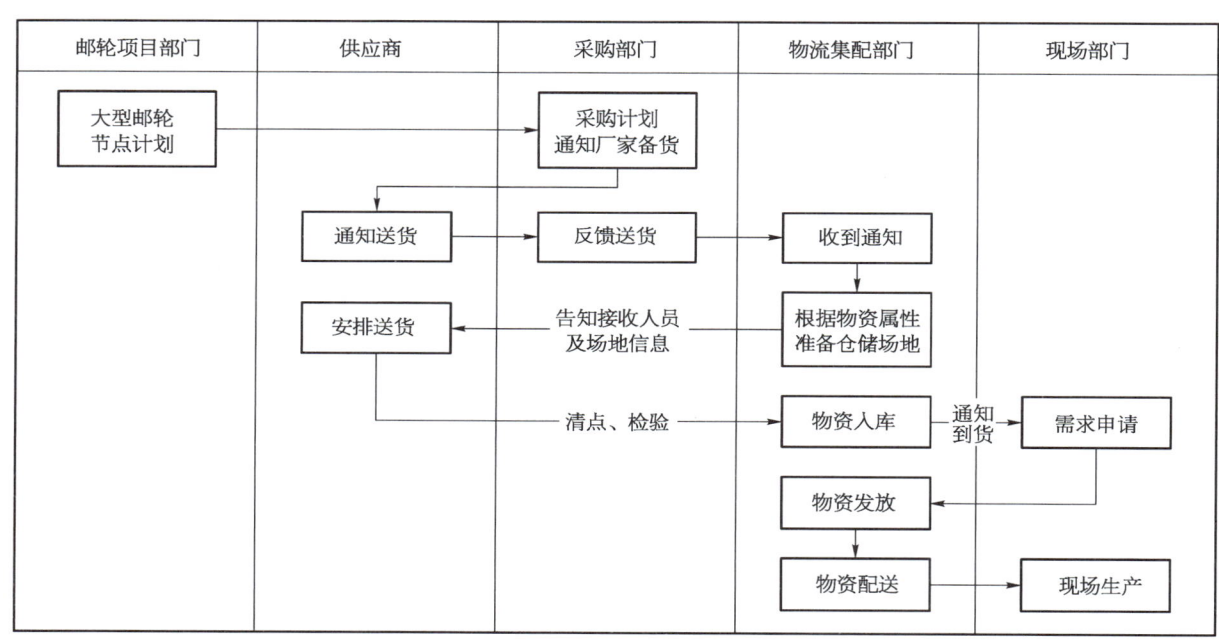

图 3-3 常规类物资物流集配管理流程

大型邮轮常规类物资大多是通过供应商送货上门的模式进行物资物流集配管理。大型邮轮常规物资的物量和种类与常规船舶相同,因此在管理模式上也基本相同,但对于大型邮轮常规物资的管理,需要考虑其体量大的特点。以大型邮轮设备物资为例,大型邮轮设备物资的大小、型号与常规船舶有着显著不同,这包括主机、造水机、锅炉等,相比常规船舶,大型设备规格尺寸更大,如大型邮轮主机的长度达 11 m 以上,重量约 23 t,而常规船舶的主机长度一般为 5 m 左右,重量为 8~9 t。如何对尺寸规格差别较大的常规物资进行计划上的管控与场地上的布置,流程上如何接收与发放,各相关方的责任又如何划分,都面临着巨大的挑战。因此,物流集配管理模式上主要重点关注以下几个特点:

(1) 责任划分:供应商对常规类物资进行送货上门的服务,按照船厂采购部门的订单要求,及时提供符合质量标准的物资,包括厂前物流工作中选择合适的包装方式和运输工具以确保物资在运输过程中的安全和完整,交货时提供必要的单据和证明文件以便船厂进行验收,在交货完成前时刻关注货物的运输状态并及时向船厂反馈运输情况;船厂采购部门根据大型邮轮项目计划制定常规类物资采购计划并向供应商发送详细的订单,包括产品名称、数量、规格、质量要求及交付日期等关键信息;船厂物流集配部门对常规物资提供仓储场地,在收到货物后进行验收,确保货物符合订单要求和质量标准。

(2) 管理流程:船厂需对常规类物资物流集配进行全流程监管。前期开展采购部门的采购平衡会,对需采购的常规物资向供应商提出送货及包装要求,到场后的卸货方式,接收物资时的开箱清点,做好信息记录及存档,接收后通知现场部门物资到货。在物资发放方式上,船厂物流集配部门通过信息化手段评估运输距离和现场装卸能力,选择由生产部门到库领用或由物流部门配送上门两种方式,利用快速出入库技术完成物资接收和发放。

(3) 计划管理:船厂要对常规类物资计划进行全流程监管,大型邮轮体量庞大,所需物资种类繁多,而场地资源又相对有限,供应商必须严格按照合同约定的时间节点进行送货,过早到货会导致物资在仓库中积压,增加额外的仓储和管理成本,延迟交货则影响生产进度。因此,船厂需要构建相应的物流集配计划管理体系,对于常规物资采用托盘计划管理和钢板设备计划管理,以避免常规类物资中到货、仓库压力陡增、物流拥堵等现象。

(4) 场地管理:船厂对常规类物资存放场地进行管理,在物资存放场地安排上需要考虑到场地类型、场地大小、起重需求和起重能力等因素。对于大型邮轮规格多样的常规物资,如大型设备,配置大型设备堆放支架,提供厂内、厂外等多种类型的场地,以满足大规格的设备存放。通过利用机械化存储设备及管理系统改变传统人工物资管理方式,使物资仓储场地管理更加智能,将大型邮轮设备在有足够起重能力的场地卸车后运到其他地方存储,提高场地管理灵活性。

2) 非常规类物资物流集配管理模式

大型邮轮与常规船舶建造模式相比有一个很大的不同,常规船舶建造,所有的建造任务基本上都由船厂自己组织开展。大型邮轮通常采用一种被称为"交钥匙"工程(Turnkey, TK)的项目管理模式,即由多个不同的分包商负责某一个或几个区域的设计、采购、物资到货、保管与发放、生产安装,直至调试交付等项目的全过程,主要包括邮轮上的酒店工程、剧院、餐厅、各类房舱等生活、娱乐区域。船厂根据大型邮轮的设计和需求,将整体建造任务分解为多个子任务模块或工程包,选择具备对应工程包专业技术和经验的分包方来负责各个模块的建造工作。船厂一般不参与项目的具体实施过程,主要是在项目过程中根据合同约定提供必要资源的支持及完工后组织验收。

结合 Turnkey 模式的特点,非常规物资由分包商为主对供应链全流程进行管理,船厂物流集配部门提供必要的仓储场地与物流配送服务。非常规类物资物流集配管理流程如下：

（1）分包商根据大型邮轮节点计划生成采购计划，并通知物流集配部门物资预计物量和资源需求。

（2）物流集配部门根据其分包类型为分包商准备仓储区域。

（3）分包商制定送货计划后将送货计划反馈给物流集配部门后通知供应商送货，供应商物资到货后、进行接收并根据大型邮轮生产计划制定配送计划。

（4）物流集配部门根据分包商申请记录为分包商提供物流配送支持，具体流程如图3-4所示。

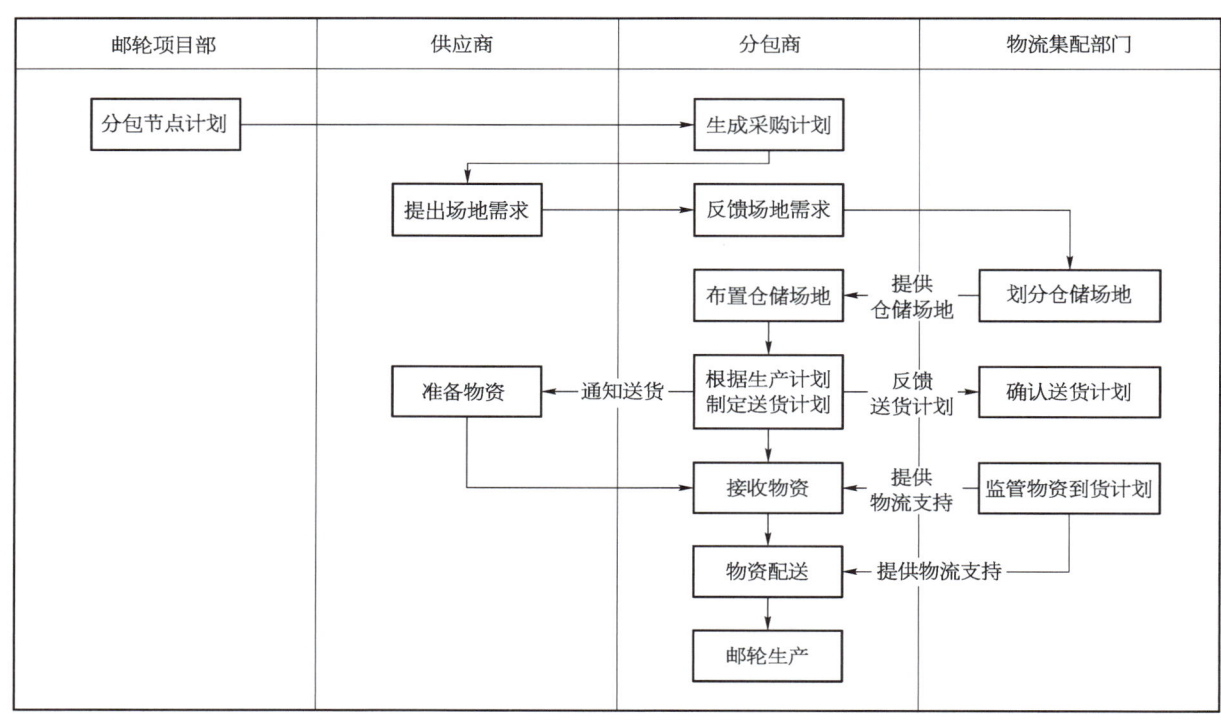

图3-4 非常规物资物流集配管理流程

舱室（Cabin）是大型邮轮Turnkey建造中的重要组成部分。舱室分包商对近百家舱室子供应商进行管理与物资采购，负责舱室物资的采购、计划、物流、管理及建造多个环节。舱室分包商和船厂相关部门在舱室资源平衡会上共同明确舱室材料、掏箱场地、成品舱室存放环境、装卸工具、物资接收时检查反馈方式、物资出入库的具体方式等。对于舱室物资及仓储场地的管理，需要明确双方责任，船厂对于舱室计划进行整体把控，船厂为舱室提供需要的仓储场地场及物流、掏箱等支持，对舱室物资仓储及配送进行监管，以协调舱室分包商与其他分包商、船厂其他部门间的沟通交流工作。舱室分包商需要向物流集配部门在物资到货前反馈到货计划、物资入库及出库及时反馈出入库物资情况，以便物流集配部门对舱室场地进行及时调控。因此，结合Turnkey分包模式的角度分析，非常规物资物流集配管理模式的重点关注以下几个特点：

(1) 责任划分：在分包模式下，分包商应通过丰富的经验和专业能力明确界定分包工作的范围、技术要求及施工工艺，承担起大型邮轮项目创意设计的重任，并代表船厂与船东方进行有效沟通，以获得船东方对承包项目认可。根据船厂大型邮轮项目的总体建造规划，分包商组织物资采购、到货接收、存储管理、分拣集配、发放出库、生产安装等一系列工作，并在项目完工后负责调试及交付。船厂负责大型邮轮项目进度的整体把控，对分包项目进行合理切分、对分包商审慎选择、监控分包商承包项目的建造进度，对不同分包商之间以及分包商与船厂之间的施工进度与界面进行沟通协调，确保大型邮轮 Turnkey 项目的高效推进。

(2) 管理流程：分包模式下，分包商对分包区域工作进行全流程管理。分包商根据分包项目计划制定非常规类物资采购计划并向供应商发送详细的订单，包括产品名称、数量、规格、质量要求及交付日期等关键信息，对到货物资进行验收，确保货物符合订单要求和质量标准。供应商进行送货上门的服务时，需运送至厂内或厂外仓储区域，选择合适的包装方式和运输工具以确保物资在运输过程中的安全和完整，交货时提供必要的单据和证明文件以便分包商进行验收。分包商根据专业的建造工艺流程，按照大型邮轮项目计划开展生产安装、调试交付等工作，以确保分包项目高质量标准建造及交付。船厂从大型邮轮工程总体进度的角度构建并落实项目生产组织管理体系，合理安排各分包商的工作节点与关键路径，确保项目整体进度可控，根据施工进度配置相应必要资源。

(3) 计划管理：在分包模式下，船厂建立邮轮项目总体计划管控体系，编制大型邮轮项目大节点计划，定期组织各种形式的计划进度检查、协调会议，监控项目总体进度，协调各分包商之间、船厂与分包商之间施工进度关系，将各个分包工作紧密有序地联系在一起，提高建造效率，确保大型邮轮项目节点完成。各分包商根据各自的施工工艺，编制符合项目总体进度要求的设计、采购、施工计划。

(4) 场地管理：在分包模式下，分包商对非常规类物资存放场地进行实际管理，根据具体的物资属性及种类规划仓储场地的布局，包括确定各种区域的划分、材料堆放区、设备停放区等，确保仓储区域条理清晰，方便仓储管理出入库操作，定期向船厂反馈场地使用情况以方便船厂进行场地实施调控。船厂负责对分包商的场地进行实时调控，结合到货计划灵活安排临时周转仓库以应对分包商短期内大面积到货，避免物资到货高峰期仓储资源不足的情况；船厂对场地进行设计，设置相应安全设施与标识，对进入场地的物料和设备进行把控，监督各分包商做仓储场地安全及环境卫生工作。

3.2.3 基于多层级的物流集配管理

常规船舶物资的物流供应链比较单一，主要依托于国内市场，国际环节相对较少。而大型邮轮的建造物资数量庞大、种类繁多，供应商遍布全球各地，物流配送网络更为复杂和多样化，涵盖了工厂交货、货物集港、跨国运输、中转仓储、国内运输和厂内配送等多个环节，不同物流环节的专业化细分推动了多层级配送网络的形成。根据物流属性的不同，物流配送网络分为厂前物流和厂内物流两大物流层级，细分为境外层级、通关层级、厂外层级、厂内层级和船上层级等。大型邮轮建造物资多层级配送流程如图 3-5 所示。

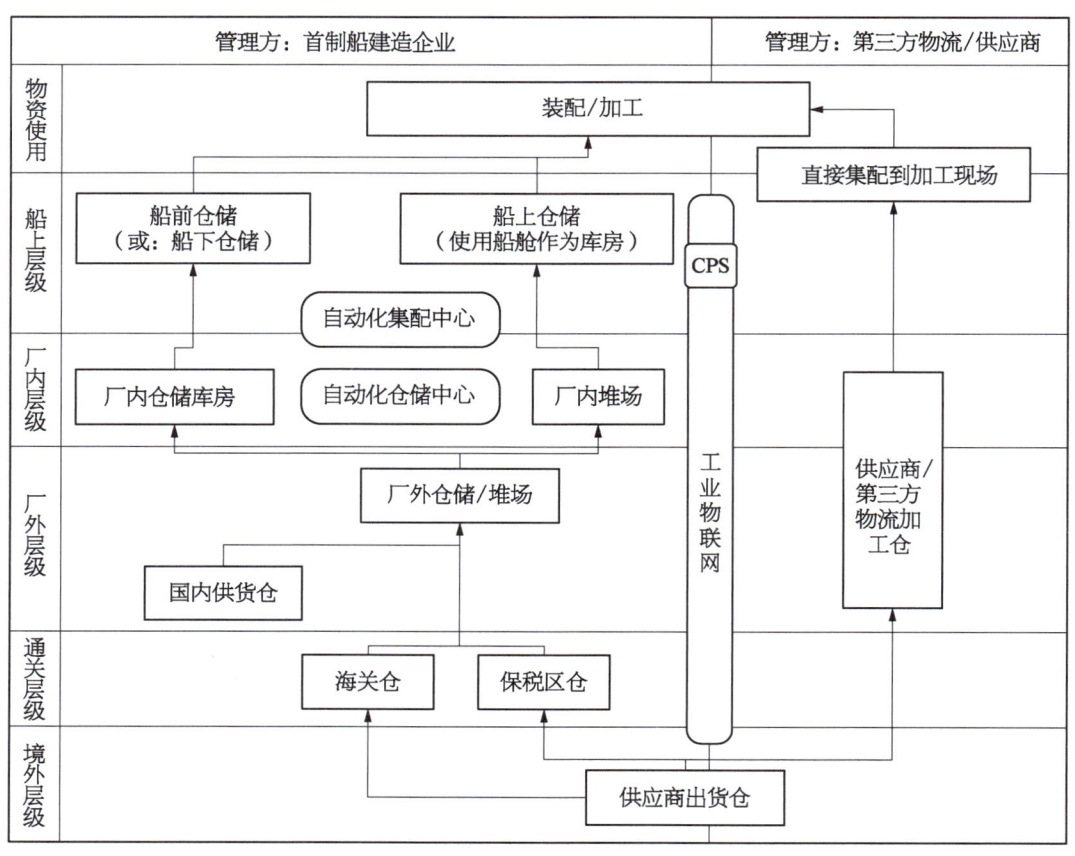

图 3-5 大型邮轮物流多层级配送流程图

多层级物流集配涉及多个环节、多个参与方以及不同的运输方式，其复杂性体现在地理分布、业务关系、信息交流和技术应用等方面。不同层级之间需要高效协同，以确保各类物资的稳定供应。

欧洲大型邮轮制造企业拥有非常完善的供应商体系，以船厂为中心，在一定范围内形成了稳定的物流网络，从而满足大型邮轮建造物资的供应需求，但是我国船厂周边没有像欧洲那样成熟的供应商市场，因此无法直接采用其模式。

日本三菱重工的大型邮轮建造物资大部分来源于欧洲，采用委托第四方物流的模式对大型邮轮多层级物流进行管理，通过与专业第四方物流公司协同合作，策划邮轮建造过程中的全流程物流集配管理，有效地整合资源，缩短了邮轮建造工期，验证了船厂和物流公司之间配合的有效性，但是我国市场上缺乏具备专业能力的第四方物流公司，且该模式下存在船厂对供应链运行过程掌控力度太弱的潜在风险[19]，对于首制大型邮轮建造风险太高，因此也无法适用。

结合日本和欧洲邮轮制造企业的物流集配管理模式，上海外高桥造船有限公司基于大型邮轮物流集配多层级的特点，采取了"船厂自营物流＋第三方物流"的配送模式，根据各阶段的配送特点选择合适的配送方式，在保留自营物流核心业务的基础上引入第三方物流公司提供专业服务,结合现代物流技术,从而确保大型邮轮整个物流体系的顺畅运行。

1) 厂前层级的物流集配管理特点

由于大型邮轮建造物资厂前物流配送业务管理特点和各方责任的不同,船厂对各类物资产生了不同的配送需求并选择了不同的配送方式。

(1) 国产物资配送:大型邮轮国产物资由供应商承担厂前配送的工作,生产厂家安排车辆送货,船厂只需要根据送货时间做好接收工作,以此实现一对一快速高效的物流模式。国产物资厂前配送流程如图 3-6 所示。

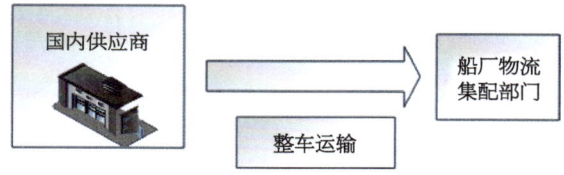

图 3-6 国产物资厂前配送流程

(2) 常规进口物资配送:大型邮轮常规进口物资大多为设备类物资,这类物资价格昂贵、尺寸差别大、附件多且较重、发货批次多,由国外供应商直接发运至港口,通过海运将物资运输至国内,最终到达船厂。为了明确风险转移界限,买卖双方通常选择的贸易方式为买方风险较低的 CIF(成本加保险费加运费)[20],卖方承担货物越过船舷之前的一切风险和费用,包括物资在海外的运输、出口报关、港口装运等责任,货物越过船舷之后的风险则转移给买方,买方负责物资的进口报关、掏箱和运输等工作。船厂通常指定第三方物流公司承担国内物流,可以将部分风险转移给第三方物流公司。常规进口物资厂前配送流程如图 3-7 所示。

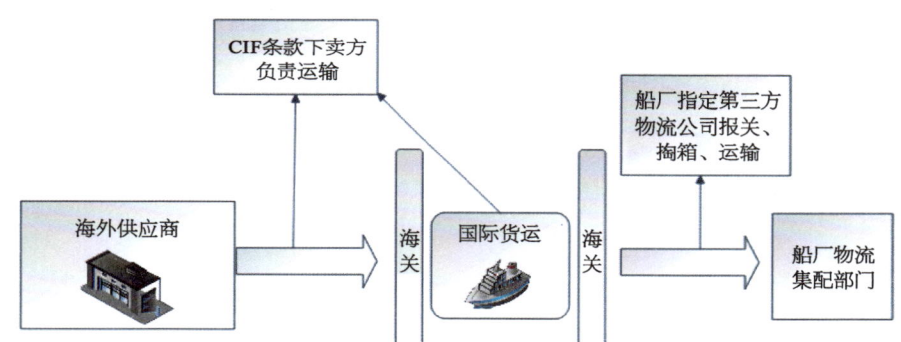

图 3-7 常规进口物资厂前配送流程

(3) 非常规进口物资配送:大型邮轮非常规类物资绝大多数依赖分包商进口且数量庞大,货物检验是供应商发货前的重要环节,工厂验收试验(factory acceptance test,FAT)是指设备生产完成后,在生产厂家进行的一项重要测试。常规物资发货前,因数量不多通常由船厂派人直接前往供应厂家进行 FAT,而大型邮轮的非常规进口物资具有定制化程度高、技术难度大、生产周期长等特点,船厂难以承担前往海外为大量进口物资进行 FAT 的成本,因此需要以合适的方式开展 FAT。

大型邮轮非常规类物资类别丰富,不同物资间的货物属性、单位价值及船厂需求量、需求时间具有差别,基于业务需求不同可以采用 EXW、FCA、DAP 等不同的贸易方式:

(1) 针对数量多、产品杂、涉及多家不同厂家且管理复杂的物资,需要最大化船厂对运输服务的决定权,便于更全面的展开物流运输服务的成本与效益对比。在配送这类物资时可以选择EXW（工厂交货）的贸易方式，此贸易条款下买方责任最大，卖方只负责在工厂或仓库将货物交给买方，风险在交货时即发生转移，买方可自行安排运输并承担相关费用。

（2）对于体积大、价值高、运费高昂的物资，配送时需要优化物流成本并灵活掌控交货流程，缩短交货时间。这类物资可以选择FCA（指定地点"货交承运人"）的贸易方式，卖方承担将货物运送到指定地点的责任和费用，并办理出口清关手续，一般指定地点为工厂交货，由卖方负责装货，买方自行选择最合适的运输方式和物流服务商，承担货物在运输过程中的风险和费用。

（3）舱室材料具有易损坏、定制性强的特点，需要由的里雅斯特港直接运至上海港，并在仓储场地直接掏箱，选择第三方物流公司时应满足上述需求。舱室物流可以采用DAP（所在地交货）的贸易方式，风险转移点在货物实际交付给买方时，在货物交付之前，卖方承担了较大的责任和风险，直至货物实际交付给买方。

在不同的贸易方式下，非常规进口物资厂前配送流程如图3-8所示。

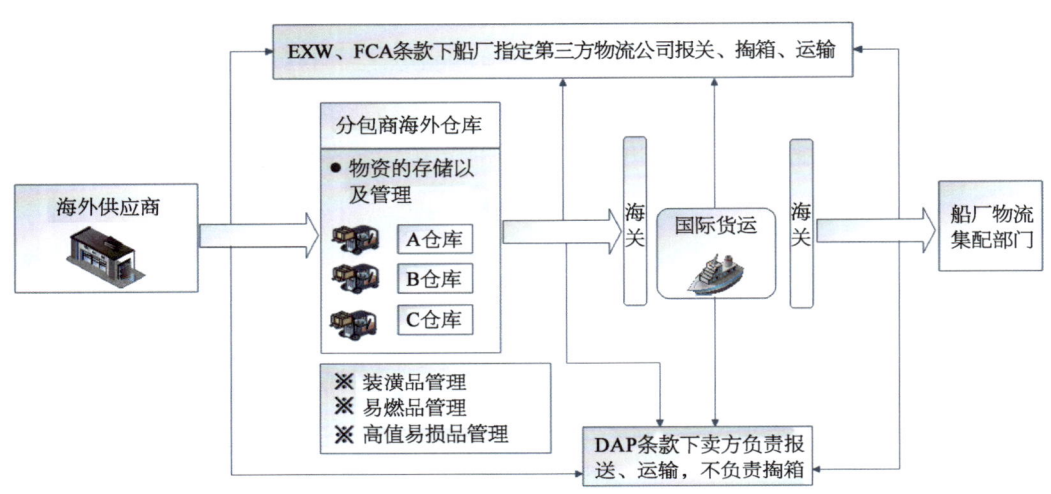

图3-8 非常规进口物资厂前配送流程

在FCA和EXW这两种贸易方式下，船厂与报关公司签订委托报关协议，由报关公司指定合适的第三方物流公司负责从工厂提货运输至船厂指定仓库。

在DAP方式下，货物从工厂到船厂指定目的地，整个过程的运输均为卖方负责，一般由船厂推荐物流公司给总包商，总包商可以自行判断是否选用。最终选用的物流公司需要满足船厂对于物流成本及节点的要求。舱室材料进口报关工作由物流公司承担，船厂需要负责卸货。此贸易条款下与船厂合作的报关公司负责货物品名预归类、上海港进口报关、清关查验等工作，船厂仅需处理货物进口清关的相关流程及负责进口清关的费用及其他相关费用。

通过对大型邮轮厂前物资配送模式的分析，厂前层级物流集配管理模式的特点归纳如下：

（1）分层级管理。大型邮轮建造涉及的物资供应商众多，业务链条冗长，管理难度较大，要求物流系统能够高效、准确地满足船厂物资供应需求。因此，有必要区分不同的层级，实现精细化管理。

(2) 选择合适的贸易方式。邮轮物资配送具有独特性,对贸易方式和业务流程有明确要求,不同的贸易方式涉及不同的风险和成本,适用于不同的物资和市场条件。因此,在选择贸易方式时,需要综合考虑成本、风险和物资特性等因素,确保物资能够及时、安全地送达目的地。

(3) 选择合适的物流管理模式。多层级管理模式下,船厂需要评估现有的物流资源,包括人力资源、工装设备、车辆资源等,在此基础上将部分物流业务外包,采用先进的技术,使自身专注于核心业务的发展。针对不同层级的物流需求,需要匹配具备相应能力和经验的物流承包商。

2) 厂内层级的物流集配管理特点

大型邮轮厂内物资配送是指在厂内层级伴随大型邮轮生产计划和需求,由船厂自营物流将物资从仓库或其他仓储点准确、及时地配送到生产线或指定地点的过程。根据配送物资类型,其可分为三类:① 将材料、设备、配套类物资等常规物资从厂内仓库或堆场运送至各生产部门车间和室外施工现场;② 将生产装配车间加工的零件、小组立、分段等中间产品配送至建造场地进一步加工;③ 按分包商需求将在船上作业所需的非常规物资从各分包商仓库配送至船前仓储。

(1) 厂内常规物资配送:在其他类型的船舶建造过程中,常规物资由生产部门派人领取,仓库负责管理与发料,但是邮轮的建造涉及大量的物资,其复杂度和多样性远超其他船型,在这种情况下,传统的厂内物资领用模式往往难以适应。上海外高桥造船有限公司利用成组技术原理,由繁化简,将大型邮轮常规物资按照造船工艺组合成托盘进行分类管理,以托盘为管理对象,按作业区域、作业阶段、作业类型开展大型邮轮常规物资配送工作。

配送前由生产现场提出需求,物流集配部门接收需求后向司机安排配送任务;物资配送到货后,现场人员进行收货,核对无误后接收物资进行生产建造。大型邮轮常规物资配送流程如图3-9所示。

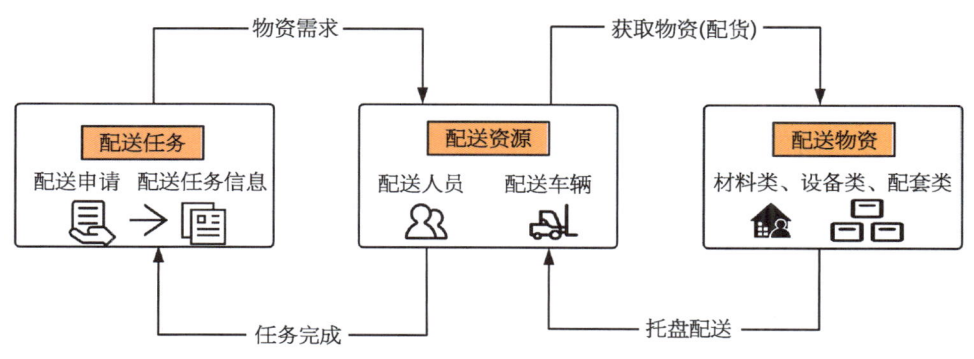

图3-9 大型邮轮常规物资厂内配送流程

这种配送方式以生产需求为导向,强调时效性、准确性、可追踪性和个性化服务。在大型邮轮常规物资配送时,针对邮轮建造庞大的物资需求,实施精细化、多品种、小批量的配送策略,确保物资能够及时、准确、合理地送达现场,保障各生产节点,确保邮轮建造过程的顺利进行。这一过程与大型邮轮的生产计划和工艺流程紧密相连,物资在厂内各仓储点与车间、工位之间高效流转。而针对生产流程中剩余的可再利用物资和部分未安装物资,主要采用逆向物流,对托盘物资进行回收。

(2) 厂内中间产品配送:大型邮轮建造规模巨大,船体结构复杂,其中间产品在配送时数量更多,配送周期更长。大型邮轮中间产品的配送流程和常规物资一样,由生产部门发起申请,物流集配部门接收需求后开展配送。但是与常规船舶相比,大型邮轮大部分中间产品都是由薄板制作而成,在加工和运输过程中极易发生变形,需要采用多种工装来确保薄板材料配送的精度和稳定性;部分中间产品与常规船舶比体积更大,如配送超大型邮轮总段时,需要采用两车联运提升总段驳运能力,从而缓解总组场地紧张局面。在实施大型邮轮中间产品配送时,统筹运输资源,根据生产部门需求及运输工具运力及装载空间,科学合理地安排配送工具,可以实现资源利用最大化。

(3) 非常规物资配送:大型邮轮厂内物资配送的对象除了常规物资以外,还涉及了大量分包商管理的非常规类邮轮 Turnkey 物资。分包商作为物资的需求方与使用方,需要及时提出物资配送需求并实时反馈工程进展,物流集配部门需要配合提供场地和必要的运输支持。大型邮轮项目复杂,各分包商在邮轮建造过程中高度依赖于各类 Turnkey 物资的供应,物资配送不及时可能会导致邮轮内装工程进度受阻,甚至可能出现工程停滞的情况,从而增加邮轮建造的时间成本和总体成本,因此针对不同分包商可以固定服务班组及责任人员,保证设备供应,每个分包商都由船厂派专人负责物流计划的制定和执行,配送人员明确各职责分工,随时保持待命状态,在有限人力、设备资源下,通过先进的调度技术,建立高效的协作机制,以快速响应内装物资供应的需求,保证预定的施工计划顺利进行,满足大型邮轮生产进度。

常规物资的仓储地点集中在船厂仓库,配送时主要以叉车、牵引车等车辆作为配送工具,将物资从船厂仓库直接运输至生产现场。对于大型邮轮非常规物资,分包商在厂内的仓储点多且布局分散,配送物资的种类和数量更多、配送范围更广,各分包商仓库内物资的周转与配送上船形成了更为复杂的物流配送网络,需要使用精益的配送管理技术,形成高效的物流网络布局和灵活的配送策略,对邮轮物资配送的模式进行优化。邮轮物资形状各异,对运输有更高的要求,需要采取更加细致的包装和更加专业的物流设备,与分包商密切合作,根据不同物资的特点,共同制定相应的物流集配策略,商讨配送解决方案,合理安排配送。

基于上述特点分析,大型邮轮非常规物资的配送流程与常规物资具有较大区别。以舱室为例,舱室的物资配送涵盖了完成制作的预制舱室和壁板、天花板、家具、卫生单元等散装舱室材料,大型邮轮舱室物流流程如图 3-10 所示。

鉴于预制舱室运输成本高昂、长距离配送工具运输困难及返工周期漫长等因素,通常在船厂附近建立预制舱室车间,采用重型卡车将完成制作的预制舱室运输至厂区内,根据分包商的要求,按特定顺序临时堆放在船坞附近,再根据分包商船上安装的进度,利用叉车、牵引车和平

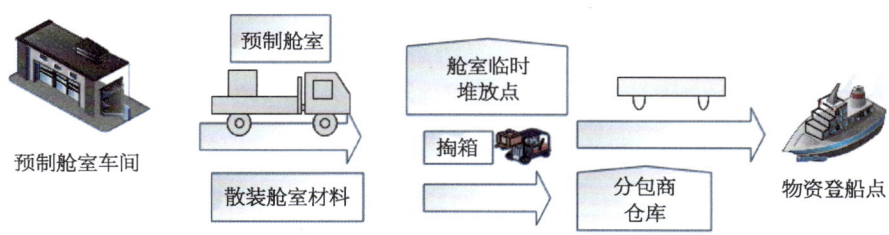

图 3-10 大型邮轮舱室物流流程

板拖斗协同配合,将预制舱室运输至指定上船点,为确保舱室物流的高效与安全,需采用更专业的工具工装,以满足各种尺寸舱室的设备需求。

对于非预制舱室(即散装舱室),其装配工作在船上进行。散装舱室材料以集装箱的形式运输进厂,由物流集配部门使用叉车在厂内进行掏箱,并将掏出的物资运输至分包商仓库或直接配送上船,既能确保集装箱及时归还,防止因积压而产生的高额滞箱费用,掏出的物资又能够及时送达生产现场,以支持生产的正常运转,提升作业效率,保障大型邮轮生产的顺畅进行。

通过对大型邮轮厂内常规物资、中间产品及非常规物资配送模式的分析,可以总结出厂内多层级配送的特点:

(1) 配合性:在多层级配送模式下,船厂自营物流必须提高各方协作,紧密配合生产工艺流程的需求,以生产计划为核心,准时、准确地将海量的原材料、中间产品、Turnkey 物资等配送到生产线边,确保生产过程的顺畅进行。

(2) 适应性:厂内层级中,面临多品种的生产需求,厂内物流配送需要具备高度的柔性化和快速切换的能力以适应不同的生产需求变化,并采用适应大型邮轮物资特点的工装、技术,提高配送运营的效率。

(3) 系统性:大型邮轮厂内物流涉及物资包装、装卸、存储、配送、物流信息等一系列活动,在多层级模式下,这些活动需要作为一个整体进行系统的构造、组织和管理,以确保物流过程的顺畅和高效。

根据厂前和厂内各类物资在多层级配送下的不同特点,多层级物流集配管理模式主要体现在以下几个方面:

(1) 责任划分:在多层级物流集配模式下,有必要根据不同的方式,合理划分责任。厂外物流阶段,国产物资配送由供应商按船厂计划自主管理,进口物资的物流工作一般由专业第三方物流完成,船厂负责监管供应商送货情况及接收物资;厂内物流阶段,常规物资由船厂负责仓储与配送,非常规物资应由分包商作为物资的管理方、物资的需求方和使用方,自行负责;为支持分包商顺利开展相关工作,一般会由船厂提供必要的必要设备支持和运输支持,协助分包商完成物资的运输配送任务。

(2) 管理流程:多层级物流集配是复杂且多方高度协同的配送过程,各层级的相关管理流程必须明确且相互衔接。厂外物流阶段,船厂根据不同业务的特点,明确与供应商和第三方物流的合作方式及管理流程；厂内物流阶段，常规物资需要在常规船舶物资管理流程基础上，根据邮轮建造物资量特别大、供应商层级更多、供应链条更长等特点，进一步细化和优化物流集配各个业务环节，采用先进的物流技术提高管理效率；非常规物资要结合分包建造模式特点，建立特定的物资配送管理流程。

（3）计划管理：大型邮轮建造周期长、物资数量大、配送层级多，物资不及时到货将对生产进度造成影响，物资到货提前期太长将导致物资积压、占用大量场地资源，以及由于保存不当或者过期失效造成损失等风险[21]。为避免上述情况的发生，船厂需要制定更为科学、周密的物资计划，考虑建造过程中可能出现的设计变更或需求调整等原因的影响，从物资供应角度为邮轮建造顺利建造提供保障。

（4）配送管理：大型邮轮供应链层级多、供应链条长、参与的相关方众多，多种管理模式、贸易方式并存，物资配送管理过程中信息的事实更新和共享至关重要，需要建立符合大型邮轮建造特点的物流信息系统。支持多层级物流配送业务顺利开展；配置合理的工装、设备等资源，提高相关方协作以及配送运营的效率。

本节分析了大型邮轮物流集配多层级的特征，结合日本和欧洲的物流集配模式，提出了国产首制大型邮轮采用船厂自营物流与第三方物流结合的模式开展邮轮巨量物资的物流管理，通过多种配送技术综合考虑不同的配送方案，并根据实践需求进行细致的权衡与优化。

3.2.4 响应工程变更的物流集配管理模式

工程变更给大型邮轮物流集配管理上造成了的干扰，供给不及时造成物资不能及时到货。从长远角度看，工程变更使得整个大型邮轮建造延期，引起的工程量等各方面的变化会导致利益相关方进行索赔。为响应大型邮轮工程变更，大型邮轮建造采用了信息协同的物流集配管理模式，依据信息协同的思路建立船舶工程变更的信息协同系统[22]，根据不同变更原因进行分类考虑采取相关措施减少变更降低物流集配的影响。

1）设计变更

设计变更是指在船只建造过程中，由于各种原因需要对原有设计进行修改或调整的情况。大型邮轮的建造周期长，各个环节紧密相连，设计变更必然会引起一定程度的计划变更，大型邮轮设计变更的主要原因如下：

（1）大型邮轮设计难度高：设计人员的专业水平在大型邮轮的设计过程中起着主要作用，不仅仅会影响大型邮轮制造的进度，尤其是部分非常规材料，在材料的选择上需要不断调整，也许根据调整内容重新进行物流集配工作。

（2）大型邮轮设计改良：在大型邮轮建造初期，可能对大型邮轮部分设计细节处理得并不是很到位，而在后期施工的过程中逐渐发现了更加有优良的策略，对一些比较好的建议进行采纳，重新对部分变更所涉及的物资进行物流集配工作。

（3）船东要求更改部分设计：大型邮轮建造过程周期漫长，在建造阶段船东设计师会提出部分设计变更，根据实际情况对部分变更涉及的物资进行重新物流集配工作。

大型邮轮的设计变更会对物资供应和生产计划产生重大影响,需要采取适当的措施进行管理和应对,具体影响见表3-1。

表3-1 设计变更带来物流集配问题

变更项目	物流集配问题
钢板	设计变更使得钢板物资未及时到货造成计划延误,影响后续生产,促使生产计划变更,而生产计划变更又反过来影响到货计划变更,以此往复恶性循环
冷空通	设计变更会导致冷空通物资采购提前期变短,船舶建造过程中各项计划环环相扣,任一环节计划的变更都会影响上一层计划或下一层计划的执行,计划变更反馈不及时会导致计划之间衔接不畅,从而影响生产
电缆	设计变更对电缆物资采购活动影响极大,合理的采购计划能够保证造船生产按计划进行,使造船物流合理地进行,保证船舶能按时交船。POR后续改动导致产生补货需求,若物资到货计划不变,则订货周期缩短,可能致使分包商不能按时供货

通过设计变更的特点分析了设计变更的管控问题及设计变更带来的系列影响,并提出变更前和变更后控制两个方向策略:变更前提前规划采购计划,变更后与分包商建立紧密的合作关系,及时调整物流级配工作。

2) 计划变更

(1) 发货延迟:目前,我国内装物资供应链还不够完善,多为跨国物流,源头分包商的发货延迟可能导致整个内装物资供应链的中断,影响生产部门的进度和需求满足。由于内装物资多为定制产品,分包商需要一定的生产周期来满足需求。这使得在紧迫的建造时间表内确保及时供应变得尤为困难。本节以钢板物资、冷空通物资和内装物资为例介绍分包商发货延迟,汇总了三种变更问题的具体情况,见表3-2。

表3-2 分包商发货延迟带来的问题

变更项目	问题
钢板	钢板制作周期长;邮轮的建造是按单元安装,而钢板制造不会按单元生产,这使得无法保证在临近需求时间时分包商可准时发货
冷空通	冷空通分包商延迟发货,会影响整个物资流通速度,进而影响部门的收、存、发等后续业务
内装	大型邮轮建造内装物资是单船定制产品且大多依赖进口,分包商存在一定的生产周期。由源头分包商发货延迟导致内装物资无法按照计划完成入库,在生产部门发出需求时不能及时完成托盘配齐工作

采取与分包商建立紧密合作关系、提前规划采购计划、明确合同条款和约定、备选分包商等策略进行应对。同时,根据实际情况灵活调整策略,确保了采购业务的顺利进行并满足公司

的需求和利益。

（2）生产需求变化：需求计划变更是在项目、生产或采购过程中常见的现象，主要因为各种原因需要对原有的物资需求进行修改或调整。在项目、生产或采购过程中，由于设备不符合工艺流程等原因需要对原有的物资需求进行修改或调整的情况。以钢板物资、内装物资和设备物资为例介绍物资需求计划变更，各个物资需求变化的问题汇总见表3-3。

表3-3 生产需求变化带来的问题

变更项目	问题
钢板	采购钢板设置的采购提前期较长，使得堆场钢板库存较多。此时，生产部门需求提前期过短将影响及时翻板工作，进而对生产进度产生不利影响
内装	分包商未按到货计划进行完整性托盘发货将导致供应缺口；或者生产需求变更导致周度需求与日需求不一致，需求物资未能到货；或者未按到货计划有序发货，给船厂造成输入端的场地压力
设备	设备物资到货后，需要提前针对到货物资确定合适的仓储场地并及时安排好相关的人员、设备和场地资源等，否则将会对计划产生一定影响

在大型邮轮建造过程中主要涉及钢板、内装和设备物资的存储和分配。为了减少这些影响，物流集配部门加强了与各部门之间的沟通，提高了需求预测的准确性，优化了供应链管理，确保资源的合理配置和使用。

（3）物流信息丢失：在大型邮轮建造过程中，物资追踪的准确性对于生产进度至关重要。通过上表的分析，可以更清晰地了解到不同物资存在的信息不对称问题。物资追踪不到位会对生产进度产生不利影响，但在实际建造过程中，物资的准确追踪往往很难做到，以钢板物资、冷空通物资、电缆物资和内装物资为例信息变更，各个物资信息的变更问题汇总见表3-4。

表3-4 物流信息丢失带来的问题

变更项目	问题
钢板	钢板物资分包商阶段管理匮乏、信息化程度低，缺乏主动跟踪地措施，获取的进度信息宽泛，难以详细追踪
冷空通	冷空通物资绝大多数依赖进口，采购周期较长，且跨境追踪难度大；物资未满足入库条件或物资管理员未及时入库等情况导致物资状态不明
电缆	电缆物资从生产、配送至船厂中的一系列流程均由分包商及第三方切割中心负责，追踪难度大
内装	大型邮轮内装工程一部分建造物资采用Turnkey分包模式，相关仓储、配送、加工等活动全部外包给Turnkey分包商。然而，由于外包的原因，Turnkey分包商无法与船厂的生产计划保持完全一致

针对这些问题,物流集配部门优化了采购及库存管理模式,建立严格的物资追踪管理制度,保障了大型邮轮建造进度的顺利进行。

(4) 质量异常:在大型邮轮的建造过程中,设备与结构发生干涉或设备参数数据资料和实物不符都会产生设备异常等质量问题,同时也存在由于抽检不完全造成接收缺陷物资的问题,以钢板、冷空通、电缆、内装、设备为例介绍物资质量问题。各项物资的质量异常问题见表3-5。

表3-5 质量异常问题

物资类型	问题
钢板	钢板质量的问题产生主要原因是在库时间过长的钢板物资没有进行合理的防护,就会导致钢板产生麻点。麻点问题是钢板物资仓储过程中较为常见的问题,一定程度增加了表面处理成本、重新采购成本
冷空通	冷空通物资基本为海外进口,物流周期长达2~3个月,同时冷空通物资的到货批次频繁,物资涉及种类复杂,基本采用木箱运输至厂,本体及附件容易出现损坏、变形及断裂
电缆	对于电缆物资而言,在进行电缆敷设时,物资均露天放置,突发恶劣天气难以提前防范,可能导致出现物资质量问题。恶劣天气如暴雨容易导致物资受潮,致使电缆卡头接触不良
内装	内装本土物资是来自国内具有内装装潢能力的优秀分包商,由于首次接触大型邮轮内装工程,缺乏设计经验,在生产过程中难免出现设计参数与实际安装参数不符等有关质量的问题。这会影响到后续的入库检验环节,对内装物资的物流集配和生产使用带来滞后影响
设备	一般来讲,设备类物资库存周期为2个月左右,针对在库设备物资尤其是在库时间过长的物资,容易生锈、染斑,若未及时处理加以防护保养,将对设备设备质量产生重大影响,重新采购将增加物资采购成本且对于进口的设备类物资,短期内更是无法到货

为了解决这些问题,需要加强对物资的管理和保护,提高抽检的频率和效率,同时加强与分包商的沟通和协作,确保分包商能够提供高质量的物资。

(5) 环境因素:由于大型邮轮建造周期长,物资的储存就变得尤为重要,内装物资在大型邮轮建造中占据重要地位,主要涉及船舱内部的装修和装饰,若储存管理不当,容易造成内装物资的损坏,从而影响内装物资的安装进程。以内装、钢板、冷空通、电缆、设备为例介绍仓储问题,不同物资受仓储环境影响产生相关变更问题见表3-6。

为确保大型邮轮建造过程中的物资质量和供应稳定,对于高值易损物资,需加强仓库环境的管理,同时安排固定人员不定期抽查物资质量,加强信息化建设,实现在库物资库位自动匹配,库存、在库时长等信息可视化。

3) 运用智能物联软件以响应设计变更及计划变更

大型邮轮建造在建造上积极引进并创新应用多项先进技术与管理方法,以提升建造物流集配管理的效率[23]。其中,SMART-POR系统的开发极大地提高了生产过程的可视化与智

表 3-6 环境因素产生的问题

变更项目	问题
内 装	在物资到货与出库使用期间内,内装物资需要长时间存储在厂内仓库内,易燃的特性对仓库内的温度和湿度有很高要求
钢 板	大型邮轮钢板堆场分区不到位使得仓储管理混乱造成钢板磕碰、挤压而产生钢板变形问题。实际大型邮轮以薄板结构为主,极易因磕碰等原因产生变形,同时也要注意储存环境是否适宜
冷空通	冷空通物资中某些塑料材料长时间暴露于强光下会加速老化,产生变色等问题,因此需要注意储存环境的密闭性
电 缆	生产部门对电缆物资仓储环境的管控存在局限性,无法完全保证适宜的温度及湿度
设 备	设备类物资对仓储保管条件要求较高,部分物资甚至需要特殊保管,因此需要结合物资特征,确保仓储温度、湿度、防火、防尘等条件符合设备保管要求,否则容易造成物资库存受损,造成生锈、染斑等质量问题

能化水平,使得各环节间的计划集成更为紧密高效。P6 软件的引入,更是对物流集配计划进行了深度集成,IMMP 智能物料系统使得整个建造过程中的物流信息得以实时更新与共享,进一步提高了决策的科学性和准确性。

(1) 运用 SMART-POR 以响应设计变更。

常规船舶通常通过预估订货的方式进行物资采购,考虑到邮轮物资的体量庞大、规格多样且无特定制图物资的特点,预估订货量往往较为保守。通过在设计建模阶段就预估各区域的物资需求量,SMART-POR 方法能够在设计初期就捕捉到潜在的材料需求,从而为设计变更时快速调整物资清单提供了基础[24]。设计变更时,设计部门能够基于已有的预估数据,迅速分析变更对物资需求的影响,避免物资短缺或过剩。通过细分模型梳理出设计物资理论 SMART-POR,此方法能够抽离出实际需要的订单需求量,并将这些需求量与理论安装阶段相匹配。

(2) 运用 P6 软件以响应计划变更。

P6 软件在大型邮轮项目中的应用中将各个环节、阶段的物流集配计划整合到一个统一的项目计划中,实时共享信息以最有效的方式进行调整和优化。通过集成历史数据、实时信息和未来趋势,利用数据分析功能对物流需求、运输路径等进行科学规划,制定出最优方案。同时,P6 软件能够自动发送通知和提醒,及时反馈物流集配计划的变更和调整情况。通过清晰的图表、报表等形式展示物流集配计划,帮助团队成员直观理解并进行沟通协作[25]。

(3) 运用 IMMP(智能物料管理系统)对变更项目进行信息共享。

智能物料管理平台对物流集配全过程的实时监控、数据分析和决策支持,为工程变更的物料数据实现透明化展示功能,为跨部门、部门内协同作业提供一个信息化平台[26]。在数据分析层,通过对存储的数据进行挖掘和分析可以发现规律和趋势,并为大型邮轮工程变更提供有价值的信息和洞察。最后,在决策重新采购方面,基于分析和处理后的数据,利用可视化工具和人工智能技术,对变更项目进行信息共享。

第 4 章 物流集配风险管理

风险管理是在项目或企业的风险环境中,选择有效方式有目的和有计划地处理风险,通过识别、衡量和分析,将风险降至最低的管理过程,是一种主动的系统性方法。风险管理一般包括风险辨识与分析、风险评估、风险预警和风险管控。

大型邮轮建造涉及物资种类繁多、数量庞大、相关方界面复杂,具有时效性强、可替代性低、价值昂贵、不确定性因素多、物流集配层级复杂、计划变更频繁、运输仓储质量标准高等特点,物流集配任意环节失效均有可能导致成本增加、质量损失、进度延误、安全问题甚至企业声誉受损等不良后果。因此,针对大型邮轮建造物流集配开展系统性风险管理研究,进行风险辨识与评估、风险预警、风险管控,为项目管理人员提供可靠的决策支持,确保物流集配作为生产建造重要关口始终保持高效,对建造周期与成本控制、质量与安全保障等都具有重要意义。

4.1 物流集配管理风险辨识

风险识别是风险管理的第一步,是发现、辨识和表述风险的过程,在风险事件发生之前运用各种方法系统,连续地认识所面临的各种潜在风险及分析风险事件发生的可能原因。风险识别的全面与否是确保能否找到关键风险因素的重要环节,是风险管理的基础,会对风险评估结果的准确程度和风险应对的效果产生直接的影响。

4.1.1 物流集配管理风险影响因素

由于中国邮轮制造业刚刚起步,供应链本土化建设还在摸索阶段,国产首制大型邮轮项目的物资无论是从品类还是从货值上看,大部分物资从国外进口。为了全面辨识各环节风险因素,将从人、机、料、法、环五个维度结合大型邮轮建造物流集配实际情况,分析效率和可靠性的影响因素。

1) 人员因素

人员因素是影响大型邮轮物流集配效率和可靠性的关键因素,主要是人员因个人疏忽、违章操作、素质或技能水平不高导致工作效率低下甚至引发事故,可分为人的不安全行为和违章操作。

（1）人的不安全行为。

人的不安全行为主要是对大型邮轮新型物资特性不熟悉可能造成的不当处置，以及过劳工作，专业水平、责任心、安全意识不足，对作业风险的评估和预防措施不充分，持续的高强度工作，易引发人为疏忽或失误。

（2）违章操作。

邮轮物流集配活动中可能出现的违章操作比常规船舶会更多。常见的违章操作行为有：物资吊运前未检查固定情况、使用设备前未对设备状态进行检查、在搬运物资过程中未对周围情况进行观察等。体积大、价值高的物资尤需操作人员谨慎对待。一旦在大件物资吊运、搬运过程中发生意外，可能损坏物资，甚至危及人员安全。

2）设备设施因素

设备、设施是装卸及运输物资的载体，现有资源大多是根据常规船舶的建造需求配置，不能充分满足邮轮建造需求。设备、设施因素主要包括物流设备故障、设备及其场地资源支持不足等。

（1）物流设备设施故障。

由于使用年限长、高负荷运行、维护保养不精细、作业环境复杂、作业对象难以处理等因素，可能导致物流设备、设施出现故障，无法继续工作，影响物资的接收、存储和发放，导致物流不畅。

（2）设备设施及其场地资源支持不足。

大型邮轮超大、超重设备占比大，对搬运、吊装和存储要求高，一般的装卸、搬运设备不满足要求，须配备专用设备及场地。另外，邮轮建造物资数量庞大，特别是内装阶段，同期施工项目多、周期长，其间需要大量场地用于物资的存储和周转，对于原先以常规船舶为主产品结构的资源配置状态，需要做出较大调整。

3）物资因素

（1）质量风险。

邮轮建造是劳动密集型作业，相当数量的物资为跨境跨地域供货，物流周转环节多、成本高、供货周期长，物资缺损风险会产生较大影响。物资质量问题不仅使邮轮建造成本增加，严重时可能延后生产计划，甚至影响大节点计划。大型邮轮建造物资质量风险涉及多种原因，如供应商使用原材料有缺陷，工艺控制不合格，出厂检验疏漏，工厂检验意见未及时关闭，运输包装防护不到位等。除了供应端，物资到厂后的卸货、仓储、集配、配送等各个环节也存在质量风险，物资在交付生产部门使用前，在供应链上出现的质量风险会对建造环节甚至对整条船的建造质量、进度、成本和安全形成影响。

（2）重量风险。

大型邮轮建造对重量有严格的控制要求，对各类主要物资制定了具体控制标准。重量风险的源头主要在供应商，提供的设备、材料重量超差，且其重量程序不完善或执行不到位，或者称重设备的精度不足和信息传递协同不够导致偏差。邮轮重量风险引发的相关后果主要体现以下几方面：① 物资超重直接影响到整船重量控制，增加建造成本；② 船舶重量变化引发重心偏离，重心位置控制不合格导致邮轮浮态未达规范要求，需要额外的压载水配平，有效载荷减少,降低邮轮经济效益;不合适的重心位置造成邮轮航运阻力增加,航速和燃油效率降低,提高邮轮的运营成本;还会导致船舶稳性降低,增加倾覆风险,降低运行安全性;③ 超重比例高于合同规定要求的,船东有权扣减工程款,甚至拒绝接受完工船的交付。

4) 管理因素

管理因素是通过生产计划、操作规程、作业标准组织协调人、机、物等资源,从而实现物资流通过程涉及的因素。管理因素主要包括计划管理、业务流程、组织机构、人员培训、沟通与协作等方面的内容。

(1) 计划管理。

大型邮轮建造计划体系层次与结构复杂,衍生计划种类多。建造过程中生产、采购、仓储、配送等方面的计划环环相扣,任一环节计划完成的准确性和计划变更都会影响下一层计划的执行,计划不准确或变更反馈不及时,导致计划之间衔接不畅、不同类别计划之间不匹配,加之设计变更频繁,使得物资的到货、仓储、集配和配送计划更加呈现波动,物资不能及时满足需求影响后续安装,迫使生产需求计划做出变更,进而又反向使物资到货计划变更,计划波动性加剧生产需求与物流进度的不匹配,带来物资仓储爆仓或缺货风险。

(2) 管理组织、制度及培训。

大型邮轮建造需要专业团队开展更为细致和专业的物流集配工作,确保体系设定的职能得到落实,以仓储为主要定位的传统模式变革为集配与配送为核心职能的新模式。成立专门的物流集配部门,扩展机构设置,统筹厂内物流资源,同时,在内部组织机构上进一步分解细化,如建立专职负责托盘化配送和现场辅助作业支持的作业区,在作业区以下的层级组建面向Turnkey类物资管理的班组,突出计划管理和相关方协调能力,由此避免组织机构设置不合理阻碍有效实行物流集配职能的风险。

大型邮轮建造物资因其特殊性,常规船舶物资的业务流程无法充分提供与邮轮物资特性匹配的指引和规范,须填补相应的制度空白,明确各方职责界面、管理办法、纵向衔接和横向协调机制,避免业务实施无序、管控无责任主体闭环的风险。

大型邮轮的物流集配模式、业务操作与常规船舶存在着较大的差异性,新技术、新设备、新方法的应用及新职能的执行包含着大量新知识,需要有计划地开展专门培训,确保处于执行端的管理人员和作业人员掌握业务操作要点、高效运行。否则将影响物资的有序流通,甚至影响生产计划目标的达成。

(3) 沟通与协作。

大型邮轮物流环节相关方多、运行链条长、协同信息量大,业务部门因对计划执行偏离等信息和数据未及时知晓、无法做出快速响应,可能造成物流集配进度脱节的风险。需要有不同层级的例会机制来汇总、核准各方信息,并由项目牵头部门进行协调,同时,各业务部门的工作开展需基于同一平台,使数据能实时互通关联,避免业务信息传递延误或错误,保障物流集配工作顺利推进。

5) 环境因素

仓储、运输环境因素主要是工作场所的温度、湿度、空气洁净度、受力等可能引发物的不安全状态的因素。部分物资对仓储、运输环境要求高,温度、湿度等条件控制难度大,一旦发生受潮、锈蚀、老化、摔落,造成物资受损,直接影响物资质量及功能。

6) 外部因素

外部风险是企业外部经营环境产生的风险。这类风险因素企业难以控制或改变,事前评估并规避风险尤为重要。外部因素主要包括在供应商供货、第三方合作环节发生影响有效履约、准时供应的情况,以及宏观市场环境方面的突发事件。

(1) 供应商供货。

国产首制大型邮轮建造进口物资供应商集中于欧洲,保质保量按时供货是物流集配高效可靠运作的关键因素之一,发货推迟或供货质量、重量问题会显著影响对应物资项的物流集配进度。

(2) 第三方合作。

引入第三方可优化物流成本,但也增加了管理风险压力。一旦第三方物流公司管控不当,发生物资损坏将影响对生产部门需求终端的准时供应。此外,第三方企业运作机制、管理方式需要与船厂的生产建造体系有效对接,避免形成界面摩擦,引起物流进度不畅。

(3) 突发事件。

前端供应商所处的市场环境多变,国外供应商易受地缘政治、当地经营环境、企业劳资关系方面的突发事件影响,国内供应商则在地方环保政策及新法规的执行上需要做出较多协调,都会引发供应链运作的波动。

4.1.2 基于 WBS‑RBS 的大型邮轮工程物流集配管理风险辨识

4.1.2.1 风险因子识别与筛选方法选择

1) 风险因子识别方法选择

风险识别是对所面临的潜在风险源进行辨识、分析的过程。风险识别的方法主要分为经验分析和理论分析。前者根据累积经验编制安全问题清单,用以辨识系统的安全状况;后者一般综合了定性与定量方法,建立模型分析系统的安全状况。

综合对比了各种辨识方法的适用范围、优缺点,针对大型邮轮建造的物资管理特点,采用 WBS‑RBS 法将物流集配流程按照工作流程进行分解,使业务全过程分解细致,在对应物流阶段和风险种类中识别风险因素,能够更加完整地确定风险识别范围,保证了风险识别的系统性、全面性、逻辑性和层次合理性。

2) 风险因子筛选方法选择

考虑到大型邮轮建造物流集配流程具有参与主体多样性、全过程性等特点,WBS‑RBS 法可全面详细识别风险因素,应对数量繁多、层次交叉、结构复杂的问题,每个风险因素影响物流集配水平的高低程度不同,全部都进行风险评价会导致工作量异常大,评价效果也并不明显。因此,在众多风险因素中挑选影响较大、发生概率较高的风险因素是处理的关键。得到风险因素清单后,有必要进一步对初始风险因素进行筛选以达到整合风险因素数量、归并重复相关风险、优化风险评价工作量的目的。

风险筛选方法主要有专家咨询法和数量统计方法。专家咨询法是集成多位专家的知识和意见进行风险的筛选,能够在一定程度上化主观为客观,删除不能明确反映的风险。由于风险的复杂性,初步筛选后结论的科学性与合理性仍难以充分保证,有必要采用相对客观的数学方法来量化风险因素进行进一步处理筛选。

综合各个风险筛选方法的原理、优缺点,以大型邮轮HVAC物资为例,由于物流集配风险的复杂性,现有条件下风险调查采集数据难度高,为合理简化风险因素,挑选出相对重要的风险因素,选择改进的逼近理想解(TOPSIS)结合熵值法对已识别的风险因素进行排序筛选[27]。TOPSIS法可以同时根据多项风险属性对多个风险因素进行比较选择,得出风险的重要性优劣排序,对数据样本量的需求较低,运用专家打分的数据为前提,充分挖掘原始数据信息。熵值法可以根据风险及其属性所含信息量的大小来筛选风险,从而确定主要风险因素,一定程度上减少专家个人偏好的影响,相对客观。

综上,选择WBS-RBS风险识别方法,结合改进的TOPSIS法构建大型邮轮建造物流集配风险辨识模型,识别业务流程中存在的风险影响因素,以进一步展开风险评估。

4.1.2.2 WBS-RBS识别风险因子原理及过程

WBS-RBS是由美国项目管理专家David Hillson最早引入到风险管理领域的,并在各个领域得到发展与运用[28-29],主要步骤如下:

(1) 构建工作分解结构(WBS),把整个大型邮轮物流集配流程按照结构关系逐层分解为若干个独立的作业单元。

(2) 构建风险分解结构(RBS),将整个大型邮轮物流集配过程中可能存在的风险逐层分解,细化至不同层次的子风险为止。

(3) 构建WBS-RBS耦合矩阵。在对WBS和RBS分解完毕后,以RBS为行,WBS为列,形成WBS-RBS风险识别矩阵,判断各子级工作可能存在的导致风险事件发生的风险因素[30-31]。若某环节耦合产生某种风险,则矩阵中对应位置标记为"1",若某环节耦合不产生某种风险,则矩阵中对应位置标记为"0"。

4.1.2.3 物流集配WBS分解

以大型邮轮建造HVAC物流集配为例,先基于流程分析,按物流集配作业阶段分为到货前(W_1)、到货检验入库(W_2)、仓储库存集配(W_3)、发放配送(W_4)、物资回收(W_5)五个环节,再根据各环节作业流程细分若干个子作业。五个环节的具体边界为:从供应商供货开始至采购员收到到货通知结束为W_1单元;W_2单元包括清点、卸货、检验、系统入库等环节;W_3单元为物资定置存放、仓储管理、盘点环节;W_4单元包括生产部门在系统内提交需求开始至物资出库结束;W_5单元为物资回收。HVAC物流集配WBS分解结构如图4-1所示。

4.1.2.4 物流集配RBS分解

基于4.1.1小节中邮轮建造物流集配效率影响因素分析,将内部风险分为人员风险、设备风险、环境风险、管理风险[32]。外部风险主要包括供应商供货风险、第三方合作风险及突发事件。因此,以HVAC物流集配风险为例,从人员(R_1)、设备(R_2)、环境(R_3)、管理(R_4)、外部(R_5)五个方面构建风险分解结构,如图4-2所示。

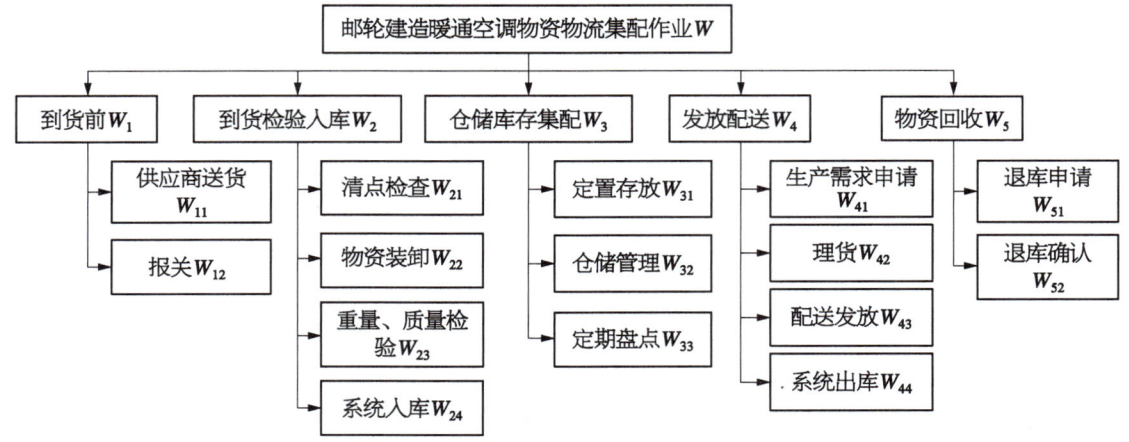

图 4-1　大型邮轮建造 HVAC 物资物流集配工作分解结构图

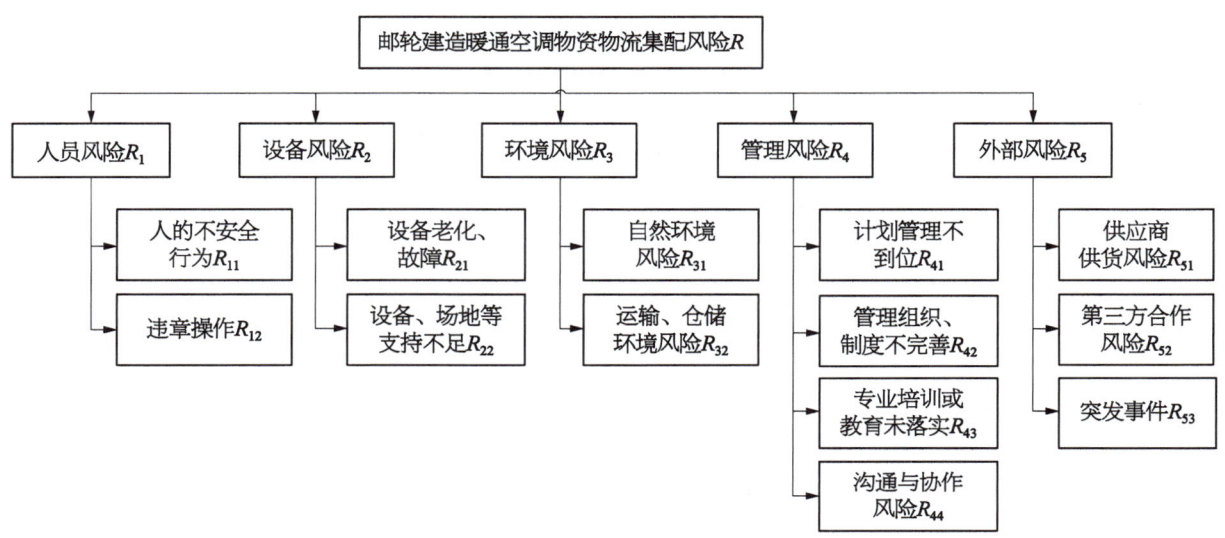

图 4-2　大型邮轮建造 HVAC 物资物流集配风险分解结构

4.1.2.5　建立 WBS-RBS 交叉矩阵识别风险源

根据 WBS-RBS 原理,将 HVAC 物流集配的工作分解结构的最底层工作列入 WBS-RBS 的纵向,将风险结构的各子单元列入 WBS-RBS 的横向,耦合形成 WBS-RBS 矩阵,识别各子级工序 $W_{gh}(g=1,2,\cdots,5;h=1,2,\cdots,4)$ 与风险层级结合 $R_{pq}(p=1,2,\cdots,5;q=1,2,\cdots,4)$ 是否产生风险因素 $W_{gh}R_{pq}$,构成风险与作业的关联。在风险识别矩阵中依次横向审查每个环节,判断是否发生风险,发生则记为 1,不发生则记为 0,得到物流集配工作-风险分解结构表,见表 4-1。

4.1.2.6　物流集配风险源识别清单

根据 WBS-RBS 风险识别矩阵,最终辨别大型邮轮建造物流集配的各工作环节的主要风险[33]。HVAC 物流集配过程中共识别出 61 项风险因素,形成风险因素清单,见表 4-2。

表 4-1 大型邮轮建造 HVAC 物资物流集配工作-风险分解结构

风险			R												
			R_1		R_2		R_3		R_4				R_5		
			R_{11}	R_{12}	R_{21}	R_{22}	R_{31}	R_{32}	R_{41}	R_{42}	R_{43}	R_{44}	R_{51}	R_{52}	R_{53}
W	W_1	W_{11}	1	0	0	0	1	0	1	0	0	0	1	0	1
		W_{12}	1	0	0	0	0	0	1	0	0	1	1	1	1
	W_2	W_{21}	1	0	0	0	0	0	0	0	0	0	0	0	0
		W_{22}	1	1	1	1	0	0	1	0	1	0	0	0	0
		W_{23}	1	1	1	0	0	0	0	0	0	0	1	0	0
		W_{24}	1	0	0	1	0	0	0	0	0	0	0	1	1
	W_3	W_{31}	0	1	0	1	0	0	1	1	0	0	0	0	0
		W_{32}	0	1	0	0	0	0	0	1	1	0	0	0	0
		W_{33}	1	0	0	0	0	0	0	0	0	0	0	0	0
	W_4	W_{41}	0	0	0	0	0	0	1	0	1	1	0	0	0
		W_{42}	1	1	0	0	0	0	0	0	1	0	0	0	0
		W_{43}	1	1	1	1	0	0	1	1	1	0	1	1	0
		W_{44}	0	1	0	0	0	0	0	0	0	0	0	0	0
	W_5	W_{51}	0	1	0	0	0	0	0	0	0	0	0	0	0
		W_{52}	1	0	0	0	0	0	0	1	0	0	0	0	0

表 4-2 大型邮轮建造 HVAC 物流集配风险因素清单

编号	风险因素	编号	风险因素	编号	风险因素
$W_{11}R_{11}$	物资到货跟踪不到位	$W_{11}R_{51}$	供应商发货延迟	$W_{12}R_{44}$	申报资料有问题/不齐全
$W_{11}R_{31}/W_{22}R_{31}/W_{43}R_{31}$	台风、暴雨等自然灾害	$W_{11}R_{53}$	疫情等突发状况	$W_{12}R_{51}$	查验资料清单与实物不符
		$W_{12}R_{11}$	报关信息错误		
$W_{11}R_{41}$	设计、计划变更	$W_{12}R_{41}$	报关员进度跟进不及时	$W_{12}R_{52}$	报关时间过长

(续表)

编号	风险因素	编号	风险因素	编号	风险因素
$W_{12}R_{52}$	海关处理进度缓慢	$W_{24}R_{22}$	入库延迟	$W_{42}R_{11}$	理货混乱
$W_{12}R_{53}$	通关政策变更	$W_{24}R_{51}$	入库物资与实际不一致	$W_{42}R_{12}$	人员疏忽导致未配齐托盘
$W_{21}R_{11}$	未认真核对物资单证	$W_{24}R_{52}$	外借仓库信息传递不及时	$W_{42}R_{43}$	人员对新物资认识不足
$W_{22}R_{11}$	卸货不规范	$W_{31}R_{12}$	存放不规范	$W_{43}R_{11}$	现场5S工作不到位
$W_{22}R_{11}$	劳防用品穿戴不规范	$W_{31}R_{22}$	仓储面积不足	$W_{43}R_{12}$	物资摆放不稳零散物件未绑扎
$W_{22}R_{12}$	物资吊运未做好紧固措施	$W_{31}R_{41}$	库存周期过长	$W_{43}R_{21}$	物流设备故障
$W_{22}R_{21}$	装卸设备故障	$W_{31}R_{42}$	仓储分区不清晰	$W_{43}R_{22}$	物流设备不足
$W_{22}R_{22}$	设备不满足装卸需求	$W_{32}R_{12}$	未监控温度、通风及物资状态等	$W_{43}R_{41}$	现场监管不到位致人员受伤
$W_{22}R_{22}$	装卸人员未正确使用吊装设备	$W_{32}R_{12}$	保管环境不当	$W_{43}R_{42}$	在库物资发放不及时
$W_{22}R_{41}$	计划变更致到货集中	$W_{32}R_{42}$	仓储管理制度不完善	$W_{43}R_{43}$	保管员与生产部门交接
$W_{22}R_{43}$	专业水平、安全意识不足	$W_{32}R_{43}$	防火、防盗、防损等安全措施不到位	$W_{43}R_{51}$	风管供应商发放不及时
$W_{23}R_{11}$	验货不严谨	$W_{33}R_{11}$	物资漏盘、错盘	$W_{43}R_{52}$	外借仓库未保质保量及时配送
$W_{23}R_{12}$	开箱工具使用不当	$W_{33}R_{42}$	盘点制度不完善	$W_{44}R_{12}$	实物已发放系统未出库
$W_{23}R_{21}$	称重设备故障	$W_{41}R_{41}$	到货计划与需求计划不匹配	$W_{51}R_{12}$	生产部门未提交申请即退库
$W_{23}R_{44}$	检验员、船东因故未按时质检	$W_{41}R_{43}$	需求申请不清晰致未及时处理	$W_{52}R_{11}$	退库清点、检验不严谨
$W_{23}R_{51}$	物资质量、重量不合格	$W_{41}R_{44}$	生产人员申请物资描述不清晰	$W_{52}R_{42}$	回收物资管理制度不明确
$W_{24}R_{11}$	入库操作失误				

4.1.2.7 基于改进TOPSIS和熵值法排序筛选物流集配主要风险

1) 物流集配风险因素量化

风险因素的量化处理是进行风险决策的前提,在数据获取难度大的情况下,专家打分法从风险发生概率、损失程度和可控性三个属性量化风险,从而获得更加详细准确的风险数据。综合参考风险相关文献,采用五分制赋值风险因素对应属性的等级标准[34],其中用1~5取值,具体评分标准见表4-3。

表 4-3 风险等级评定及评分标准

等 级	Ⅰ	Ⅱ	Ⅲ	Ⅳ	Ⅴ
风险发生概率	几乎不	极少	偶尔	容易	很容易
风险损失程度	可忽略	需考虑	一般	严重	很严重
风险可控性	几乎不	较难	一般	较容易	很容易
评分值	1	2	3	4	5

2) 改进 TOPSIS 和熵值法排序筛选风险因素步骤

改进 TOPSIS 法对已经识别的风险因素从风险发生概率、风险损失程度和风险可控性三个方面定量分析各个风险的相对重要程度,引入熵值法将排序出来的风险进行合理筛选,从而确定物流集配主要的风险因素。基于改进 TOPSIS 和熵值法排序筛选主要风险因素的步骤如下:

(1) 风险因素标准化。假设识别出的风险个数为 n,已知风险属性个数为 3,专家打分回收的调查问卷数量为 q,对收回的问卷调查数据进行整理分析,可以确定初始决策矩阵为[35]

$$\boldsymbol{U} = \begin{bmatrix} u_1^T \\ u_2^T \\ u_3^T \\ \vdots \\ u_n^T \end{bmatrix} = \begin{bmatrix} u_{11} & u_{12} & u_{13} \\ u_{21} & u_{22} & u_{23} \\ \vdots & \vdots & \vdots \\ u_{n1} & u_{n2} & u_{n3} \end{bmatrix} = \frac{1}{q} \begin{bmatrix} \sum u_{11} & \sum u_{12} & \sum u_{13} \\ \sum u_{21} & \sum u_{22} & \sum u_{23} \\ \vdots & \vdots & \vdots \\ \sum u_{n1} & \sum u_{n2} & \sum u_{n3} \end{bmatrix} \quad (4-1)$$

将初始矩阵 $\boldsymbol{U}$ 归一化处理后统一规范为效益型指标,得标准化矩阵 $\boldsymbol{E} = (e_{ij})_{n \times 3}$,其公式为

对于效益型指标:

$$e_{ij} = \frac{u_{ij} - \min u_j}{\max u_j - \min u_j} \quad (4-2)$$

对于成本型指标:

$$e_{ij} = \frac{\max u_j - u_{ij}}{\max u_j - \min u_j} \quad (4-3)$$

式中: e_{ij} 为第 i 个风险因素的第 j 个属性指标标准化后的值; u_{ij} 为第 i 个风险因素的第 j 个属性指标值; $\min u_j$、$\max u_j$ 为第 j 个属性指标的最小值和最大值。

(2) 属性权重确定及风险优劣排序。根据标准化矩阵建立目标规划优化模型,计算属性指标权重。设风险属性的权重为 w_j,各个风险的正负理想解加权距离平方和可以表示为

$$f_i(w) = \sum_{j=1}^{3} w_j^2 (1-e_{ij})^2 + \sum_{j=1}^{3} w_j^2 e_{ij}^2 \qquad (4-4)$$

式中：$\sum_{j=1}^{3} w_j = 1$（$w_j \geqslant 0$，$j=1$、2、3）从式(4-4)来看，以距离作为限定条件时，$f_i(w) \geqslant 0$ 值越小代表风险因素到理想点的距离越近，结果越好。由于 $f_i(w) \geqslant 0$（$i=1$、2、$\cdots$、n），建立以下单目标规划模型：

$$\min f(w) = \sum_{i=1}^{n} f_i(w) \qquad (4-5)$$

由此构造拉格朗日函数：

$$F(w, \lambda) = \sum_{i=1}^{n} \sum_{j=1}^{3} w_j^2 [(1-e_{ij})^2 + e_{ij}^2] - \lambda \left(1 - \sum_{j=1}^{3} w_j\right) \qquad (4-6)$$

可解得风险属性权重 $w_j = \dfrac{\mu_j}{\sum_{j=1}^{3} \mu_j}$，其中 $\mu_j = \dfrac{1}{\sum_{i=1}^{n} [(1-e_{ij})^2 + e_{ij}^2]}$。

构造拉格朗日函数求得风险属性权重后，可根据式(4-4)求得 $f_i(w)$ 值，并对风险因素进行降序排列，得到风险的相对重要度排序[14]。

(3) 风险因素筛选 为了简化风险，进一步引入熵值法对排序的风险因素进行筛选，以此判断是否采纳[36]。由于每项风险因素下包含发生概率、损失程度和可控性这三个属性，则可以用熵 H_i 来表示各个风险因素的信息贡献总量。对于标准化矩阵 $\boldsymbol{E} = (e_{ij})_{n \times 3}$ 有

$$H_i = -\frac{3}{\ln n} \sum_{j=1}^{3} z_{ij} \ln z_{ij} \ (j=1, 2, 3), \ H_i \in [0, 1] \qquad (4-7)$$

$$z_{ij} = \frac{u_{ij} k_i}{\sum_{i=1}^{n} (u_{ij} k_i)}, \ k_i = \frac{f_i(w)}{\sum_{i=1}^{n} f_i(w)} \qquad (4-8)$$

式中：z_{ij} 为第 i 个风险的第 j 项属性贡献度；k_i 为第 i 个风险在整个风险的比重。

根据式(4-7)和式(4-8)求得各个风险因素的信息熵 H_i，分析各区间的风险数量划分信息熵 H_i 的阈值，完成对风险因素的筛选。

3) 大型邮轮物流集配关键风险因子筛选

利用专家对各类风险因素进行打分，并整合各专家的评价结果，获取初始数据，根据式(4-2)和(4-3)标准化处理。其中，风险发生概率和损失程度为成本型指标，可控性程度为效益型指标。

根据式(4-4)计算得到 $f_i(w)$ 值，实现了各个风险因素的预排序。由式(4-7)和(4-8)计算得到风险信息熵 H_i，H_i 的阈值为 0.1、0.2、0.3、0.4 的个数分别是 10、19、20、12，故将 H_i 阈值设为 (0.1, 0.3) 为宜，按照筛选准则，对风险进行筛选。$f_i(w)$ 的预排序和 H_i 的基本筛选最终得出 39 项 HVAC 物流集配的主要风险因素，见表 4-4。

表 4-4　改进 TOPSIS 和熵值法筛选后的风险因素

风险因素	$f_i(w)$	H_i	风险因素	$f_i(w)$	H_i
物资质量、重量不合格	0.170	0.174	卸货不规范	0.223	0.252
物资到货跟踪不到位	0.170	0.175	生产人员申请物资描述不清晰	0.223	0.231
风管供应商发放不及时	0.174	0.178	设备不满足装卸需求	0.226	0.276
外借仓库未保质保量及时配送	0.174	0.184	人员疏忽导致未配齐托盘	0.226	0.278
人员对新物资认识不足	0.176	0.179	入库物资与实际不一致	0.228	0.280
报关时间过长	0.179	0.163	台风、暴雨自然灾害	0.229	0.245
理货混乱	0.185	0.197	退库清点、检验不严谨	0.236	0.254
物资摆放不稳零散物件未绑扎	0.190	0.207	未认真核对物资单证	0.241	0.295
专业水平安全意识不足	0.193	0.184	疫情等突发状况	0.244	0.183
仓储分区不清晰	0.197	0.219	装卸设备故障	0.249	0.273
报关信息错误	0.198	0.235	入库操作失误	0.254	0.250
供应商发货延迟	0.203	0.118	生产部门未提交申请即退库	0.254	0.276
验货不严谨	0.203	0.198	到货计划与需求计划不匹配	0.255	0.180
盘点制度不完善	0.205	0.225	未监控温度、通风及物资状态等	0.258	0.185
设计、计划变更	0.205	0.142	仓储面积不足	0.263	0.172
存放不规范	0.206	0.224	物流设备故障	0.270	0.178
防火、防盗、防损等安全措施不到位	0.207	0.220	称重设备故障	0.273	0.228
保管环境不当	0.212	0.155	物资漏盘、错盘	0.279	0.252
外借仓库信息传递不及时	0.215	0.261	实物已发放系统未出库	0.297	0.280
开箱工具使用不当	0.220	0.250			

综上，运用 WBS-RBS 识别风险和改进 TOPSIS 筛选分析大型邮轮物资物流集配风险因素。通过分析物流集配效率影响因素，利用 RBS 分解风险种类，耦合形成 WBS-RBS 矩阵，识别出物流集配各环节可能存在的风险因素，汇总形成风险因素清单。然后，通过改进 TOPSIS 对辨识出的风险因素从风险发生概率、损失程度和可控性三个方面定量分析，结合熵值法得出重要度较高的风险因素，最终确定邮轮建造物流集配中的主要风险因素。

4.2 物流集配风险评估

4.2.1 风险评估方法

风险评估方法一般有定性分析、定量分析和定性定量分析三类。定性风险分析主要有专家调查法、层次分析法和专家打分法等。定量风险评价法包括风险矩阵、模糊综合评价和贝叶斯网络等。定性定量结合的方法有事故树和事件树等。

大型邮轮在物流集配过程中所处环境复杂，涉及的不确定性因素繁多，同时导致事故发生的风险因素之间的关系复杂描述上不够准确，引入模糊数学能够更合理地处理风险不确定性。贝叶斯网络具有简单清晰地表达因素之间的因果关系，以事件发生概率为基础来推导系统失效概率。因此，将模糊数学理论与贝叶斯网络相结合，对大型邮轮建造物流集配风险进行评价研究。

4.2.2 风险评估模型

4.2.2.1 模糊贝叶斯网络概述

1）贝叶斯网络基本原理

贝叶斯网络结合概率论和图论是处理不确定性问题及概率推理领域内有效的模型之一[37]，能很好地描述随机变量间依赖关系的不确定性知识。贝叶斯网络是节点和有向边共同组成的有向无环图，由网络结构和参数组成。

构建贝叶斯网络应该满足三个条件，具体内容如下：

（1）存在一组随机变量 $X=\{X_1, X_2\cdots, X_m\}$，$X$ 表示贝叶斯网络的节点，E 为连接点间的有向边，节点和边构成一个有向无环图 $J=\{X, E\}$。

（2）节点看作取离散或连续值变量，每条有向边代表节点之间依赖关系。

（3）若节点到节点 X_j 有一条边，则 X_i 为 X_j 的父节点，X_j 为 X_i 的子节点。设 Π_i 为节点 X_i 父节点集，π_i 为 Π_i 的配置，则 $p[(X_i)|\pi_i, J]$ 为节点 X_i 对应的概率分布表，且满足 $P(X_1, X_2, \cdots X_m) = \sum P[X_i|\pi(X_i)]$。

贝叶斯网络通过 $X=\{X_1, X_2\cdots, X_m\}$ 的联合分布来研究目标，公式如下：

$$P[\pi(X_i) \mid X_i] = \frac{P[\pi(X_i)]P[\pi(X_i) \mid X_i]}{\sum_{i=1}^{m} P[\pi(X_i)]P[\pi(X_i) \mid X_i]} \qquad (4-9)$$

$$P(X_i) = \sum_{i=1}^{m} P[\pi(X_i)]P[\pi(X_i) \mid X_i] \qquad (4-10)$$

$$P(X_1, X_2, \cdots, X_m) = \sum P[X_i \mid \pi(X_i)] \qquad (4-11)$$

式中：$P[\pi(X_i)|X_i]$ 为后验概率；$P[\pi(X_i)]$ 为先验概率；$P[\pi(X_i)|X_i]$ 为条件概率；

$P(X_i)$ 为节点概率；$P(X_1,X_2,\cdots X_m)$ 为联合概率。

2）贝叶斯网络建模及推理

（1）贝叶斯网络建模。

构建贝叶斯网络的方法可分为三种：① 手动建模，即根据专家知识与经验确定贝叶斯网络的节点变量与其之间的关系建立网络拓扑结构，并给出概率分布表；② 利用数据库学习，由机器系统自动获取贝叶斯网络；③ 两阶段建模法，先由专家确定网络拓扑结构，再通过大量数据利用机器学习修正网络。

（2）贝叶斯网络推理分析。

贝叶斯网络推理分析是利用贝叶斯网络的双向推理功能计算风险概率。推理模式分为三种：① 因果推理，由原因到结果的推理过程，即由证据节点的风险概率推断目标节点发生故障的概率；② 诊断推理，从结果到原因的推理，由目标节点在某种状态下的故障推断证据节点发生故障概率；③ 解释推理，目标节点和某一证据节点概率已知，求得目标节点对另一证据节点的概率。

（3）模糊贝叶斯网络理论。

模糊节点属性的模糊化与模糊节点变量的条件信息是应用模糊贝叶斯网络的基础。贝叶斯网络父节点（证据节点）的模糊先验概率和子节点的模糊条件概率是进行模糊知识推理的必备参数。

4.2.2.2 HVAC物流集配风险的模糊贝叶斯网络构建

1）基于事故树构建贝叶斯网络

由于可参考的数据较少，为充分利用历史信息，采用建立事故树转化为贝叶斯网络的手动构建方法。事故树和贝叶斯网络在描述系统状态与推理过程上存在较高的相似性，通过构建事故树，再按照事件间的因果逻辑关系，将其映射、整合为贝叶斯网络[38]。

HVAC物流集配主要风险因素为事故树基本事件的生成和中间事件的选取提供载体，通过事故树分析找出风险因素之间的因果关系，通过转化规则转化为贝叶斯网络，在保证网络结构尽量丰富的同时，避免通过贝叶斯自身结构学习而增加网络的复杂性。

事故树是描述事故发生因果关系的树状图，由顶事件、中间事件和基本事件及逻辑门构成。将结果作为顶事件，用逻辑符号表示（表4-5），找出导致结果发生的所有直接因素和原因及处于过渡的中间事件，直至不能分解的基本事件为止。

表4-5 事故树的符号名称及意义

符　号	符号名称	符号意义
（与门图形）	与门	如果所有输入都发生，则输出也会发生
（或门图形）	或门	如果出现一个输入或输入的任何组合，就会出现输出

(续表)

符　号	符号名称	符号意义
	顶事件或中间事件	顶事件是指系统最不希望发生的事情；中间事件是处于顶事件和底事件之间的结果事情
	基本事件	不能进一步分解的事件

综合考虑事故后果和各方意见，最后将配送延迟、质量损失、成本超支和人员伤亡作为大型邮轮建造物流集配的主要风险事件。因此，以这四个风险事件作为事故树的顶事件，将主要风险因素作为基本事件和中间事件，追溯引起顶事件的原因，自上而下分解，各事故树模型如图 4-3～图 4-6 所示。

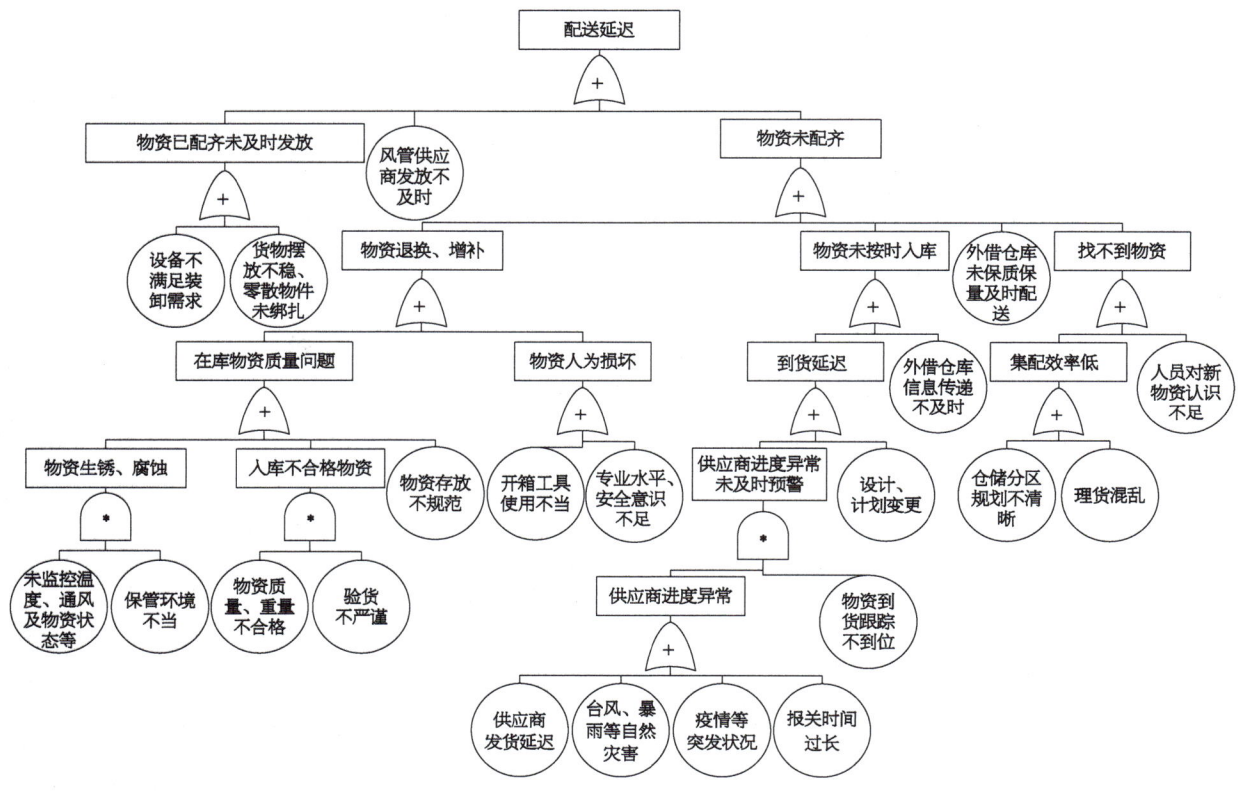

图 4-3　大型邮轮 HVAC 物资配送延迟事故树

各事故树向贝叶斯网络映射的规则如下：
(1) 事故树的基本事件对应网络的父节点，基本事件概率对应先验概率。
(2) 对于事故树中逻辑门的输出，同样将其表示为贝叶斯网络的节点。
(3) 按照事故树中基本事件与逻辑门的关系，在贝叶斯网络中用有向边将各节点连接起来，注意有向边的方向与事故树中逻辑门的输出方向需保持一致。
(4) 将事故树中的与、或门的关系表达为映射后贝叶斯网络相应节点的条件概率。

管理篇

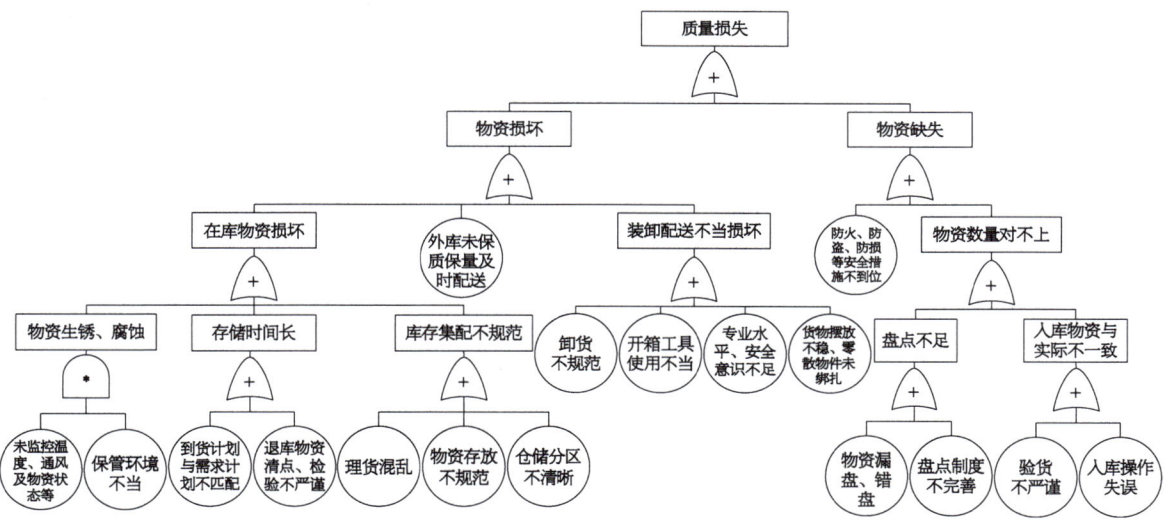

图 4-4　大型邮轮 HVAC 物资质量损失事故树

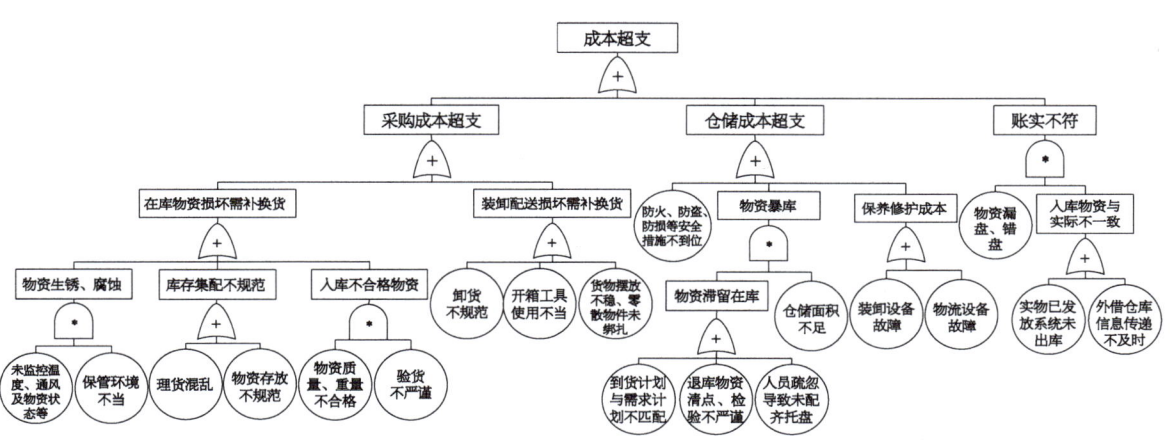

图 4-5　大型邮轮 HVAC 物资物流成本超支事故树

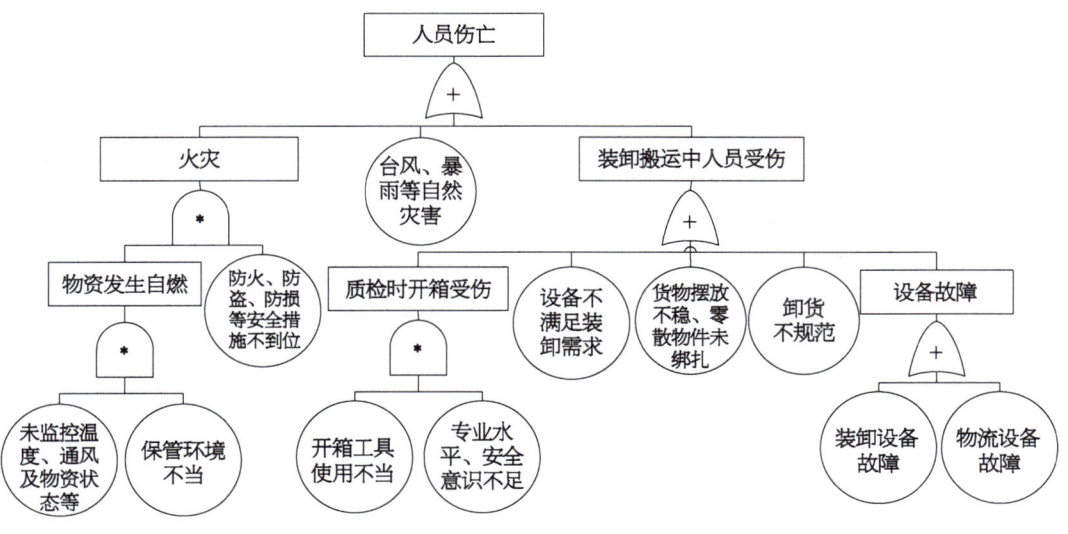

图 4-6　大型邮轮 HVAC 物流集配人员伤亡事故树

根据事故树到贝叶斯网络映射规则和映射关系图,将大型邮轮 HVAC 物流集配四大风险事故树模型转化为贝叶斯网络,如图 4-7～图 4-10 所示,各贝叶斯网络结构的节点名称及编号见表 4-6～表 4-9。

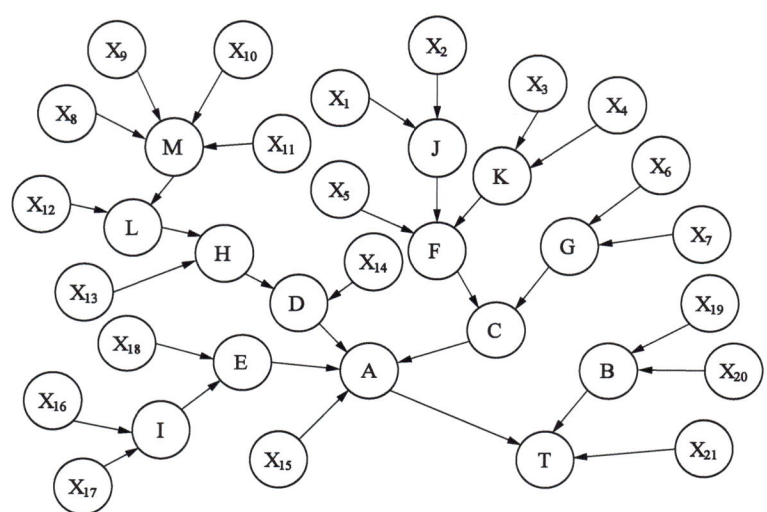

图 4-7　大型邮轮 HVAC 物资配送延迟贝叶斯网络

表 4-6　大型邮轮 HVAC 物资配送延迟贝叶斯网络结构节点名称及编号

编　号	节点名称	编　号	节点名称
T	配送延迟	L	供应商进度异常未及时预警
A	物资未配齐	M	供应商进度异常
B	物资已配齐未及时发放	X_1	未监控温度、通风及物资状态等
C	物资退换、增补	X_2	保管环境不当
D	物资未按时入库	X_3	物资质量、重量不合格
E	找不到物资	X_4	验货不严谨
F	在库物资质量问题	X_5	物资存放不规范
G	物资人为损坏	X_6	开箱工具使用不当
H	到货延迟	X_7	专业水平、安全意识不足
I	集配效率低	X_8	供应商发货延迟
J	物资生锈、腐蚀	X_9	台风、暴雨等自然灾害
K	入库不合格物资	X_{10}	疫情等突发状况

(续表)

编号	节点名称	编号	节点名称
X_{11}	报关时间过长	X_{17}	理货混乱
X_{12}	物资到货跟踪不到位	X_{18}	人员对新物资认识不足
X_{13}	设计、计划变更	X_{19}	设备不满足装卸需求
X_{14}	外借仓库信息传递不及时	X_{20}	货物摆放不稳、零散物件未绑扎
X_{15}	外借仓库未保质保量及时配送	X_{21}	风管供应商发放不及时
X_{16}	仓储分区规划不清晰		

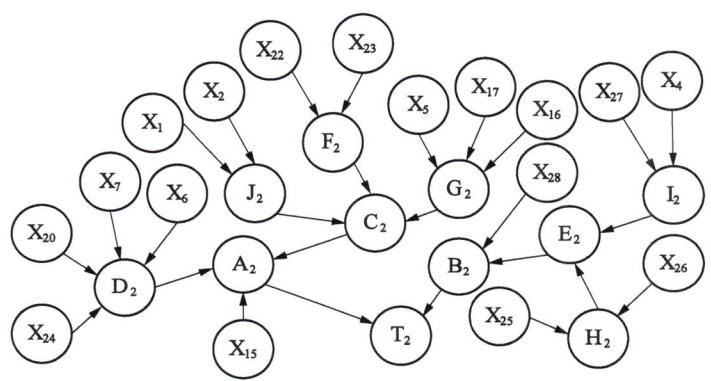

图 4-8 大型邮轮 HVAC 物资质量损失贝叶斯网络

表 4-7 大型邮轮 HVAC 物资质量损失贝叶斯网络结构节点名称及编号

编号	节点名称	编号	节点名称
T_2	质量损失	G_2	库存集配不规范
A_2	物资损坏	H_2	盘点不足
B_2	物资缺失	I_2	入库物资与实际不一致
C_2	在库物资损坏	X_1	未监控温度、通风及物资状态等
D_2	装卸配送不当损坏	X_2	保管环境不当
E_2	物资数量对不上	X_{22}	到货计划与需求不匹配
J_2	物资生锈、腐蚀	X_{23}	退库物资清点、检验不严谨
F_2	存储时间长	X_{17}	理货混乱

(续表)

编　号	节点名称	编　号	节点名称
X_5	物资存放不规范	X_{20}	货物摆放不稳、零散物件未绑扎
X_{16}	仓储分区规划不清晰	X_{25}	物资漏盘、错盘
X_{15}	外借仓库未保质保量及时配送	X_{26}	盘点制度不完善
X_{24}	卸货不规范	X_4	验货不严谨
X_6	开箱工具使用不当	X_{27}	入库操作失误
X_7	专业水平、安全意识不足	X_{28}	防火、防盗、防损等安全措施不到位

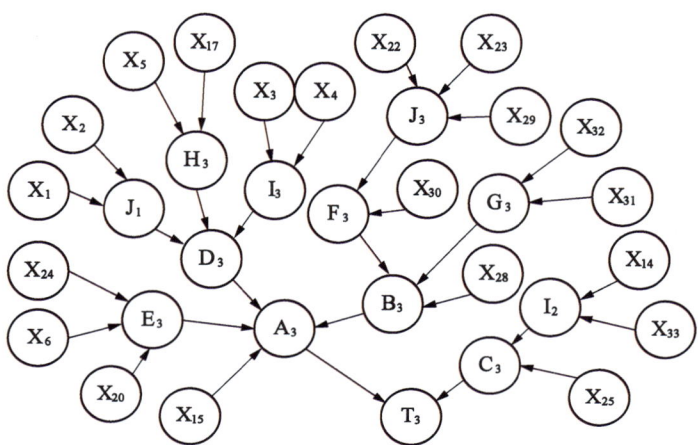

图4-9　大型邮轮HVAC物资物流成本超支贝叶斯网络

表4-8　大型邮轮HVAC物资物流成本超支贝叶斯网络结构节点名称及编号

编　号	节点名称	编　号	节点名称
T_3	成本超支	G_3	保养修护成本
A_3	采购成本超支	I_2	入库物资与实际不一致
B_3	仓储成本超支	J_1	物资生锈、腐蚀
C_3	账实不符	H_3	库存集配不规范
D_3	在库物资损坏需补换货	I_3	入库不合格物资
E_3	装卸配送损坏需补换货	J_3	物资滞留在库
F_3	物资暴库	X_1	未监控温度、通风及物资状态等

（续表）

编　号	节点名称	编　号	节点名称
X_2	保管环境不当	X_{22}	到货计划与需求计划不匹配
X_{17}	理货混乱	X_{23}	退库物资清点、检验不严谨
X_5	物资存放不规范	X_{29}	人员疏忽导致未配齐托盘
X_3	物资质量、重量不合格	X_{30}	仓储面积不足
X_4	验货不严谨	X_{31}	装卸设备故障
X_{24}	卸货不规范	X_{32}	物流设备故障
X_6	开箱工具使用不当	X_{25}	物资漏盘、错盘
X_{20}	货物摆放不稳、零散物件未绑扎	X_{33}	实物已发放系统未出库
X_{28}	防火、防盗、防损等安全措施不到位	X_{14}	外借仓库信息传递不及时

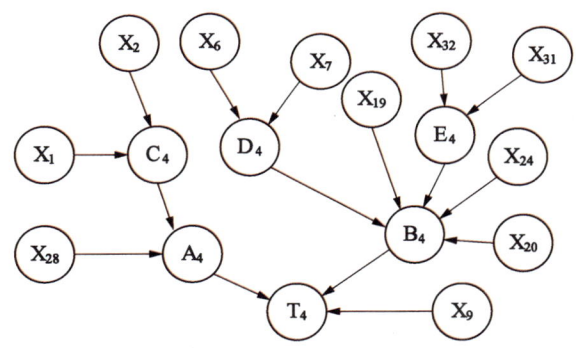

图 4-10　大型邮轮 HVAC 物流集配人员伤亡贝叶斯网络

表 4-9　大型邮轮 HVAC 物流集配人员伤亡贝叶斯网络结构节点名称及编号

编　号	节点名称	编　号	节点名称
T_4	人员伤亡	X_1	未监控温度、通风及物资状态等
A_4	火灾	X_2	保管环境不当
B_4	装卸搬运中人员受伤	X_{28}	防火、防盗、防损等安全措施不到位
C_4	物资发生自燃	X_9	台风、暴雨等自然灾害
D_4	质检时开箱受伤	X_6	开箱工具使用不当
E_4	设备故障	X_7	专业水平、安全意识不足

(续表)

编　号	节点名称	编　号	节点名称
X_{19}	设备不满足装卸需求	X_{31}	装卸设备故障
X_{20}	货物摆放不稳、零散物件未绑扎	X_{32}	物流设备故障
X_{24}	卸货不规范		

2) 模糊标定贝叶斯网络根节点

考虑到大型邮轮建造物资物流风险属于小概率事件，可参考的数据较少，无法通过机器系统学习获得贝叶斯网络的参数。因此，为了充分利用专家经验，结合专家调查与调研数据，采用梯形模糊数与Buckley确定贝叶斯网络根节点的先验概率，将专家评价转化为精确数值。贝叶斯网络根节点的先验概率与事故树基本事件的发生概率一一对应。Buckley采用梯形模糊数代替1～5的评比尺度，相对于单一维度的模糊数可以更好区分事件发生概率大小关系。假定共有 n 个事件需要标定，将根节点概率对比矩阵标定为Buckley矩阵：

$$\boldsymbol{B}=(v_{ij})_{n\times n} \qquad (4-12)$$

矩阵 $v_{ij}(i、j=1、2、\cdots、n)$ 为梯形模糊数，$v_{ij}(a_{ij}, b_{ij}, c_{ij}, d_{ij})$ 有四个维度构成，对角线上 $v_{11}\sim v_{nn}=(1,1,1,1)$，$v_{ji}=1/v_{ij}=(1/d_{ij}, 1/c_{ij}, 1/b_{ij}, 1/a_{ij})$。梯形模糊数的维度如图4-11所示，梯形模糊数横坐标代表模糊数的大小。

另，$a_i=\left(\prod_{j=n}^{n} a_{ij}\right)^{1/n}$，$b_i=\left(\prod_{j=n}^{n} b_{ij}\right)^{1/n}$，$c_i=\left(\prod_{j=n}^{n} c_{ij}\right)^{1/n}$，$d_i=\left(\prod_{j=n}^{n} d_{ij}\right)^{1/n}$，$a=\sum_{i=1}^{n} a_i$，$b=\sum_{i=1}^{n} b_i$，$c=\sum_{i=1}^{n} c_i$，$d=\sum_{i=1}^{n} d_i$，则第 i 个根节点的模糊权值。

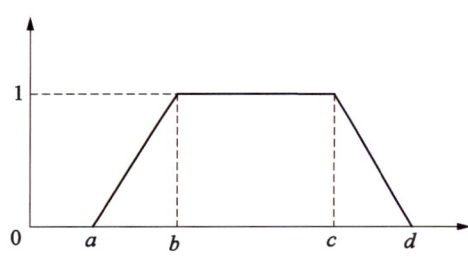

图4-11　梯形模糊数示意图

$$v_k=(a_i/d, b_i/c, c_i/b, d_i/a) \qquad (4-13)$$

为比较模糊数的大小，引入梯形模糊数精确化公式，则

$$v_{xk}=\frac{1}{4}(a_i/d+b_i/c+c_i/b+d_i/a) \qquad (4-14)$$

以 v_{xk} 作为根节点的发生概率值，则根节点概率为 $\boldsymbol{V}=\{v_{x1}, v_{x2}, \cdots, v_{xk}, \cdots v_{xn}\}$。

选择上文参与大型邮轮建造HVAC集配物流管理的5名专家进行问卷调查，在获取专家调查结果后，采用加权平均法处理专家组数据，将处理后的数据整理分析，再根据式(4-12)将专家打分结果赋值翻译为风险因素相对概率的Buckley决策矩阵，并结合梯形模糊数计算式(4-13)与(4-14)得到大型邮轮建造 HVAC 物流集配配送延迟、质量损失、成本超支、人员伤亡贝叶斯网络中各根节点的相对先验概率值[39]，见表 4-10。

表 4-10 大型邮轮建造 HVAC 物资物流集配贝叶斯网络根节点先验概率

风险因素	根节点模糊权值	根节点概率
未监控温度、通风及物资状态等	(0.035, 0.033, 0.032, 0.035)	0.034
保管环境不当	(0.049, 0.052, 0.055, 0.060)	0.054
物资质量、重量不合格	(0.049, 0.055, 0.055, 0.051)	0.052
验货不严谨	(0.040, 0.040, 0.040, 0.040)	0.040
物资存放不规范	(0.057, 0.060, 0.061, 0.062)	0.060
开箱工具使用不当	(0.027, 0.027, 0.027, 0.028)	0.027
专业水平、安全意识不足	(0.043, 0.039, 0.038, 0.042)	0.041
供应商发货延迟	(0.093, 0.083, 0.074, 0.067)	0.079
台风、暴雨等自然灾害	(0.023, 0.035, 0.037, 0.038)	0.033
疫情等突发状况	(0.051, 0.049, 0.047, 0.045)	0.048
报关时间过长	(0.045, 0.049, 0.047, 0.045)	0.046
物资到货跟踪不到位	(0.060, 0.053, 0.051, 0.049)	0.053
设计、计划变更	(0.082, 0.075, 0.067, 0.064)	0.072
外借仓库信息传递不及时	(0.039, 0.040, 0.040, 0.041)	0.040
外借仓库未保质保量及时配送	(0.047, 0.047, 0.048, 0.043)	0.046
仓储分区规划不清晰	(0.028, 0.027, 0.026, 0.026)	0.027
理货混乱	(0.049, 0.052, 0.055, 0.060)	0.054
人员对新物资认识不足	(0.058, 0.062, 0.068, 0.077)	0.066
设备不满足装卸需求	(0.031, 0.034, 0.035, 0.034)	0.033
货物摆放不稳、零散物件未绑扎	(0.047, 0.047, 0.048, 0.044)	0.046
风管供应商发放不及时	(0.046, 0.046, 0.046, 0.049)	0.047
到货计划与需求计划不匹配	(0.053, 0.055, 0.057, 0.058)	0.056

（续表）

风险因素	根节点模糊权值	根节点概率
退库物资清点、检验不严谨	(0.022,0.024,0.025,0.028)	0.025
卸货不规范	(0.040,0.044,0.045,0.047)	0.044
物资漏盘、错盘	(0.033,0.033,0.035,0.032)	0.033
盘点制度不完善	(0.040,0.037,0.036,0.038)	0.038
入库操作失误	(0.025,0.026,0.023,0.022)	0.024
防火、防盗、防损等安全措施不到位	(0.039,0.038,0.040,0.043)	0.040
人员疏忽导致未配齐托盘	(0.034,0.035,0.035,0.034)	0.035
仓储面积不足	(0.039,0.037,0.038,0.037)	0.038
装卸设备故障	(0.034,0.035,0.036,0.037)	0.036
物流设备故障	(0.032,0.032,0.031,0.030)	0.031
实物已发放系统未出库	(0.042,0.043,0.041,0.041)	0.042

4.2.3 风险评估结果

1）HVAC 物流集配风险贝叶斯网络推理分析

为简化计算及更直观地观察贝叶斯网络各节点的概率分布，本文利用贝叶斯专用处理软件，基于贝叶斯网络的正向和逆向推理对 HVAC 物流集配事故的风险进行推理分析，主要分为风险预测推理、风险诊断推理和风险敏感性分析。

2）HVAC 物流集配风险预测推理

将上文构建的 HVAC 物流集配风险贝叶斯网络输入到贝叶斯专用处理软件中，分别带入已经确定的根节点的先验概率和条件概率表，对配送延迟、质量损失、成本超支和人员伤亡四大风险进行预测推理，推理得到每个事故发生的相对概率，如图 4-12～图 4-15 所示，其中 Yes 表示发生，No 表示不发生。

根据风险预测推理结果得到，HVAC 物流集配四大风险中发生概率最高的是质量损失事件（0.460），其次是配送延迟事件（0.444）、成本超支事件（0.350）和人员伤亡事件（0.204）。

物资质量损失的衍生事故中物资损坏发生概率最大（0.355），其次为物资缺失（0.163），在发生概率较大的物资损坏事件中，在库物资损坏的可能性最高（0.205），该事件下的中间事件库存集配不规范的发生概率最高（0.135），对其影响较大的风险因素有理货混乱（0.054）和存放不规范（0.06）。

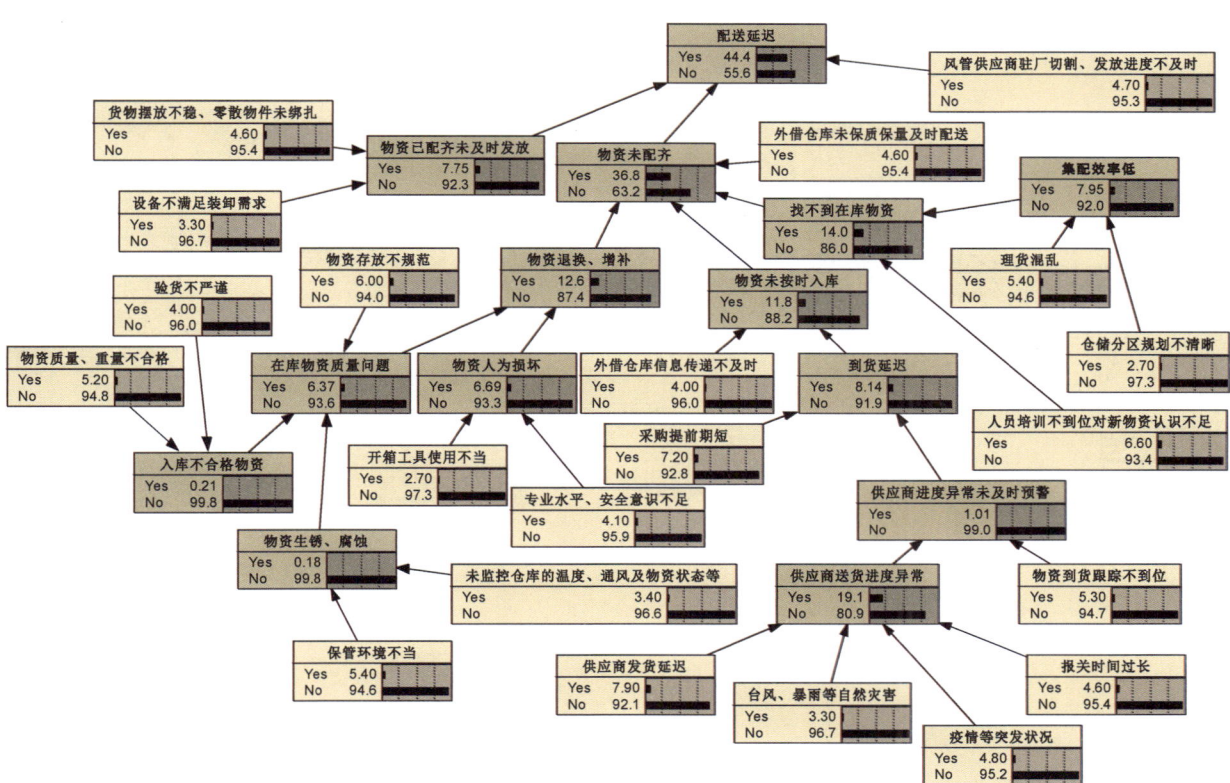

图 4-12 物资配送延迟贝叶斯网络的预测推理结果

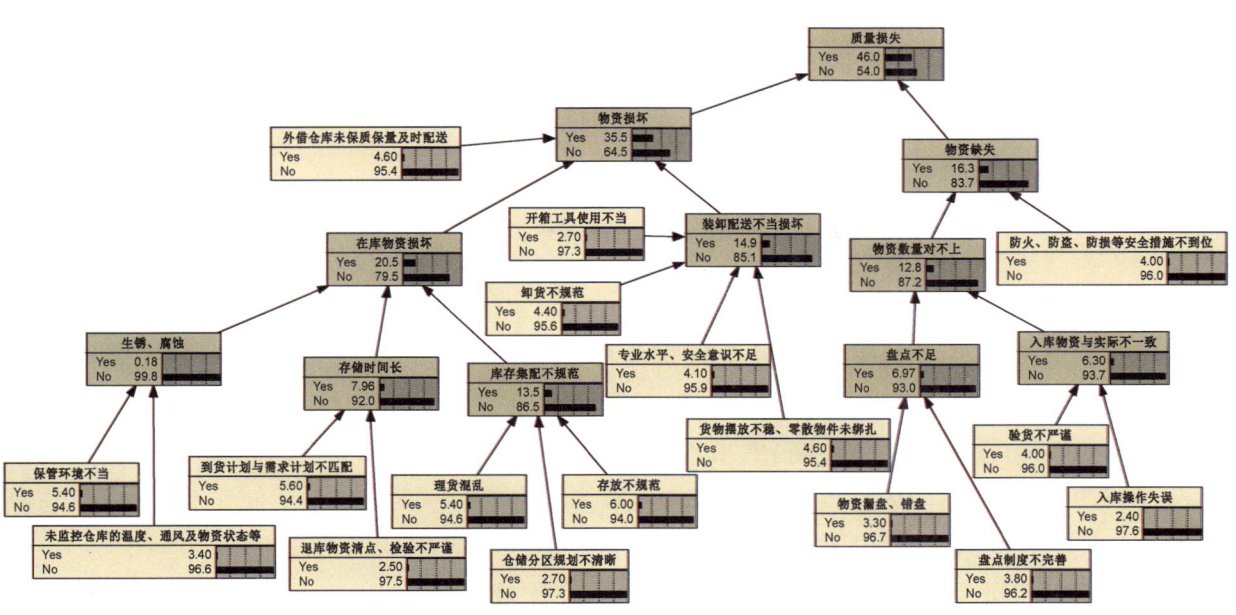

图 4-13 物资质量损失贝叶斯网络的预测推理结果

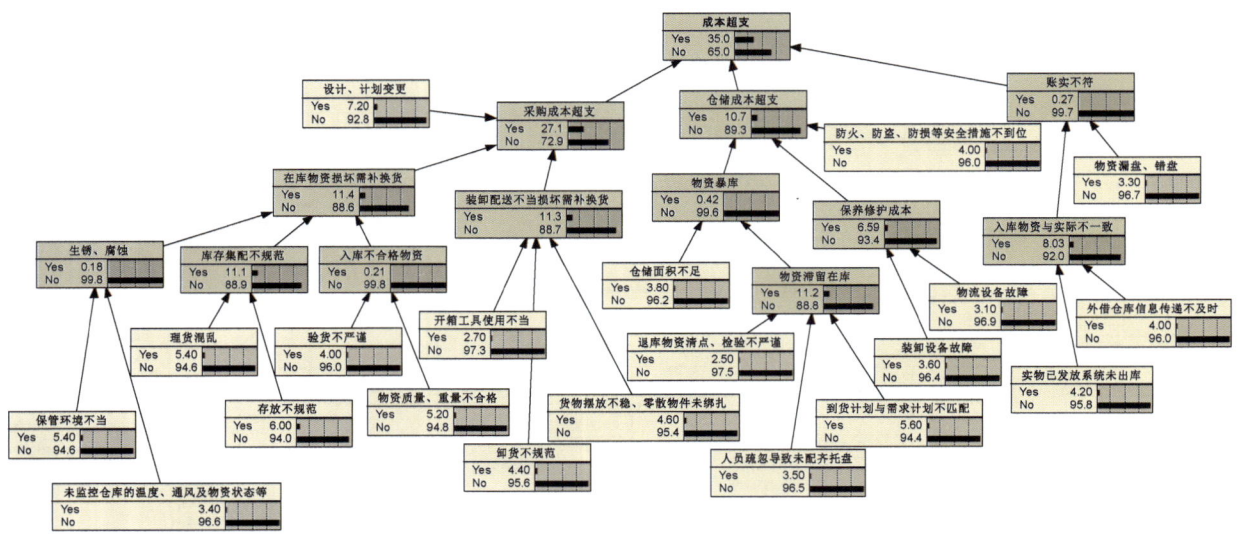

图 4-14 成本超支贝叶斯网络的预测推理结果

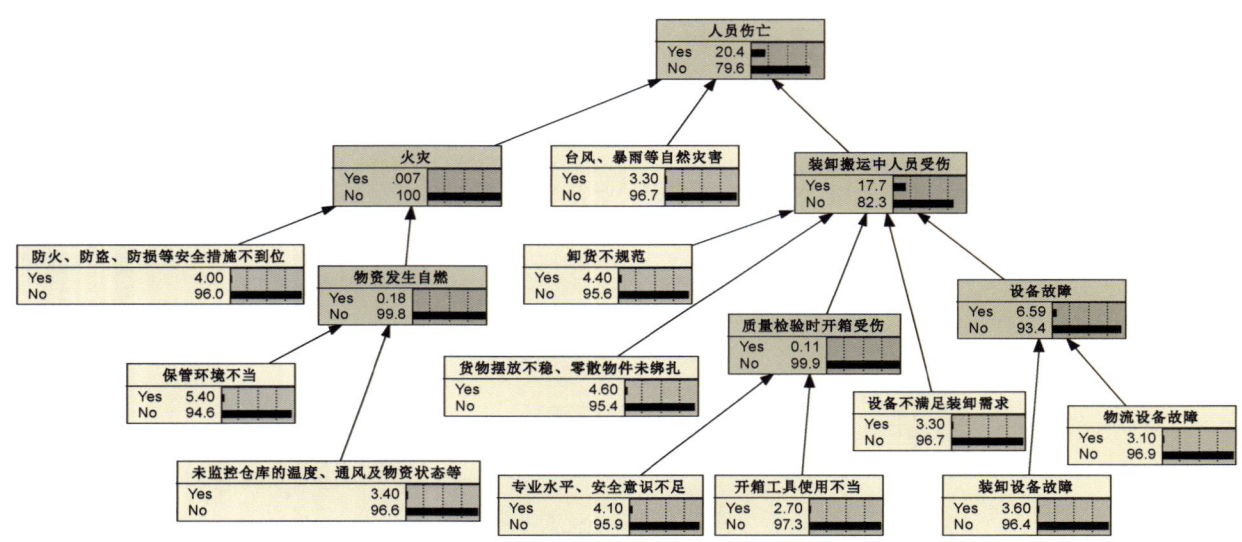

图 4-15 人员伤亡贝叶斯网络的预测推理结果

导致配送延迟发生的直接原因是物资未配齐(0.368),其次为物资已配齐未及时发放(0.077 5)和风管供应商发放不及时(0.047)。物资未配齐事件下的找不到物资(0.14)与物资退换增补(0.126)发生的概率较高,两事件下的中间事件集配效率低(0.079 5)和物资人为损坏(0.066 9)的可能性较大,对应的风险因素为理货混乱(0.054),仓储分区规划不清晰(0.027),专业水平、安全意识不足(0.041)和开箱工具使用不当(0.027)。

成本超支的衍生事故中发生概率最大的是采购成本超支(0.271),其次为仓储成本超支(0.107),在采购成本超支中的中间事件在库物资损坏需补换货(0.114)对其影响较大,该事件下的库存集配不规范(0.111)的发生概率较高,影响其发生的风险因素有理货混乱(0.054)和存放不规范(0.06)。

人员伤亡中装卸搬运中人员受伤的发生概率最大(0.177),之后是台风、暴雨等自然灾害(0.033)。装卸搬运中人员受伤事件下的中间事件设备故障的可能性较高,风险因素货物摆放不稳、零散物件未绑扎(0.046),装卸设备故障(0.036)和物流设备故障(0.031)发生概率较大。

因此,可优先采取措施降低物资未配齐、物资损坏、采购成本超支和装卸搬运中人员受伤风险,重点关注存放不规范、理货混乱、专业水平、安全意识不足、零散物件未绑扎、装卸及物流设备故障、开箱工具使用不当和仓储分区规划不清晰等风险,降低 HVAC 物流集配各事故发生的可能性。

3) 物流集配风险诊断推理

风险诊断推理得到的节点概率为后验概率,通过比较各事故发生不同影响因素的后验概率,判断在事故后果发生中风险所占的重要程度,即分析最有可能是导致事故发生的影响因素。在贝叶斯专用处理软件中分别将配送延迟、质量损失、成本超支和人员伤亡贝叶斯网络的节点设置为目标节点,调整其状态为 100%,软件可自动反推出根节点的相对后验概率,反推结果如图 4-16~图 4-19 所示。

根据风险诊断推理结果,如图 4-16 所示,当 HVAC 物资发生配送延迟事故时,物资未配齐(0.828)发生的概率较高,对其产生较大影响的风险因素主要有采购提前期短(0.162)、人员培训不到位对新物资认识不足(0.148)、物资存放不规范(0.135)、理货混乱(0.121)和外借仓库未保质保量及时配送(0.103)等,这些风险因素是导致配送延迟事故发生概率最大的,因此对物资配送延迟事故的影响较大。

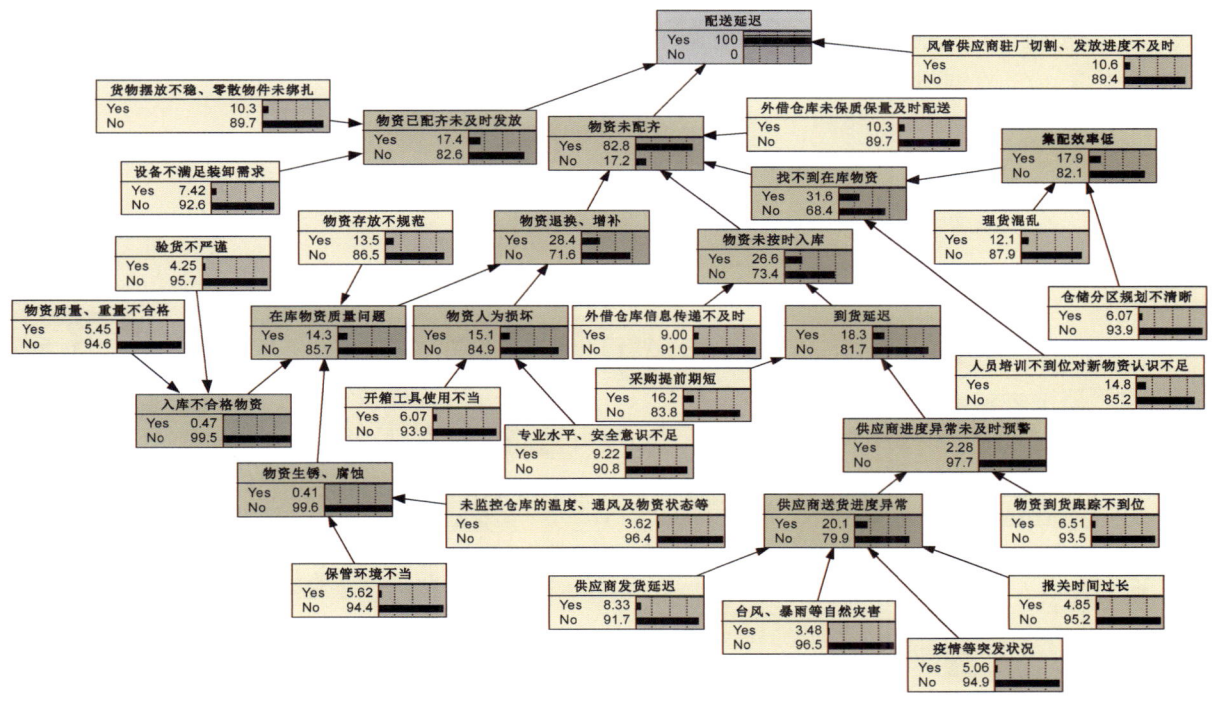

图 4-16 物资配送延迟贝叶斯网络逆向推理结果

如图 4-17 所示,HVAC 物资发生质量损失事故的情况下,物资损坏发生概率最高(0.771),其中物资存放不规范(0.130),到货计划与需求计划不匹配(0.122),理货混乱(0.117),外借仓库未保质保量及时配送(0.1),货物摆放不稳、零散物件未绑扎(0.1)发生的可能性较大,是导致大型邮轮 HVAC 物资质量损失事故发生的主要原因。

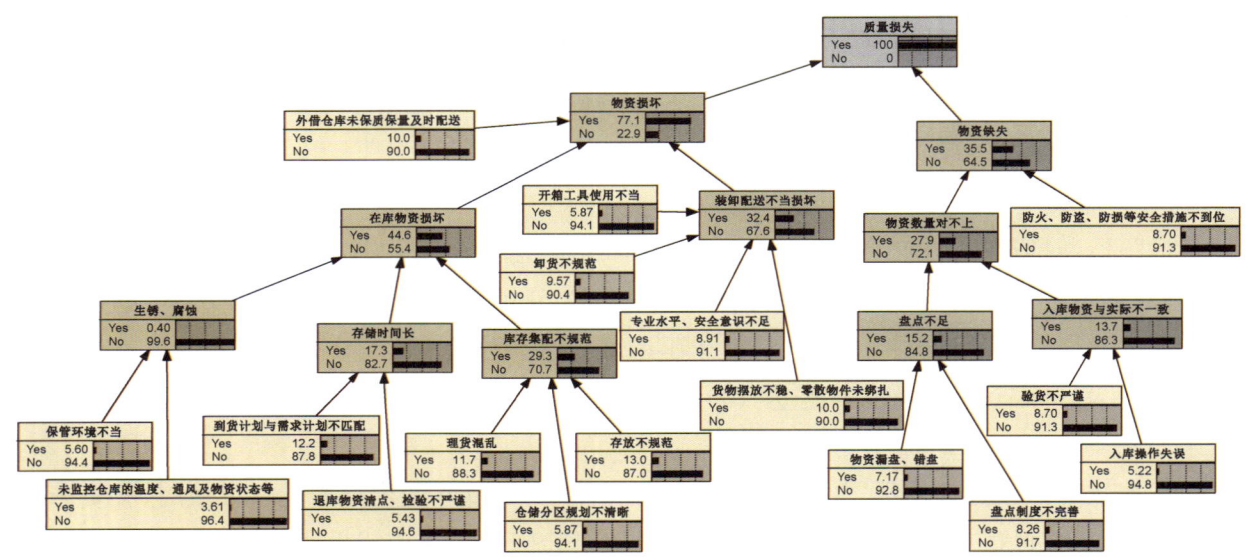

图 4-17　物资质量损失贝叶斯网络逆向推理结果

如图 4-18 所示,当 HVAC 物流成本超支时,导致事故发生的最主要原因是采购成本超支(0.772),其中设计、计划变更(0.205),物资存放不规范(0.171),理货混乱(0.154),卸货不规范(0.126)和防火、防盗、防损等安全措施不到位(0.114)发生概率较高,这些风险因素是影响成本超支事故的关键因素。

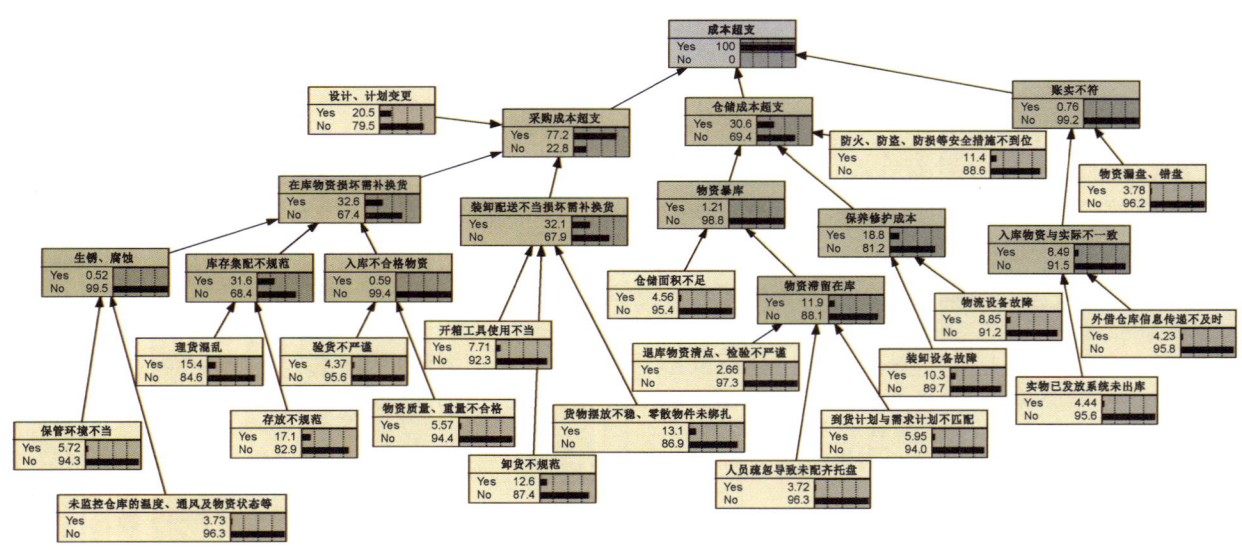

图 4-18　成本超支贝叶斯网络逆向推理结果

如图4-19所示,导致HVAC物流集配活动中人员发生伤亡事故的最主要原因是装卸搬运中人员受伤(0.867),其中主要有货物摆放不稳、零散物件未绑扎(0.225),卸货不规范(0.215),装卸设备故障(0.176)及设备不满足装卸需求(0.162),其次还有台风、暴雨等自然灾害(0.162)的影响,这些风险因素会对人员安全问题产生较大的影响。

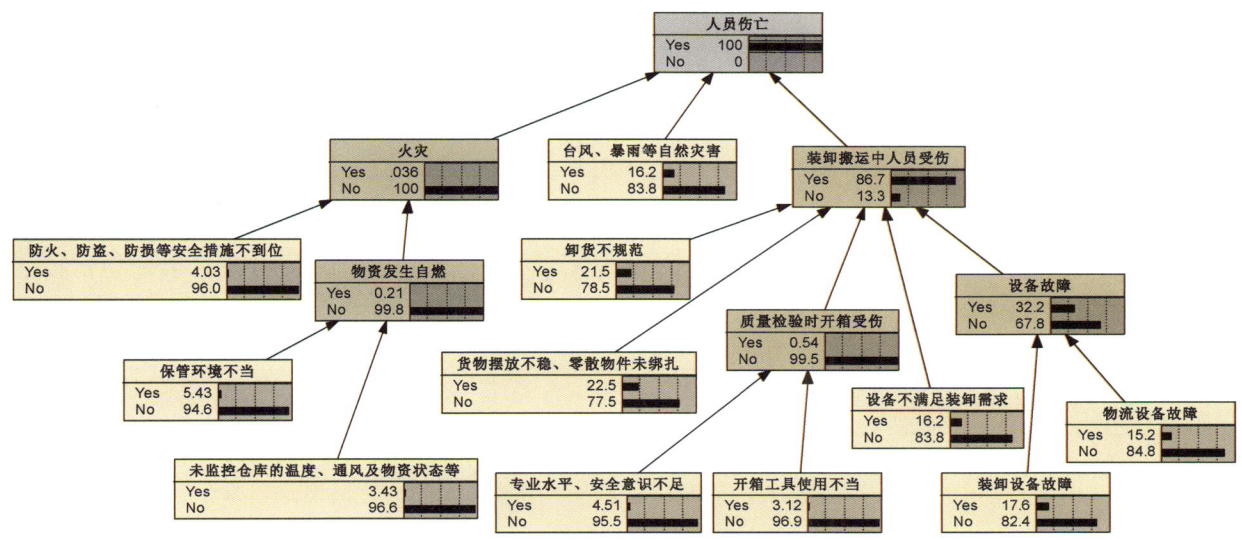

图4-19 人员伤亡贝叶斯网络逆向推理结果

4) 物流集配风险敏感性分析

以HVAC物流集配为例。对配送延迟、质量损失、成本超支和人员伤亡风险的影响因素进行敏感性分析,按照各贝叶斯网络根节点状态的先验概率和后验概率值,计算其取值的变化率,并进行排序,得到最容易影响物流集配事故发生的风险因素,找出薄弱环节,这些风险的小幅变化可能对事故后果造成较大影响。敏感性分析结果见表4-11~表4-14。

表4-11 大型邮轮HVAC配送延迟事故风险敏感性分析

风险因素	先验概率	后验概率	后验概率排序	变化率	变化率排序
未监控温度、通风及物资状态等	0.034	0.036	20	0.067	14
保管环境不当	0.054	0.056	15	0.039	21
物资质量、重量不合格	0.052	0.055	16	0.040	20
验货不严谨	0.040	0.043	19	0.060	16
物资存放不规范	0.060	0.135	3	1.248	3
开箱工具使用不当	0.027	0.061	13	1.247	4
专业水平、安全意识不足	0.041	0.092	8	1.275	1

(续表)

风险因素	先验概率	后验概率	后验概率排序	变化率	变化率排序
供应商发货延迟	0.079	0.083	11	0.049	19
台风、暴雨等自然灾害	0.033	0.035	21	0.054	17
疫情等突发状况	0.048	0.051	17	0.062	15
报关时间过长	0.046	0.049	18	0.049	18
物资到货跟踪不到位	0.053	0.065	12	0.223	13
设计、计划变更	0.072	0.162	1	1.245	6
外借仓库信息传递不及时	0.040	0.090	9	1.244	7
外借仓库未保质保量及时配送	0.046	0.103	6	1.228	11
仓储分区规划不清晰	0.027	0.061	14	1.246	5
理货混乱	0.054	0.121	4	1.237	8
人员对新物资认识不足	0.066	0.148	2	1.236	9
设备不满足装卸需求	0.033	0.074	10	1.209	12
货物摆放不稳、零散物件未绑扎	0.046	0.103	7	1.220	10
风管供应商发放不及时	0.047	0.106	5	1.269	2

表 4 – 12　大型邮轮 HVAC 质量损失事故风险敏感性分析

风险因素	先验概率	后验概率	后验概率排序	变化率	变化率排序
未监控温度、通风及物资状态等	0.034	0.036	17	0.064	16
保管环境不当	0.054	0.056	14	0.035	17
到货计划与需求计划不匹配	0.056	0.122	2	1.179	2
退库物资清点、检验不严谨	0.025	0.054	15	1.172	10
理货混乱	0.054	0.117	3	1.167	12
物资存放不规范	0.060	0.130	1	1.165	13
仓储分区不清晰	0.027	0.059	12	1.172	9

(续表)

风险因素	先验概率	后验概率	后验概率排序	变化率	变化率排序
外借仓库未保质保量及时配送	0.046	0.100	4	1.163	14
卸货不规范	0.044	0.096	6	1.175	3
开箱工具使用不当	0.027	0.059	13	1.173	7
专业水平、安全意识不足	0.041	0.089	7	1.198	1
货物摆放不稳、零散物件未绑扎	0.046	0.100	5	1.156	15
物资漏盘、错盘	0.033	0.072	11	1.173	8
盘点制度不完善	0.038	0.083	10	1.174	6
验货不严谨	0.040	0.087	8	1.169	11
入库操作失误	0.024	0.052	16	1.175	4
防火、防盗、防损等安全措施不到位	0.040	0.087	9	1.175	5

表 4-13 大型邮轮 HVAC 物流成本超支事故风险敏感性分析

风险因素	先验概率	后验概率	后验概率排序	变化率	变化率排序
未监控温度、通风及物资状态等	0.034	0.037	17	0.100	11
保管环境不当	0.054	0.057	11	0.057	17
理货混乱	0.054	0.154	2	1.852	5
物资存放不规范	0.060	0.171	1	1.848	7
物资质量、重量不合格	0.052	0.056	10	0.063	15
验货不严谨	0.040	0.044	14	0.090	12
卸货不规范	0.044	0.126	4	1.864	1
开箱工具使用不当	0.027	0.077	8	1.854	4
货物摆放不稳、零散物件未绑扎	0.046	0.131	3	1.824	8
防火、防盗、防损等安全措施不到位	0.040	0.114	5	1.850	6
到货计划与需求计划不匹配	0.056	0.060	9	0.062	16

(续表)

风险因素	先验概率	后验概率	后验概率排序	变化率	变化率排序
退库物资清点、检验不严谨	0.025	0.027	19	0.064	13
人员疏忽导致未配齐托盘	0.035	0.037	18	0.063	14
仓储面积不足	0.038	0.046	12	0.200	9
装卸设备故障	0.036	0.103	6	1.861	2
物流设备故障	0.031	0.089	7	1.855	3
物资漏盘、错盘	0.033	0.038	16	0.145	10
实物已发放系统未出库	0.042	0.044	13	0.057	18
外借仓库信息传递不及时	0.040	0.042	15	0.055	19

表 4-14 大型邮轮 HVAC 物流集配人员伤亡风险敏感性分析

风险因素	先验概率	后验概率	后验概率排序	变化率	变化率排序
未监控温度、通风及物资状态等	0.034	0.034 3	10	0.011	9
保管环境不当	0.054	0.054 3	7	0.004	11
防火、防盗、防损等安全措施不到位	0.040	0.043	9	0.008	10
台风、暴雨等自然灾害	0.033	0.162	4	3.904	1
开箱工具使用不当	0.027	0.031	11	0.155	7
专业水平、安全意识不足	0.041	0.045	8	0.113	8
设备不满足装卸需求	0.033	0.162	5	3.845	6
货物摆放不稳、零散物件未绑扎	0.046	0.225	1	3.850	5
卸货不规范	0.044	0.215	2	3.886	4
装卸设备故障	0.036	0.176	3	3.889	3
物流设备故障	0.031	0.152	6	3.903	2

由表 4-11 可知,影响 HVAC 配送延迟风险的敏感因素主要有人员专业水平与安全意识不足,风管供应商发放不及时,物资存放不规范,开箱工具使用不当,设计、计划变更,外借仓库

信息传递不及时与未保质保量及时配送、理货混乱和人员对新物资认识不足,与诊断分析事故致因主要因素基本相符。其中,供应商发货延迟、物资质量、重量不合格和到货跟踪不到位前后比重始终较大。

如表4-12所示,影响HVAC在物流集配进程中发生质量损失风险的敏感因素主要有人员专业水平与安全意识不足,到货计划与需求计划不匹配,卸货不规范,防火、防盗、防损等安全措施不到位、盘点制度不完善、开箱工具使用不当和验货不严谨等。其中值得注意的是,通过对比后验概率与变化率的比重发现,物资存放不规范、保管环境不当和理货混乱风险的前后概率始终较大,应予以重视。

如表4-13所示,卸货不规范,装卸及物流设备故障,开箱工具使用不当,理货混乱,防火、防盗、防损等安全措施不到位、物资存放不规范、货物摆放不稳、零散物件未绑扎和仓储面积不足这些风险因素的变化率是依次降低的,是影响HVAC物流成本超支的敏感因素。其中,到货计划与需求计划不匹配、保管环境不当和验货不严谨前后概率始终较大,也是成本超支事故的重要潜在风险源。

如表4-14所示,HVAC物流集配中导致人员伤亡发生的风险敏感因素主要有台风、暴雨等自然灾害,物流及装卸设备故障,卸货不规范,货物摆放不稳,零散物件未绑扎,人员专业水平和安全意识不足。其中,防火、防盗、防损等安全措施不到位,保管环境不当和设备不满足装卸需求前后概率始终较大。

5) 物流集配风险重要度分析

为了进一步明确风险对大型邮轮物流集配的影响程度,结合模糊贝叶斯网络推理的结果进行风险重要度分析,以结构重要度、概率重要度和关键重要度指标三位一体定量评估物流集配风险,对风险因素(即贝叶斯网络根节点)的重要度进行排序。根据风险的重要度分析其发生变化时对事故发生的影响程度,针对影响程度高、降低发生概率较为容易的事件可以采取控制措施,能有效预防事故发生[40]。

假定风险因素的发生概率相等,分析其发生对事件产生的影响。

$$I_i^{st} = P[T=1 \mid X_i=1, P(X_j=1)=0.5, 1 \leqslant j \neq i \leqslant n] \\ - P[T=1 \mid X_i=0, P(X_j=1)=0.5, 1 \leqslant j \neq i \leqslant n] \quad (4-15)$$

式中:T为风险事件;X_i、X_j为风险因素;$P(T=1\mid \cdot)$为事件发生的条件概率;$X_i=0$或0表示风险i发生或不发生;$P(X_j=1)$为风险j发生的概率;n为风险数量。

其中,概率重要度和关键重要度的高峰交集表示影响事故发生程度较高、降低先验概率较容易的事件。结合贝叶斯专用处理软件得到不同重要度所对应风险因素的先验概率和后验概率,在此基础上,根据式(4-12)~(4-15)计算得到配送延迟、质量损失、成本超支和人员伤亡事件中风险的结构、概率和关键重要度并进行排序比较,确定能快速降低发生可能性的影响事故发生的主要风险。

(1) 配送延迟事故风险重要度分析。

根据配送延迟事故风险重要度分析结果见表4-15,专业水平与安全意识不足,设计、计划变更,人员对新物资认识不足,物资摆放不稳,零散物件未绑扎和风管供应商发放不及时及外借仓库未保质保量及时配送等结构重要度较高,通过降低这些事件的概率能保障HVAC物流集配配送进度的稳定。概率重要度及关键重要度的排序前列重合的主要有人员对新物资认识不足,专业水平、安全意识不足,物资存放不规范,设计、计划变更,风管供应商发放不及时,理货混乱和外借仓库信息传递不及时及未保质保量及时配送等,通过降低这些事件发生可能性,能有效降低配送延迟风险。

表4-15 配送延迟事故风险重要度分析结果

风险因素	结构	排序	概率	排序	关键	排序
未监控温度、通风及物资状态等	0.012	14	0.031	14	2.36×10^{-3}	17
保管环境不当	0.012	14	0.018	21	2.23×10^{-3}	18
物资质量、重量不合格	0.012	14	0.019	21	2.19×10^{-3}	19
验货不严谨	0.012	14	0.028	16	2.49×10^{-3}	15
物资存放不规范	0.040	1	0.590	4	7.97×10^{-2}	3
开箱工具使用不当	0.040	1	0.570	9	3.46×10^{-2}	12
专业水平、安全意识不足	0.040	1	0.591	3	5.39×10^{-2}	8
供应商发货延迟	0.004	18	0.024	18	4.24×10^{-3}	11
台风、暴雨等自然灾害	0.004	18	0.025	17	1.83×10^{-3}	21
疫情等突发状况	0.004	18	0.029	15	3.10×10^{-3}	14
报关时间过长	0.004	18	0.023	19	2.40×10^{-3}	16
物资到货跟踪不到位	0.036	13	0.105	13	1.25×10^{-2}	20
设计、计划变更	0.040	1	0.596	1	9.68×10^{-2}	1
外借仓库信息传递不及时	0.040	1	0.576	7	5.20×10^{-2}	9
外借仓库未保质保量及时配送	0.040	1	0.572	8	5.95×10^{-2}	6
仓储分区规划不清晰	0.040	1	0.569	11	3.46×10^{-2}	13
理货混乱	0.040	1	0.581	6	7.07×10^{-2}	4
人员对新物资认识不足	0.040	1	0.588	5	8.76×10^{-2}	2

(续表)

风险因素	结构	排序	概率	排序	关键	排序
设备不满足装卸需求	0.040	1	0.561	12	4.22×10^{-2}	10
货物摆放不稳、零散物件未绑扎	0.040	1	0.569	11	5.94×10^{-2}	7
风管供应商发放不及时	0.040	1	0.592	2	6.22×10^{-2}	5

（2）质量损失事故风险重要度分析。

由质量损失事故的风险重要度分析结果见表 4-16，除未监控温度、通风等及物资状态和保管环境不当重要度较低外，其余风险的结构重要度相当。从概率及关键重要度排序的结果可以看出，两者排序前列重合的主要有物资存放不规范，到货计划与需求计划不匹配，卸货不规范，理货混乱，外借仓库未保质保量及时配送，货物摆放不稳，零散物件未绑扎，防火、防盗和防损安全措施不到位及验货不严谨等。

表 4-16 质量损失事故风险重要度分析结果

风险因素	结构	排序	概率	排序	关键	排序
未监控温度、通风及物资状态等	0.004	16	0.028	16	0.002	17
保管环境不当	0.004	16	0.018	17	0.002	16
到货计划与需求计划不匹配	0.008	1	0.574	1	0.070	2
退库物资清点、检验不严谨	0.008	1	0.547	15	0.030	14
理货混乱	0.008	1	0.567	4	0.067	3
物资存放不规范	0.008	1	0.571	2	0.074	1
仓储分区不清晰	0.008	1	0.560	12	0.033	12
外借仓库未保质保量及时配送	0.008	1	0.566	6	0.057	4
卸货不规范	0.008	1	0.569	3	0.054	6
开箱工具使用不当	0.008	1	0.560	13	0.033	13
专业水平、安全意识不足	0.008	1	0.562	10	0.050	7
货物摆放不稳、零散物件未绑扎	0.008	1	0.566	7	0.057	5
物资漏盘、错盘	0.008	1	0.562	10	0.040	11

(续表)

风险因素	结构	排序	概率	排序	关键	排序
盘点制度不完善	0.008	1	0.566	5	0.047	10
验货不严谨	0.008	1	0.563	8	0.049	8
入库操作失误	0.008	1	0.550	14	0.029	15
防火、防盗、防损等安全措施不到位	0.008	1	0.563	9	0.049	9

（3）成本超支事故风险重要度分析。

在成本超支事件的风险重要度分析结果见表4-17，结构重要度排序较高的主要有到货计划与需求计划不匹配，退库物资清点、检验不严谨，外借仓库信息传递不及时，人员疏忽导致未配齐托盘，实物已发放系统未出库等，通过降低这些风险因素发生的可能性能够有效控制大型邮轮建造HVAC物流集配的成本。同时，概率重要度及关键重要度的排序前列重合的风险主要有物资存放不规范，理货混乱，卸货不规范，货物摆放不稳，零散物件未绑扎，防火、防盗、防损等安全措施不到位，装卸及物流设备故障，开箱工具使用不当和仓储面积不足等。

表4-17 成本超支事故风险重要度分析结果

风险因素	结构	排序	概率	排序	关键	排序
未监控温度、通风及物资状态等	0.008	6	0.032	12	0.003	15
保管环境不当	0.008	6	0.021	17	0.003	14
理货混乱	0.024	12	0.685	2	0.106	2
物资存放不规范	0.024	12	0.689	1	0.118	1
物资质量、重量不合格	0.008	6	0.028	14	0.004	12
验货不严谨	0.008	6	0.036	11	0.004	13
卸货不规范	0.024	12	0.682	3	0.086	4
开箱工具使用不当	0.024	12	0.666	8	0.051	8
货物摆放不稳、零散物件未绑扎	0.024	12	0.678	4	0.089	3
防火、防盗、防损等安全措施不到位	0.024	12	0.674	7	0.077	5
到货计划与需求计划不匹配	0.004	1	0.026	15	0.004	11
退库物资清点、检验不严谨	0.004	1	0.029	13	0.002	19

（续表）

风险因素	结构	排序	概率	排序	关键	排序
人员疏忽导致未配齐托盘	0.004	1	0.021	16	0.002	18
仓储面积不足	0.016	11	0.077	9	0.008	9
装卸设备故障	0.024	12	0.676	6	0.070	6
物流设备故障	0.024	12	0.676	5	0.060	7
物资漏盘、错盘	0.012	10	0.055	10	0.005	10
实物已发放系统未出库	0.004	1	0.017	19	0.002	16
外借仓库信息传递不及时	0.004	1	0.018	18	0.002	17

（4）人员伤亡风险重要度分析。

通过计算得到的人员伤亡事件风险重要度的排序结果见表4-18,防火、防盗、防损等安全措施不到位,未监控温度,通风等及物资状态,专业水平,安全意识不足,开箱工具使用不当和保管环境不当等的结构重要度较高。

卸货不规范,货物摆放不稳,零散物件未绑扎,装卸设备故障,台风、暴雨等自然灾害,设备不满足装卸需求,物流设备故障和专业水平,安全意识不足等的概率重要度与关键重要度排序结果的前列高度重合,通过降低这些事件发生的可能性在一定程度上缓解HVAC物流集配过程中安全事故的发生。

表4-18 人员伤亡事故风险重要度分析结果

风险因素	结构	排序	概率	排序	关键	排序
未监控温度、通风及物资状态等	0.004	1	0.002	10	0.000 31	11
保管环境不当	0.004	1	0.001	11	0.000 317	10
防火、防盗、防损等安全措施不到位	0.004	1	0.016	9	0.003	9
台风、暴雨等自然灾害	0.027	6	0.825	3	0.133	4
开箱工具使用不当	0.008	4	0.031	7	0.004	8
专业水平、安全意识不足	0.008	4	0.021	8	0.004	7
设备不满足装卸需求	0.027	6	0.825	4	0.133	5
货物摆放不稳、零散物件未绑扎	0.027	6	0.832	1	0.188	1

(续表)

风险因素	结构	排序	概率	排序	关键	排序
卸货不规范	0.027	6	0.829	2	0.179	2
装卸设备故障	0.027	6	0.823	5	0.145	3
物流设备故障	0.027	6	0.822	6	0.125	6

（5）物流集配关键风险因素确定。

根据物流集配风险推理结果与重要度分析的结果，归纳得到了影响大型邮轮物流集配配送延迟、质量损失、成本超支和人员伤亡事件的主要原因，以 HVAC 为例，具体见表 4-19。

表 4-19 大型邮轮建造 HVAC 物流集配关键风险

风险事件	关键风险因素
配送延迟	人员对新物资认识不足
	专业水平、安全意识不足
	物资存放不规范
	设计、计划变更
	风管供应商发放不及时
	理货混乱
	外借仓库信息传递不及时
	外借仓库未保质保量及时配送
质量损失	物资存放不规范
	到货计划与需求计划不匹配
	卸货不规范
	理货混乱
	外借仓库未保质保量及时配送
	货物摆放不稳、零散物件未绑扎
	防火、防盗、防损等安全措施不到位
	验货不严谨

(续表)

风险事件	关键风险因素
成本超支	防火、防盗、防损等安全措施不到位
	设计、计划变更
	物资存放不规范
	卸货不规范
	仓储面积不足
	理货混乱
	验货不严谨
	保管环境不当
人员伤亡	货物摆放不稳、零散物件未绑扎
	装卸设备故障
	卸货不规范
	专业水平、安全意识不足
	物流设备故障

4.3 物流集配管理风险预警与管控

大型邮轮物流集配风险预警是针对前述已识别的重要风险，通过对过程中的相关数据进行检测收集或评价实际运作过程状态，借助数学方法确定整体风险状态和对应的预警等级，再对不可接受的风险状态发出预警信号，以便相关管理人员采取措施，维护体系的正常运作。

4.3.1 预警指标体系及动态模型

4.3.1.1 大型邮轮工程预警指标体系构建

预警指标体系用于表明风险指标因素并为构建预警模型而服务，预警系统通过预警指标体系而感知是否存在警情，从而发出相应信号。根据大型邮轮物流集配风险评价结果，依据"大概率、高影响程度"到"小概率、低影响程度"的顺序将风险矩阵分为一、二、三、四个区域，不同颜色表示不同的风险等级。

根据上面风险评估的结果为依据,据此建立大型邮轮物流集配风险预警指标体系。

1) 物流集配风险预警指标体系构建

(1) 到货入库风险。与到货有关的一级风险有设计、计划变更和生产需求变更,其中计划是最重要的因素,而按需到货是物流集配顺利开展的关键保障。针对物资到货的准时性,同时考虑到来货的质量风险,设定计划变更率、准时到货率、到货物资合格率作为预警指标。

表示到货风险预警的指标为:计划变更率 C_1、准时到货率 C_2、到货物资合格率 C_3、准时入库率 C_4。

$$计划变更率\ C_1 = \frac{物资(采购、到货、需求)时间}{物资预计(到达、领用)时间} \times 100\% \qquad (4-16)$$

$$准时到货率\ C_2 = \frac{物资准时到货数}{应到物资总数} \times 100\% \qquad (4-17)$$

$$到货物资合格率\ C_3 = \frac{到货后质量检验合格物资数量}{到货物资总数量} \times 100\% \qquad (4-18)$$

$$准时入库率\ C_4 = \frac{预计入库时间}{实际物资入库时间} \times 100\% \qquad (4-19)$$

(2) 仓储风险。大型邮轮物资的保管对温湿度控制存在一定要求,仓储过程中物资的存储环境控制、集配规范程度会影响在库物资质量,对此设置在库物资损耗率为预警指标。此外,库存周转率及场地利用率是分析物资收发平衡状态及场地使用情况的重要指标。

表示仓储风险预警指标主要有:在库损耗率 C_5、库存周转率 C_6、场地利用率 C_7。

$$在库物资损耗率\ C_5 = \frac{在库物资不合格数量}{在库物资总数量} \times 100\% \qquad (4-20)$$

$$库存周转率\ C_6 = \frac{物资出库数量}{1/2 \times (月初库存 + 月末库存)} \qquad (4-21)$$

$$场地利用率\ C_7 = \frac{物资实际占用面积}{场地总面积} \times 100\% \qquad (4-22)$$

(3) 配送发放风险。收到生产部门物资需求后,集配部开展配托工作,物资配齐率反映了具备发放状态的托盘物资情况,设定物资配齐率作为物资到仓库后集配效率指标。对于生产部门提出物资领用申请后,集配部配送员从收到需求订单到配送至线边与生产部门完成物资交接的过程,设定物资准时配送率作为按需配送效率指标。在常规的设计定额之外,因设计修改、船东修改、现场增补的增订物资也需重点关注,对此设定补货按时到达率作为监控指标。

表示配送风险的预警指标主要有:物资配齐率 C_8、配送准时率 C_9、补货按时到达率 C_{10}。

$$物资配齐率\ C_8 = \frac{已配齐物资量}{规定配齐物资数量} \times 100\% \qquad (4-23)$$

$$配送准时率\ C_9 = \frac{准时配送物资(托盘)数}{在库物资(托盘)配齐数} \times 100\% \qquad (4-24)$$

$$补货按时到达率\ C_{10} = \frac{补货物资按时到达数量}{补货物资总数量} \times 100\% \qquad (4-25)$$

(4) 管理风险。关于叉车、行车故障,设定预警指标装卸设备使用合格率。属于一级风险等级的有人员暴力搬运货物和工作人员劳防用品穿戴不规范;二级、三级风险中的未对入库物资状态及时监控、货物摆放不稳、零散物件未绑扎和发放签收时未对物资仔细检查等均可划分到预警指标人员安全意识中。对于台风、暴雨等自然灾害,设置自然灾害影响指数作为预警指标,通过对天气的及时监测,加强对恶劣天气的预警,严格执行恶劣天气下的防控措施,同时加强对仓库防水性能的检查与维修。

信息平台的管理者应保证内部成员数据标准化、规范化程度高,使信息共享及时顺畅。信息共享程度和信息传递及时率指标有助于反映与厂外的外借仓库沟通的及时性,有效保障外借仓库的物资供应和信息传递的透明化。表示管理风险预警的指标为:装卸设备使用年限C_{11}、员工安全意识水平C_{12}、灾害性天气等级C_{13}、信息共享程度C_{14}、信息传递及时性C_{15}。

① 装卸设备使用合格率

$$C_{11} = \frac{设备合格数维修量}{设备总数量} \times 100\% \qquad (4-26)$$

② 人员安全意识水平C_{12}主要可以包含演练正确率、隐患整改率、安全活动参与率、安全任务完成率和安全管理制度完备率等。

③ 自然灾害影响指数C_{13}。灾害性天气预警信号主要有台风、暴雨、暴雪、寒潮、大风、沙尘暴、高温、干旱、雷电、冰雹和霜冻预警信号等。大雾预警信号灾害性天气等级的预警信号等级总体上分为4级,按照灾害的严重性和紧急程度,依次使用蓝色、黄色、橙色和红色4种颜色,同时以中英文标识分别代表一般、较重、严重和特别严重。

④ 信息共享程度C_{14}主要从以下几方面进行考虑:有通用的物资管理信息系统的单位,需求在线上进行申报;而对于系统外的单位,信息的传递常常通过时下的各类通信软件来进行,增加信息传递的不稳定性和泄露风险。

(5) 信息传递及时性C_{15}。大型邮轮物资物流信息传递主要可分为厂内、部门内部及其他部门关于物资的信息传递和厂外供应商及第三方物流的信息传递。

4.3.1.2　物流集配风险预警指标体系及测算

以HVAC物资为例,从到货入库风险、仓储风险、配送发放风险和管理风险四方面构建了4个一级风险预警指标并确定了15个二级风险预警指标。同时,二级指标中构建了与之相对的先兆性指标及警兆指标,具体的指标体系及对应表达式分别见表4-20和表4-21。

表 4-20 HVAC 物流集配风险预警指标体系

预警对象 A	一级指标 B	二级指标 C	警　兆
物流集配风险 A	到货入库风险 B_1	计划变更风险 C_1	计划变更率
		供应商供货风险 C_2	准时到货率
		到货物资质量风险 C_3	到货物资合格率
		物资入库风险 C_4	准时入库率
	仓储风险 B_2	在库物资质量风险 C_5	在库物资损耗率
		库存周转风险 C_6	库存周转率
		场地支持风险 C_7	场地利用率
	配送发放风险 B_3	物资配货风险 C_8	物资配齐率
		物资配送风险 C_9	配送准时率
		增补物资供应风险 C_{10}	补货按时到达率
	管理风险 B_4	设备资源风险 C_{11}	装卸设备合格率
		安全意识风险 C_{12}	人员安全意识水平
		自然灾害风险 C_{13}	自然灾害影响指数
		沟通协调风险 C_{14}	信息共享程度
		信息传递风险 C_{15}	信息传递及时性

表 4-21 HVAC 物流集配风险预警指标警兆测算

预警对象	一级指标	警　兆	指标性质	测算方法
物流集配风险	到货入库风险	计划变更率	定量	$\dfrac{物资(采购、到货、需求)时间}{物资预计(到达、领用)时间} \times 100\%$
		准时到货率	定量	$\dfrac{物资准时到货数}{应到物资总数} \times 100\%$
		到货物资合格率	定量	$\dfrac{到货后质量检验合格物资数量}{到货物资总数量} \times 100\%$
		准时入库率	定量	$\dfrac{预计入库时间}{实际物资入库时间} \times 100\%$

（续表）

预警对象	一级指标	警兆	指标性质	测算方法
物流集配风险	仓储风险	在库物资损耗率	定量	$\dfrac{\text{在库物资不合格数量}}{\text{在库物资总数量}} \times 100\%$
		场地利用率	定量	$\dfrac{\text{物资实际占用面积}}{\text{场地总面积}} \times 100\%$
		库存周转率	定量	$\dfrac{\text{物资出库数量}}{[1/2 \times (\text{月初库存} + \text{月末库存})]}$
	配送发放风险	物资配齐率	定量	$\dfrac{\text{已配齐物资量}}{\text{规定配齐物资数量}} \times 100\%$
		配送准时率	定量	$\dfrac{\text{准时配送物资（托盘）数}}{\text{在库物资（托盘）配齐数}} \times 100\%$
		补货按时到达率	定量	$\dfrac{\text{补货物资按时到达数量}}{\text{补货物资总数量}} \times 100\%$
	管理风险	装卸设备合格率	定量	$\dfrac{\text{设备合格数维修量}}{\text{设备总数量}} \times 100\%$
		人员安全意识水平	定量	员工建立起来的生产必须安全的观念，主要通过演练正确率、安全整改率、安全活动参与率、安全任务完成率、安全管理制度完备率测评，专家打分
		自然灾害影响指数	定量	随时监测气候，及时上报天气，按发布预警消息处理
		信息共享程度	定性	企业内部及内、外部间信息共享效果满意度，专家打分
		信息传递及时性	定性	企业内部及内、外部间信息传递及时程度的满意度，专家打分

4.3.1.3 大型邮轮工程预警模型构建

1) 基础数据来源

选取直接参与 HVAC 物流集配管理的 5 名主要工作人员进行调查，以月度为基准，结合到货情况及仓储规划，选择从到货相对稳定的 2020 年 11 月至 2021 年 5 月做研究。每个月通过专家打分对各预警指标的风险实际状况进行整理汇总，以此作为风险警情分析的基础数据。将风险划分为低风险、较低风险、中等风险、较高风险 4 个等级，分别对其赋值量化，依次为 1 分、2 分、3 分、4 分。

2) 风险预警指标分值计算

设统计的月份数量共为 n，预警指标个数为 p，具体表示为 l_1、l_2、$\cdots$、l_p，回收问卷数量为 q，整理分析调查数据确定初始矩阵为

$$Y = \begin{pmatrix} y_1^T \\ y_2^T \\ y_3^T \\ \cdots \\ y_n^T \end{pmatrix} = \begin{pmatrix} y_{11} & y_{12} & \cdots & y_{1p} \\ y_{21} & y_{22} & \cdots & y_{2p} \\ \vdots & \vdots & \vdots & \vdots \\ y_{n1} & y_{n2} & \cdots & y_{np} \end{pmatrix} = \begin{pmatrix} \dfrac{\sum y_{11}}{q} & \dfrac{\sum y_{12}}{q} & \cdots & \dfrac{\sum y_{1p}}{q} \\ \dfrac{\sum y_{21}}{q} & \dfrac{\sum y_{22}}{q} & \cdots & \dfrac{\sum y_{2p}}{q} \\ \vdots & \vdots & \vdots & \vdots \\ \dfrac{\sum y_{n1}}{q} & \dfrac{\sum y_{n2}}{q} & \cdots & \dfrac{\sum y_{np}}{q} \end{pmatrix} \quad (4-27)$$

将初始矩阵 Y 归一化处理后统一规范为效益型指标，得标准化矩阵 $R = (r_{ij})_{n \times p}$，其公式为

对于效益型指标
$$r_{ij} = \frac{u_{ij} - \min u_j}{\max u_j - \min u_j} \quad (4-28)$$

对于成本型指标
$$r_{ij} = \frac{\max u_j - u_{ij}}{\max u_j - \min u_j} \quad (4-29)$$

式中：r_{ij} 为第 i 个月的第 j 个预警指标标准化后的值；u_{ij} 为第 i 个月的第 j 个指标值；$\min u_j$、$\max u_j$ 为第 j 个指标最小值和最大值。

根据式(4-28)和式(4-29)计算得到标准化矩阵：

$$R = \begin{pmatrix} 0.333 & 0.333 & 0.000 & 0.000 & 0.333 & 0.000 & 0.000 & 0.000 & 0.000 & 1.000 & 0.750 & 0.000 & 1.000 & 0.667 & 0.333 \\ 0.000 & 0.333 & 0.800 & 0.800 & 0.000 & 1.000 & 1.000 & 0.800 & 0.667 & 0.000 & 1.000 & 0.200 & 0.750 & 0.333 & 0.000 \\ 0.167 & 0.000 & 0.400 & 0.000 & 0.000 & 0.000 & 0.000 & 0.400 & 0.333 & 0.500 & 0.250 & 0.000 & 0.750 & 0.000 & 0.333 \\ 0.833 & 1.000 & 0.800 & 0.400 & 0.333 & 0.400 & 0.167 & 0.400 & 1.000 & 0.250 & 0.000 & 0.200 & 0.750 & 0.333 & 1.000 \\ 0.667 & 0.667 & 0.600 & 0.800 & 1.000 & 0.400 & 0.833 & 1.000 & 0.000 & 0.500 & 0.250 & 0.200 & 0.000 & 1.000 & 0.333 \\ 1.000 & 0.667 & 0.600 & 0.800 & 0.333 & 0.800 & 0.500 & 0.800 & 0.667 & 0.750 & 0.750 & 1.000 & 0.500 & 1.000 & 1.000 \\ 0.667 & 0.667 & 1.000 & 1.000 & 0.333 & 0.800 & 0.667 & 0.600 & 0.667 & 0.750 & 0.750 & 1.000 & 0.250 & 1.000 & 0.667 \end{pmatrix}$$

3) 预警指标权重确定

考虑到 HVAC 物流集配风险预警指标的多样性，同时为避免主观因素的影响，采用层次分析法——变异系数确定各个指标的权重，根据计算权重的方法中的"和积法"及检验判断矩阵一致性的方法得到各指标的权重计算结果，在此基础上基于变异系数修正权重，明确不同指标的重要程度，找出需重点关注的预警指标[41-42]。其具体步骤如下：

(1) 构建层次结构模型。将指标分为目标层、准则层和指标层。

(2) 构造判断矩阵。采用 1~9 比例标度法分别对每一层次各个指标的相对重要性进行两两比较判断，从而构造出相应的判断矩阵。邀请 5 名邮轮项目相关工作人员对各指标的重要性进行两两比较，汇总调查结果并整理后得到判断矩阵。

(3) 计算指标权重。由于判断矩阵的每一列都近似地反映了权值的分配情形，可采用全部列向量的算术平均值来估计权向量，即

$$w_i = \frac{1}{n} \sum_{j=1}^{n} \frac{a_{ij}}{\sum_{k=1}^{n} a_{kj}} \quad (i=1、2、\cdots、n) \tag{4-30}$$

根据式(4-30)计算可以得一级及二级预警指标的权重值,计算结果见表4-22。

表4-22 各级指标权重计算

一级指标	权重	二级指标	权重
到货入库风险	0.333	计划变更风险	0.447
		供应商供货风险	0.206
		到货物资质量风险	0.114
		物资入库风险	0.233
仓储风险	0.251	在库物资质量风险	0.269
		库存周转风险	0.352
		场地支持风险	0.379
配送发放风险	0.184	物资配货风险	0.296
		物资配送风险	0.308
		增补物资供应风险	0.396
管理风险	0.232	设备资源风险	0.142
		安全意识风险	0.211
		自然灾害风险	0.167
		沟通协调风险	0.233
		信息传递风险	0.247

(4)一致性检验。判断矩阵的一致性检验主要是防止单个指标层进行两两比较时自身出现如 A 重要度大于 B,B 重要度大于 C,反而 A 重要度小于 C 自相矛盾的情况发生,因此需要对判断矩阵进行一致性检验。计算 CR 的公式为

$$CR = \frac{CI}{RI} \tag{4-31}$$

$$CI = \frac{\lambda_{\max} - n}{n-1} \tag{4-32}$$

$$\lambda_{\max} = \sum_{i=1}^{n} \frac{(AW)_i}{nW_i} \quad (4-33)$$

式中：CI 为判断矩阵的一致性指标；$\lambda_{\max}$ 为判断矩阵的最大特征根；W 为权重向量；RI 为判断矩阵同阶平均随机的一致性指标，取值见表 4-23。

表 4-23 RI 取值

矩阵阶数	1	2	3	4	5	6	7
RI 值	0.00	0.00	0.52	0.89	1.12	1.25	1.35

根据各层级矩阵阶数的不同确定 RI 值后，结合式(4-31)～式(4-33)得出 AHP 模型一致性检验结果见表 4-24[43]。

表 4-24 AHP 模型一致性检验结果

指标层	$\lambda_{\max}$	CI	RI	CR
A-B	4.117	0.039	0.89	0.044
B1-C1-4	3	0	0.52	0
B2-C5-7	3.009	0.005	0.52	0.009
B11-C8-10	3.018	0.009	0.520	0.018
B4-C11-15	5.028	0.007	1.12	0.006

（5）基于变异系数修正指标权重。

为了让权重能准确反映 HVAC 物流集配预警指标体系之间的相互关系，减少指标层次结构与专家主观判断对指标权重的影响，引进变异系数的思想，计算得到的初步权重向量之间的数值离散分布状态对指标权重进行进一步修正，从而计算得到更加客观与科学的权重。基于变异系数修正指标权重主要有以下步骤：

① 构造判断矩阵，利用 AHP 法计算初始指标权重向量设为 θ_j，原始打分判断矩阵如下式所示：

$$\overline{A} = \begin{bmatrix} \overline{a_{11}} & \overline{a_{12}} & \cdots & \overline{a_{1n}} \\ \overline{a_{21}} & \overline{a_{22}} & \cdots & \overline{a_{2n}} \\ \vdots & \vdots & \ddots & \vdots \\ \overline{a_{n1}} & \overline{a_{n2}} & \cdots & \overline{a_{nn}} \end{bmatrix} \quad (4-34)$$

因此，原始打分判断矩阵主要有

目标层的判断矩阵为 $\bar{\boldsymbol{A}}_1 = \begin{bmatrix} 1 & 2 & 3 & 2 \\ 1/2 & 1 & 1/2 & 1 \\ 1/2 & 1 & 2 & 1 \\ 1/5 & 5 & 1 & 1 \end{bmatrix}$

"到货风险"的判断矩阵为 $\bar{\boldsymbol{A}}_2 = \begin{bmatrix} 1 & 7 & 9 & 5 \\ 1/7 & 1 & 1/7 & 1/5 \\ 1/9 & 7 & 1 & 1 \\ 1/5 & 5 & 1 & 1 \end{bmatrix}$

"仓储风险"的判断矩阵为 $\bar{\boldsymbol{A}}_3 = \begin{bmatrix} 1 & 1/5 & 1/7 \\ 5 & 1 & 1 \\ 7 & 1 & 1 \end{bmatrix}$

"配送发放风险"的判断矩阵为 $\bar{\boldsymbol{A}}_4 = \begin{bmatrix} 1 & 1/5 & 1/7 \\ 5 & 1 & 1 \\ 7 & 1 & 1 \end{bmatrix}$

"管理风险"的判断矩阵为 $\bar{\boldsymbol{A}}_5 = \begin{bmatrix} 1 & 1 & 5 & 1/5 & 1/7 \\ 1 & 1 & 5 & 1/3 & 1/5 \\ 1/5 & 1/5 & 1 & 1/5 & 1/7 \\ 5 & 3 & 5 & 1 & 1/3 \\ 7 & 5 & 7 & 3 & 1 \end{bmatrix}$

② 对判断矩阵 $\bar{\boldsymbol{A}}$ 进行归一化处理,并得到判断矩阵的标准矩阵 $\boldsymbol{A} = (a_{ij})_{n \times n}$。其中,$a_{ij}$ 计算公式如下:

$$a_{ij} = \frac{\overline{a_{ij}}}{\sum_{i=1}^{n} \overline{a_{ij}}} \qquad (4-35)$$

根据式(4-35)求得目标层的判断矩阵的标准矩阵为 $\boldsymbol{A}_1 = \begin{bmatrix} 0.125 & 0.250 & 0.375 & 0.250 \\ 0.167 & 0.333 & 0.167 & 0.333 \\ 0.087 & 0.522 & 0.261 & 0.130 \\ 0.111 & 0.222 & 0.444 & 0.222 \end{bmatrix}$

"到货风险"判断矩阵的标准矩阵为 $\boldsymbol{A}_2 = \begin{bmatrix} 0.045 & 0.318 & 0.409 & 0.227 \\ 0.096 & 0.673 & 0.096 & 0.135 \\ 0.012 & 0.768 & 0.110 & 0.110 \\ 0.028 & 0.694 & 0.139 & 0.139 \end{bmatrix}$

"仓储风险"判断矩阵的标准矩阵为 $\boldsymbol{A}_3 = \begin{bmatrix} 0.745 & 0.149 & 0.106 \\ 0.714 & 0.143 & 0.143 \\ 0.778 & 0.111 & 0.111 \end{bmatrix}$

"配送发放风险"判断矩阵的标准矩阵为 $\boldsymbol{A}_4 = \begin{bmatrix} 0.745 & 0.149 & 0.106 \\ 0.714 & 0.143 & 0.143 \\ 0.778 & 0.111 & 0.111 \end{bmatrix}$

"管理"的判断矩阵的标准矩阵为 $\boldsymbol{A}_5 = \begin{bmatrix} 0.136 & 0.136 & 0.681 & 0.027 & 0.019 \\ 0.133 & 0.133 & 0.664 & 0.044 & 0.027 \\ 0.115 & 0.115 & 0.574 & 0.115 & 0.082 \\ 0.349 & 0.209 & 0.349 & 0.070 & 0.023 \\ 0.304 & 0.217 & 0.304 & 0.130 & 0.043 \end{bmatrix}$

③ 求预警指标的变异系数。指标的变异系数的具体计算方法如式(4-36)～式(4-38)。r_{0j} 和 σ_j 代表第 j 个指标中的平均值和标准差,则变异系数为 D_j。

$$r_{0j} = \frac{1}{m}\sum_{i=1}^{m} r_{ij} \tag{4-36}$$

$$\sigma_j = \sqrt{\sum_{i=1}^{m} \frac{(r_{ij}-r_{0j})^2}{m-1}} \tag{4-37}$$

$$D_j = \frac{\sigma_j}{r_{0j}} \tag{4-38}$$

根据式(4-36)～式(4-37),计算得到预警指标的均值、标准差变异系数,见表4-25。

表4-25 预警指标的均值、标准差、变异系数

指 标	r_{0j}	σ_j	D_j	指 标	r_{0j}	σ_j	D_j
到货入库	0.122	0.033	0.273	场地支持风险	0.120	0.081	0.673
仓储	0.332	0.135	0.407	物资配货风险	0.746	0.032	0.043
配送发放	0.312	0.183	0.587	物资配送风险	0.134	0.020	0.151
管理	0.936	0.084	0.357	增补物资供应风险	0.120	0.102	0.847
计划变更风险	0.045	0.036	0.803	设备资源风险	0.207	0.110	0.532
供应商供货风险	0.613	0.201	0.328	安全意识风险	0.162	0.048	0.294
到货物资质量风险	0.188	0.148	0.786	自然灾害风险	0.514	0.177	0.344
物资入库风险	0.611	0.051	0.337	沟通协调风险	0.077	0.047	0.613
在库物资质量风险	0.746	0.032	0.043	信息传递风险	0.039	0.026	0.661
库存周转风险	0.134	0.020	0.151				

④ 在此基础上确定修正系数，其结果如下式所示：

$$w_j = \frac{D_j}{\sum_{j=1}^{n} D_j} \left(j=1、2、\cdots、n ; D_j = \frac{\sigma_j}{r_{0j}} \right) \tag{4-39}$$

根据式(4-39)，计算得到修正系数见表4-26。

表 4-26 预警指标的修正系数

指　　标	w_j	指　　标	w_j
计划变更风险	0.168	物资配货风险	0.041
供应商供货风险	0.251	物资配送风险	0.145
到货物资质量风险	0.361	增补物资供应风险	0.814
物资入库风险	0.220	设备资源风险	0.218
在库物资质量风险	0.356	安全意识风险	0.120
库存周转风险	0.145	自然灾害风险	0.141
信息传递风险	0.271	沟通协调风险	0.251
场地支持风险	0.776		

⑤ 利用修正系数对AHP法的初始指标权重向量 $\boldsymbol{\theta}_j = (\theta_1, \theta_2, \cdots, \theta_n)$ 进行修正，其结果如下式所示：

$$\overline{\theta_j} = \frac{w_j \theta_j}{\sum_{j=1}^{n} w_j \theta_j} \tag{4-40}$$

4.3.2 预警流程及管控原则

1）大型邮轮工程预警机制流程

企业风险预警机制的构建一般按照风险源监测与信息采集、预警分析、预警提示、预警响应机制流程，其中预警响应机制包括警情传递、明确警源、排警措施制定、预警管控、预警反馈，如图4-20所示。

2）物流集配风险管控原则

根据大型邮轮物资物流集配风险评估结果，依据"大概率、高影响程度"到"小概率、低影响程度"的顺序将风险矩阵分为风险严重区、ALARP（As Low As Reasonably Practicable）区和

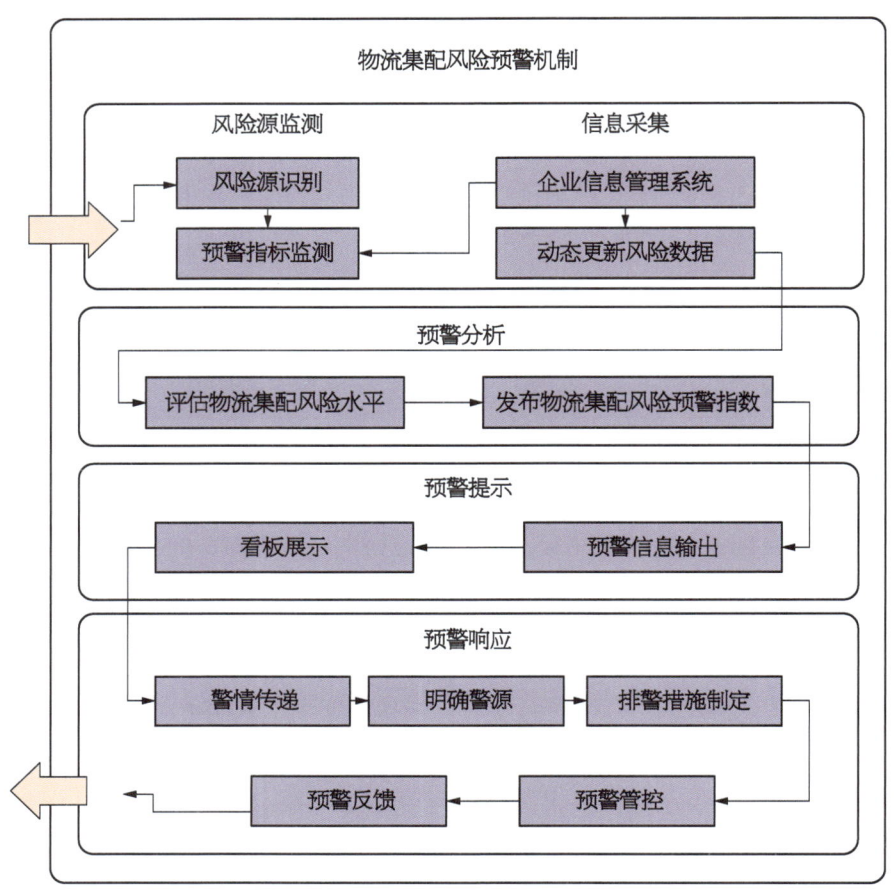

图 4-20 大型邮轮物流集配风险预警工作机制

可接受区或可忽略区,分别对应红色、橙色、黄色和蓝色区域。将风险因子置于风险矩阵中,并根据风险因子所在的区域确定各风险因子的风险水平。四级风险分别对应不同的风险准则,见表 4-27。

表 4-27 风险接受接收准则描述表

等级	标识	接收准则	应对措施
Ⅳ级		可忽略	一般不采取措施,常规管理
Ⅲ级		可接受	需引起重视,注重防范与监控
Ⅱ级		难以接受	需重点解决,注重预警与监控
Ⅰ级		拒绝接受	需立刻关注、解决和整改

基于风险评估结果,对较为严重的风险因子需重点关注,具体管控原则如下:

(1) 处于风险严重区的风险因子,不仅发生的概率高,而且后果严重,严重影响物资的安全高效集配。需采取一些必要手段避免其发生或降低其发生的概率和后果严重程度。必要时需由公司制定对应的、有针对性地管理方案、应急预案、规章制度等。

（2）对于处于 ALARP 区的风险因子，主要按照如下原则制定风险管控策略：

① 对风险发生概率极高，后果较轻微的风险因子，主要从降低发生概率的角度提出管控策略。

② 对风险发生概率较低，但后果严重甚至极严重的风险因子，从降低后果的严重程度进行管控。

③ 对发生的概率和引起的后果严重程度都处于中等水平的风险因子，应从降低概率和后果两个方面入手。

（3）对于处于可忽略或可接受的风险因子，一般由作业区管理人员及对应的班组进行日常管控。

4.3.3　物流集配风险管控策略

针对 HVAC 物流集配评估结果存在的配送延迟、质量损失、成本超支和人员伤亡风险，结合内控体系和风险管理策略，参照国外大型邮轮物流管理经验，基于可行性，提出科学合理的大型邮轮物流集配风险防范策略。同时，借鉴内控中关于人员行为控制和信息系统控制手段对大型邮轮物流集配风险的管控措施进行补充。

1）物流集配配送延迟关键风险管控策略

需重点管控的大型邮轮物流集配配送延迟风险，分别为设计、计划变更，风管供应商发放不及时问题，人员对新型物资认识不足和外借仓库信息传递不及时。

（1）设计、计划变更风险的管控策略。

邮轮客户化定制的特点决定了整个工程一直处于边设计、边建造、边修改的局面，如何有效实现对各类物资的过程管控，减少因技术变更对物流集配的影响，避免对工程计划造成不可挽回的损失，有必要开发专用软件工具，对全船的物资模型进行管理。三维设计建模过程中将物资所处的位置、数量、规格和安装阶段全部定义到物资属性中，利用软件工具抽取物资属性数据，定期扫描全船三维数据模型，提取物资编码、物资识别码、区域、安装阶段及安装类型信息，并与当前的订货状态进行对比。同时，通过关联中日程计划，根据不同阶段的生产需求基准，决定物资的需求到货时间或者是否需要应急增补相关物资订货。通过研发信息化手段进一步有效控制邮轮项目物资订货和到货流程，实现邮轮订货的及时性、高效性和准确性；决定物资需求到货时间，指导物资到货策略实现仓储场地与现场需求的平衡优化；保证物资按生产需求到货，确保生产顺利进行。

（2）风管供应商发放不及时问题的管控策略。

首先，在采购环节根据风管供应商发货标准周期设置适当的采购提前期；其次，为满足到货需求，合理把握到货计划，设置到货提前期使重新供货周期满足生产需求；最后，在采购订单落实至物资到货的期间，利用信息平台全流程跟踪供应商的进度，将被动获取进度转化为主动跟踪，对可能存在延误的物资及时采取相应措施。例如，督促供应商的驻厂人员及时反馈进度、查看库存是否有可代替的物资和其他途径能否提供相应帮助。

(3) 人员对物资特性认识不足。

参与运输、集配的操作人员需要对物资特性认识到位,以提供适合的运输和仓储环境,避免违规操作造成物资损坏。管控策略可以从以下方面入手:

① 建立健全员工工作培训体系。提高参加培训人员对 HVAC 物资认知培训的积极性和实效性,培训过程中严格管理,努力提高培训人员培训的规范性,培训后狠抓落实,提高参加培训人员在实际工作中的实践性。

② 利用 RFID 电子标签记录物资特性,操作人员用手持终端扫描物资专属的 RFID 电子标签,即可查看有关物资的所有特性,如此一来可有效确保因操作人员的失误造成对 HVAC 物资的质量损坏。

③ 根据 HVAC 物资特性强化全流程安全管理。在运输方面,物资在捆扎牢固,做好防潮、防雨、防尘保护,船舱内各物资不得挤压、重叠,相邻物资间应留有足够的空隙,避免调运时发生碰撞;在装卸方面,选择适合的起吊、搬运设备,将物资捆扎牢固,部分物资不得积压、重叠,轻取轻放,根据存储要求,选择合适的仓库定点存放。

(4) 外借仓库信息传递不及时的管控策略。

由于外借仓库与公司生产部门、集配部门距离远,需要实时保持沟通,服务质量变弱,协作隐形成本得到提高,工作效率变低。此外,账实不符现象引起 HVAC 物资在库却找不到、物资损坏,配送物资与需求提货物资不符,需要二次配送等情况,严重影响物资及集配效率。管控策略可以从以下方面入手:

① 建立健全外包仓库管理制度,明确外借仓库的工作目标和管理原则,仓储管理内容和要求,确立外借仓库外协人员管理规章制度和考核机制。

② 引进外借仓库云管理平台,对外借仓库的物资、人员实时可视化监控,操作信息和业务在平台上公开透明,直接发送至负责人窗口,使得对外包单位和外协人员的过程管控更加精准。

2) 物流集配质量损失关键风险管控策略

需重点管控的大型邮轮物流集配质量损失风险分别为外借仓库未保质保量及时配送,防火、防盗、防损安全措施不到位,理货混乱和物资存放不规范。

(1) 到货计划与需求计划不匹配。

供应商未按到货计划进行完整性托盘发货导致供应缺口,影响生产部门生产计划执行;生产需求变更导致周度需求与日需求不一致,配齐物资生产部门延后接收。主要从以下三个方面入手:

① 完善计划体系和供应商协同体系,根据计划内容跟踪执行现状,预判物资到货及领用情况,提前控制物资到货进度;完善供应商协同机制,避免到货与计划不一致的情况。

② 加强部门间协同管理,第一时间将计划变更信息准确地传达至相关部门。

③ 物资发货前,供应商需依据实际发货数量填写纸质版"到货验收单",标明 PO 号、行号、物资名称、数量、重量等信息。

(2) 防火、防盗、防损安全措施不到位的管控策略。

大型邮轮物资品类复杂，堆放密集，一旦发生火灾或偷盗，对公司造成严重损失。管控策略主要从以下两个方面入手：

① 加强安全检查和监督管理，安装摄像监控系统实现对生产过程的监督，消除安全监视盲区，当操作人员出现违规行为时，监督人员能立即做出劝止，将违规事件在全公司进行公示，对违规人员进行教育，以便起到警示作用。

② 张贴宣传标语和在班前会进行安全教育的方式宣传安全生产理念；科学排班，避免操作人员因为疲劳等原因导致违章操作。

(3) 理货混乱的管控策略。

物资库存分区设置及库位划分不合理或不规范使得理货过程混乱，理料员难以准确确定物资存储区位并及时将托盘配齐。管控策略主要从以下方面入手：

① 完善物资理货操作规范与体系，规范员工的理货操作方式，减少冗余和不良操作。

② 引进仓库物资管理系统，根据 RF(Radio Frequency)端同步的物资明细列表，完成箱内物资的清点、贴码，物资描述和数量均无误后对物资扫码入库实现物资库存可视化。

(4) 物资存放不规范的管控策略。

实际生产部门对仓储环境的管控存在局限性，无法完全保证适宜的温度及湿度，特别是天气不良时可能导致物资受潮，物资出现质量问题。管控策略主要从以下方面入手：

① 首先明确物资的适宜温度与湿度范围，同时仓库管理人员应该每日定时对库内外温湿度进行观测，当库内温湿度不适宜物品储存时，需要采取有效措施对温湿度进行调节，如采用密封、通风与吸潮相结合的方法。

② 开展定期讲座、培训等，增强工作人员责任心及工作能力。

3) 物流集配成本超支关键风险管控策略

需重点管控的大型邮轮建造物流集配成本超支风险分别为仓储面积不足、保管环境不当和验货不严谨。

(1) 保管环境不当的管控策略。

① 引进库房环境系统监控，在库房内重要位置安装温湿度传感器，对库房内的温湿度进行实时采集监测，一旦发现超温、湿度异常立即启动报警。由监控服务器对实时监测采集的现场温湿度信号进行数据实时分析处理及数据存储，系统自动记录温湿度的报警信息。

② 在库房的适当位置安装相关的空气质量和粉尘检测器实时监测室内的空气成分和粉尘状况，当出现异常时报警通知管理者，确保室内环境回复到安全标准范围。在库房内的适当位置安装光照度传感器实时对库房的光照度进行监测，当出现异常时系统报警通知管理者确保室内光照度回复到安全标准范围。库房烟雾报警提供的报警接入点输出信号接入监控主机对实时监测采集的现场信号进行数据实时分析处理及数据存储，一旦发生警情，监控平台发出对外报警。

(2) 仓储面积不足的管控策略。

仓储管理引进 RFID、二维码等技术将货物、容器、设备等物品和信息进行数字化标记和识别。在包装或物资本体植入 RFID 芯片或贴上二维码,无线射频读写器对其进行扫描识别,可实现精准有效盘点,显著减轻工作量;还能帮助管理人员实时监控每个环节发生的动态变化,并对物料清单、库存情况等进行即时查看,大幅提高了追踪货物位置及各个环节的流转信息的效率;统计物资发放率,加强与生产部门联系,促进到货物资及时发放,减少库存压力,降低场地成本。

(3) 验货不严谨的管控策略。

引入 FAT(Factory Acceptance Test)意见跟踪系统和物资云开箱技术来管理验货差错。当物资到货后,品质保证部进行查验,出具验货意见,并利用 FAT 意见跟踪系统进行管理。物资云开箱技术改变了传统开箱作业模式,嵌入在智能物料管理平台上。在收货完成后,物资整箱存储在可视化库位,管理人员根据生产部门物资需求计划,对它们所在的箱体进行开箱任务派工。收到任务的开箱人员到物资管理员领取物资二维码,将箱子移到开箱工位进行云开箱,开箱人员根据 RF 端同步的物资明细列表,完成箱内物资的清点、贴码,物资描述和数量均无误后对物资扫码入库。

4) 物流集配人员伤亡关键风险管控策略

需重点管控的大型邮轮物资物流集配人员伤亡风险分别为卸货不规范、货物摆放不稳、零散物件未绑扎、人员专业水平及安全意识不足、物流设备故障和装卸设备故障。

(1) 卸货不规范的管控策略主要可以从以下几方面改进:

① 定期开展定期技能培训、安全知识讲座等相关课程及相关考核,提高操作人员操作技能、安全意识和责任意识。

② 加强安全检查和监督管理,通过安装摄像头,实现对生产过程的监督,消除安全生产盲区,当操作人员做出违规行为时监督人员应该立即进行劝止,将违规事件记录和展示,对违规人员进行教育,全员警示。

③ 通过张贴宣传标语和在班前会进行安全教育的方式宣传安全生产理念。

④ 科学排班,避免操作人员因为疲劳等原因导致违章操作。

(2) 货物摆放不稳、零散物件未绑扎的管控策略主要从以下几方面管控,提高安全防控水平:

① 制度上制定切合实际的安全生产制度。管理人员根据现场反馈情况,制定切合实际的安全生产制度,约束作业行为,组织作业活动与准则;根据完善过的生产制度再进行排查、反馈及预警,根据反馈情况再进行制度、组织机构等方面的调整,依此循环,完善作业现场安全管理机制。

② 技术上建立智慧安全管理平台,提高安全监管水平。安全员在现场检查发现的问题,可及时上传至电子巡检系统,由巡检系统通知相关人员整改及部门管理人员督促,不整改或整改不到位情况,自动进行预警。

③ 管理上加强安全网格化管理。具体到操作各个环节,建立安全生产责任制,形成完善、系统的管理体制,将责任制落实到具体的施工环节中,加强作业现场安全管理。

(3) 专业水平、安全意识不足的管控策略。加强专业、安全培训是实现安全生产的基石,主要从以下方面入手：加强安全检查和监督管理，通过安装摄像头，实现对生产过程的监督，消除安全生产盲区，当操作人员做出违规行为时监督人员应该立即进行劝止，将违规事件在全公司进行公示，对违规人员进行教育，以便起到警示作用；通过张贴宣传标语和在班前会进行安全教育的方式宣传安全生产理念；加强专业培训及安全教育培训。

（4）装卸设备故障的管控策略。装卸设备长时间使用会造成设备故障和老化，由于设备操控人员的操作失误或设备自身的故障问题导致物资掉落、碰撞等事故，不得不重新采购，造成人员、物资、设备安全隐患的同时，还会产生设备维修成本或人员医疗成本。管控策略主要从以下方面入手：

① 制定各种专用设备的规范性操作流程，将规范的制度张贴至各作业区，设备操控人员按照操作规范执行。

② 制定设备故障定期排查体系，对历史排查日期、排查结果进行记录，对设备的全生命周期进行记录和管理。

③ 在设备上安装违规操作报警系统，使用之前，存在安全隐患的设备自动报警，警示设备非正常使用情况，提醒设备负责人进行故障排查工作。在使用过程中，对出现违规的操作自动报警，记录设备操控人员信息，并纳入绩效考核。

（5）物流设备故障的管控策略。物流设备在使用过程中发生故障是不可避免的，主要表现运输设备抛锚、吊装设备腐蚀等问题，会影响物资配送效率和安全隐患。管控策略主要从以下方面入手：

① 制定物流设备运行维护和定期检查相关制度，及时地把可能存在的故障进行排除。

② 明确每一位岗位工作人员所需要负责的工作区间，在这样良好技术的支持和保证下，才能使物流设备维护工作达到最佳的效果和状态。

③ 技术上通过引进设备安全跟踪系统，安装定位系统和智能监控系统，实时定位每一台物流设备的位置，监测物流设备的运行状态，对存在安全隐患的物流设备进行预警，督促相关人员维修处理。将每一次故障的原因和维修记录上传至系统内，形成设备全生命周期的记录簿。

第 5 章　物流集配效益评估及仿真

本章基于大型邮轮建造过程中物流集配效益评估的需求,通过建立物流集配效益评估体系及模型,以邮轮舱室物流、钢板物流和中间产品物流三个典型场景为例进行仿真运算,并结合仿真结果分析出物流集配的最优解决方案。

5.1　物流集配效益评估

5.1.1　物流集配效益评估需求分析

大型邮轮建造过程中,物流集配活动复杂、目标多元[14,44-46]。考虑"效益背反"①效应,项目周期控制和成本控制之间必然要寻求平衡点,最终达到控制成本、提高效率的工程管理目的。

物流集配效益评估的必要性可体现在以下方面:

（1）大型邮轮各类物资面临着多样化的存储需求和物流过程,对集配效益进行评估,可以确保生产部门的物资稳定性和各类物资的物流集配时效性。

（2）物流集配活动涉及采购、生产等多个环节,各部门信息传递与资源协同需统筹管理,为确保物流过程的通畅,有必要对物流集配效益进行评估。

（3）物流集配环节涉及场地、人员、设备等诸多方面,物流集配部门需匹配生产制造环节的节拍而动态调节计划,建立物流集配效益评估体系的需求也日益迫切。

物流集配效益评估的目的在于通过事前规划和量化评估,构建管理体系,达到优化资源和成本控制目标:

（1）优化资源配置。通过对物流集配的全流程进行评估,了解流程中的短板因素,指导后续计划的制定并优化资源配置,提高各项资源的利用率。

（2）提高效率。通过分析物流集配过程中的资源限制,优化集配资源,灵活响应生产需求,确保生产活动连续性,提高船厂的生产效率。

（3）降低成本。通过成本分析,形成物流集配成本体系框架,进而对集配活动进行成本评

---

① 效益背反效应指的是一些看似可以提高效益的措施或做法,实际上可能导致效益下降或其他负面影响的现象。

估并制定合理集配计划，达到成本控制的目的。

5.1.2 物流集配系统效益评估指标体系

构建物流集配效益指标体系需要引入船厂物流集配特性的专项指标，才能实现全面的评价管理。从结构层面看，物流集配效益评估包含了评估体系与相应评估模型的建立，主要内容包括：

（1）物流集配系统评估体系。通过梳理物流集配流程，构建物流集配系统效益评估体系。结合波动性、管理量化和库存管理等维度，对物流集配效益进行全方位评估。针对物流集配工作中暴露出来的突出问题设计合理的指标，辅助管理人员形成解决方案，实现稳定生产和精细成本控制。

（2）物流集配系统评估模型。围绕体系中各要素维度，构建模型并设计评估指标，实现物流集配作业效益评估的目的。通过协同区域、作业区、工位资源，优化人员、设备及场地利用率。对于生产需求变动，效益评估模型还可反映出物流集配资源的变化趋势，有助于管理人员对物流集配作业进行及时调整，满足弹性物流集配需求，实现资源的最大化利用。

根据船厂物流集配模式，评价指标体系见表5-1。

表5-1 物流集配效益评价体系

维　　度	指　　标
波动性	需求波动性
	供应波动性
	库存波动性
	运输时间波动性
管理量化	人员利用率
	设备利用率
	场地利用率
库存管理	库存周转率
	库存周期
	库存成本

1）物流集配系统效益评价指标设计

（1）波动性维度。物流集配波动性涵盖生产计划变更引起的需求端波动、供应波动、库存波动以及运输波动等方面,对大型邮轮建造有着重要影响。另外,波动性会极大影响正常生产计划[47-48]。受波动性影响,物流集配管理会出现如下问题:

① 物资入库不及时,造成场地占用和物资损毁风险。

② 物资出库不及时,造成后续生产进度延误,增加生产成本。

③ 物资仓储管理难度加大,造成物资出库困难,在库管理成本高。

④ 生产部门计划调整,物流集配计划脱节,延误生产计划。

高波动性对库存资源、场地资源及设备资源都会带来巨大冲击。通过分析物流集配波动性,可有效评估物流集配需求变化趋势,协助管理人员对物流集配资源进行合理化运用,提高其利用率,避免物流集配资源的短缺或闲置。

（2）管理量化维度。物流集配部门为提高效益,核心之一在于灵活调用各类资源,进行资源的有效配置[49]。通过对人员利用率、设备利用率和场地利用率等指标进行评估,建立起管理量化评价体系,实现对物流集配管理活动的效益评估,其与波动性评价指标共同反映了资源的利用程度。

（3）库存管理维度。合理的库存管理将有效减少在库物资造成的资金占用现象[50],提高船厂资金利用效率。此外,合理的库存管理还将缓解需求——供应矛盾,提升物流集配弹性。因此,在设计库存管理体系时,应充分考虑库存周转率、库存周期及库存成本等指标,衡量管理效益,并通过此来实现物流集配效益的优化。

2）集配效益分析指标的细化方法

由波动性、管理量化、库存管理等衍生出的指标体系构成了物流集配指标体系。针对物流集配波动性的分析,包含了需求波动性、供应波动性、库存波动性及运输时间波动性等方面。针对管理量化的衡量指标主要包含了人员利用率、设备利用率及场地利用率等。为了进一步优化库存成本,库存管理的效益可由库存周转率、库存周期及库存成本等体现。

（1）波动性指标体系。大型邮轮项目物流集配波动性管理需求凸显,需充分考虑需求波动性、供应波动性、库存波动性及运输时间波动性等因素,合理进行物流集配规划,并提供稳定和高效的物流集配服务。具体波动性指标体系如下：

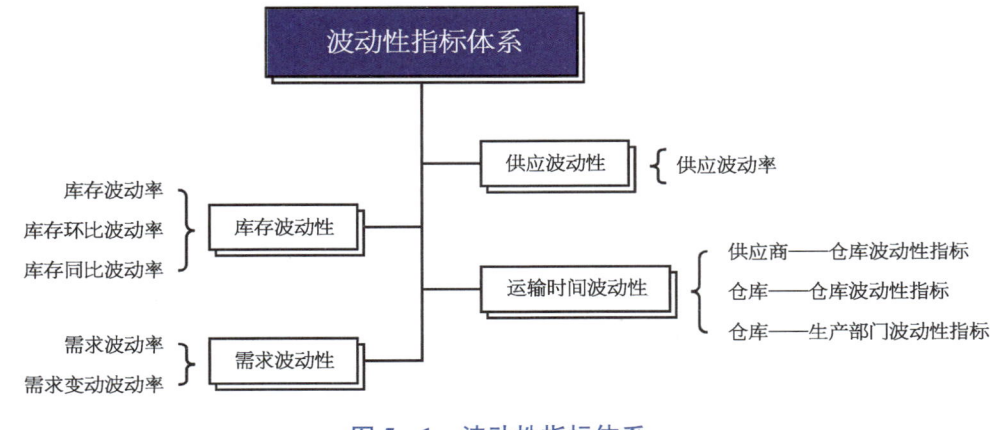

图 5-1 波动性指标体系

① 需求波动性。需求波动性反映了一段时间内生产部门对于生产物资需求量的变化情况。基于变异系数概念,设计需求波动性指标如下:

$$需求波动率 = \frac{需求标准差}{需求平均值} \tag{5-1}$$

需求波动率越高,则需求的变化差异程度越大。为缓解高需求波动所带来的冲击,需求波动率可同资源利用率指标相结合,协助管理人员制定物流集配计划。

另外,需求变动也增加了需求的波动性和预测难度。在设计需求变动波动率时,需统计连续周期内需求变动情况。根据以上讨论,设计需求变动波动率如下:

$$需求变动波动量 = 实际需求 - 预申请需求 \tag{5-2}$$

$$需求变动波动率 = \frac{需求变动标准差}{|需求变动平均值|} \tag{5-3}$$

需求变动波动率较高,说明生产需求不可预测性较高,需要采取更加合理的生产策略,制定更为稳健的生产计划,保证生产稳定性。

② 供应波动性,用于衡量供应链中物资供应时间和数量的不确定性,其可用于反映供应变化趋势。以供应时间为例,设计供应波动性指标如下:

$$供应波动率 = \frac{供应时间标准差}{供应时间平均值} \tag{5-4}$$

供应波动率越高表明物资供应时间不确定性越高,表现为物资的供不应求或供给过剩。船厂可通过建立多元化的供应商网络,确保供应稳定性。另外,船厂可结合生产计划以及库存能力,适当提高库存水平,保证生产物资的供应。

③ 库存波动性,可用于反映库存水平变化的幅度。当库存水平较低时,船厂的生产可能因缺乏原材料或零部件而中断。当库存过剩时,较高的库存将增加库存成本和资金的占用。因此,设计库存波动性指标如下:

$$库存波动率 = \frac{库存水平标准差}{库存水平平均值} \tag{5-5}$$

$$库存环比波动率 = \frac{本月库存量 - 上月库存量}{上月库存量} \times 100\% \tag{5-6}$$

$$库存同比波动率 = \frac{本月库存量 - 去年同期库存量}{去年同期库存量} \times 100\% \tag{5-7}$$

其中,库存波动率指标反映了在库库存的波动性。库存环比波动率和库存同比波动率,主要用于从短期和长期视角体现库存量变化。

④ 运输时间波动性,主要覆盖了供应商到仓库、仓库之间及仓库到生产部门等方面,各层级间运输时间波动性如图 5-2 所示。

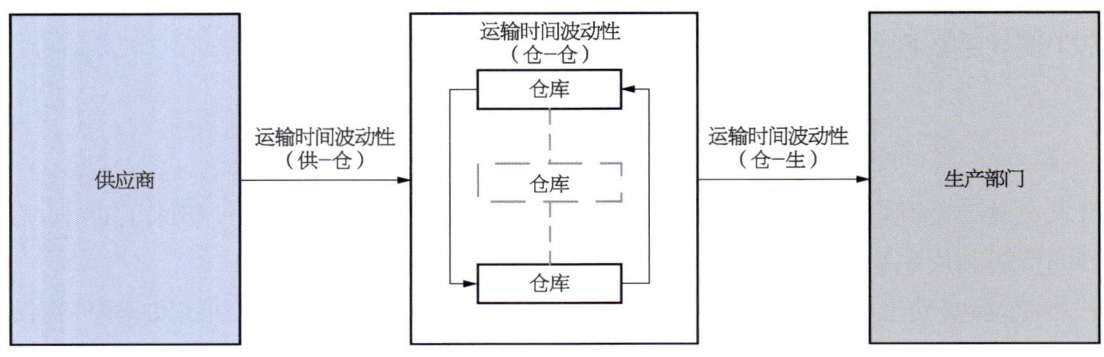

图 5-2 各层级间运输时间波动性

设计运输时间波动性指标如下：

$$供应商至仓库：运输时间波动率_{供/仓} = \frac{运输时间标准差}{运输时间平均值} \quad (5-8)$$

运输时间波动率反映了供应商——仓库间的运输时间波动性，较高的运输时间波动率意味着物流集配部门需提高安全库存水平以对冲供应商运输延迟。

$$运输准时率_{供/仓} = \frac{按时完成次数}{总次数} \quad (5-9)$$

运输准时率反映了物流运输过程及时性，可用于供应链管理评估。

$$仓库至仓库：平均周转时间_{仓/仓} = \frac{\sum 周转时间}{周转总次数} \quad (5-10)$$

平均周转时间反映厂内仓库间的物流运输过程及时性。平均周转时间越长，物流集配效率较低，导致运营成本增加和资源长时间占用。

$$周转时间波动率_{仓/仓} = \frac{周转时间标准差}{平均周转时间} \quad (5-11)$$

周转时间波动率越大，周转时间的不确定性和不稳定性越高。通过分析周转时间波动率，可有效反映船厂物流集配仓库间的周转情况。

$$仓库至生产部门：平均配送时间_{仓/生} = \frac{\sum 各业务配送时间}{配送次数} \quad (5-12)$$

平均配送时间反映了船厂仓库——生产部门间的平均配送时间，体现了物流集配的敏捷性。

$$送货时间波动率_{仓/生} = \frac{送货时间标准差}{平均配送时间} \quad (5-13)$$

送货时间波动率越小,仓库端至生产端的物流运输稳定性越好。

$$送货完整率_{仓/生} = \frac{正确送达货物数目}{总配送数目} \qquad (5-14)$$

送货完整率指标可作为物流集配工作准确性的衡量指标。

(2) 管理量化。物流集配管理量化通常由集配资源利用率反映。集配资源利用率涵盖人员利用率、设备利用率及场地利用率等方面。具体管理量化指标体系如图5-3所示。

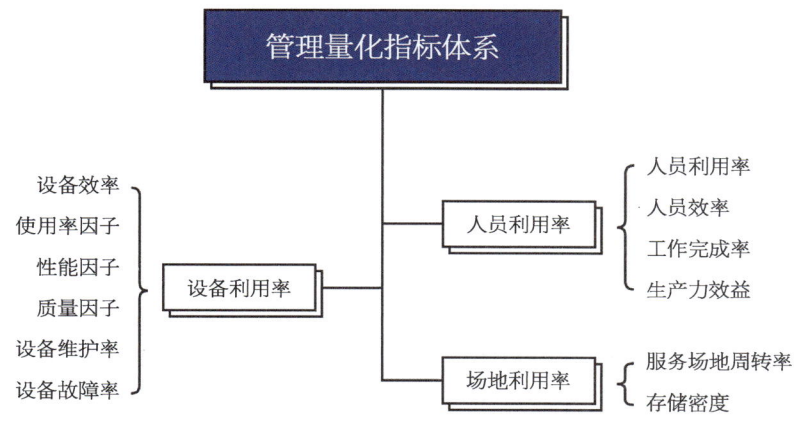

图5-3 管理量化指标体系

① 人员利用率,评估包括员工工作时间利用率、工作效率、生产力效益等方面,具体指标设计如下:

$$人员利用率 = \frac{实际工作时间}{总可工作时间} \times 100\% \qquad (5-15)$$

人员利用率指标反映了员工的有效工作效率,通过合理调整人员利用率可实现人员的有效管理,减少人员空闲和等待时间。

$$人员效率 = \frac{完成工作量}{实际工作时间} \qquad (5-16)$$

$$工作完成率 = \frac{完成工作量}{计划工作量} \qquad (5-17)$$

人员效率和工作完成率指标体现了员工工作效率和完成任务的能力。人员效率越高,单位时间内的完成工作量越大。工作完成率可用于反映员工工作效率和工作量的分配合理性。

$$生产力效益 = \frac{总产出}{总员工数} \qquad (5-18)$$

人员效率和工作完成率从员工角度体现了人员利用率,生产力效益则从全局着手,对人员利用率进行了评估。生产力效益越高,则单位人员产出越高。

② 设备利用率,合理提升设备利用率能有效提升船厂生产能力、降低运营成本。在设备利用率设计时需综合考虑设备效率、设备维护率及设备故障率等方面。

$$设备效率 = 使用率因子 \times 性能因子 \times 质量因子 \quad (5-19)$$

设备效率指标的设计中,综合考虑了设备的使用情况、设备的产出情况及设备的配送成功率问题。其中,使用率因子、性能因子、质量因子定义为

$$使用率因子 = \frac{设备实际运行时间}{设备计划运行时间} \quad (5-20)$$

$$性能因子 = \frac{实际配送量}{计划配送量} \quad (5-21)$$

$$质量因子 = \frac{成功配送量}{总配送量} \quad (5-22)$$

由于计划运行时间、计划配送量等较为固定,在实际生产中,为了提高设备效率可以增加实际运行时间、实际配送量及提升成功配送量。

$$设备维护率 = \frac{设备维护时间}{总运行时间} \times 100\% \quad (5-23)$$

$$设备故障率 = \frac{故障次数}{总运行时间} \quad (5-24)$$

设备维护率越高表明设备运行持续性较弱,设备故障率越低表明设备运行可靠性越高,其与设备维护率共同体现了设备的有效使用情况。通过监测上述指标,制定合理的设备保养计划,可减少设备意外停机的时间,提供稳定的服务。

③ 场地利用率,其优化涉及场地布局、存储密度及空间利用度等方面。

$$服务场地周转率 = \frac{物资出入库次数}{场地面积} \quad (5-25)$$

从服务场地周转率可知,单位面积场地物资出入库次数越多,场地周转率越高。然而,场地周转率难以反映空间密度的使用情况,故引入存储密度指标如下:

$$存储密度 = \frac{区域内物资总体积}{区域总面积} \quad (5-26)$$

存储密度越大,表明单位区域面积内物资体积越大。在衡量场地利用率时,应充分考虑服务场地周转率指标和存储密度指标,合理规划厂内物流集配场地使用计划和物流集配场地布局。

(3) 库存管理。

为提供连贯的物流服务,集配部门需要维持一定的库存比例,保证生产物资充分性。库存

不仅占用了大量的资金,影响资金利用率,而且对下游生产部门的连续生产有着重要影响。具体库存管理指标体系设计如图5-4所示。

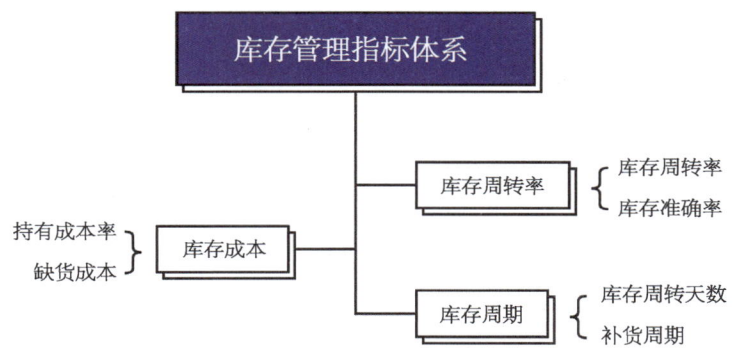

图5-4 库存管理指标体系

① 库存周转率,主要反映了库存的流动速度,具体定义如下:

$$库存周转率 = \frac{当月出库数}{(期初库存+期末库存)/2} \quad (5-27)$$

库存周转率的提升可减少在库成本和持有成本,提高资金流动效率,避免因库存积压造成的库存管理成本抬升。

$$库存准确率 = \frac{实际库存数量}{账面库存数量} \times 100\% \quad (5-28)$$

库存准确率指标反映了实际库存与账面库存间的关系,较高或较低的库存准确率都将对集配部门出库数量造成影响。

② 库存周期用于衡量物资在库时长,包含了库存周转天数和补货周期等方面。

$$库存周转天数 = 库存出库日期 - 入库日期 \quad (5-29)$$

库存周转天数指标体现了在库库存的持续时间。库存天数越短,在库库存资金占用时间越短,相关库存管理费用越少。该指标可用于优化仓储管理费用。

$$补货周期 = 库存到货日期 - 补货申请日期 \quad (5-30)$$

补货周期指标反映了缺货情形下的物资补货物流周期,其包含了两大方面,即供应商至船厂间的缺货管理及船厂内部各物流仓库间的物资补货周期管理。供应商至船厂间的补货周期指标主要用于对供应商供应能力的评估,船厂内部各仓库间的补货周期指标则反映了库存物流弹性,补货周期越短,弹性越高。

③ 库存成本包括物资持有成本、资金占用成本及缺货造成的生产停滞成本等方面。物资持有成本高低可由持有成本率体现:

$$持有成本率 = \frac{综合管理费用}{物资价值量} \times 100\% \quad (5-31)$$

其中,综合管理费用由场地及人员管理费用、厂内物流费用、资金占用量以及场地费用构成。库存物资持有成本率越低,物流集配管理效益越好。

$$缺货成本 = 每日等工费用 \times 天数 + 采购费用 + 物流费用 \qquad (5-32)$$

缺货成本用于衡量生产过程中缺货对于物流集配及后续生产所带来的效益影响,包含等工费用、采购费用、物流费用等。

通过指标体系的构建,可分别从波动性、管理量化及库存管理维度对物流集配效益进行评估。此外,在后续的仿真中,以上指标亦可用于评估不同物流集配方案的预期效果,辅助管理人员制定合理的物流集配方案。

5.2 邮轮物资物流集配仿真

AnyLogic 是一款实用的仿真软件,广泛应用于物流与供应链、制造业及交通和城市规划等领域[51-53],软件提供了一个技术平台,可用于离散型、连续型和混合行为的物流集配模型搭建,具有较强的实用性,通过在软件中构建所需要的场景和模型,从而更加准确和全面地模拟复杂的物流集配流程,指导实际物流集配方案设计,实现物流集配方案的效益评估,优化物流集配资源的配置[54]。

本节以内装物资、原材料和中间产品的运输、仓储和集配等典型场景为例,介绍大型邮轮建造物资的物流集配工作,结合实际流程,运用 AnyLogic 仿真软件建立流程模型,并对不同模型进行仿真评估。通过对比不同物流集配仿真方案的效益,找到最佳方案。

5.2.1 邮轮舱室物流仿真

邮轮舱室物流集配工作周期长、工作量大、运输路线复杂,因此在实际工作开展前,通过物流仿真技术找出并验证最佳物流集配方案非常必要。

1) 舱室物流集配仿真流程

舱室安装有着严格的先后顺序,其对物流集配计划提出了很高的要求。不同类型的舱室有不同的物流路径,相同类型的舱室有着不同的需求计划节点,受限于舱室物流运输资源、预制组装能力、登船安装能力、仓储场地资源,舱室的物流集配计划庞大而复杂。

根据邮轮的设计和建造需求,工人和技术人员按照严格的工艺标准在预制车间完成预制舱室组装工作。一旦预制舱室制造完成,将进入车辆运输环节。运输车辆根据调度计划,按时将预制舱室从车间运送到船坞的临时存放点。到达临时存放点后,预制舱室会按照船厂的管理规定进行有序存放,以确保舱室在存放期间不受损坏或混淆。

在预制舱室的安装阶段,使用高吊、升降机、大托盘等吊装设备将舱室从临时存放点吊运上船。舱室安装完成后,工作人员会对预制舱室进行最后的检查和调整,确保其安装质量和性能符合设计要求,整个物流配送流程至此结束。

在整个预制舱室物流配送流程中,需要密切关注各个环节的进展,确保流程的顺畅和高效。同时,还需要加强质量管理和安全监管,确保预制舱室的质量和安全性能得到保障。通过模型仿真不断优化物流配送流程和提高管理水平,可以进一步提高邮轮建造的效率和质量。舱室物流的仿真流程如图 5-5 所示。

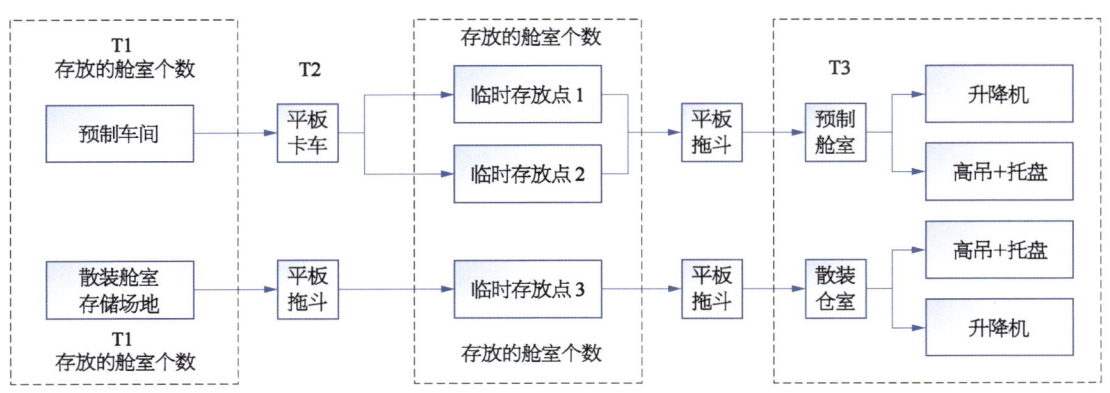

图 5-5 舱室物流流程示意图

2) 舱室物流仿真模型建立

舱室物流仿真模型建立的目的是在充分满足邮轮舱室安装计划的情况下,优化整体物流流程,提高作业效率的同时降低成本。舱室物流集配工作包括舱室的组装、车辆的配送、临时储存和舱室的上船安装等项目。仿真整体结构包含了模型建立、约束条件设计、情况分类等方面。

(1) 舱室物流集配效益评估体系。

① 场地利用率 U。场地利用率主要衡量场地在特定时间段内的实际使用程度。由于预制舱室占地面积难以测量,因此以场地储存的舱室个数为依据,计算公式如下:

$$U = \frac{N}{S} \tag{5-33}$$

式中:N 为场地中舱室的平均个数;S 为每个场地可以储存舱室的总个数。

② 人力成本 n。人力成本以人数为标准,人数与车辆数有直接的关系。计算公式如下:

$$n = \varepsilon m \tag{5-34}$$

式中:m 为应用的车辆数;ε 为人数与车辆数的关系系数。

③ 周转率 TR。仓储库存周转率是指在一定时间内,完成预制舱室周转的个数,反映了船厂场地的库存管理的效率和运营水平。计算公式如下:

$$TR = \frac{o}{(b+e)/2} \tag{5-35}$$

式中:o 为舱室的出库个数;b 为期初个数;e 为期末个数。这三个量为动态调整量,不会超过库存能力上限。

④ 车辆利用率,通过车辆每日的行驶时间来计算车辆的利用效率。

(2) 舱室的仿真模型及约束条件。

① 目标:最小化两种方式的运输车辆个数:

$$\text{Min } a_1 \tag{5-36}$$

$$\text{Min } a_2 \tag{5-37}$$

② 工作时间的约束:

$$\frac{1}{a_1}\sum_{i=1}^{n_1}(t_{1i}+t_{ij}) \leqslant d_\omega \tag{5-38}$$

$$\frac{1}{a_2}\sum_{i=1}^{n_2}(t_{2i}+t_{ij}) \leqslant d_\omega \tag{5-39}$$

预制舱室和散装舱室每日的物流集配工作时间不超过 11 h。其中,n_1 和 n_2 分别表示预制仓库和散装舱室每日出库的个数;t_{1i} 和 t_{2i} 分别表示每个预制仓库和散装舱室的运输时间;t_{ij} 表示两种上船方式的时间($j=1、2$);a_1 和 a_2 分别表示两种方式的车辆个数;d_ω 为每日的工作时间。

③ 舱室数量的约束:

$$\sum_{i=1}^{T} n_{1i} \geqslant M_1 \tag{5-40}$$

$$\sum_{i=1}^{T} n_{2i} \geqslant M_2 \tag{5-41}$$

上式表示两种舱室的需求数量不能小于计划的舱室数量。其中,n_{1i} 表示第 i 天预制舱室的出库个数;n_{2i} 为第 i 天散装舱室的出库个数;T 为项目实施总周期;M_1 为预制舱室的总数量;M_2 为散装制舱室的总数量。

④ 临时储存点的约束:

$$\sum_{i=1}^{n_1} x_i \leqslant S_{1,2} \tag{5-42}$$

$$\sum_{i=1}^{n_2} y_i \leqslant S_3 \tag{5-43}$$

上式表明需要放到临时储存的舱室的数量不能超过上限数量。临时存储点 1 与临时储存点 2 可视为一个大的临时储存点,储存的数量为两个点的数量总和。x_i 表示若舱室储存在临时存储点 1 或临时储存点 2,则为 1;否则为 0。y_i 表示若舱室储存在临时存储点 3,则为 1;否则为 0。

⑤ 资源条件及约束:

舱室类别及数量:预制舱室 1 160 间和散装舱室 1 666 间。

安装流程:预制舱室的安装材料由总包商采购后,从国外运往国内预制车间,于车间完成组装后,预制舱室通过平板车运送至船坞边临时存放点,待安装计划节点到来时,通过升降梯登船并安装;散装舱室是总包商将采购好的舱室材料运至国内指定仓储点,于仓储点配托后通过平板车及大托盘运送至邮轮指定位置并完成安装。

资源约束：预制车间采用固定工位模式，设有20个预制舱室组装工位，可每周组装50个预制舱室，并设置120个成品预制舱室存储位的需求；高吊共有2部，高吊处临时堆放能力为3个舱室，安装能力2.5 h/个；升降梯共有2部，船艏、船艉各1部，升降梯处堆放能力为5个舱室；现场施工，每天可装8～12个预制舱室，安装能力1 h/个；运输车辆1次只能运输1个预制舱室或散装舱室，往返时间为60 min，运输时需要3个工作人员辅助运输工作，且每天工作时间为11 h，每日车辆运输的舱室上限为29个。

(3) 仿真模型情况分类：

情况①：预制舱室和散装舱室的每日运输计划全部超过11个。每天工作时间上限为11 h，车辆运输往返1次为1 h，不考虑船上搭载的时间，1辆车每天最多运输11个舱室。当每天舱室运输任务数超过11 h，此时车辆的数量增加，车辆成本增加，人工成本增加。在此条件下，建议采取方案为：

利用3辆运输车进行舱室配送，其中一辆用于运输预制舱室，另一辆用于散装舱室，第三辆车作为辅助根据需要进行灵活调整。在计划周期为180 d的情况下，总的舱室配送数量超过3 960个。若运输车数少于3辆，则会出现舱室供应不足的风险，导致计划对应率变低，影响邮轮整体建造计划。

情况②：预制舱室或散装舱室的每日运输计划超过11个，两种类型的总数超过22个。此时与情况①类似，最少需要3辆车配送，否则存在舱室供应不足的风险。其中两辆车用来运输每日计划数量超过11个的舱室，另1辆车运输每日计划数量低于11个的舱室。这种情况与①类似，在计划周期为180 d的情况下，总的舱室配送数量超过3 960个。

情况③：预制舱室和散装舱室的每日运输计划均不超过11个，总数超过11个。此时至少需要2辆车来配送，其中每种类型的舱室各需要1辆车配送。在这种情况下可以增加车辆数量，但是最终会导致车辆利用率过低，并且人工成本会增大。此种情况配送的舱室总数在1 980与3 960之间。

情况④：预制舱室和散装舱室的每日运输计划均不超过11个，总数不超过11个。此时总配送时间小于每日工作时间，配备1辆车能够满足每日的运输计划。此情况配送的舱室总数小于1 980。

(4) 仿真模型运行逻辑。

运输车模型由软件自带的模型表示，船厂内所有路径均为双向通行；舱室模型由软件中自带的模型表示，且视为同一大小，其运行逻辑为：① 只能在道路中行驶；② 不能穿越障碍物；③ 当运输车模型接触到仓库和临时储存点时，即开始判定装载或卸货。

(5) 仿真模型指标设置。

① 输入指标。仿真开始前，对指标的数值进行设置。

两场地最大储存个数和生产个数。预制车间最高产能为每周50个，散装舱室产能为每天3～4个，预制车间库存能力上限为120个，散装舱室场地存储能力上限为30个。

工人人数。人数可根据生产实际情况调节。

T1周期预制车间的舱室个数统计，包括T1时间段的舱室的出库个数、期初个数和期末个数,这些数量是动态调整的,但不会超过库存能力上限。

两场地分别到临时存放点的运输时间。预制车间到船坞的车辆往返时间约为 60 min,散装车间到船坞的运输时间相同。

两个临时存放点的最大存放个数及位置。临时存放点 1 和 2 在升降机边,存储上限 5 个,临时存放点 3 在船艏高吊边位置上,上限 3 个。

两种上船方式的时间范围。上船机器有两种:高吊和升降机,处理的 1 个舱室时间分别为高吊 2.5 h 和升降机 1 h。

车辆运输的舱室个数。运输车辆可运输的舱室数量为 1 个,最多不能超过 2 个。

② 输出指标主要以图形的方式来实时展示各项数值的变化状态。

场地利用率可用于实时展示场地在特定时间段内的使用效率。

人力成本,既可以展示人工效益,也可以展示人力的变化对项目周期变化的影响。

周转率,实时展示预制仓库和散装仓库中舱室的周转情况,可以增加周转个数的变化情况。

车辆利用率,可视为车辆的工作时间。

仿真过程涉及上述指标细节、参数调节和参数输出。通过建立舱室物流集配仿真模型,并进行仿真模拟,指导舱室实际物流过程并进行效益评估,可以得到舱室物流集配方案最优解。

3) 舱室物流配送调度仿真

在舱室物流集配过程优化分析中,仅考虑船厂内部的物流运输模式。结合船厂实际情况,确定制造舱室两个仓库的位置和相应的参数定义,对目前物流模式中应用的车辆进行了选型和参数定义,不同舱室可视作相同的单元进行参数选择。在进行相应的参数定义之后,以仓储量、人力、运输时间和上船时间为约束条件,以最小项目周期为优化目标建立仿真模型。

图 5-6 所示为舱室仿真的位置标记,实线为仿真物流,虚线为全流程物流,红色圆圈所在的区域代表制造舱室的两个仓库,其中预制仓库位于船厂 2 号门附近,散装车间位于综合楼对面。橙色线代表运输预制舱室的车辆行走路线,目的地为两个临时存储点。黄色圆圈代表两个临时储存点的位置,其中距离仓库较远的临时储存点包含了两个临时储存场所;紫色圆圈为散装舱室物资及部分预制舱室物资仓库;紫色虚线代表物资配送路径蓝色圆圈所在的区域代表船坞,是舱室运输的最终目的地。

(1) 仿真数据及参数准备。

① 舱室类别及数量:预制舱室 1 160 间和散装舱室 1 666 间。

② 资源约束:总周期为 180 d,平均预制舱室每天需要运输 6~7 个,散装舱室每天需要运输 9~10 个;高吊共有 2 部,安装能力 2.5 h/个;升降梯共有 2 部,安装能力 1 h/个;运输车辆 1 次只能运输 1 个预制舱室或散装舱室,往返时间为 60 min,运输时需要三个工作人员辅助运输工作,且每天工作时间为 11 h,每日车辆运输的舱室上限为 29 个。

由于舱室总数为 2 826 个,因此针对情况③进行仿真模拟。

(2) 基于 Anylogic 的舱室物流配送调度仿真分析。

① 仿真流程建模。通过上文中的流程分析,分别建立预制车间和散装车间舱室制造及运

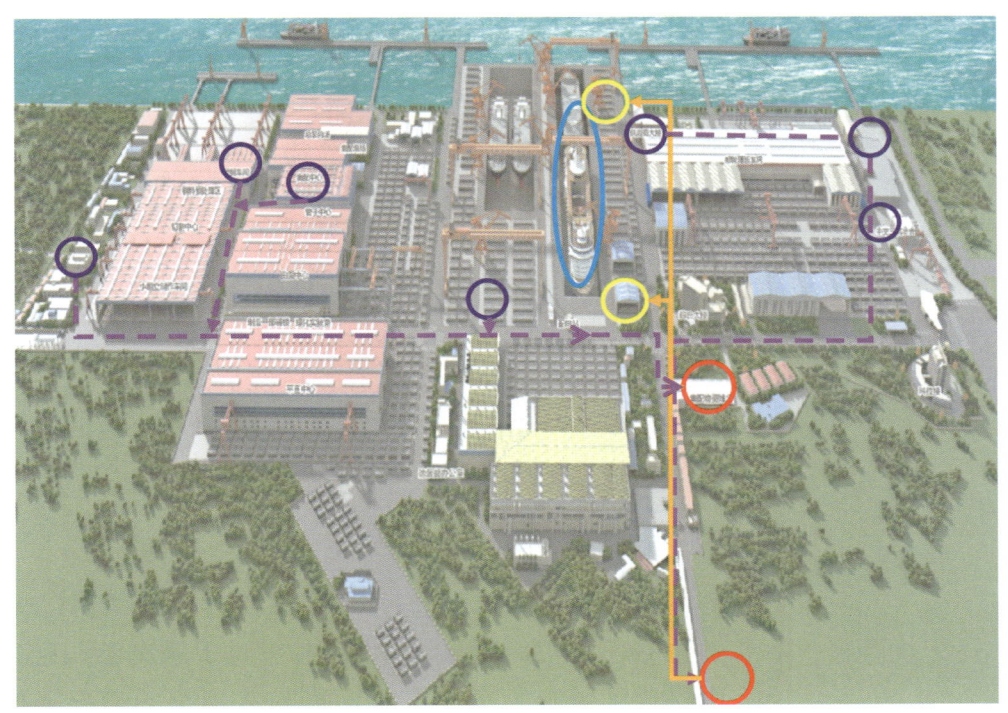

图 5-6 舱室仿真的位置标记

输流程逻辑模型,如图 5-7 和图 5-8 所示。预制车间和散装车间为生成智能体,即舱室制造,可以设置通过速率、间隔时间、速率时间表、到达时间表来控制资源的生成,也可通过读取数据库中的表单来生成资源,或者使用函数 inject 在需要处手动生成资源。经过几个智能体的操作,最终上船搭建。

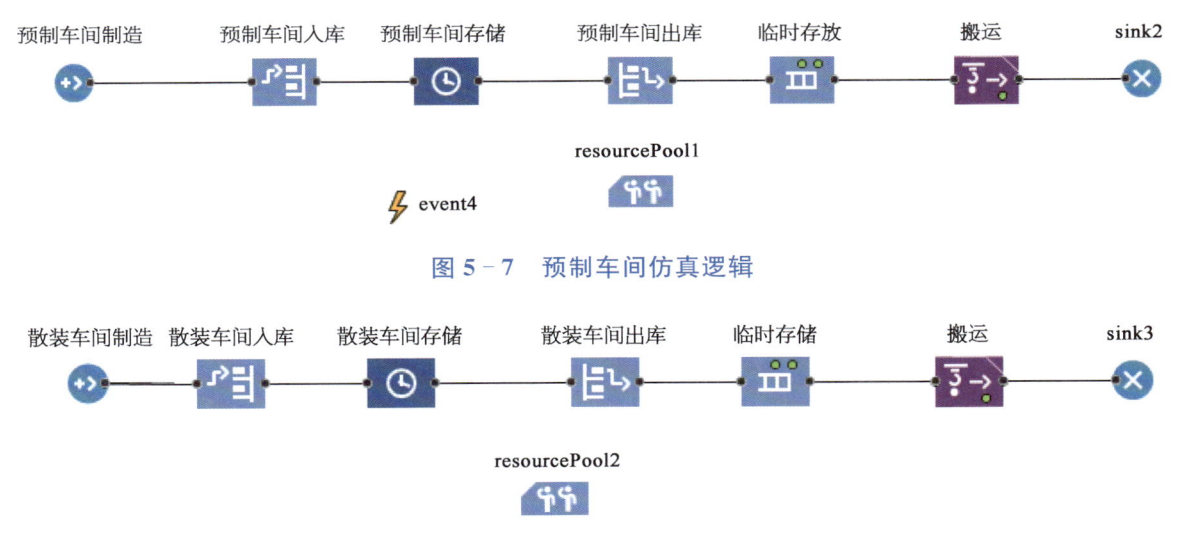

图 5-7 预制车间仿真逻辑

图 5-8 散装车间仿真逻辑

如图 5-9～图 5-11 所示,分别为预制车间仓库、散装车间仓库和临时存放点的建立细节,包括生成舱室的位置、个数等信息,两个仓库模型在整个船厂的位置俯视图如图 5-12 所示。

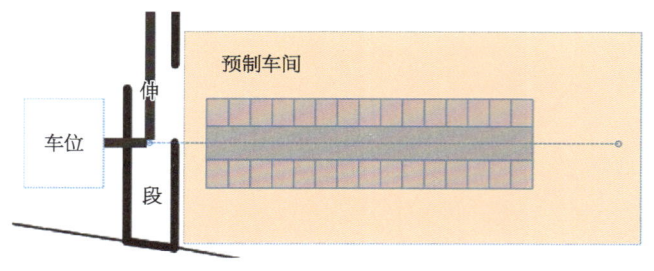

图 5-9 预制车间仓库的建立

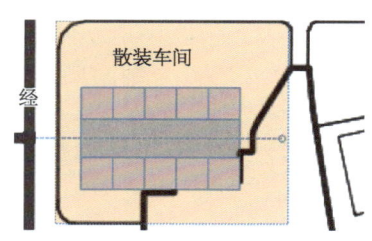

图 5-10 散装车间仓库的建立

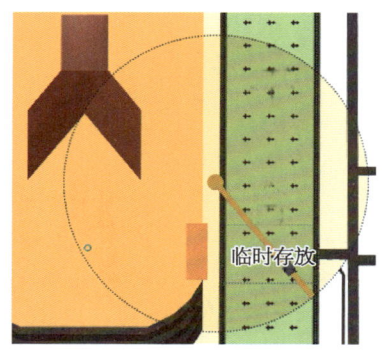

图 5-11 散装车间仓库的建立

② 运输车辆的逻辑及智能体的构建。运输车辆构建的参数包括运行的横坐标 x、纵坐标 y、行驶的速度 speed 和运输能力 capacity，包含在 type 中，其他参数如图 5-13 所示。

③ 结果分析。

仿真采取情况③：预制舱室和散装舱室的每日运输计划均不超过 11 个，总数超过 11 个。此时，最少需要 2 辆车来配送舱室，其中每种类型的舱室各需要 1 辆车参与配送。实验中对比了预制舱室配置 1 辆车和 2 辆车的情况下的资源利用率。

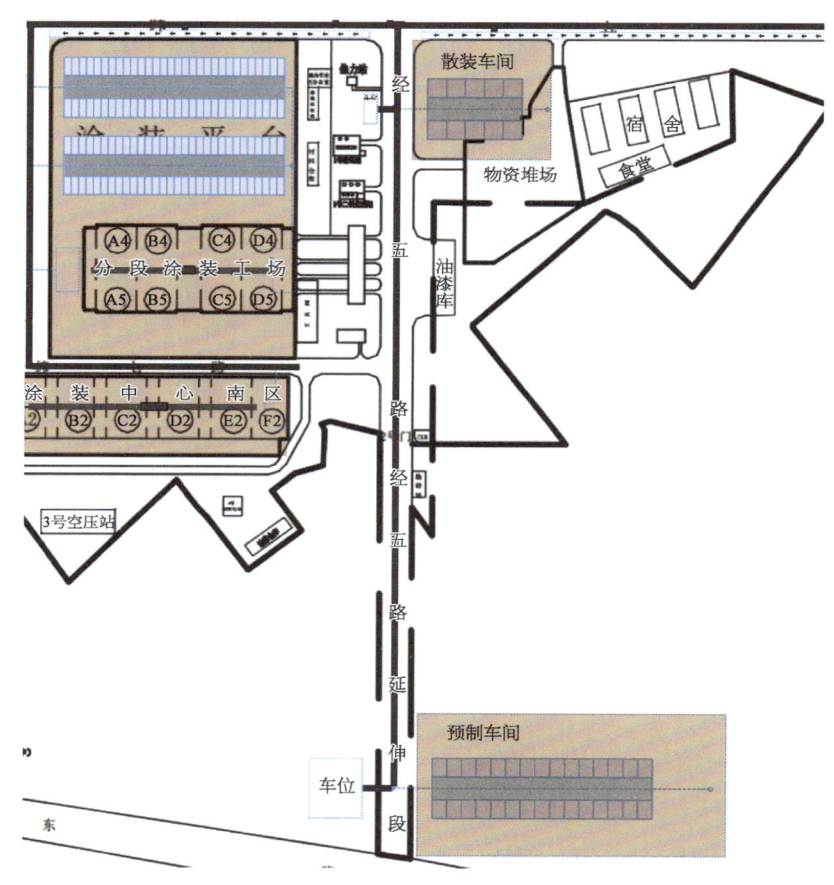

图 5-12 两个仓库的位置

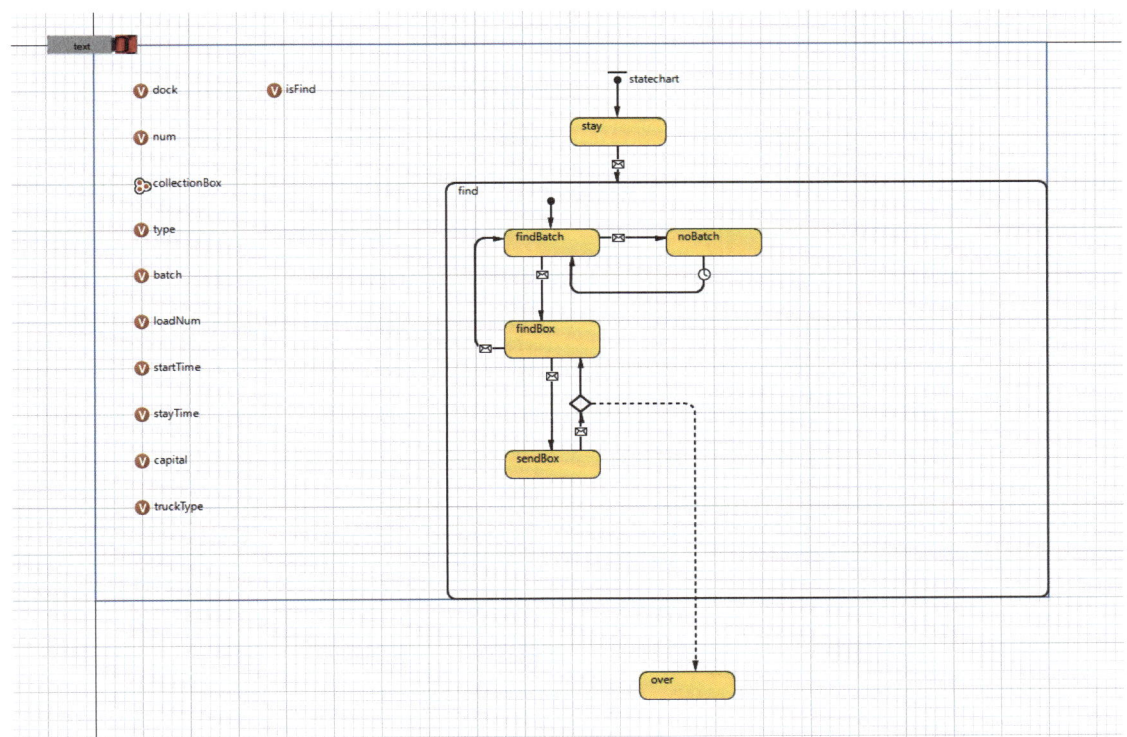

图 5-13　运输车辆的逻辑构建

预制舱室配置 1 辆车的情况如图 5-14 所示。

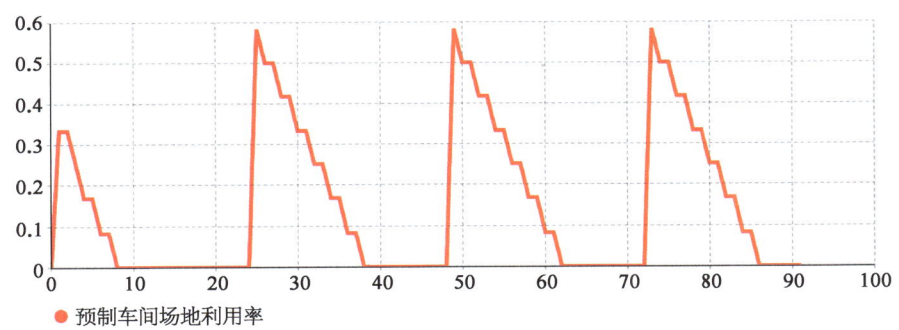

图 5-14　舱室物流场地利用率的变化情况(预制舱室配置 1 辆车)

在配置 1 辆车的情况下,舱室物流的场地利用率随时间的变化如图 5-15 所示。场地利用率在每个小的周期内随时间增加逐渐变小,峰值为 0.6 左右。

由于情况③中,预制舱室和散装舱室各配置 1 辆车的运输方式,每辆车每班次配备 3 个工作人员,因此运输的人力成本总共为 6 人/班次,为固定值。

在配置 1 辆车的情况下,舱室物流周转率的变化情况如图 5-16 所示,周转率的变化趋势比较稳定,在 0.5 左右。

在配置 1 辆车的情况下,车辆的工作时间在 8 h 左右,工作时间代表了车辆的利用率情况,图 5-16 所示为预制舱室配置 2 辆车的情况,可以看出车辆的利用率比较高。

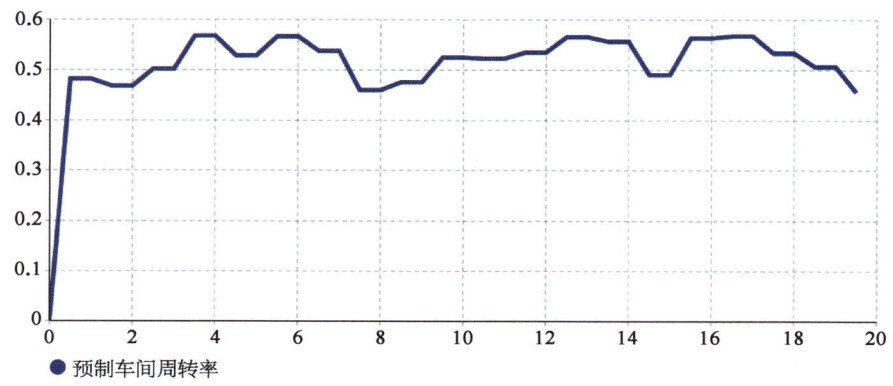

图 5-15 舱室物流场地周转率的变化情况（预制舱室配置 1 辆车）

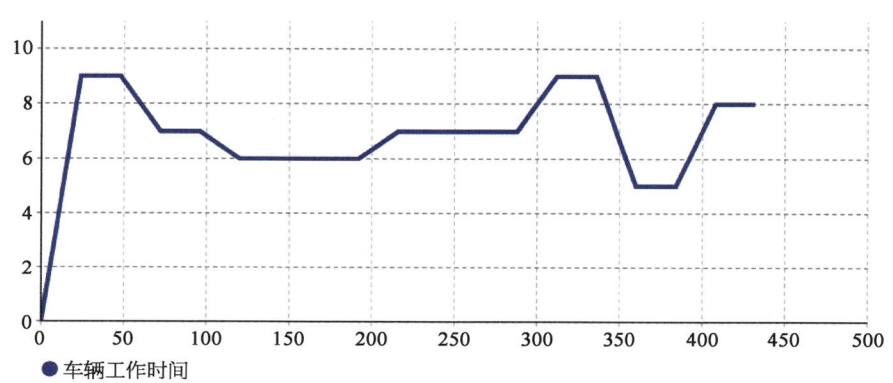

图 5-16 车辆工作时间的变化情况（预制舱室配置 1 辆车）

预制舱室配置 2 辆车的情况如图 5-17 所示。

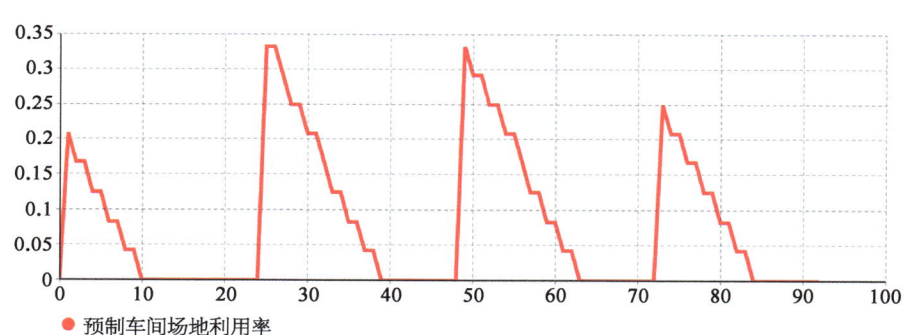

图 5-17 舱室物流场地利用率的变化情况（预制舱室配置 2 辆车）

在配置 2 辆车的情况下，舱室物流的场地利用率随时间的变化。场地利用率在每个小的周期内随时间增加逐渐变小，与 1 辆车的变化趋势相似，峰值为 0.35 左右，仓库的场地利用率变低。

增加车辆数量，预制舱室配置 2 辆配送车、散装舱室配置 1 辆配送车共 3 辆车的运输方式，每辆车每班次配备 3 人，因此运输的人力成本总共为 9 人/班次，为固定值，比方案 3 的人力成本增加了 3 人/班次。

在配置 2 辆车的情况下,场地的周转率的变化情况如图 5-18 所示,周转率的变化趋势比较稳定,在 0.75 左右,高于配置 1 辆车的周转率。

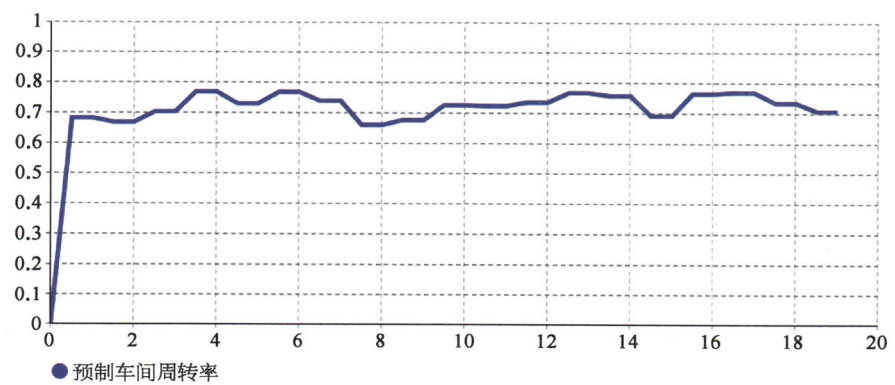

图 5-18　舱室物流场地周转率的变化情况(预制舱室配置 2 辆车)

在配置 2 辆车的情况下,每辆车的工作时间在 4 h 左右,如图 5-19 所示,因此相比于配置 1 辆车,在完成每日任务的情况下,车辆的利用率较低。

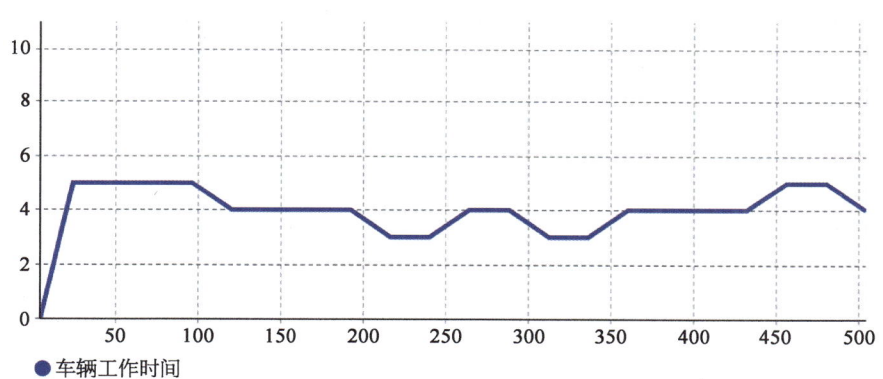

图 5-19　车辆工作时间的变化情况(预制舱室配置 2 辆车)

通过总结以上仿真过程,各项指标效益评估见表 5-2。

表 5-2　各项指标评估统计

运输车辆	场地利用率	人工成本	周转率	车辆利用率	完成情况
1 辆	高	低	低	高	完成
2 辆	低	高	高	低	完成

由表中各项指标的统计情况可知,在完成任务的情况下,配置 1 辆车的效益更高。配置 2 辆车虽然可以加快调度的速度,但是总体效益较低,因此建议预制舱室和散装舱室各配

置1辆车进行运输，满足安装任务计划的需求的同时，具有较高作业效率的同时降低成本，使总体效益最高。

5.2.2 邮轮钢板物流集配仿真

邮轮结构钢板根据厚度划分为薄板和中厚板，其中薄板的厚度一般不超过10 mm，中厚板的厚度不小于10 mm，分别存储于薄板堆场和钢板堆场，并且有储存面积的限制。由于钢板储存区不仅储存建造邮轮所需的钢板，而且分区域储存其他船舶类型的钢板，邮轮仓储区域多配可能造成空间资源浪费，少配可能导致仓储区域不足以支持邮轮钢板储存工作，混杂储存则会导致翻板效率的降低及钢板的变形等问题，因此合理利用钢板仓储区域对邮轮建造效率的提升有重要意义。对邮轮钢板物流仓储流程仿真可指导邮轮钢板制定高效的仓储策略，提高邮轮钢板仓储效率。

1）邮轮钢板物流集配流程

大型邮轮整船建造使用的薄板比例高达70%以上。薄板处理相对于中厚板而言增加了电磁矫平、激光切割、激光焊接等新工艺。为更好完成邮轮薄板分段制作、施工，船厂投资建设了薄板中心，专门用于邮轮薄板预处理、切割及分段制作。同时，邮轮中厚板加工任务依旧在船厂原有的切割中心完成。薄板、中厚板的分区制作过程中，通过采用不同工艺，减少了建造成本，提高了邮轮建造效益。由于薄板、中厚板的施工场地不同、物流路径不同，给邮轮钢板物流集配工作带来了新的挑战。

以邮轮钢板管理活动为例，通过对钢板到货、需求、库存过程进行仿真验证，得出邮轮钢板物流集配管理模式的最优解，有助于提升邮轮钢板物流集配效益。此外，邮轮钢板不同于其他产品钢板，为保证钢板来货质量，减小因多次吊装产生变形的风险，所有钢板全部由钢厂采用陆运的方式直接发运到船厂的钢板堆场，如图5-20所示。

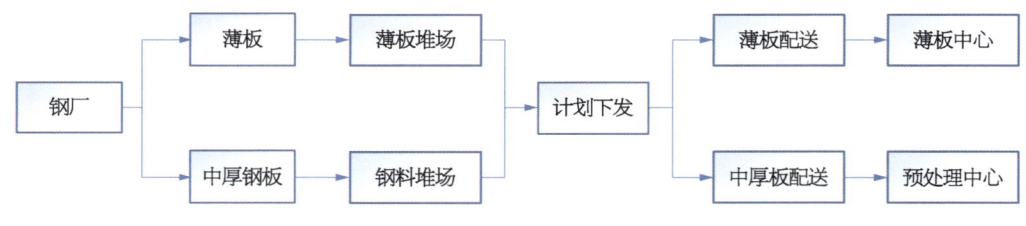

图5-20 邮轮钢板业务流程

2）钢板仓储仿真模型建立

钢板物流仿真模型建立的目的是在能够满足邮轮建造钢板储存所需面积的基础上，优化面积分配，使总体效益最高。通过仿真可以帮助确定存储这两类钢板的实际需求面积，并在完成任务的情况下，减少场地资源的浪费。仿真模型的建立是基于船厂钢板物流集配计划，建立钢板仓储活动仿真模型，进而确定钢板存储所需面积。

(1) 钢板仓储仿真模型及约束条件。

① 目标：最小化钢板仓储计划面积与钢板仓储实际面积需求。

$$\text{Min } \eta_i \tag{5-44}$$

$$\eta_i = | S_{p_i} + S_{a_i} - S_{O_i} | \tag{5-45}$$

式中：η_i 为钢板瞬时最大占地面积；S_{p_i} 为计划钢板现存占地面积；S_{a_i} 为实际入库占地面积；S_{O_i} 为出库钢板占地面积。当计划钢板的需求与实际钢板运输差距越大时，厂区对于钢板储存的面积越不容易把控。

② 计划钢板和实际钢板需求量面积约束：

$$S_{p_i} \leqslant S \tag{5-46}$$

$$S_{a_i} \leqslant S \tag{5-47}$$

式中：S 为某种类型的钢板最大的理论储存面积。

③ 钢板的吨数与占库面积的转化关系：

$$S_{p_i} = sW \tag{5-48}$$

$$S_{a_i} = sW \tag{5-49}$$

式中：s 为转化系数；W 为入库钢板的吨位。

④ 计划入库和实际入库钢板数约束：

$$\sum_{i=1}^{T} S_{p_i} \geqslant As \tag{5-50}$$

$$\sum_{i=1}^{T} S_{a_i} \geqslant As \tag{5-51}$$

式中：A 为整船钢板的总吨数。

⑤ 邮轮钢板入库实际周期约束：

$$T \leqslant T_a \tag{5-52}$$

式中：T 为实际周期；T_a 为计划建造周期。

通过上述模型计算出某一时刻 η_i 的最大值，即为库存面积的最大值，可保证总体库存正常运行。

⑥ 资源条件及约束：

仓储调度流程：不同类型的钢板占地面积不同，根据船厂钢板需求计划生产计划从两个堆场中调出钢板，经过集配配托翻板后，运输到不同的钢板处理中心，包括薄板中心和预处理中心。

资源约束：在钢板存储场地方面，中厚板存放场地为钢料堆场，薄板存放场地为薄板堆场。钢料堆场距离薄板堆场约 2.5 km，钢料堆场总面积约 25 000 m²，配备 20 吨级电磁吊 9 台；薄板堆场总面积约 9 000 m²，配备 10 吨级电磁吊 5 台。

(2) 仿真模型指标设置。

① 输入指标：每月(薄、中厚)到货量、每月(薄、中厚)需求量、每月(薄、中厚)出库量、每月(薄、中厚)期初库存量、每月(薄、中厚)期末库存量、薄板堆场的利用面积(包括可供邮轮)、中厚堆场的利用面积(包括可供邮轮)、重量(薄、中厚)面积转换。

② 输出指标：每月储存(薄、中厚)钢板的场地面积、每月储存(薄、中厚)钢板的入库情况、每月储存钢料堆场及薄板堆场库存量、场地存储密度、库存周转率、平均库存指标。

通过评估以上指标可反映设施场地使用方案的合理性和可行性。

(3) 钢板仓储管理仿真。

钢板仓储管理仿真内容包括仿真模块与物料存储模块。该模型中存在多种存储库，涉及的存储区为钢料堆场和薄板堆场。钢料堆场和薄板堆场的可利用面积分别为 25 000 m² 和 9 000 m²，两个堆场运输过程互不影响。仿真参数包括两种类型钢板的每月到货量、每月需求量、每月出库量、每月期初库存量和每月期末库存量等数据。

3) 基于 Anylogic 的钢板仓储效益仿真分析

(1) 仿真流程建模。

分别建立两个堆场钢板入库和出库的流程逻辑模型，如图 5-21 所示。中厚板和薄板储存的过程为智能体的变化过程，可以设置通过速率、间隔时间、速率时间表、到达时间表来控制资源的生成，也可通过读取数据库中的表单 Excel 来生成资源，或者使用函数 inject 在需要处手动生成资源最终实现钢板的入库和出库操作。

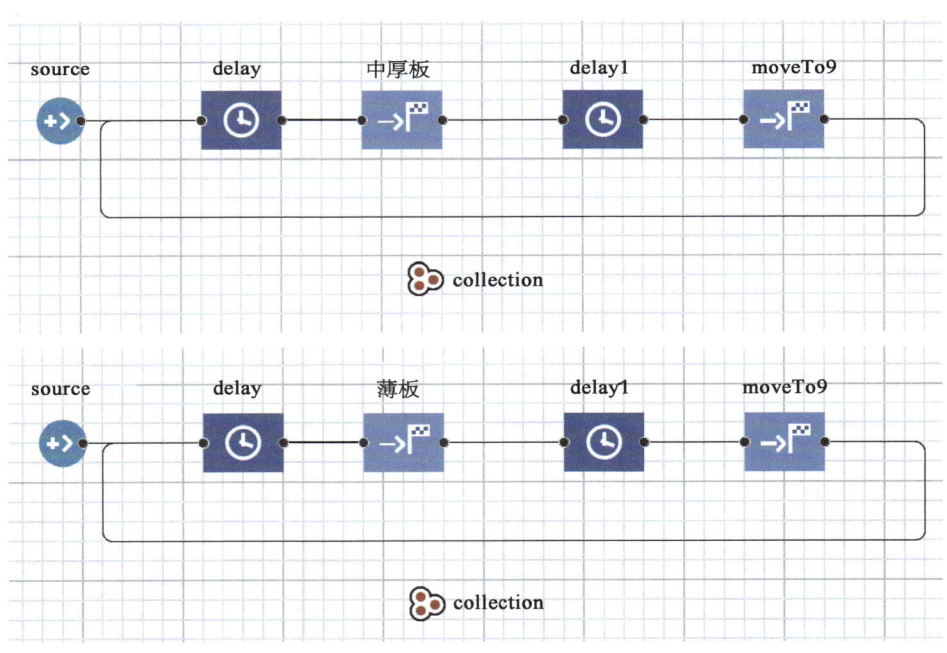

图 5-21　薄板堆场及钢料堆场仿真逻辑(部分)

图 5-22 所示为钢料堆场的建立细节图，包括生成钢板的放置位置、个数、吊机、速度等信息。

参数的设计和导入如图5-23所示,包括行车的移动方向、两种类型钢板的入库数、入库速度等信息。

(2) 仿真结果分析。

钢料堆场和薄板堆场的库存周转率的每个月变化情况如图5-24所示。薄板堆场的库存周转率在邮轮建造周期内比较低,未超过1;钢料堆场在周期内大部分月份的周转率小于1,仅两个月超过1。由此可见,两种物料的周转时间在合理的范围内。

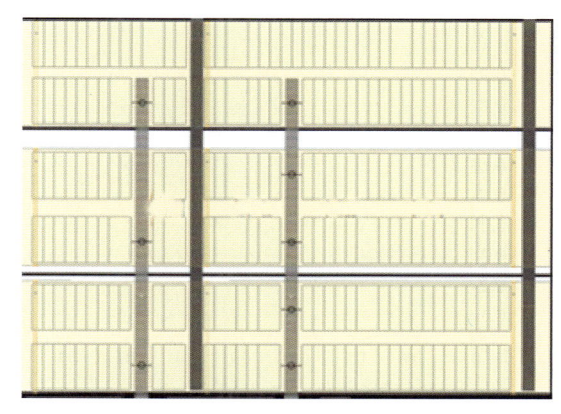

图5-22 钢料堆场模型细节

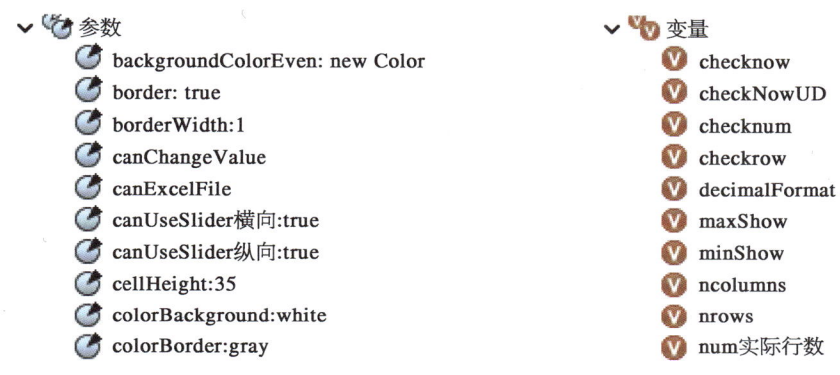

图5-23 参数的设计和导入(部分)

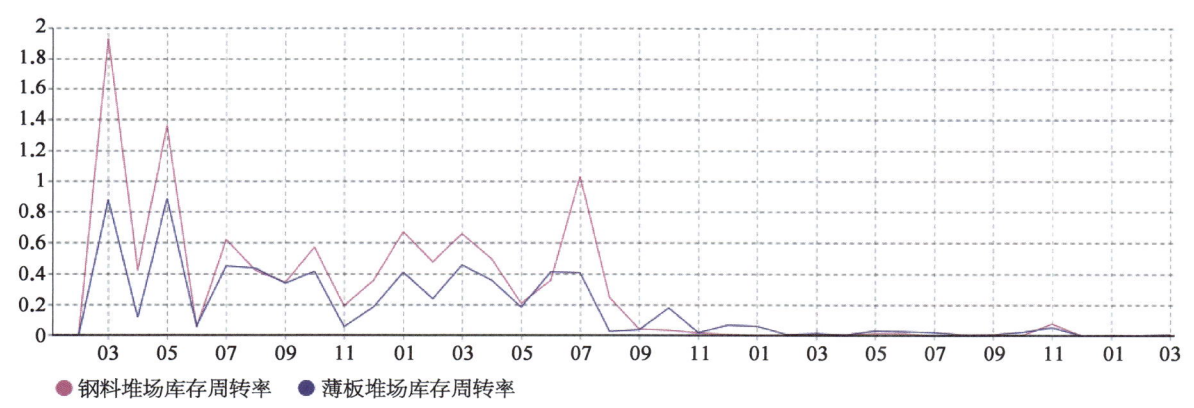

图5-24 钢料堆场和薄板堆场的库存周转率(月度)

钢料堆场的中厚钢板和薄板堆场的场地储存密度随月度变化的情况如图5-25所示。从图中可以看出两类钢材在完成建造任务的情况下,未出现爆仓的风险。薄板最大密度未超过1,充分利用了堆场的面积。钢料堆场的中厚钢板面积占用情况符合合理区间。

钢料堆场和薄板堆场的实际入库与计划入库的对比,如图5-26和图5-27所示。与计划入库相比,实际入库的变化情况趋势符合入库计划。

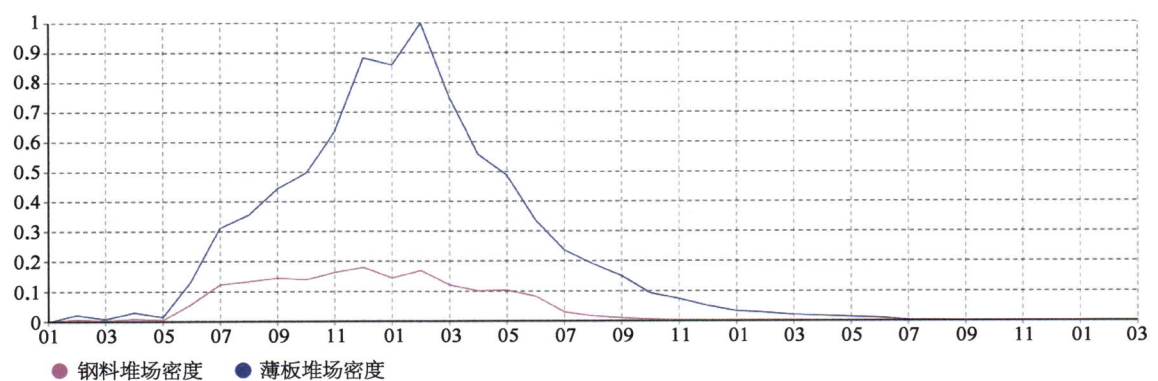

图 5-25　钢料堆场和薄板堆场的场地储存密度(月度)

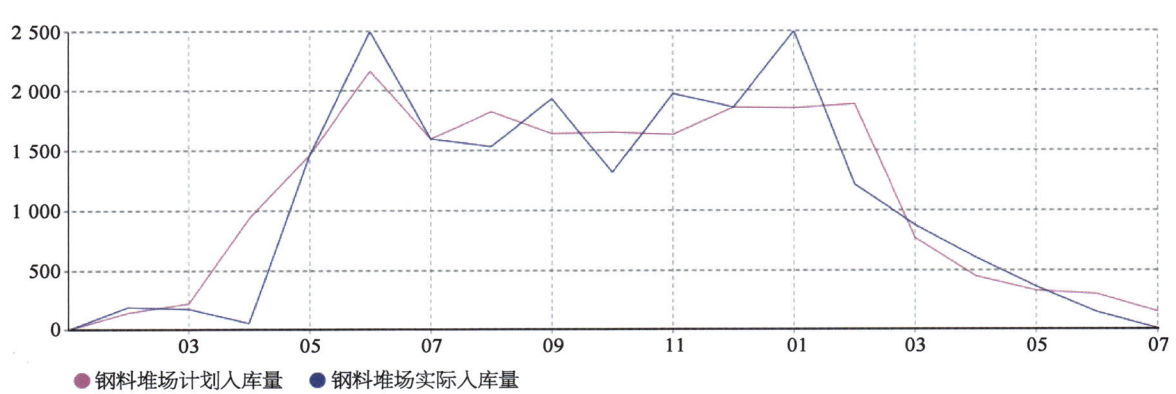

图 5-26　钢料堆场的实际入库与计划入库的对比(月度)

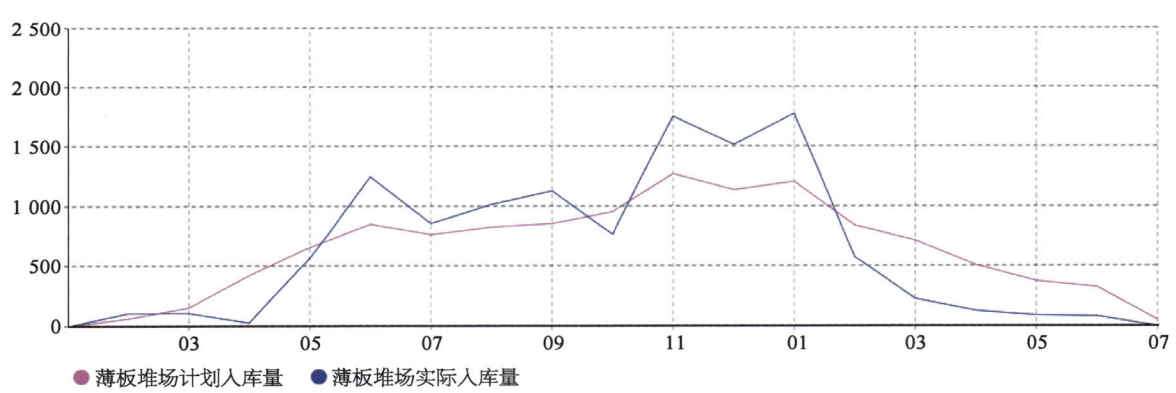

图 5-27　薄板堆场的实际入库与计划入库的对比(月度)

如图 5-28 所示,两类钢板堆场的平均库存。两类钢板堆场的平均库存水平处于一个能够满足日常需求且不会导致过多资金占用或库存积压的状态。

如图 5-29 所示,钢料堆场中厚钢板和薄板堆场的每月库存需求面积。从中可以看出,邮轮薄板库存最高峰,需场地面积 9 000 m^2,中厚板库存最高时,需场地面积 4 500 m^2。

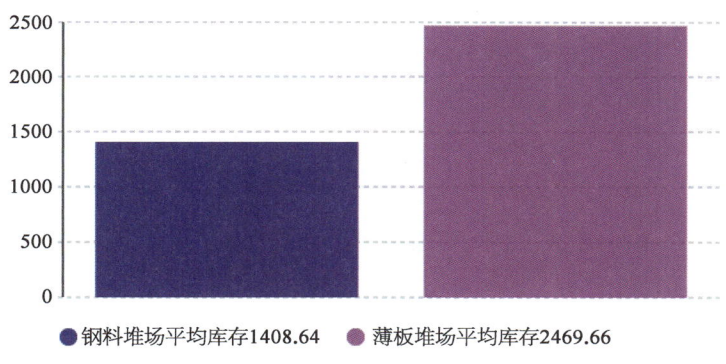

图 5-28　两类钢板堆场的平均库存

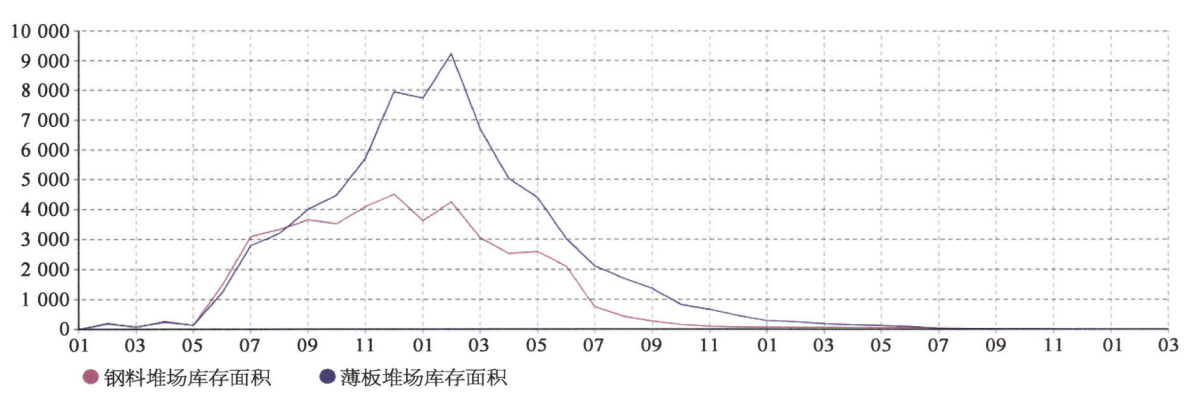

图 5-29　钢料堆场和薄板堆场的月库存需求面积(月度)

邮轮钢板物流集配工作跨度周期长、场地需求波动性大,为充分满足邮轮建造过程中,钢板仓储的场地需求,基于 Anylogic 软件技术对邮轮钢板物流仓储流程进行了仿真,结合邮轮钢板计划,建议薄板提前准备 9 000 m² 场地,邮轮中厚板提前准备 4 500 m² 场地,充分满足邮轮建造钢板储存所需面积,为其余在建船舶钢板物资留有富裕仓储空间,使总体效益最高。

5.2.3　邮轮中间产品物流仿真

大型邮轮薄板分段是邮轮建造过程中的典型中间产品。受限于船厂场地资源限制、邮轮中间产品存放需求,应尽量避免长距离、多频次的中间产品物流,因此需选择合适的方法,对邮轮中间产品调度工作进行仿真,以提高中间产品物流效益。

1) 邮轮中间产品物流流程

邮轮主要中间产品(简称"分段")在薄板中心完成建造工作并通过专用平板车进行运输。分段制作完毕后,将送入舾装中心进行舾装件安装及管材安装等工作,待安装完成后,运送至涂装中心进行分段涂装作业。涂装作业是邮轮制造中至关重要的环节,包括表面预处理、舱壁喷涂、外板喷涂等工序。经过涂装作业后,分段油漆可确保邮轮分段具有卓越的防腐性能和美观度。经过涂装的分段,需在运输过程中,加强外板油漆保护,避免运输过程中,造成漆面破坏，影响分段外板油漆质量。

邮轮分段完成涂装作业后，经平板车运输至总组平台，进行分段总组作业。总组完成后，多个邮轮分段组成1个大型总段，总段由重型龙门吊吊装至船坞，与其他总段一起，经过焊接，组成船体总体钢结构，该过程称为总段搭载。总组平台的运用提高了邮轮建造的效率和精度，为邮轮的整体建造提供了有力保障。

如图5-30所示，在邮轮建造的整个过程中，分段的运输工作均依赖于平板车的高效运作。为了确保运输的安全与效率，不同吨位的分段被精心匹配不同吨位的运输车。数量充足的平板车能够确保各分段在需要时能够及时运输到指定位置，避免了因运输能力不足导致的生产延误，从而保证了建造进度的顺利进行。同时，多辆平板车的协同作业能够大幅提升运输效率，使得大型邮轮的分段能够更快地完成组装，缩短了整体建造周期。从效益角度来看，适当的平板车数量能够优化运输，避免资源的闲置和浪费。通过精确计算与合理规划，可以确保每辆平板车都能得到充分利用，从而在不增加额外成本的前提下提升运输效率。同时，高效的运输也降低了人力和时间的投入，进一步降低了建造成本。

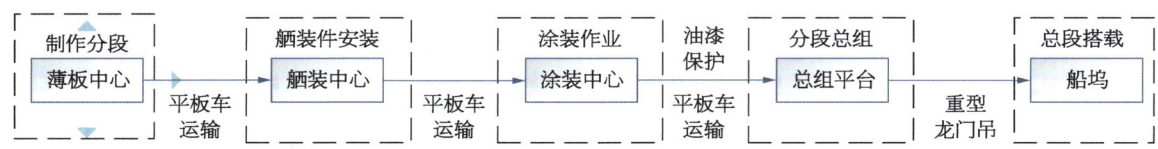

图5-30 邮轮中间产品物流流程

2）中间产品物流仿真模型建立

中间产品物流仿真模型建立的目的是在完成邮轮建造所需分段数量，优化平板车数量配置，使总体效益最高。

（1）中间产品物流仿真模型及约束条件。

① 目标：最小化平板车的数量。

$$\text{Min } N \tag{5-53}$$

式中：N 为平板车的数量。

② 分段的储存数量约束：

$$\sum_{i=1}^{T} x_{1i} \leqslant N_1 \tag{5-54}$$

$$\sum_{i=1}^{T} x_{2i} \leqslant N_2 \tag{5-55}$$

$$\sum_{i=1}^{T} x_{3i} \leqslant N_3 \tag{5-56}$$

式中：T 为同一周期；x_{1i} 为分段是否储存在舾装中心；x_{2i} 为分段是否储存在涂装中心；x_{3i} 为分段是否储存在总装中心；N_1 为舾装中心储存分段的最大数量；N_2 为涂装中心储存分段的

最大数量；N_3 为总装中心储存分段的最大数量。

③ 车辆配送的分段重量约束：

$$x_{ji} \times w_b \leqslant W_v \tag{5-57}$$

式中：w_b 为分段分重量，W_v 为平板车的重量，x_{ji} 为分段最终存储在操作中心 j。

④ 资源条件及约束：

资源条件：薄板仓库用于分段生产，其余各仓库用于分段处理。分段总数已知，各分段重量不同。

约束条件：运输时分段重量不能超过车辆的重量，每个处理点有一定的储存量和处理分段的时间，运输时间为 1 h。

(2) 仿真模型指标设置。

① 输入指标：每月薄板中心分段的生产量；车辆的运输时间；车辆的类型（重量）；五个目的地的点位信息，即薄板中心、舾装堆场、涂装中心、总组平台、船坞；分段的总数；每个车辆配的工人数；舾装堆场、涂装中心和总组平台的最大储存数量；每个仓库关于分段的处理时间。

② 输出指标：平板车的数量、库存波动率、库存环比波动率、使用率因子、库存周转率。

通过这些指标的展示情况，评估平板车数量配备的合理性和可行性。

3）中间产品物流调度仿真

如图 5-31 所示，仅考虑船厂内部中间产品物流的运输，不考虑路径的规划。结合船厂实际情况，确定薄板中心、舾装堆场、涂装中心、总组平台、船坞的位置和相应的参数定义，对目前物流模式中应用的车辆进行了确定与参数定义，以及对不同分段视作相同的单元，仅设置重量上的差异，并对其建立参数。在进行相应的参数定义之后，以各个存储中心的仓储量、人力、运输时间等为约束条件，以车辆数最小为优化目标建立仿真模型。

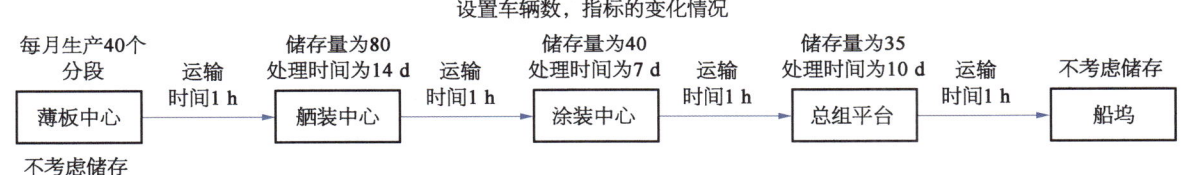

图 5-31 邮轮中间产品仿真流程

如图 5-32 所示，中间产品物流的位置标记中蓝色方框所在的区域代表薄板中心；紫色方框为组立加工区域；橙色方框代表舾装平台；绿色方框为涂装中心；粉色方框为总组平台；黄色方框为船坞。蓝色线条为运输分段车辆的行走轨迹，最终目的地为船坞。

(1) 仿真数据及参数准备。

邮轮建造所需的分段共有 X 个，计划每月建造 40 个，分段在薄板中心的出库时间为 5~10 d。配置四种类型的车辆，90 t 平板车、150 t 平板车、250 t 平板车和 270 t 平板车。车辆行驶每个库的时间为 1 h，设置相同的模型。舾装堆场储存量为 A 个，涂装中心储存量为

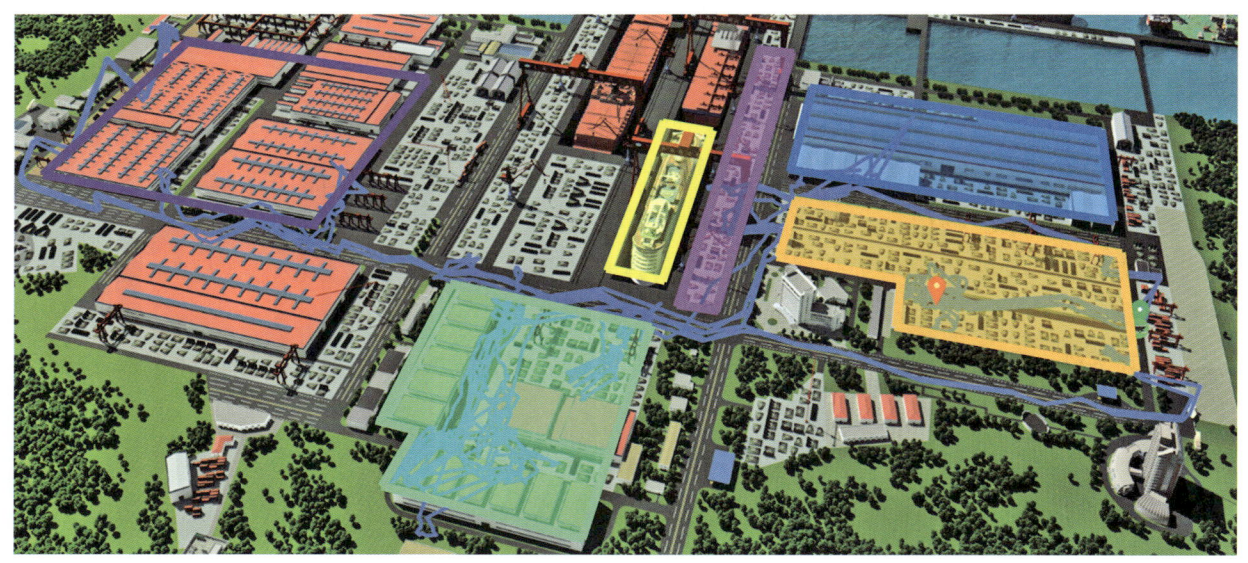

图 5-32 中间产品仿真的位置标记

B 个,总组平台的储存量为 C 个,其余两处为起始点和终点不涉及储量。每天的总工作时间为 11 h,运行流程不能超过此时间。每个仓库关于分段的处理时间:舾装堆场为 14 d、涂装中心为 7 d、总组平台为 10 d,其余两处为起始点和终点不涉及。

配送分段车辆的数量主要与周期 T、舾装中心储存分段的最大数量 N_1、涂装中心储存分段的最大数量 N_2 和总组平台储存分段的最大数量 N_3 有关。因此,以一个月可以生产 n 个邮轮分段为参考值,分析以上变量,调整车辆数量方案:

① 当 n 个分段全部在一个月中某一天全部完成,从薄板中心配送分段到舾装中心至少需要 4 辆车。在经过 14 d 处理运输到涂装中心的过程中,分段仍然需要至少 4 辆车。假如在运输分段的过程中,薄板中心恰好有制造好的分段需要送到舾装中心,那么此时至少需要 4 辆车可以满足运输。在这两个交叉过程中,总共需要 8 辆车满足分段的运输。由于之后的分段加工过程为固定时间,因此不存在时间上的交叉性。由此可知,最多需要 8 辆车即可满足任何情况的分段运输(不考虑车辆发生故障等其他影响运输的外界因素)。

② 当 n 个分段平均分到每天进行生产(在不考虑薄板中心生产时间的情况下),则一天需要生产 1.33 个。总会存在一天完成两个分段的情况,此时需要至少两辆车进行配送。

综上所述,在不考虑外界其他风险因素的情况下,需要配备平板车的数量区间为 [2,8],可满足邮轮的建造。

利用 Anylogic 软件,采用解析建模、智能体建模、系统动力学建模、离散事件建模、连续事件建模等多种方法的建模工具集合,以单方法建模、任意组合方式混合建模,处理复杂系统各层面结构与逻辑模型,实现运输智能、车辆并行、多态组织结构等运行功能模拟,针对整个分段运输流程建立逻辑模型,如图 5-33 所示。

薄板中心为生成分段的智能体,可以设置生成速率、间隔时间、生成数量、到达时间表来控制资源的生成,也可通过读取数据库中的表单来生成资源,或使用函数 inject 在需要处手动生成资源。然后,分段经过车辆运输到各个储存场所进行操作,包括时间和数量的设置。每个储存场所设置相应的运输智能体,可以设置车辆运输的速度和运输的个数,如图 5-34 所示。

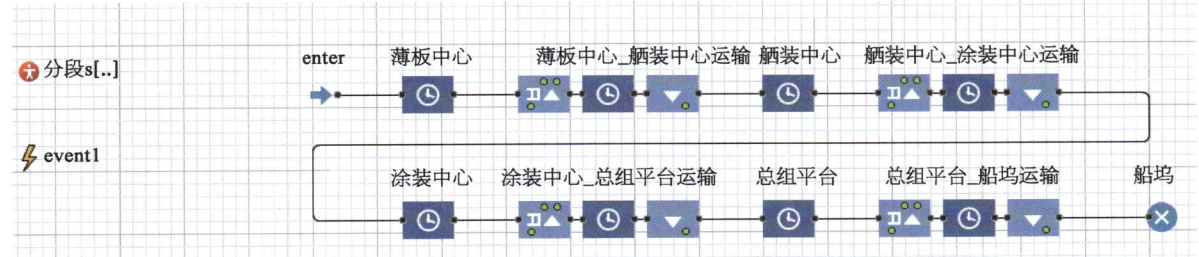

图 5-33 预制车间仿真逻辑

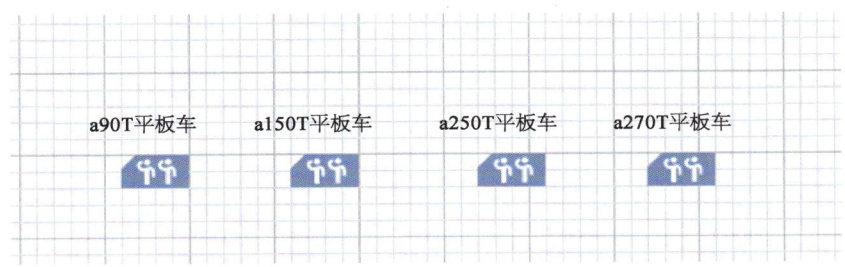

图 5-34 运输车辆的信息

薄板中心、舾装堆场、涂装中心、总组平台、船坞的位置的建模细节如图 5-35 所示。

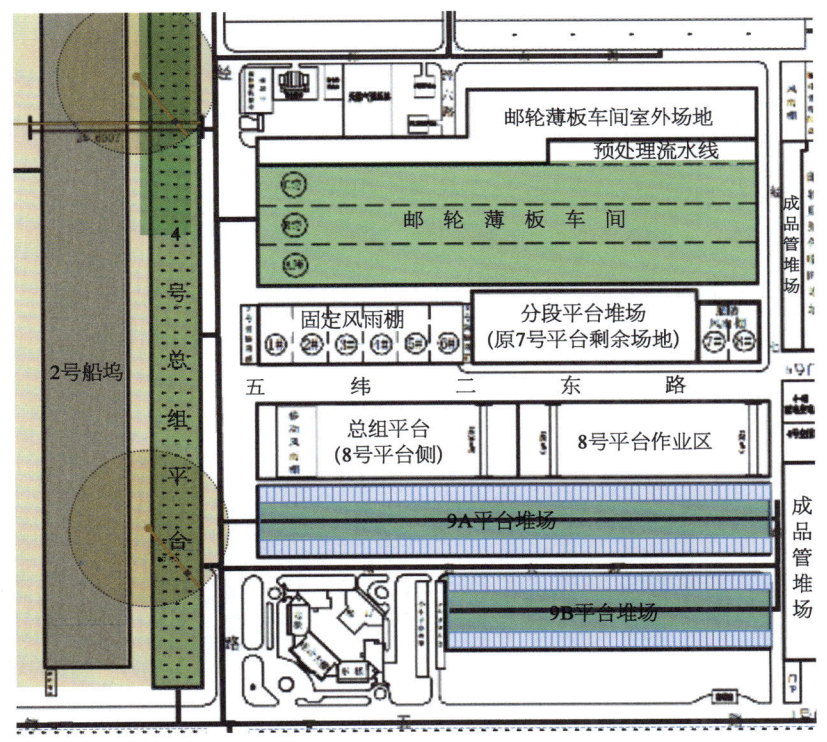

图 5-35 预制车间仓库的建立

运输车辆构建的参数包括运行的横坐标 x、纵坐标 y、行驶的速度 speed 和运输能力 capacity，包含在 type 中，其他的参数还包括开始时间、等待时间。

（2）结果分析。

仿真分析了 2~8 辆车统计指标的变化情况。

① 2 辆车的情况如图 5-36 和图 5-37 所示。

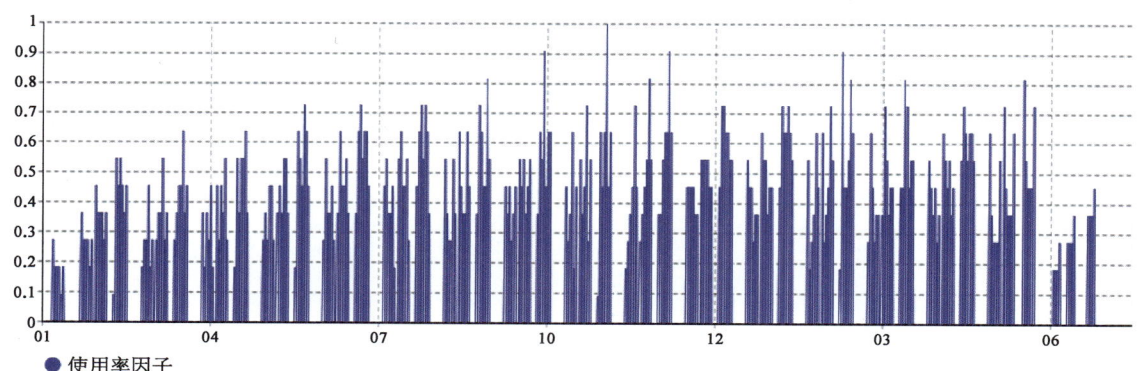

图 5-36　配置 2 辆平板车的使用率因子

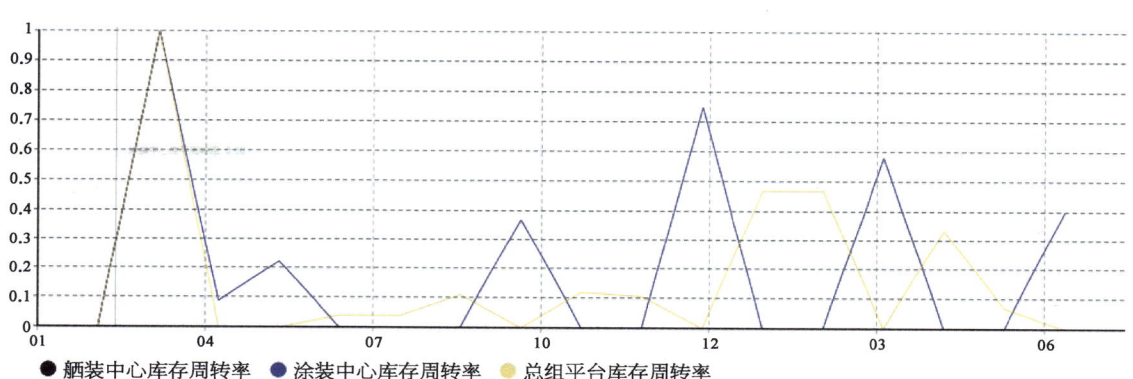

图 5-37　配置 2 辆平板车的库存周转率

② 3 辆车的情况如图 5-38 和图 5-39 所示。

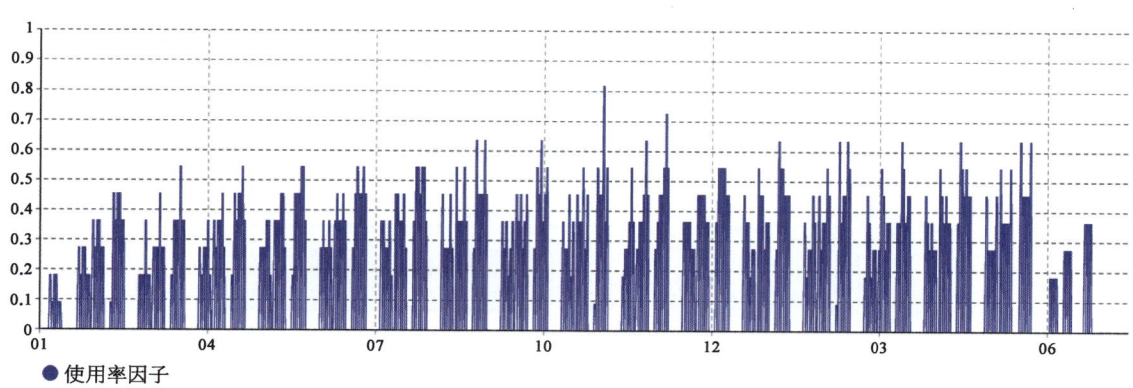

图 5-38　配置 3 辆平板车的使用率因子

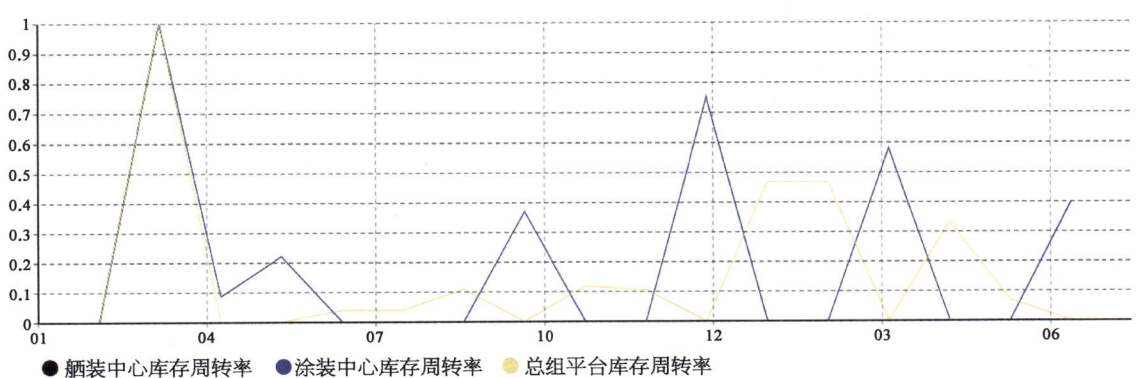

图 5-39 配置 3 辆平板车的库存周转率

③ 4 辆车的情况如图 5-40 和图 5-41 所示。

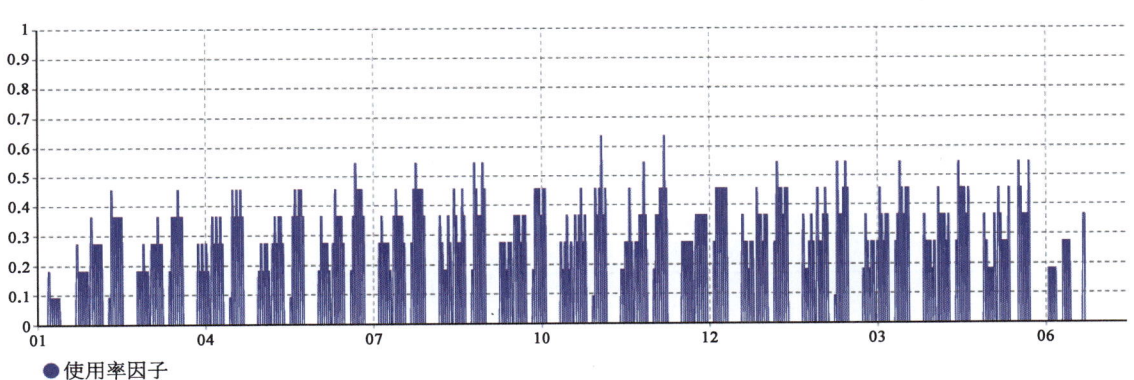

图 5-40 配置 4 辆平板车的使用率因子

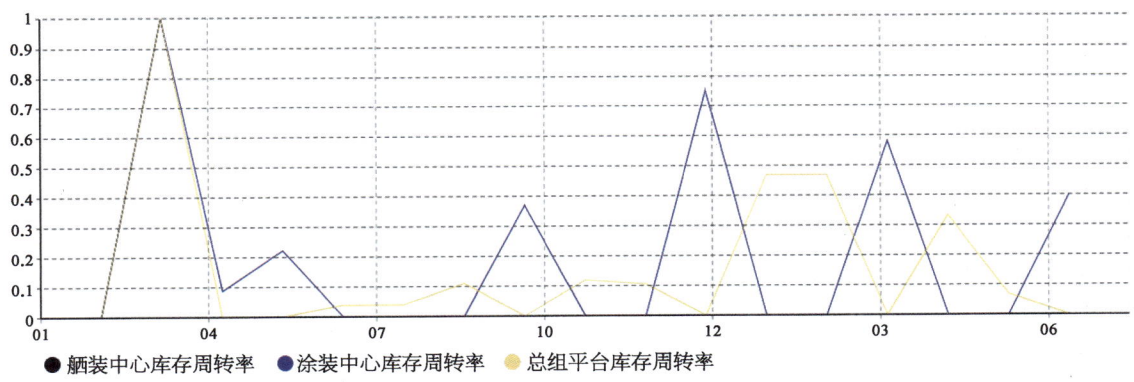

图 5-41 配置 4 辆平板车的库存周转率

④ 5 辆车的情况如图 5-42 和图 5-43 所示。

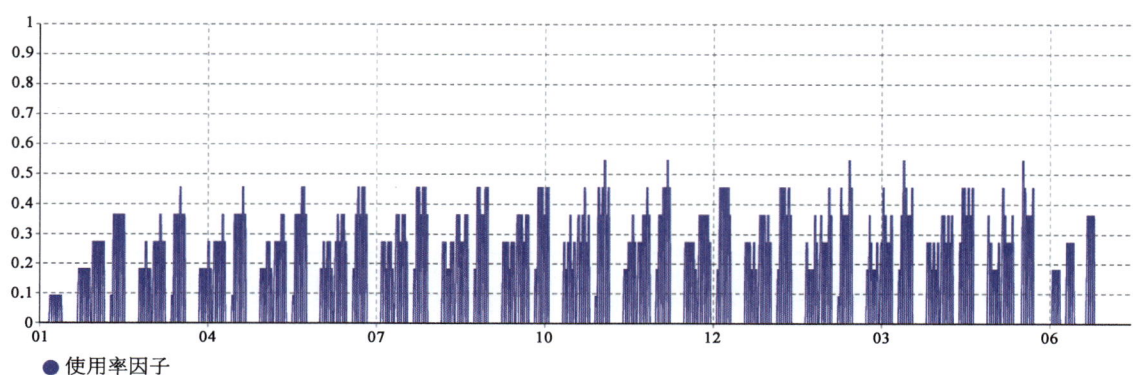

图 5-42　配置 5 辆平板车的库存波动率

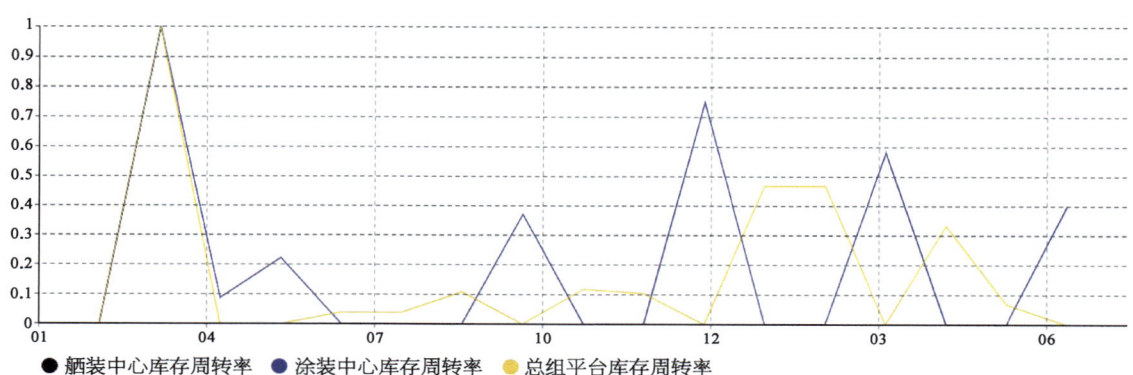

图 5-43　配置 5 辆平板车的库存周转率

⑤ 6 辆车的情况如图 5-44 和图 5-45 所示。

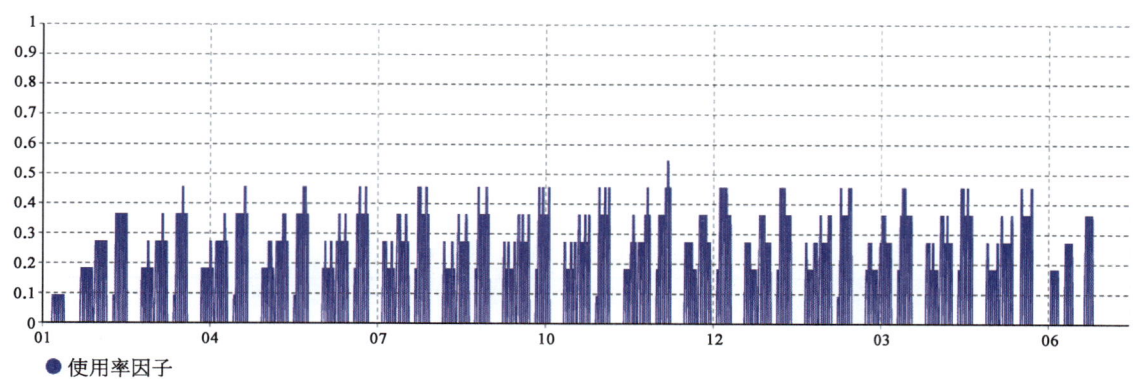

图 5-44　配置 6 辆平板车的使用率因子

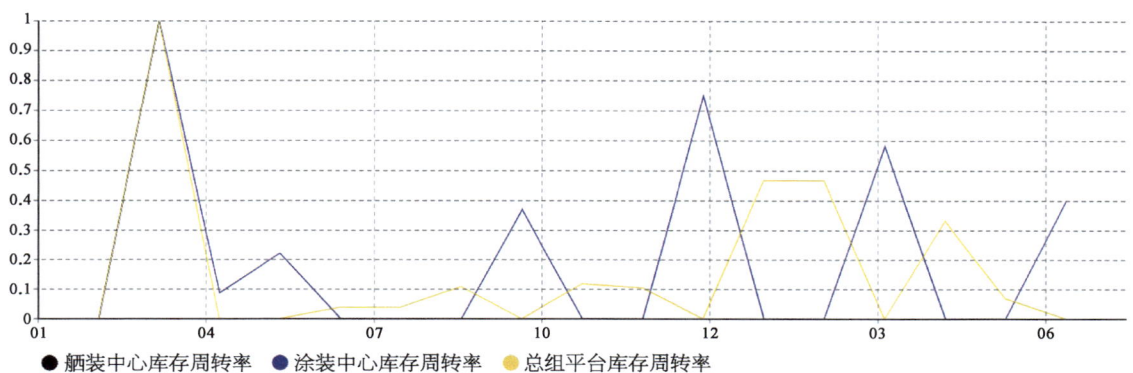

图 5-45　配置 6 辆平板车的库存周转率

⑥ 7 辆车的情况如图 5-46 和图 5-47 所示。

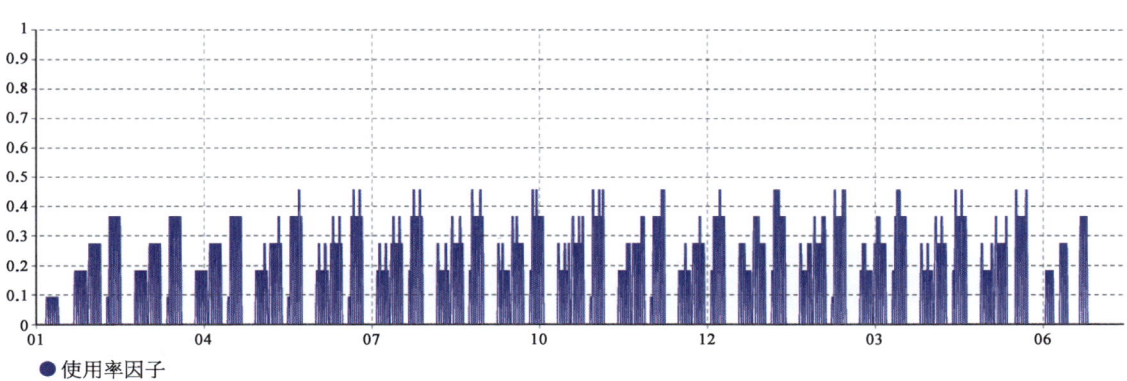

图 5-46　配置 7 辆平板车的使用率因子

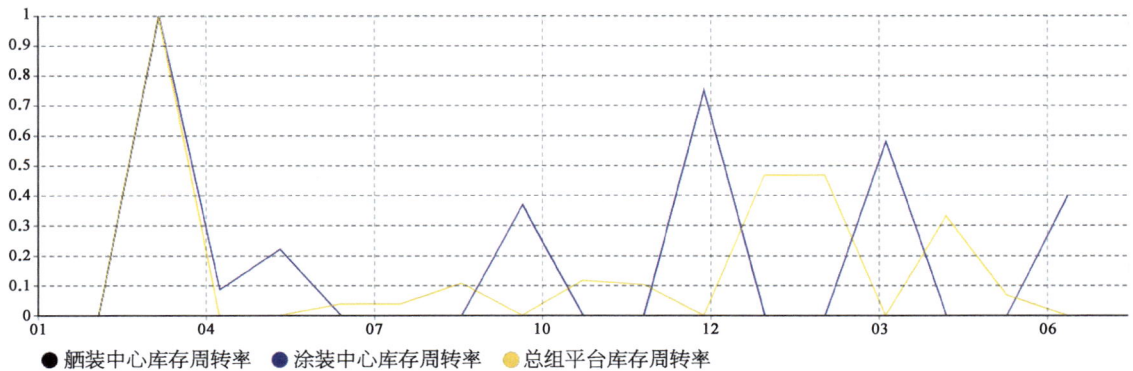

图 5-47　配置 7 辆平板车的库存周转率

⑦ 8 辆车的情况如图 5-48 和图 5-49 所示。

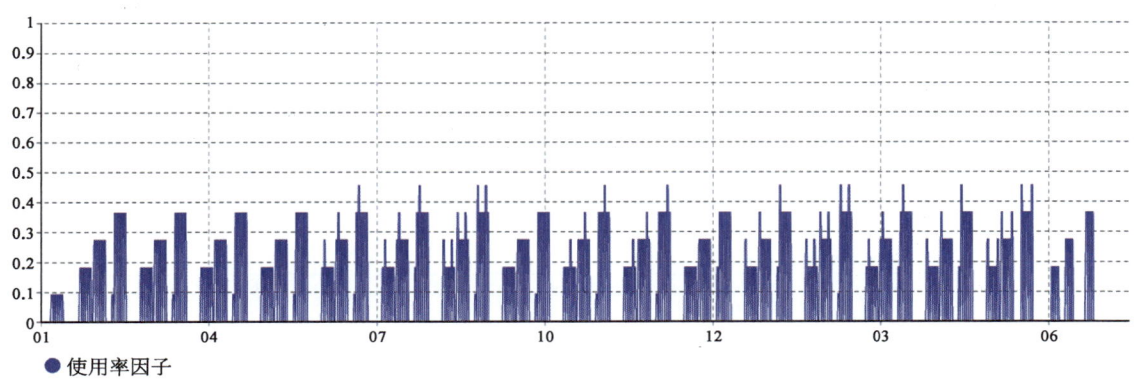

图 5-48　配置 8 辆平板车的使用率因子

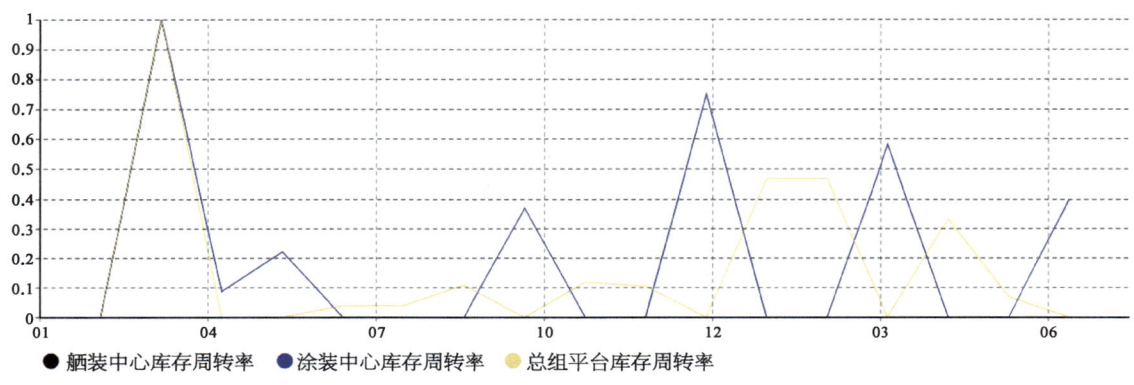

图 5-49　配置 8 辆平板车的库存周转率

由上述 2~8 辆车情况下使用率因子和库存周转率的变化情况可知,使用率因子随着车辆数的增加逐渐变小。在只考虑车辆使用率因子的情况下,2 辆车和 3 辆车是最优值,但是这是理想的情况。若存在风险因子或者有大规模的分段需求计划,则配置 2 辆车会出现供应不足的结果。而车辆数大于 3 时,车辆使用因子相差不大;8 辆车会造成车辆资源的浪费。考虑到抗风险因素,建议配置分段运输平板车 5~6 辆,这样既能满足邮轮分段运输需求,又能最大程度提高车辆资源利用率,使总体效益最高。

技 术 篇

第 6 章　精益仓储管理技术

精益仓储管理是指企业的仓储活动中运用精益思维，是精益生产的一部分，通过相关技术手段，简化流程，消除浪费，实现仓储运作的高效性和灵活性。本章主要介绍邮轮建造过程中精益仓储能力建设及提升，探索不同的仓储场地资源优化与配置技术、物资编码及识别技术、快速出入库技术及仓储感知技术。在不同的仓储环节中引入智能化设备、利用大数据和人工智能技术、融合物联网技术及优化流程与信息化建设等多方面的措施，提高了仓储管理的精益管理水平。

6.1 精益仓储管理概述

仓储管理主要涉及物资到货接收、存储、集配、发放等流程，精益仓储管理的核心目标在于实现物资供应与生产需求的精准匹配，确保所需物资在数量、质量和时间上的准确供应，同时优化库存结构以降低库存成本，提高物流效率。这种管理方式需要系统分析仓储管理过程中的各个环节，消减或压缩物流集配流程中的无效环节，实现整个仓储管理过程的标准化和规范化，通过仓储管理的优化与配置和先进技术的引入，如数字物理系统、UWB 定位、OCR、3D 轮廓扫描、自动称重、物联网和数据中台技术，提升传统物流为智能物流，达到资源利用的最大化，提升整体效率。

邮轮建造物资种类繁多，仓储场地占用巨大。因此，实现对仓储场地资源优化与配置对于提升仓储管理效率、降低成本及确保物资供应的及时性都具有重要意义[55]。根据大型邮轮建造物资不同的特性，如物理性质、物流来源、仓储要求和生产纳期要求等，结合邮轮建造流程和规划，对仓储场地进行合理规划，确定不同类型、不同规格、不同存储要求的物资的存放位置和存储方式，可以最大限度地利用仓储空间，提升仓储空间利用率。

大型邮轮建造物资涉及国内外千余家供应商，大多数供应商都是按照自身的公司标准进行产品的设计、生产和交付等活动，整个邮轮项目无法实现标准的统一，导致了编码标准、包装方式的多样性，在物资装卸、存储、查找、发放等流程操作的管理难度和幅度显著增加。为确保对大型邮轮多达 2 500 万个零部件的精确管控，引入物资编码及识别技术对物资进行统一的数字标签化管理，不仅能实施跟踪物资动态，迅速锁定其具体位置，更能实现物资在各阶段的信息实时追溯，从而增强仓储管理的精确性和安全性[56]。

大型邮轮大部分的物资需要经过长时间的海外运输、海关检查、厂内运输等环节，到厂后需要及时进行开箱清点并入库。因此需要利用快速出入库技术,包括云开箱技术、OCR 快速识别技术[57]、三维信息采集技术及重量信息采集技术来提高仓储作业效率和响应速度,进而为大型邮轮的建造提供更为可靠和高效的物资保障。

大型邮轮建造物资的仓储环境、吊运配送、安装方式等方面都有不同的技术要求,在进行物资管理时须应对各种不同的标准实施差异化的管理,有必要引入物资动态感知技术实时获取物资仓储数据与信息,实现物资的实时监测;通过物联网技术能够实现仓库虚拟展示和物资可视化,满足大型邮轮建造物资仓储管理的精细化需求;借助数据和模型驱动的虚实全息映射和定量化管理,实现仓储管理的实时追踪和可视化及仓储场地的统筹管理;引入物资时空码和构建元仓储系统,实现物料管理和物流运营的智能化管理;通过设计开发物资管理模块,将物资与信息系统紧密结合,实现设计数据的有效利用。

6.2　仓储场地资源优化与配置技术

为了确保物资的有序管理和场地资源的高效利用,实现大型邮轮的精益仓储管理,应基于邮轮物资类别对仓储场地进行功能区划。在划分仓储场地时,还需要建立完善的物资管理制度和信息系统,实现物资的信息化、智能化管理,提高物流效率和管理水平。

6.2.1　仓储场地资源的优化技术

1) 场地资源预测

场地资源预测主要目的是根据当前和预期的需求,对场地资源的未来使用情况做出科学、合理的预测,为场地规划、资源管理和决策制定奠定基础。

在进行场地资源预测时,首先需要对现有的场地资源进行详细的调查和评估。这包括了解场地的规模、位置、设施条件、利用现状等[58]。

通过对物资总量和到货计划的深入分析和测算,来精确评估场地需求,从而为仓储场地资源优化提供坚实的基础。可以采用多种方法,包括回归分析、时间序列分析、趋势外推、专家判断等方法进行预测。例如,回归分析可以通过建立数学模型,分析影响场地需求的各个因素,从而预测未来的需求变化。时间序列分析则可以利用历史数据,发现场地需求的时间变化规律,并据此进行预测。

根据预测结果可以对仓储场地资源优化和配置,在满足物资存储需求的前提下,提高仓储场地的利用率。

2) 场地管理标准化的原则

对仓储资源进行优化和配置需要对场地资源进行标准化管理,不仅有助于建立规范有序的仓储场地环境,确保安全生产,还能显著提升工作效率,同时推动管理水平的持续改进和创新发展。场地管理标准化的基本原则:

(1) 分类存放。采取科学合理的布局和配置,使得不同类型的物资能够得到最佳的空间利用。合理规划仓库内的库位、通道和操作区域,确保仓储空间都能够被最大限度地利用。

(2)集中堆放。在满足分类存放的基础上,将同类物资、相似规格物资集中堆放,从而便于管理。根据物资的周转率,合理规划存储位置,确保高周转率的物资可以方便、快捷地出入库,提高物流效率。

(3)规范存储条件。针对不同物资的存储要求,进行定置化管理。例如,对于需要保持恒温恒湿的物资,建立专门的存储区域,并配置相应的设备,以确保物资在仓储期间的质量稳定。根据不同地理位置的特点,合理规划存放策略。重视对物资的防潮、防晒等措施,以确保货物质量不受环境影响。考虑物资特性,根据物品的易损性、易碎性、易腐性等特点,制定相应的存储措施。例如,对于重量较大的物资,要考虑货架的承重能力和堆放的稳定性,以防止货物倒塌或货架损坏。采取适当的支撑结构和加固手段,确保安全的存储环境。

(4)统一标准。实施统一的物资编码体系和标识规范,以确保每个物品都有唯一的身份标识,方便快速准确地进行仓库内部的定位和管理。制定统一的存储流程,确保不同类别的物资都按照相同的标准进行分类、摆放和存储,不仅提高了操作的一致性,还减少了出错的可能性。实施统一的仓储管理系统,包括信息采集、库存记录、出入库管理等,以实现对物资全生命周期的统一追踪和管理。制定统一的库位规划标准,确保不同物资都按照相同的规则进行堆放,有助于提高存取效率,减少搬运时间和人力成本。实施统一的质量管理标准,确保不同来源的物资都按照相同的质量要求进行验收和存储。

3)场地资源优化的技术

根据场地管理标准化的原则,综合运用以下多种技术和方法,实现对仓储场地资源的优化。

(1)仓储区域布局优化:根据物资种类、数量和流量对仓储区域进行合理布局,可以提高仓库的整体使用率,减少物料搬运距离和时间等,提高仓储作业效率。

(2)仓储作业流程优化:通过对仓储作业流程进行优化,减少不必要的环节和等待时间,提高作业效率和质量。通过制定标准化仓储作业流程和操作规范等方式,确保员工按照标准进行操作,并加强员工培训和技能提升,提高作业执行力和效率。

(3)引入立体存储技术:引入货架、自动提升货柜等立体存储设施设备,通过充分利用仓库的垂直空间,大幅提高仓库的空间利用率,使仓库的存储能力得到显著提升。

(4)引入自动化和智能化技术:引入自动化设备,如自动化立体仓库,减少人工操作,提高物资存取效率和准确性。自动化设备通常配备有智能控制系统,可以根据物资的特性和需求进行智能调度和分配,进一步优化仓储空间的利用。

(5)安全管理:加强仓库的安全管理,确保货物、设备和员工的安全。通过安装监控设备、实施安全巡检等方式,及时发现并处理安全隐患。

6.2.2 仓储场地资源的配置

1)仓储场地分类

结合生产需求计划,将仓储区域与现场生产线紧密相连,确保大型邮轮建造物资能够及时供应到生产线,从而减少物料搬运距离和时间,提高生产效率,将仓储区域划分为不同的功能区。每个区域根据其特性和存储要求进行合理布局，在确保物资质量、安全性的同时，也提高了整个仓储区域的效率和管理水平。

（1）厂内仓储区：存放需要快速响应生产需求或建造周期中消耗量大的物资。厂内仓储区根据仓储区域自身属性，又分为以下几类：

① 室内仓储区：是指设置在室内的仓储场地，存储需要存放在室内的物资，使物资免受如风雨、阳光等自然环境的直接影响。

② 室外仓储区：是指设置在室外的仓储场地，常见的室外仓储设施包括风雨棚、露天堆场等，通常用于存放对环境要求较低、体积较大或需要通风的物资。

③ 分包商仓储区：是指专门用于存放大型邮轮 Turnkey 内装物资的仓储场地。

④ 特殊要求存储区：是指为满足特定物品的特性、存储需求和安全要求而设立的专门区域。特殊要求存储区可以分为危化品库、焊材库、恒温恒湿库。

（2）厂外仓储区：对于需求时间靠后和周期性长的物资，存放在厂外仓储区。

2）仓储场地物资存放方式

根据物资特性和需求，物资存放具有以下几种方式：

（1）平面堆放方式：体积大、不易损坏的物资可平铺放置在钢平台或地面。这种方法的优点在于操作简单，无需复杂的存储设备，但其缺点在于存放效率相对较低，空间利用率低。

（2）货架存放方式：批量小、包装规格统一的物资可存放于货架。配合叉车等仓储配套设备，货架存放方式可以大大提高物资的存取效率和空间利用率。同时，货架的模块化设计也便于仓库的布局调整和扩建。

如图 6-1 所示，货架采用分层设计，可根据物资的尺寸和重量进行定制，实现物资的立体存储。如图 6-2 所示，钢平台采用钢结构设计，具有较高的结构强度和抗震性能，能够承载较大的荷载。钢平台的材料采用高强度钢材和防腐钢板，具有较好的耐腐蚀和耐久性能，适合长期使用。钢平台具有多种形式，可根据需要进行调整和扩展，以适应不同物资的存储需求。

图 6-1　货架示意图

图 6-2　钢平台示意图

(3) 自动提升货柜存放方式：品种多、价值高的物资可存放于自动提升货柜。如图6-3所示，自动提升货柜主体为立体框架式结构，以托盘为存储单元，通过电机驱动中间提升小车实现货柜的升降和水平移动，从而实现对物资的自动存取。其立体机构设计具有占地面积小、容量大的特点，比普通货架节约超过60%的存储空间，可以充分利用仓库的垂直空间，提高存储密度。货柜内部采用智能控制系统，可以精确识别和管理每一个存储位置，大大提高了物资的查找和分类效率。此外，自动提升货柜还可以与仓库管理系统进行集成，实现物资信息的实时更新和共享。然而，自动提升货柜的制造成本较高，且对电力供应和控制系统要求较高，需要在设备投入和维护方面做好充分准备。

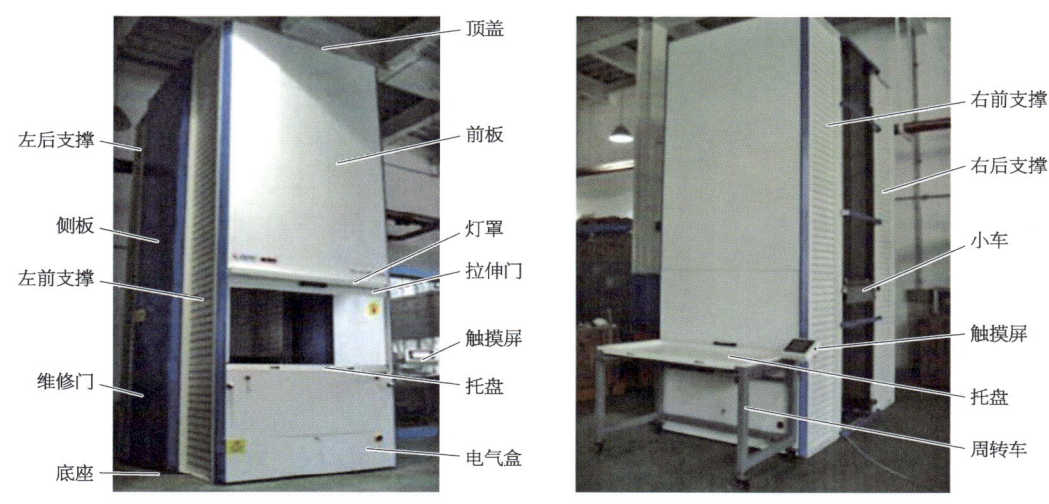

图6-3 自动提升货柜结构示意图

自动提升货柜主要技术参数：

① 货柜外形尺寸：长度为2~4 m，宽度为2~3 m，高度为7~12 m。

② 单托盘有效承载尺寸：长度为2~3 m，宽度为0.5~1 m。

③ 单托盘最大承载重量：200~500 kg。

④ 整机最大承载重量：24~60 t。

⑤ 托盘支承架间距：50~100 mm。

⑥ 运行速度：最大提升速度为60 m/min（可调）、最大水平速度为30 m/min（可调）。

⑦ 货柜自重：约5.6 t。

(4) 重型堆垛机立库存放方式：重型堆垛机立库具有强大的承载能力和精确的导航定位能力，可以实现对重型、非标物资的自动存取和管理，提高存储和取货的速度和准确性，降低人工操作的错误率。立库充分利用了仓库的垂直空间，提高了存储密度。同时，重型堆垛机立库与管理信息系统的集成也实现了物资信息的自动化管理和追溯。然而，重型堆垛机立库的建设成本较高，且对仓库的结构和基础设施要求较高。

重型堆垛机立库主要技术组成：重型堆垛机及移载小车如图6-4所示、辊筒式货架如图6-5所示、AGV如图6-6所示。

图6-4 重型堆垛机示意图

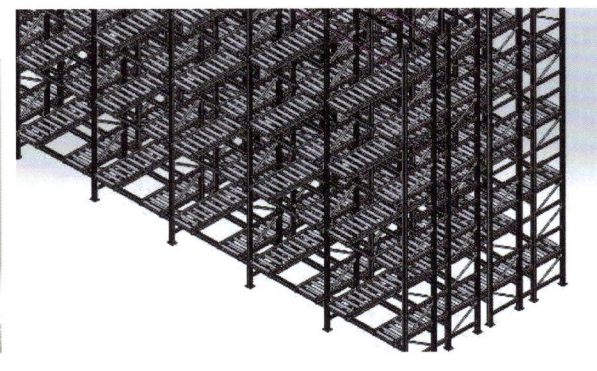

图6-5 货架系统示意图

图6-6 可升降AGV示意图

重型堆垛机在基于欧洲技术领先的一款双立柱单轨ETV上,进行了适配设计和迭代创新。堆垛机移载小车采用驶入式AGV作为移载动力,有效降低了货叉式堆垛机负载/挠度过大引起的货物倾覆风险。

辊筒式货架不仅适配堆垛机及小车的分段式滚筒式货架设计,而且具备独立式承载平台与横梁垂直,更好分散载荷,增强结构刚性,同时便于维护和更换;其柱网密度提升一倍,减少地面局部集中承载。

AGV引入麦轮技术,麦轮叉车可实现零回转、侧移、全方位无死角任意漂移并采用SLAM(同时定位与建图)+二维码导航技术。

3) 大型邮轮建造物资存储规则

(1) 按单件、总成、打包重量。物资按重量存储规则见表6-1。

表6-1 物资按重量存储规则

序 号	(单件、总成、打包)重量区间	存储模式
1	<1 t	自动提升货柜
2	1 t≤M<3 t	货架、重型堆垛机立库
3	≥3 t	平面堆放

(2) 按物资类型。物资按类型存储规则见表6-2。

根据仓储场地资源的优化技术对仓储场地资源进行优化配置,针对大型邮轮建造物资的特性特点进行精益仓储管理,以满足大型邮轮生产需求,做到大型邮轮建造物资及时高效供应,最终实现仓储资源利用的最大化。

表 6-2 物资按类型存储规则

物资大类	物资类型	仓储场地	物资存放方式
常规类	钢材	室外仓储区	平面堆放
	焊材	焊材库	平面堆放
	油漆	危化品库	平面堆放
	电缆	室内仓储区	平面堆放
	隔热绝缘、设备、冷空通	室内仓储区	平面堆放、重型堆垛机立库
	舾装件	室外仓储区	平面堆放、货架
	配套物资	室内仓储区	自动提升货柜
非常规类	Turnkey 类内装物资	分包商仓储区、恒温恒湿库、危化品库	平面堆放、货架
	船东供应品	室内仓储区、恒温恒湿库、危化品库	平面堆放、重型堆垛机立库

6.3 物资编码及识别技术

邮轮物流集配全流程涉及的物资、仓储资源、配送工具等管理对象多达百余种,业务处理频度大、覆盖范围广;物资数量是常规船舶数十倍,内装设施等高品质物资数量巨大,明细类别数量可达数万条,非标物资多,中间产品繁杂;涉及众多设计单位、国内外供应商、物流分包商、海关、商检、船级社、总装建造厂等相关组织和单位,数据交互频繁;不同种类对象的物资编码信息差异大。对各类物资进行编码是实现精细化物流集配管控的前提。

6.3.1 编码技术

物资编码技术是一种应用条码编制和识别,为各类物资赋予唯一标记的技术[59]。这些标记按照特定的规律排列,以便于物资的管理和追踪。物资编码技术的应用广泛,尤其在物流、仓储和供应链管理等领域中发挥着重要作用。

1) 编码体系

邮轮物流集配管理过程涉及大量的信息资源,这些信息的无序化和异构化都将阻碍资源的有效使用,因此从物流集配业务处理的角度出发,以数字化集配业务处理的服务对象为基础,结合物流集配业务需求,优先确定编码分类、对象分类等信息规范[60]。参照国内外相关标准,结合现有的物流集配信息相关标准构建适合邮轮物流集配特点的信息编码体系。邮轮物流集配信息编码体系结构如图 6-7 所示。

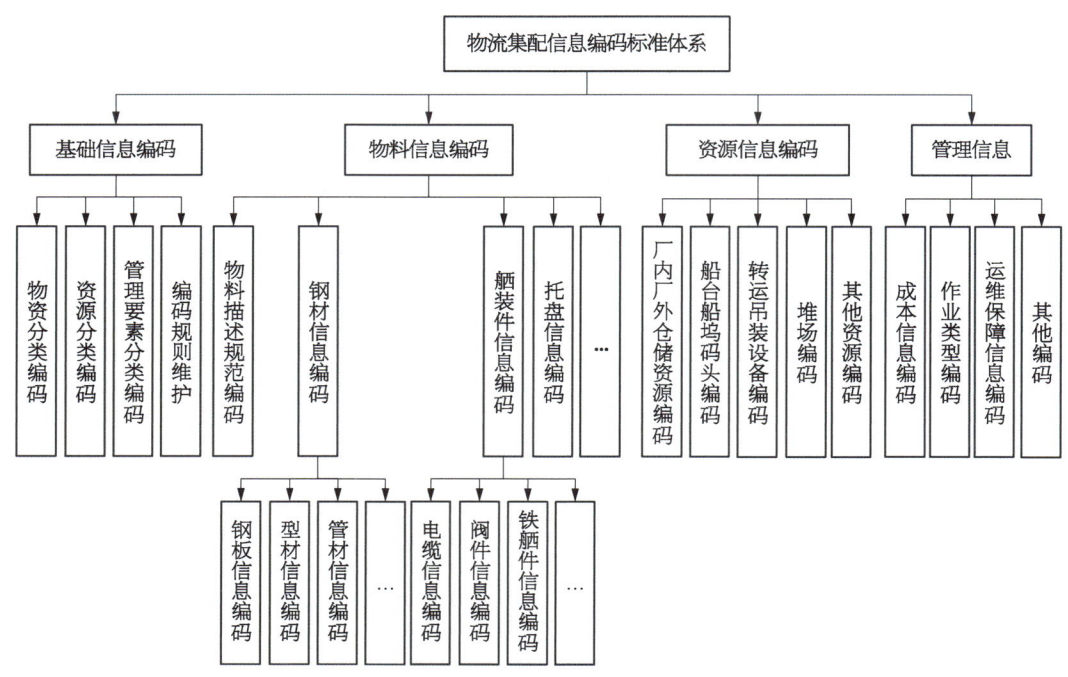

图 6-7　物流集配信息编码体系结构图

鉴于邮轮物流集配对象的种类、数量的复杂性,编码过程难以一次性完成,并且由于不同职能部门管理属性要求的差异,需要对编码或描述进行不断扩充,因此,制定并构建分级柔性编码技术方案。柔性编码是指编码系统的码段个数和横向码位长度可以根据描述对象的复杂程度变化,即对于整个系统来说没有固定的码段设置和码位含义。柔性编码系统既要克服刚性编码系统的缺点,又要继承刚性编码的优点,柔性编码结构模型为

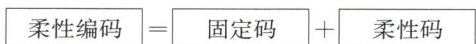

分级柔性分类编码体系结构由一级码、二级码和三级码构成。如图 6-8 所示,一级码是管理代码,区分对象的管理形态;二级码是类别码,将集配对象分成若干类别;三级码是事物特征码,采用层次结构描述某具体事物的详细特征。此编码结构允许对事物特征做尽可能详细的描述,并且在同一系统中做统一描述,代码结构才能简单、灵活。

柔性物资编码技术的具体应用场景如下:

(1) 材料编码。对于邮轮建造过程中使用的各种材料,如钢材、铝合金板等,物资编码技术可以用于对其规格、尺寸、批次等信息进行编码和标识。以便在建造过程中建造团队可以更加高效地管理和控制船体材料的数量、质量和位置信息。

(2) 设备和零部件编码。邮轮的建造涉及大量的设备和零部件,如船用发动机、电气设备、管道系统等。通过为每个设备和零部件分配唯一的编码和标识,建造团队能够准确追踪和管理物资的采购、安装和维护过程。

(3) 供应链管理。通过为每个供应商设置独特的编码并与其特定信息进行关联,建造团

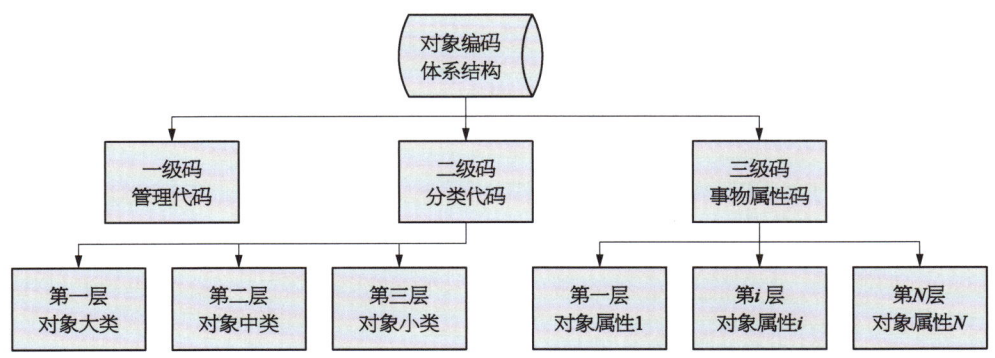

图 6-8　对象编码体系结构示意图

队可以更好地追踪和管理供应商的货物、服务质量及交付状态,有助于确保供应链的透明度和可追溯性,高效地协调和控制所有物资和供应商。

在柔性编码技术基础上,结合自动化编码工具能够帮助建造团队准确识别、追踪和管理材料、设备和零部件等物资,有助于提高建造效率,降低信息错误和时间延误,使整个建造过程更加有序和风险可控。

2)自动编码技术

准确、便捷的自动编码工具是整个邮轮建造的基础和难点,也是物流集配的业务处理的重要支撑,自动编码生成器的核心是保证对象属性描述的规范化,而规范描述的关键在于企业的基础标准工作及在规范执行过程中的力度[61],如图 6-9 所示。

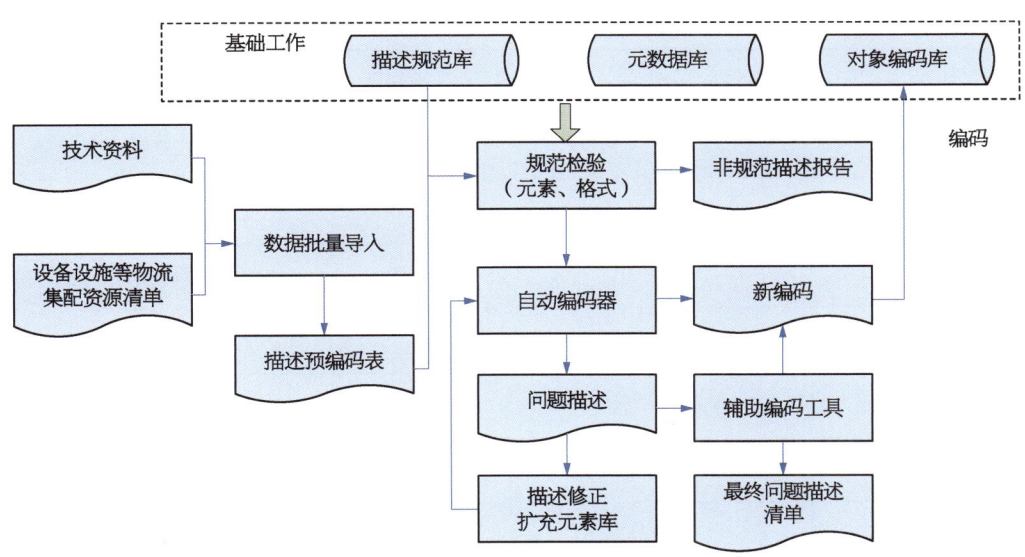

图 6-9　物流集配信息自动编码过程示意图

自动编码的处理流程如下:

(1)提取生产、设计、规划等资料中的集配对象信息,以及导入或手工录入物流集配过程相关对象属性描述信息。

(2) 自动根据对象名称判断对象特征及类别,确定对象描述的编码规则。

(3) 根据编码规则解析对象特征描述字符串,将解析出的值填列到对应的元素列。

(4) 提供模糊查询功能,从历史编码库中提取符合对应元素的对象编码以列表的形式显示,作为编码的参考。

(5) 如果解析出的字符串由于元素特征描述不全等原因,由人工选择对应元素的值,该操作过程中,编码参考表的数据将进一步进行过滤。

(6) 根据编码参考,结合描述元素的搜索算法,自动生成新的对象编码,同时将修正后的描述作为该编码的对象的规范化描述标准。

3) 物资编码载体

完成编码后,需要相应的载体作为物资流转过程中识别,常见的编码载体主要包含条码标签及 RFID 电子标签。

条码标签是主要分为一维条码和二维条码,两者的样式如图 6-10 所示,特征对比如表 6-3 所示。相比传统的一维条码,二维码可以储存更多的信息,而且更容易被手机等设备扫描读取。

(a) 一维条码

(b) 二维条码

图 6-10 一维条码与二维条码

表 6-3 两种条码对比

特 征	条码类型	
	一维条码	二维条码
存储空间	水平方向	水平/垂直方向
容量大小	小	大
存储内容	英文、数字、简单符号	多种语言文字、图像数据
纠正能力	无	有
抗污能力	差	强
主要用途	物品标识	物品标识+物品描述

电子标签(RFID)是射频识别真正的数据载体,从技术角度来说,射频识别的核心是电子标签,读写器是根据电子标签的性能而设计的[62]。在射频识别系统中,电子标签的价格远比读写器低,但电子标签的数量很大,应用场合多样,组成、外观和特点各不相同。电子标签根据不同的分类方式,大致有如下几种形式,如图 6-11 所示。

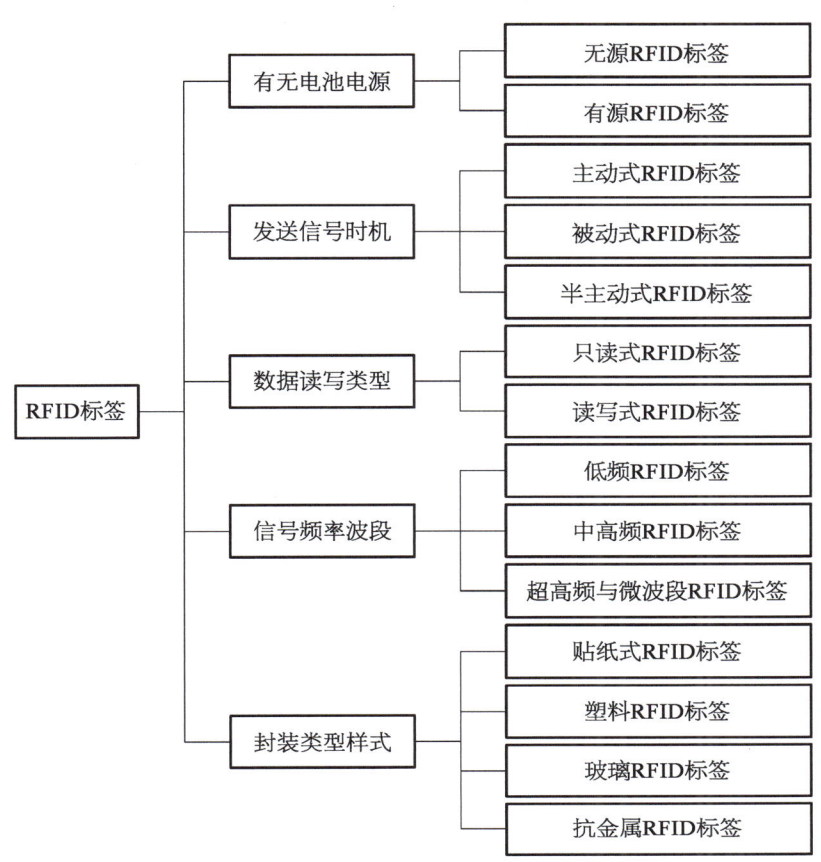

图 6-11 RFID 电子标签分类

（1）有无电源。有源 RFID 标签由内置的电池提供能量，不同的标签使用不同数量和形状的电池。无源 RFID 标签内不含电池，它的电能从 RFID 读写器获取。当无源 RFID 标签靠近 RFID 读写器时，无源 RFID 标签的天线将接收到的电磁波能量转化成电能，激活 RFID 标签中的芯片，并将 RFID 芯片中的数据发送出来，两者对比见表 6-4。

表 6-4 有源与无源 RFID 标签对比

特　　征	标签类型	
	有源 RFID 标签	无源 RFID 标签
读写距离	远，可达百米	近，几十厘米
成本价格	高	低
使用寿命	短	长
体积	大	小
适用环境	有限	环境适应性更强

（2）发送信号时机。主动式 RFID 标签即有源 RFID 标签，也是依靠自身安置的电池等能量源主动向外发送数据；被动式 RFID 标签即无源 RFID 标签，标签从接收到的 RFID 读写器发送的电磁波中获取能量，激活后才能向外发送数据，从而 RFID 能够读取到数据信号。半主动式 RFID 标签自身的电池等能量源只提供给 RFID 标签中的电路使用，并不主动向外发送数据信号，当它接收到 RFID 读写器发送的电磁波激活之后，才向外发送数据信号。

（3）数据读写类型。只读式 RFID 标签的内容只可读出不可写入。读写式 RFID 标签的内容在识别过程中可以被读写器读出，也可以被读写器写入。

（4）信号频率波段。按照 RFID 标签的工作频率进行分类，可以分为低频、中高频、超高频与微波四类。由于 RFID 工作频率的选取会直接影响芯片设计、天线设计、工作模式、作用距离、读写器安装要求，因此，了解不同工作频率下 RFID 标签的特点，对于设计 RFID 应用系统是十分重要的。这几类工作频率标签对比分析见表 6-5。

表 6-5 低频/中高频/超高频 RFID 标签对比

特 征	标签类型		
	低频 RFID 标签	中高频 RFID 标签	超高频/微波
工作频率	125～134.2 kHz	13.56 MHz	860 MHz～5.8 GHz
信号传输	电感耦合	电感耦合	电磁反向
传输速率	慢	快	较快
电池类型	无源	无源	无源/有源
数量容量	小	大	大
读写距离	小于 1 m	大于 1 m	4～7 m
典型应用	停车场收费系统	二代身份证	高速 ETC 系统

（5）封装形式。贴纸式 RFID 标签一般由面层、芯片与天线电路层、胶层与底层组成。贴纸式 RFID 标签价格便宜，具有可粘贴功能，能够直接粘贴在被标识的物体上，面层往往可以打印文字，通常被应用于工厂包装箱标签、资产标签、服装和物品的吊牌等，如图 6-12a 所示。

塑料封装 RFID 标签采用特定的工艺与塑料基材（ABS、PVC 等），将芯片与天线封装成不同外形的标签。封装 RFID 标签的塑料可以采用不同的颜色，封装材料一般都能够耐高温，如图 6-12b 所示。

玻璃封装 RFID 标签将芯片与天线封装在不同形状的玻璃容器内，形成玻璃封装的 RFID 标签。玻璃封装 RFID 标签可以植入动物体内，用于动物的识别与跟踪，以及珍贵鱼类、狗、猫等宠物的管理，也可用于枪械、头盔、酒瓶、模具、珠宝或钥匙链的标识，如图 6-13a 所示。

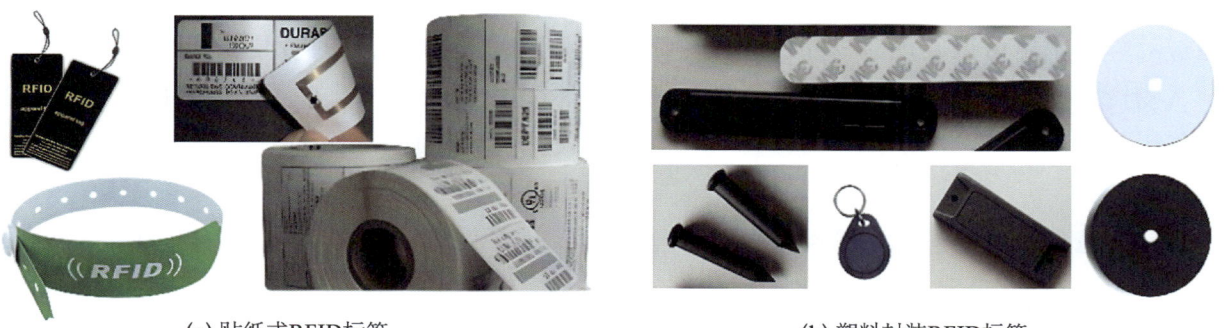

(a) 贴纸式RFID标签　　　　　　　　　(b) 塑料封装RFID标签

图 6-12　贴纸式与塑料封装 RFID 标签

抗金属 RFID 标签就是在 RFID 电子标签的基础上加了一层抗金属材料,这层材料可以避免标签贴在金属物体上面之后失效的情况发生,抗金属材料是一种特殊的防磁性吸波材料封装成的电子标签,从技术上解决了电子标签不能附着于金属表面使用的难题,产品可防水、防酸、防碱、防碰撞,可在户外使用,如图 6-13b 所示。

(a) 玻璃RFID标签　　　　　　　　　(b) 抗金属RFID标签

图 6-13　玻璃与抗金属 RFID 标签

RFID 与条码识别相比有很大的优势,其优势和特点表现如下:

(1) RFID 电子标签抗污损能力强。传统的条码载体是纸张,它附在物体或外包装箱上,特别容易受到折损。条码采用的是光识别技术,如果条码的载体受到污染或折损,将会影响物体信息的正确识别。RFID 采用电子芯片存储信息,可以免收外部环境污损。

(2) RFID 电子标签安全性高。条码制作容易,操作简单,但同时也产生了仿造容易、信息保密性差等缺点。RFID 采用电子标签存储信息,数据可以通过编码实现密码保护,内容不易被伪造和更改。

(3) RFID 电子标签容量大。条码的容量有限。RFID 电子标签的容量可以做到比条码的容量大很多,满足信息流量不断增大和信息处理速度不断提高的需要。

(4) RFID 可远距离同时识别多个电子标签。条码识别一次只能有一个条码接收扫描,而且要求条码与读写器的距离比较近。射频识别采用的是无线电波进行数据交换,RFID 读写器能够远距离同时识别多个 RFID 标签,并可以识别高速运动的标签。

(5) RFID 是物联网的基石。条码印刷上去就无法更改。RFID 是采用电子标签存储信息，可以随时记录物品在任何时候的任何信息，并可以很方便地新增、更改和删除信息。RFID通过计算机网络可以实现对物品透明化、实时管理，实现真正意义上的"物联网"。

物资编码技术可提升造船物资管理精细化水平，系统性集成解决多工序、多环节问题及提高施工效率的同时，也方便资料管理和追溯，减少人员参与和成本核算时间。物资编码技术的作用如下：

（1）提高物料数据的正确性：物资编码可用于检查所有物料活动，如物料接收、验收、采购、跟踪、库存、存储和记录，确保物料数据的准确性。这有助于避免一物多名、一名多物或物名错乱的现象。

（2）提高物料管理的工作效率：物资编码使得物料有系统的安排，可以代替文字描述，简化物料管理过程，提高工作效率。

（3）利于信息化管理：物资编码推行彻底后，可以进一步利用信息化手段进行更高效的处理，实现物料的标准化管理。

（4）降低物料库存：物资编码有利于控制物料库存，防止呆滞料，提高物料管理效率。

（5）便于物料领用：所有库存物料均采用正确、统一的名称和规格进行编码，使得物资的领用与发放更为方便，减少发料环节的差错率。

6.3.2 识别技术

识别技术是物联网中的一项核心技术，主要负责实现物理对象的数字"身份信息"赋予和孪生映射。这项技术能够确保物理世界中的物体在数字世界中具有唯一的身份标识，并通过安全态势感知和分析技术，实现设备安全隐患的提前预防。标识感知技术在物联网中发挥着至关重要的作用，它不仅帮助物联网实现对物理世界的感知和识别，还为物联网提供了基础的数据来源和信息处理手段。随着物联网技术的不断发展和应用领域的扩大，标识感知技术将继续发挥其在物联网中的核心作用，推动物联网技术的进一步发展和应用。

1）条码识别技术

条码识别技术产生和发展于计算机应用实践，是一种能够实现快速、准确且可靠采集数据的有效手段[63]。条码是数据的载体，在数据传输过程中起着至关重要的作用，它是由一组条、空及对应字符组成，并按照特定规则排列的标记，用于表达和传递信息。条码识别技术的工作原理如图6-14所示。

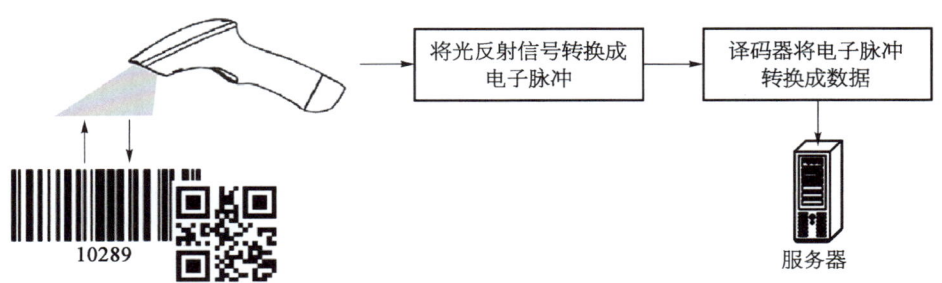

图6-14 条码识别技术工作原理

目前，最新的条码识别技术主要有以下几种：

（1）深度学习算法：利用深度卷积神经网络（CNN）等深度学习算法对条码进行训练和识别，可以实现高准确率的条码识别。

（2）快速解码算法：利用快速解码算法对条码进行快速解码，提升条码扫描的速度和效率。

（3）光学字符识别（Optical Character Recognition，简称OCR）技术：结合光学字符识别技术和条码识别算法，可以实现对智能手机上的条码进行识别，提高条码识别的准确性和可靠性。

（4）高分辨率相机：利用高分辨率相机可以捕获更清晰、更精细的条码图像，提高条码识别的识别率和准确性。

在自动识别技术中，条码识别技术在各行业的应用最为广泛，其在船厂舾装物流管理应用的特点和优势主要体现在：

（1）信息采集速度快。舾装物流管理中传统信息记录方式是纸质登记后再进行电脑输入，相比之下，条码信息采集的速度是传统信息登记的5倍，能实现"即时数据的采集"。

（2）可靠性高。船厂工作人员在现场纸质登记后再进行电脑录入，过程中记录数据时会存在誊写错误，而信息在不同媒介中转换的出错率为三百分之一。自动识别技术如光学字符识别（OCR）技术可将图像转换成计算机文字，其出错率为万分之一。采用条码识别技术的误码率低于百万分之一，因此采用条码技术的优势在于可靠性高。

（3）存储信息量大。工作人员为了识别、区分舾装件，过程相对复杂、耗时，且钢印号只能标识该舾装件，无法了解更多相关信息。手动输入的信息数据有限，而扫描一维条码一次就可采集几十位的字符信息，二维条码更是能够携带数千字符信息，并带有一定的纠错能力，一定程度上变脏或破损也可以读取出数据。

（4）成本低、易推广。条码识别系统构成简单，设备操作容易，且普通条码标签纸价格低廉、制作过程简单，标签纸的尺寸、规格、材质多样，针对船厂不同类型的复杂工况，可以选择相应标签纸，因此条码识别技术在船厂易于推广使用。

总的来说，最新的条码识别技术主要借助深度学习、快速解码、OCR、高分辨率相机等技术手段，旨在提高条码识别的速度、准确性和可靠性。在邮轮建造中，条码识别技术被广泛应用于物资的收货、入库、出库、盘点等环节。

条码识别技术在邮轮建造中可以与物资编码技术结合使用，为建造过程带来更大的便利和效益。通过在各种物资上附加条形码或二维码，建造团队可以快速准确地获取相应物资的信息，实现信息的实时管控。例如，可以帮助建造团队快速识别材料规格、生产日期、供应商信息等；可以实现设备的编码和定位，可以轻松追踪设备的来源和状态。

条码识别技术也可以应用于物资管理和库存管控。利用手持式条码扫描仪，可以扫描物资的条形码或二维码，将物资信息输入到系统中，不仅提高物资入库、出库和移动的效率，还可以减少手工操作引起的错误。

此外，条码识别技术也有助于实现邮轮建造过程中的数字化管控。通过与建造管理系统和供应链系统的结合，条码识别技术可以实现实时数据采集和信息共享，为建造团队提供及时的数据支持和决策依据，实现对物资的全程监管和追溯，尤其是在涉及重要物资和安全物资的管理中，能够实现精准定位、查询和跟踪，提高物资管理的可视化。

2) RFID 识别技术

RFID 技术，即射频识别技术，通过使用射频信号实现信息的自动识别和传递。这种技术的主要优势在于能够实现非接触、远距离、高速的数据传输，从而在多个领域得到广泛应用。RFID 系统主要包括四个基本部分：电子标签、读写器、RFID 中间件和应用系统软件。电子标签作为信息存储和传递的核心，通过读写器发射射频信号的激活，将编码和其他信息传送出去。读写器负责发射一定频率的射频信号，并接收电子标签的响应。RFID 中间件用于数据处理和整合，将处理后的数据传送到应用系统进行解析和应用。具体工作流程包括：

（1）射频信号发射。读写器通过内置天线发射一定频率的射频信号。

（2）电子标签激活。当电子标签进入读写器天线的工作区域时，电子标签天线产生感应电流，激活电子标签。

（3）信息传递。激活后，电子标签将自身的编码和其他信息通过内置天线发送出去，这些信息包括唯一的标识符和可能的存储数据。

（4）射频信号接收。读写器天线接收到电子标签发送的射频信号，并将其传送到读写器进行处理。

（5）信号解调与解码。读写器对接收的信号进行解调和解码，将其转换为可识别的数据。

（6）数据传递至应用系统。处理后的数据传送到后台应用系统，这一步骤涉及解析电子标签的唯一标识符和存储的其他信息。

（7）合法性判断。应用系统通过逻辑运算判断电子标签的合法性，如查看标签是否在数据库中注册。

（8）处理和控制。应用系统根据合法性判断结果，进行相关处理和控制，可能包括更新数据库、发出报警信号或触发执行机构的特定动作。

RFID 系统的工作原理如图 6-15 所示。

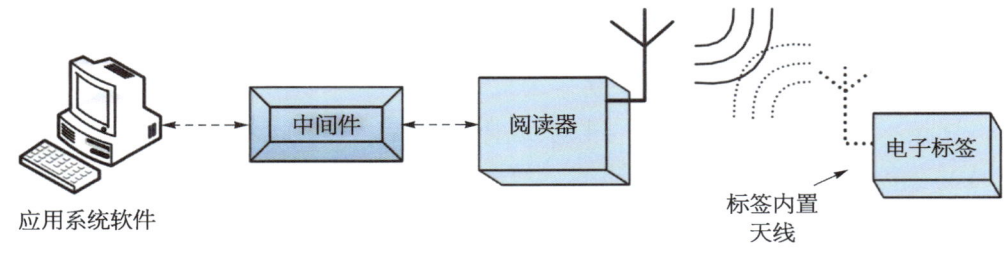

图 6-15　RFID 系统工作原理图

RFID 技术在邮轮建造领域的最新技术应用不仅包括了传统的 RFID 标签和读写器，还涉及以下几个方面的创新与整合：

（1）智能传感技术。结合 RFID 技术和智能传感器，可以实现对邮轮建造中各个环节的实时监测和数据收集。例如,在船体建造过程中,可以将 RFID 标签与温度、湿度、压力等传感器结合,实时监测和记录材料的存储环境,以确保材料的质量和保存状态。

(2) 云计算与大数据分析。通过将 RFID 系统与云计算技术结合,可以实现对邮轮建造过程中大量物资和设备数据的集中管理和分析。利用云平台强大的计算和存储能力,可以实时追踪和分析物资流动、工序进展等数据,提高建造过程的效率和质量。

(3) 虚拟现实(VR)和增强现实(AR)技术。RFID 技术与虚拟现实和增强现实技术的结合,能够在邮轮建造中提供更直观、可视化的数据呈现和操作界面。通过在 RFID 标签上添加视觉元素,如二维码或图像识别技术可以通过 VR 或 AR 设备实时获取和展示与物资、设备相关的详细信息,提高建造的交互性和操作便捷性。

(4) 区块链技术。区块链技术的引入可以增强 RFID 系统的安全性和可信度。通过将 RFID 标签和读写器的读取信息记录在区块链上,实现物资、设备和工序的不可篡改的追踪和溯源,提供更加透明和可靠的数据管理。

RFID 技术不断与新兴技术相结合,可以提供全流程的数据记录和实时监控,帮助管理人员优化生产流程、减少成本并提高效率,推动着邮轮建造行业日益数字化、智能化的发展。

6.4 快速出入库技术

邮轮制造的进口物资需要经过长时间的海外运输、海关检查、厂内运输等环节,到厂后需要及时进行开箱清点并入库。但是邮轮的物资总量是常规船舶物资总量的 10 倍以上,需要通过更加快速高效的出入库技术来提高现场人员工作效率。

在大数据时代下,仓储物流管理正在向智能化、物联化、数字化的趋势发展,在船舶物资仓储管理中,船厂通过利用快速出入库技术提高仓储作业效率和准确性。主要包括云开箱技术、OCR 快速识别技术、三维信息采集技术及重量信息采集技术。

6.4.1 云开箱技术

根据船舶建造的质量管理要求,进口类的机电设备和材料类贵重物资,需要在物资到货后,立即对到货数量及质量进行开箱检验。开箱检验过程中需要协调船东、船检、供应商、采购、质检及仓储等相关环节人员到指定地点进行开箱检验,包括纸质、视频、音频等形式的记录,整个开箱过程时间周期较长,需要等相关人员到齐后才能开箱。随着邮轮的开始建造,机电设备及材料类物资呈指数级增长,需要加快开箱流程来提高物资的流传效率。

常规船舶物资开箱环节是一个涉及多个步骤和细节的过程,在传统的开箱工作中,如果出现物资的损坏或丢失,很难准确追溯责任,造成管理上的混乱;往往需要手动记录物资信息,容易出现纰漏或错误,给后续物资管理带来不便。为了物资仓储过程中的安全、准确地打开并检查收到的物资,确保其与预期相符,同时做好记录和管理工作。在整个开箱过程中,需要核对收货信息,包括物资名称、数量、规格、供应商等,确保与订单或采购计划一致;同时需要详细记录开箱过程、物资状态、发现的问题等信息,为后续处理提供依据;必要情况下需要对开箱过程、物资状态等进行拍照,以便后续追溯和查证。

邮轮建造过程中物资来源广泛复杂、运输条件存在差异、包装质量参差不齐等因素,在收货时需对其进行开箱验收,对物资实体进行种类、数量和外观进行检验,确保入库物资数量上的准确性和质量上的完好性。传统物资开箱前,一般由采购员提出书面报验通知,开箱现场在集配部、采购部、设计部、品质保证部及供应商等部门人员到场情况下进行,必要时邀请船东、船检代表参与共验,往往因人员、时间、场地等不可控因素,一套设备的开箱过程冗长,且记录不全容易在各部门之间引起争议。

为实现物资快速流转,突破传统开箱模式,引入"云开箱"技术,改变传统开箱工作业模式,利用固定摄像监控装备和移动头盔式记录仪,将开箱实时状态同步至云端,相关人员可通过实时查看开箱后的物资状态,实现远程云端监控整个开箱过程。运用物联网新技术,推进一体化信息覆盖,实现开箱云端监控、验收反馈等信息流在线上平台操作流转,端对端可视,避免多方人员在现场聚集,提升工作效率的同时提高物资管理的效率和安全性。

物资云开箱技术充分利用云计算平台,将物资信息、开箱记录和相关数据存储于云端。这种存储模式提供了便捷的数据访问方式,还支持大规模、分布式的物资管理系统。物资云开箱技术使得远程开箱变得可行。通过与云端连接的智能锁或开箱设备,授权人员可以在远程实现对特定物资的开箱操作。这在紧急情况下或者远程工作环境中尤为实用。这有助于提高产品溯源的可靠性。物资云开箱技术促进供应链的高度透明化和协同。与供应商、制造商及物流方的系统无缝对接,实现信息的共享与协同。物资云开箱技术加强了物资管理的安全性与合规性。通过智能监控和追踪,可减少物资被盗窃或滞留的风险,同时通过开箱视频信息记录,避免争议。

物资云开箱技术改变了传统开箱作业模式,嵌入在 IMMP 智能物料管理平台中,有效利用物联网将开箱实时状态同步至云端,实现多部门相关人员可以远程云端监控整个开箱过程。在收货完成后,物资整箱存储在可视化库位,管理人员根据生产部门物资需求计划,对它们所在的箱体进行开箱任务派工。收到任务的开箱人员将箱子移到开箱工位进行云开箱,开箱人员根据 RF 端同步的物资明细列表,完成箱内物资的清点、贴码,物资描述和数量均无误后对物资扫码入库。

物资云开箱技术主要作用:

(1) 远程开箱。通过远程控制设备,如传感器、摄像头、远程开箱头盔等(图 6-16),实现对货物箱体的远程开关操作。这项技术可以避免直接接触货物,提高开箱操作的安全性和便利性。

(2) 智能监控。利用传感器和摄像头监测货物的状态等信息,实现实时监控和数据采集,并将数据传输到云端,实现对货物的远程监测和管理。

物资云开箱技术可以提高物资管理的智能化水平,实现对货物的远程开箱、监控和智能决策,优化仓储和物流作业流程,降低成本,提升效率,同时也有利于减少货物损耗和提高安全性。

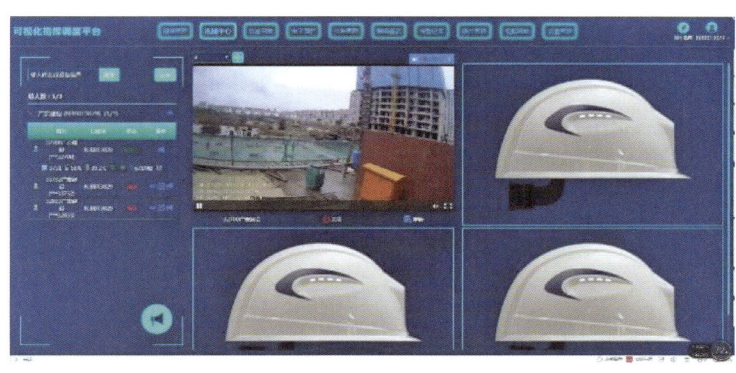

图 6-16 云开箱头盔

云开箱技术在邮轮建造中的一些应用场景如下：

（1）物资管理。邮轮建造需要大量的原材料和零部件，包括钢板、电缆、管道、内装材料等。云开箱技术可以通过对物资标签的识别和管理，实现物资的追踪、库存管理和自动调配，较大程度上提高物资管理的效率。

（2）质量监控。云开箱技术可以在邮轮建造过程中对关键环节进行远程监控和质量检测。通过摄像头、传感器等设备监控物流、物料物流、货物运输等过程，及时发现和解决出现的问题，提高建造质量。

（3）数据管理。云开箱技术可以将船舶制造和建造过程中的所有数据和信息集中管理，实现对所有过程的远程监管、管理和分析。其中包括工艺流程管理、制造过程监控、建造质量分析等，提高建造过程中的可视化，便于管理和决策，如图 6-17 所示。

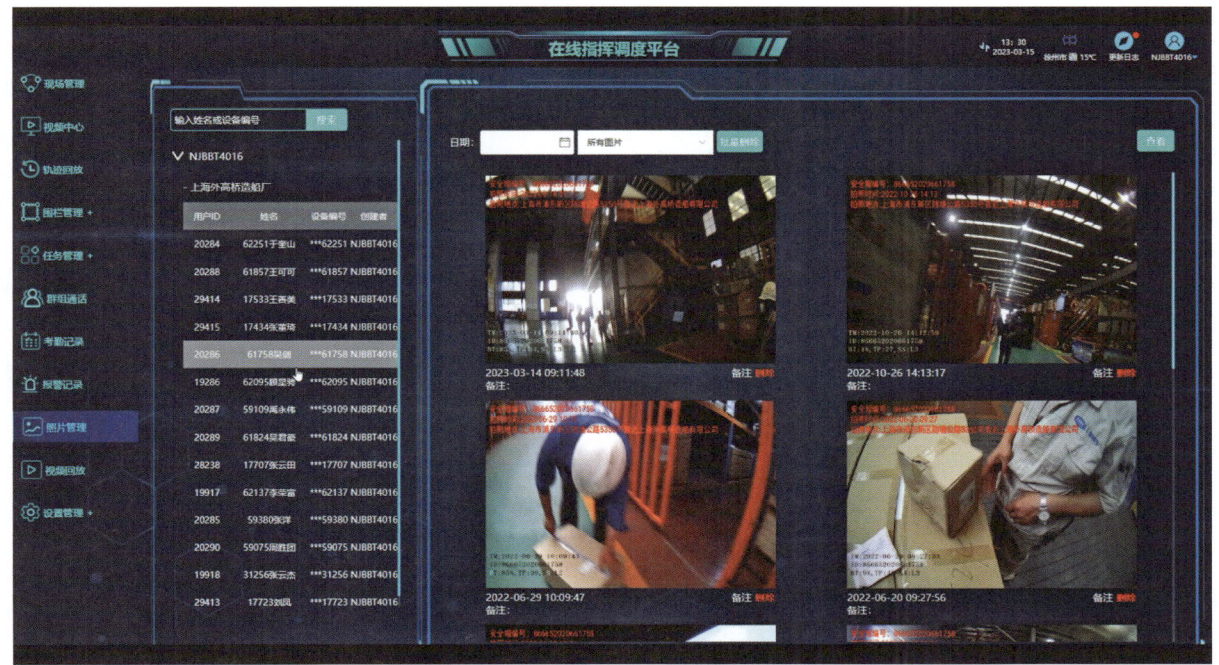

图 6-17 云开箱视频直播平台

开箱阶段的一体化信息覆盖，将一些大型设备几个月的持续开箱时间变为生产部门按需开箱，船东、供应商、QC及各部门人员异地、同步参加，减少无效等待时间，降低了不可控因素对物资供应的影响，据统计平均每箱缩短1 h，同时开箱记录可以3个月存档备查，便于采购部门及时向供应商对问题物资进行索赔或退/补货。按生产计划开箱，作业协同效率提升了30%，不开箱物资可以整箱立体存放，极大地盘活了宝贵的仓储场地资源，促进了场地周转率提升20%。

6.4.2 OCR快速识别技术

船舶建造过程中有大量的到货清单，常规船舶的物资供应商在签订合同的时候会要求按照固定格式提供到货清单，以便仓库现场进行标准化管理。但是邮轮的大量供应商多为国外供应商，提供的到货清单格式不一致且语言也多种多样，现场人员需要手动输入到货信息并进行翻译，用以辨识到货物资和明细核对，整个过程繁琐且浪费大量的人力和时间。

OCR是指电子设备（如扫描仪或数码相机）检查纸上打印的字符，通过检测暗、亮的模式确定其形状，然后用字符识别方法将形状翻译成计算机文字的过程；针对印刷体字符，采用光学的方式将纸质文档中的文字转换成为黑白点阵的图像文件，并通过识别软件将图像中的文字转换成文本格式，供文字处理软件进一步编辑加工的技术。

通过OCR自动对仓库中入库环节相关信息进行识别和处理，从而提高了入库的效率和准确度。将提前收到的PDF版物资装箱清单或随物资来的纸质版清单通过OCR识别系统，转换为IMMP物资信息标准模板，提取包含工程号、PO号、设备包名称、物资描述、物资编码、数量、重量、尺寸等有效信息，快速完成信息的核验工作，并在需求情况下自动生成入库单和相关证书。

OCR快速识别技术的实施步骤可以包括以下几个方面：

（1）数据采集和准备。采集需要识别的图像和文本数据，并对其进行预处理，如调整图像分辨率、图像增强、去除噪声等。

（2）模型训练和优化。通过机器学习或深度学习技术训练OCR模型，并对模型进行优化，以提高OCR识别的准确率和速度。

（3）文本识别和后处理。利用OCR技术对文本进行识别，并进行后处理，如校正识别错误、格式化识别结果等。

（4）图像处理和预测。将输入图像进行处理，如灰度化、二值化、字符分割等，并使用OCR模型进行预测和识别。

（5）系统集成和测试。将OCR技术集成到系统中，并进行测试和优化，确保系统能够稳定运行。

OCR快速识别技术的实施需要结合具体应用场景，灵活应用各种技术手段和工具，并不断进行优化和改进，以提高整个系统的效率和准确性。此外，OCR快速识别技术在邮轮建造中可以发挥重要作用（图6-18）。以下是OCR快速识别技术的一些应用方面：

（1）箱单智能识别：不同供应商所提供的到货箱单格式不一致且涉及多种语言，传统箱单

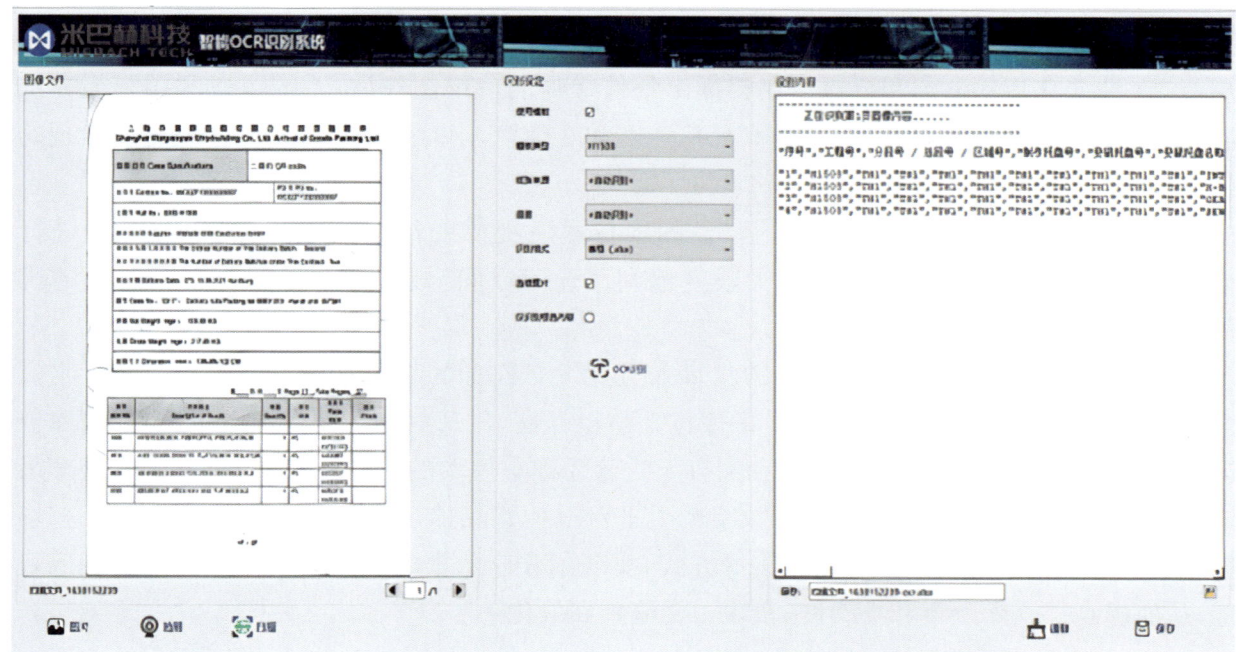

图 6-18 智能 OCR 识别系统

录入方式耗时耗力且很容易导致出错,许多别国语言识别还需要借助翻译软件才能够有效识别到货箱单信息,占用大量工作时间。通过 OCR 智能识别箱单能够实现箱单内容智能化一键识别导出,同时还能够自带翻译软件将不同语言的箱单翻译成中文,以便物资管理员快速识别物资明细,有效提高现场出入库效率,平均每单节约箱单录入时间 30 min,极大解放了物资管理员工作时间。

(2) 文件管理:在邮轮建造过程中,涉及大量的物资到货清单及物资仓储要求等相关技术文档,在物资到货、仓储、运输、发放等过程中需要做好识别及文档记录。通过 OCR 技术能够精确识别文档内容并标记文档,通过信息化系统能够存储、记录并按照要求和关键字快速调用相关文档,减少仓储人员查阅技术文档时间,有效提高仓储环节物资识别速度。

OCR 技术在邮轮建造中的应用过程中极大地提高了现场人员箱单识别效率,并有效缩短了箱单录入时间,释放大量时间用于现场仓储过程的检查、上架、集配等过程。众多进口采购物资信息识别效率得到了极大的提升,实现高效信息核对,有助于现场人员拣配工作,提高了仓库信息的准确性和可靠性,缩短了处理时间,有利于推动邮轮建造过程的数字化和智能化发展。

6.4.3 三维信息采集技术

三维信息采集技术是一种高效、精准的货物与仓储空间信息采集和处理方法,它可以通过激光雷达或结构光扫描等现代化技术,实现对货品和仓储设施的三维图像信息的快速获取和处理。具体来说,3D 扫描技术主要包括以下方面:

(1) 实时建模和处理。通过3D扫描设备的精确控制和识别能力,可以实时获取仓库内部特定区域的几何形状和表面质量信息,并将其转化为数字模型进行处理和管理。

(2) 智能化货物分类和分拣。在扫描出每件货物的三维图像后,系统可以利用智能算法进行货物的自动分类和分拣,大幅提高分拣速度和准确率,同时避免了人工操作中可能出现的疏漏和误判问题。

(3) 空间规划和库房优化。根据3D扫描技术所提供的详细数据图像,用户可以进行精准的空间规划和库存优化,如最大限度地利用仓库空间,减少库位浪费和仓储路径的优化等。

物资到货时,在RF端领到任务的收货人员到发布任务的物资管理员手中领取来货物资箱码,将物资整箱存储到IMMP推荐的库位上整箱存储,对来货物资贴箱体二维码,并与库位进行绑定,同时利用3D轮廓扫描仪和配有无线蓝牙称重模块的设备(液压拖车、叉车、行车吊钩等)对箱体进行尺寸和数据录入,数字孪生平台上构建箱体,确认收货。精益仓储3D扫描技术通过数字化建模技术和智能算法等方式,实现了仓库数据的高精度采集及自动处理等目标,从而提高了仓库效率和准确度,实现了全流程高效化。

(1) 多维数据采集构建高还原仿真箱体。引进3D轮廓扫描设备和无线称重设备,应用在物资收货管理的场景中。通过蓝牙通信技术将物资箱体的箱码、货位、长宽高、重量、图片档案等信息一站式采集和上传,实现了多维数据互联(图6-19)。

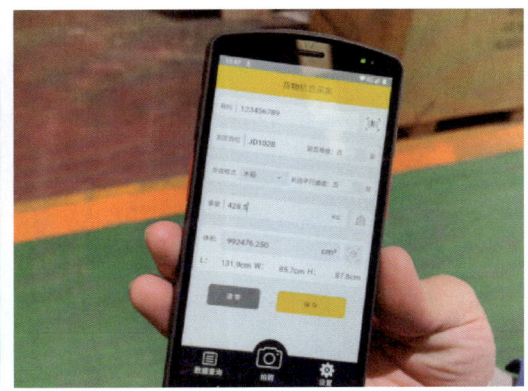

图6-19 利用3D轮廓扫描仪采集来货物资尺寸信息

(2) WM模块。物资到达收货区后,引入3D扫描补充获取箱体尺寸信息;生成箱码信息,补充粘贴箱体二维码;引入自动称重系统获取箱体重量信息;通过定位系统及PDA创建箱体准确位置信息;通过OCR识别装箱清单并导入IMMP系统。基于这些基础信息采集手段,WM模块重新定义数字化仓储管理操作流程,如图6-19所示,主要的功能包括:

(1) 物料主数据自动创建:导入预到货通知单即可自动完成物资和箱体主数据的创建。

(2) 基于箱号颗粒度的子任务流自动化拆分:适用于预到货通知单中包含多项物资的场景。

(3) 灵活高效的出入库管理:包括标准、批量和整进整出模式。

(4) 箱体货位推荐：基于箱体和货位剩余面积的尺寸信息智能推荐。

(5) 灵活条码打印功能：支持箱码、物资码以及两者的合并打印功能。

(6) 领用部门协同：领用部门基于集配中心实时的库存信息，可以执行远程预约。

(7) 剩余物资管理：包括多渠道剩余物资清单汇总和各部门鉴定意见汇总功能。

(8) 员工绩效统计：包括按照操作任务的绝对工时和按照实物工作量的两种统计方式自动生成绩效报表。

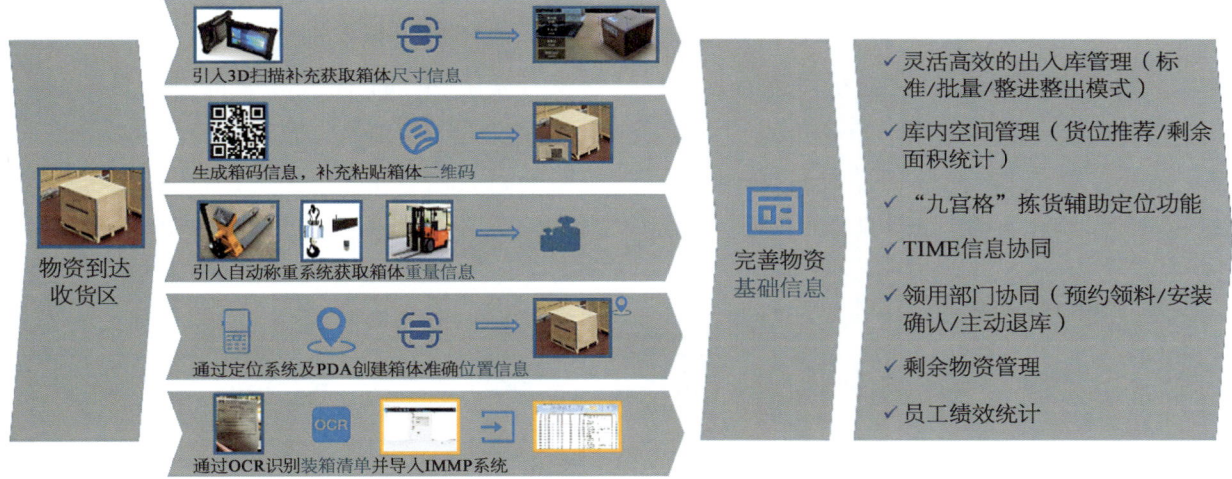

图 6-20 WM 模块展示

通过制度固化的形式，将物资管理阶段标准化至设计、采购、仓储物流等每一步操作中，以实现对"海量""非标"物资的管理。这些步骤包括预到货派工、到货确认、基础数据采集、开箱盘点、入库上架、点单领料、集配出库等。

在预到货派工环节，会提前安排好工作人员和时间，确保到货后能够迅速进行下一步操作。到货确认环节则会对到货的物资进行核实和登记，确保货物的准确性和数量。基础数据采集环节会对物资的基本信息进行采集和整理，为后续的操作提供基础数据。开箱盘点环节会对每一件物资进行清点和记录，确保物资的数量和质量。入库上架环节会将物资按照分类和存储要求进行存放，方便后续的查找和领取。点单领料环节则根据实际需要，按照规定的流程进行领料操作。最后，集配出库环节会将物资进行集中分配，确保物资能够及时准确地送达目的地。

这些操作环节层层递进，环环相扣，每一环节都有明确的标准和操作流程，将信息流向和物资流向通过物联网技术透明化，确保物资管理的准确性和高效性。

6.4.4 重量信息采集技术

邮轮物资在进厂时需要进行公差抽查，对设备进行称重检查（毛重），记录重量数据并反馈设计，不合格品按照标准流程进行处理。出库的时候需要按照安装托盘进行称重与配送，记录相关托盘重量数据并反馈设计。

邮轮建造有严格的重量及重心控制要求,所以需要对相关物资进行称重管理。传统信息采集过程需要大量的人力并通过纸质单据进行流转,信息传递效率慢且传递过程中信息容易失真,对于邮轮精细化建造要求来说,传统信息采集流程需要进行改进。经过优化升级,重量信息采集技术主要是通过称重设备等各种设备和传感器来测量和记录物体的重量。具体的重量信息采集流程如下:

(1) 物品放置和传送。将待称重的物品放置在输送线上,物品会随着输送线的运行被自动传送到指定位置。

(2) 重量检测。在地牛或输送线中安装称重模块,该模块可以实时检测通过的物品的重量。一般来说,称重模块会通过传感器获取物品的重力变化,从而计算得出物品的重量。

(3) 数据记录和处理。重量信息通设备进行记录和处理,进行必要的分析和统计。

使用便携式 3D 轮廓扫描设备,实现了箱体的箱码、货位、长宽高、重量、图片档案等信息的一站式采集和上传,如图 6-21 所示。

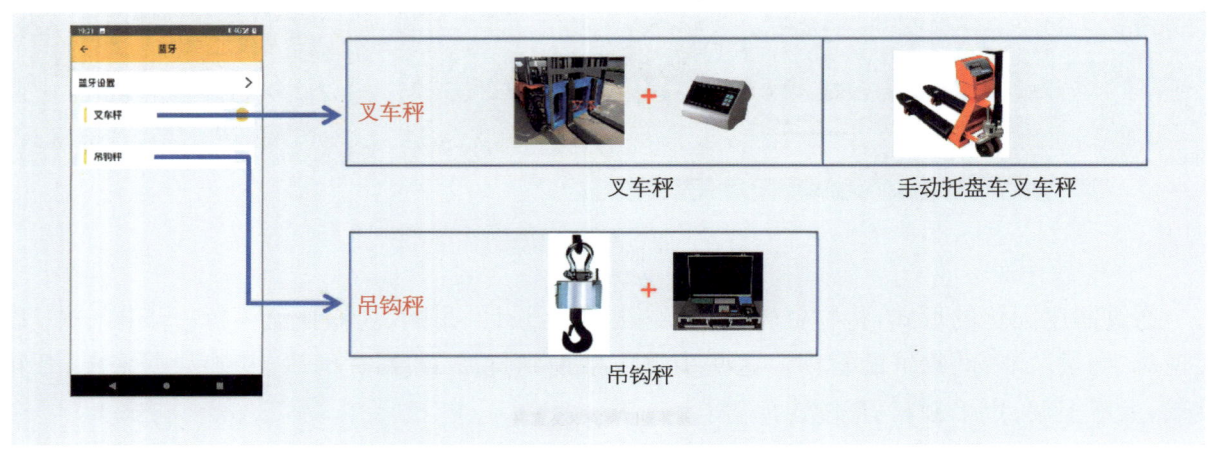

图 6-21 DWS 信息采集模块展示

分段等大型中间产品由于大小不同,重量不一,需要提前获取其重量信息为后续大型邮轮总体重量控制提供数据基础,具体信息采集方式如下:

(1) 重量预估和车辆安排。物流集配部门根据设计部门提供的分段重量预估信息安排合适平板车,将分段驳运至称重处。

(2) 重量检测。称重处设置可称量大型产品重量的轴重仪,称重台获取相应电压,按比例输出相应信号,经模数转换器转换成数字重量。

(3) 数据记录和反馈。物流集配部门记录分段重量并反馈至相应部门,用于后续数据统计。

重量信息采集技术在邮轮建造中具有广泛的应用:

(1) 材料选择。通过实时监控材料的重量,重量信息采集技术可以帮助供应商确保使用合适的材料,从而降低成本和提高效率。

(2) 质量控制。在邮轮建造过程中,需要对各个部件的重量进行严格的监控和控制。重量信息采集技术可以实时监测各个部件的重量变化,从而及时发现和解决潜在的问题。这有助于确保邮轮的建造质量和进度。

(3) 负载管理。在邮轮建造完成后,需要进行负荷测试和平衡。重量信息采集技术可以准确测量邮轮的总重量和重心位置,从而确保邮轮在各种海况下的稳定性和安全性。此外,这些信息还可以用于优化邮轮的配重和平衡。

6.5 物资动态感知技术

大型邮轮建造是一个复杂的过程,涉及大量的物料和零部件,其中部分内装材料、船东工艺品、高附加值物品对仓储环境有着特殊要求,因此要对不同类型的物资进行合理分类和定位管理。大型邮轮建造所需要的物资涉及国际物流,物流环节中可能存在运输时间延误、货物损坏或丢失等问题,从而对仓储集配管理有着极高的要求,获取实时的仓储数据与信息,对于生产建造有着至关重要的意义。引入仓储动态感知技术可解决上述物资面临的仓储管理难题。

仓储动态感知技术是指利用各类传感器、物联网技术、摄像头等设备,实时获取仓储环境信息,并通过数据采集、处理和分析,实现对仓储运作过程的全面感知和监控,可以应用于仓库的物资管理、库存盘点、物资跟踪、运输路线优化等方面。其主要包含以下技术:

(1) 传感器技术,包括温湿度传感器、气体传感器、光敏传感器等,用于实时监测仓储环境中的温度、湿度、气体浓度、光照等参数,以确保存储物品的质量和安全。

(2) 物联网技术。通过在货物、仓库货架、设备等物体上植入物联网标签,实现对物品的实时追踪与监控。实时记录物品的位置、状态等信息,为仓储管理提供准确的数据支持。

(3) 摄像头监控。利用摄像头实时监控仓库内外的动态情况,包括货物出入、人员活动、安全状况等。通过图像识别和分析技术,可实现对货物库存量、货架布局、人员流动等信息进行智能化管理。

(4) 数据处理与分析。通过采集的传感器数据、物联网标签信息及摄像头监控视频,利用大数据分析、人工智能等技术对仓储环境进行实时监测和智能分析,提供仓储运作决策支持。

(5) 实时报警与预警。当仓储环境中出现异常情况时,如温度过高、湿度异常、货物丢失、人员非法进入等,动态感知技术可以实时发出报警信号或预警信息,帮助仓储管理人员及时采取应对措施。

6.5.1 环境感知技术

邮轮物资库存管理需要具备对环境的敏感感知能力,特别是对于易燃、易爆、有毒等危险物质的储存和使用情况要高度关注。通过实时监测环境参数,如温度、湿度、气体浓度等,及时察觉异常情况并采取相应措施,以避免对仓库造成潜在风险。针对不同类别的物资,如化学品、液体、固体等,要求进行合理的分类储存和有效的管理机制,确保定期检查和更新,以防止过期物资被使用,减少对环境和健康的潜在风险。此外,建立健全的库存监控与预警系统,通过实时监测物资库存情况、补货周期、消耗率等信息,及时发现潜在的物资短缺或过剩问题,并预警相关部门进行调整和优化[64]。

仓库库房环境及安全监控系统是专为现代仓库库房智能一体化管理设计的远程多功能监控系统,管理系统配合相关的传感器可以监控门磁、照明、有害气体、消防控制器、烟雾、漏水、红外等警情,一旦相关参数出现异常,管理系统会通过手机短信、电话、邮件、声光报警器等在第一时间通知相关管理人员,确保设备出现故障能够及时发现与解决。同时,灵活的输出控制设置,可自由设置任何一个故障的联动输出。对仓库馆的库房监控,做到实现"四防"的目标:即"防盗""防偷""防火""防潮湿"。具体而言:

1) 库房环境系统监控

(1) 温湿度监控系统。库房内重要位置安装温湿度传感器,对库房内的温湿度进行实时采集监测,一旦发现超温、湿度异常立即启动报警。由监控服务器对实时监测采集的现场温湿度信号进行数据实时分析处理及数据存储,系统自动记录温湿度的报警信息(日志内容包括发生报警的时间、报警的内容、报警是否已经解除等)。

(2) 烟雾监控。库房烟雾报警提供的报警干接点输出信号输出与监控主机接入对实时监测采集的现场信号进行数据实时分析处理及数据存储,一旦发生报警通过监控平台发出对外报警,如图 6-22 所示。

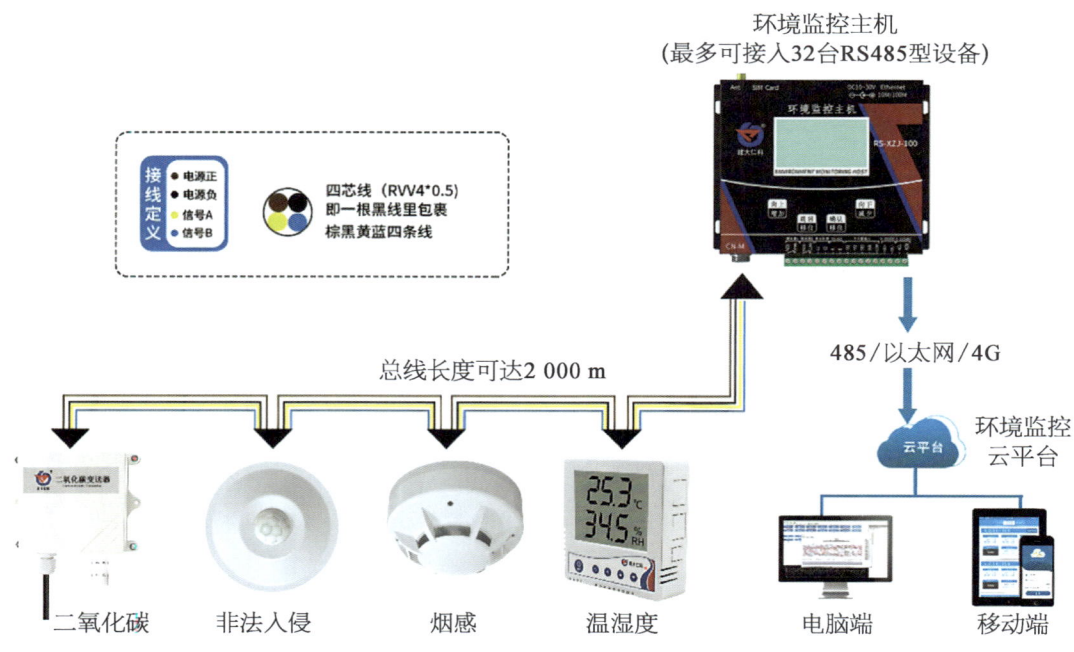

图 6-22 环境监测总体架构

此外,还有漏水检测系统和光照度监测系统。在仓库库房的必要位置安装漏水传感器,实时监测漏水情况的发生,可有效预警水管爆裂、雨季窗体漏水、空调漏水等情况的出现。另外,在库房内的适当位置安装光照度传感器实时对库房的光照度进行监测,当出现异常时系统报警、通知管理者确保室内光照度恢复到安全标准范围。

2) 库房安防监控系统

(1) 门禁管理系统。仓库库房作为重要的场所，对出入人员必须有记录可查。门禁管理系统可以实现每人出入库房时的刷脸记录，经校验后方可进入库房，系统同时自动记录工作人员出入信息，通道进出管理权限。门禁系统具有远程控制门的开关、赋相关权限等功能，监控平台通过TCP/IP与门禁系统整合，可通过监控平台进行门禁的远程操控。

(2) 视频监控系统。视频监控系统是采用成熟的数字硬盘录像技术，在库房重点位置安装红外摄像机，实现对库房24 h不间断图像监控，记录库房内的人员活动情况，并可以回放查询录像记录。为以后出现事故，可以追溯查询。

通过在库房的入门口、重要区域等地点安装网络半球网络摄像机，实时监控进出库房人员的状况。拍摄到的视频画面直接传输到网络硬盘录像机进行压缩并存储。网络硬盘录像机内置的网络接口通过网络传送至监控中心服务器。可将现场的实时画面传入监控平台，并具备回放等功能。

(3) 红外入侵防盗监控系统。在库房的主要出入口安装入侵探测器防范非法入侵，当系统采集到非法入侵信号后会第一时间通过短信、电话、邮件、现场语音、系统弹窗等方式通知相关的管理人员作出处理措施，确保仓库资料的安全。在库房关键位置布设红外探测器或者门磁等，通过布防，一旦有人非法进入，监控平台对外发出报警。

3) 故障报警系统

当设备出现故障（如温湿度传感器无法连接）、设备监控的内容超出范围（如温度过高）等报警情况时，服务器采集到这些报警信息后会控制声光报警器发出响声（跟警铃类似），当恢复正常后声光报警器关闭响声，或者用户确认了这些故障后也可人工干预关闭报警。

(1) 短信报警。通过在库房安装综合报警模块并设定手机号码，当设备出现故障（如温湿度传感器无法连接）、设备监控的内容超出范围（如温度过高）等报警情况时，服务器采集到这些报警信息后发送给综合报警模块，然后综合报警模块发送短信到设定好的手机号码上，当恢复正常后又发送恢复的短信到手机号码上。

(2) 信息终端报警。在库房安装综合报警模块并设定联系方式，定义报警条件，如设备故障或检测指标超出安全范围时，触发报警条件，服务器将捕获这些信息并传送至综合报警模块，综合报警模块会拨打配置的手机号码，当恢复正常后会再次拨打手机号通知恢复正常。预计需实现：App报警、微信报警。

(3) 声光报警。通过在库房安装声光报警器，当设备出现故障（如温湿度传感器无法连接）、设备监控的内容超出范围（如温度过高）等报警情况时，服务器会控制声光报警器发出响声预警。

4) 看板管理系统

看板管理系统通过将各个仓库区域的相关信息进行汇总后采用可视化技术呈现仓库当前状态，并实时推送当前仓库各监控画面，如图6-23所示。图中展示了仓库当时的温度和湿度条件，以及是否处于正常状态之中。

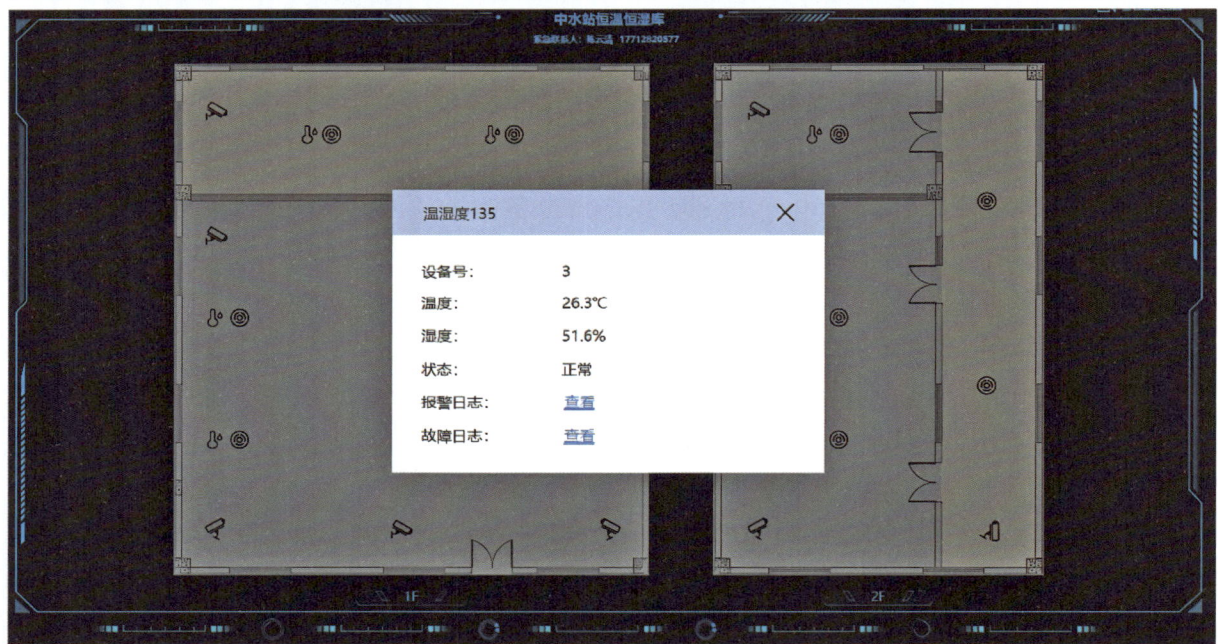

图 6-23 看板系统展示

环境感知技术在邮轮物资仓储过程中安全监控起到了重要工作,能够实时反馈当前仓储环境状态,若出现异常情况能够通过手机短信等多种方法及时提醒仓库管理人员及时查看仓库状态。

6.5.2 定位技术

邮轮建造过程中需要对人、物资和设备进行精确定位,从而达到精细化管控的目的,确保人员和物资的安全。由于涉及的室内外仓储场地的通信条件有差异,不同管理对象和工作环境需要采用不同的定位技术[65]。

1) UWB室内人员定位技术

UWB定位技术主要以定位芯片为基础实现室内外高精度定位工作,之所以能够实现定位的关键性因素有以下方面:

(1) 定位芯片提供数据帧收发时记录时间戳,这是能够进行两点间测距的基本条件,通过计算数据在空中飞行时间从而测出两节点间的距离。

(2) 在以上基础上,可以实现两点间测距的功能,那么如果需要实现定位,则需要一个终端分别和多个基站通信,分别得到终端与各个基站的距离,且基站之间的位置与距离在部署前期通过测绘手段可以得到这些数据。

(3) 得到了终端在这个定位系统中的位置,一般使用球面相交法,通过输入终端离基站的距离,计算出精确的位置信息。

通过合理布设超宽带UWB定位系统接收器,对移动目标进行实时定位。主要采用星型与菊花链混合布网的方式,如图6-24所示。

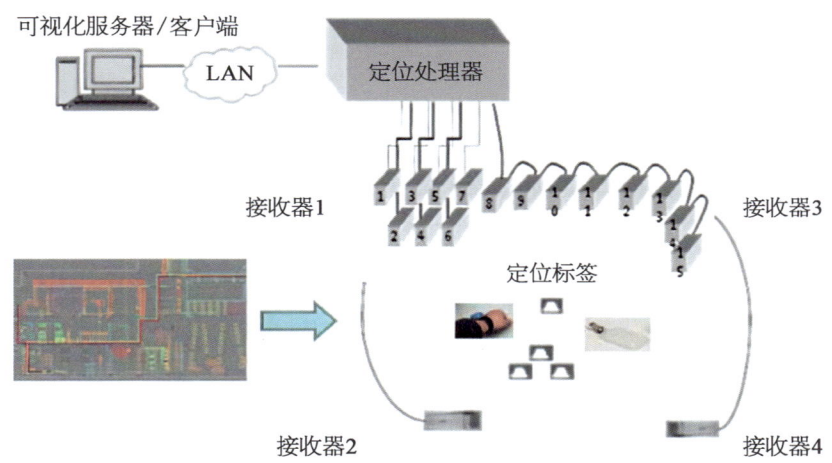

图6-24 超宽带UWB定位系统接收器

在需要定位的区域安装合适类型天线的UWB定位接收器,形成定位覆盖区域。当定位标签进入定位覆盖区域时,定位标签按设定的发送频率发送信号到定位接收器,该定位区域的所有定位接收器将接收的信号初步处理后,发送到后端的定位处理器HUB,通过运行于处理器HUB中的嵌入式定位引擎计算该标签的位置,即可实现高精度实时定位。定位数据将通过局域网发送到后端集中处理模块进行处理,并实现应用层功能。

此外,通过数字物理系统可实时监测移动目标的位置,并在地图上显示。同时这些位置数据将存入数据库,便于数据查询、运行轨迹回放、统计报表等功能。在实时定位系统的应用中,用户可能需要根据实际业务需要设置一些报警触发条件,以便在第一时间获取报警信息。

实现了基于实景复制技术重建的数字孪生仓库,为物资移动设备的三维精确管控提供场景载体,将现实中如行车、叉车、液压拖车等设备的位置及轨迹在数字孪生平台中精确定位,实现虚拟与现实的精准同步。通过 3D 转换将人员信息如姓名工号等与系统互联，获得人员的空间位置，映射至数字孪生场景，实现人员的位置管控，如图 6-25 所示。

图 6-25　人员、物资、设备行运轨迹

利用 UWB 定位技术和库位与物资绑定的双重作用，可以快速将平常隐藏在仓库里的设备快速锁定，并且通过在数字孪生系统中设置虚拟九宫格，将库位的精细度提升了 95%，促进物资管理员更加合理地配置物资仓储场地，配合生产领用计划，将优先出库的物资置于外通道附近，提高拣货效率，加快物资流转速度，同时促进周转率提升 20%，仓储利用率也能提升 10%。相关生产部门可以清晰地知道物资的在库位置，物资申请更加有针对性，盘库和审计的效率也会相应提升。

通过定位芯片实现的定位功能包含集配中心仓库地堆区域、二层平台上层、二层平台间通道、横梁式货架间通道的人员及载具位置。通过 WM 寻址模式实现的定位功能包含平台一层的封闭隔间区域、横梁式货架区域及三层钢平台区域的货物位置。通过定位系统、WM 模块和数字物理系统模块联合确定地堆及二层钢平台的货物位置。通过上述技术手段实现集配中心室内场地的资产位置、人员位置、车辆位置定位区域全覆盖。

2) 室外车辆定位技术

室外车辆被动式测距系统中，用户天线只需要接收来自这些卫星的导航定位信号，从而就可测得用户天线至卫星的距离或距离差。这种发送测距信号和接收测距信号分别位居两个不同地方的测距方式，称为被动测距。用它所测得的站星距离，并利用已知的卫星在轨位置，可推算出用户天线的三维位置。这种基于被动测距原理的定位，称为被动定位。

如果发送设备所发射的测距信号经过反射器的反射或转发，又返回到发送点，为其接收设备所接收，进而测得测距信号所经历的距离。这种发送和接收测距信号位于同一个地方的测距原理，称为主动测距。用它所测得的站星距离和已知的卫星在轨位置，也可推算出用户现时的三维位置。这种基于主动测距原理的定位，称为主动定位，如图 6-26 所示。

在邮轮建造过程中，通过室外北斗定位终端能够实现场内分段运输车辆的实时定位及轨迹记录，如图 6-27 所示。通过轨迹定位能够精确定位到分段位置，通过系统能够实时查看厂内分段位置。

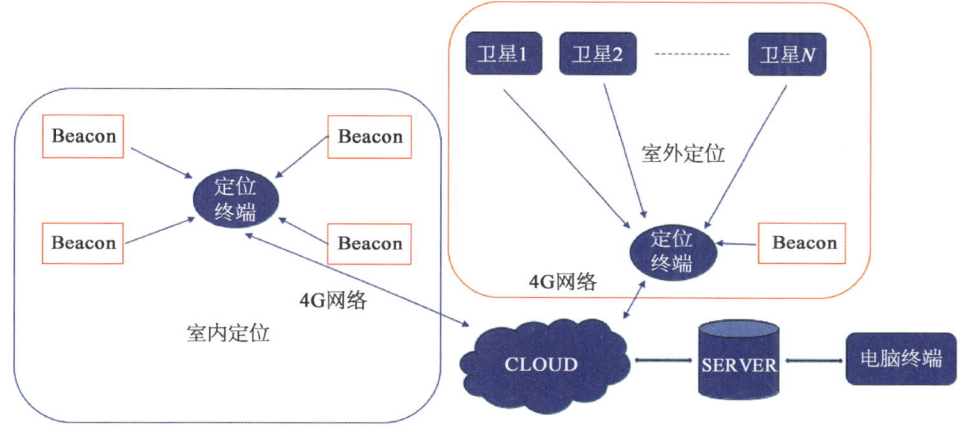

图 6-26 定位技术示意图

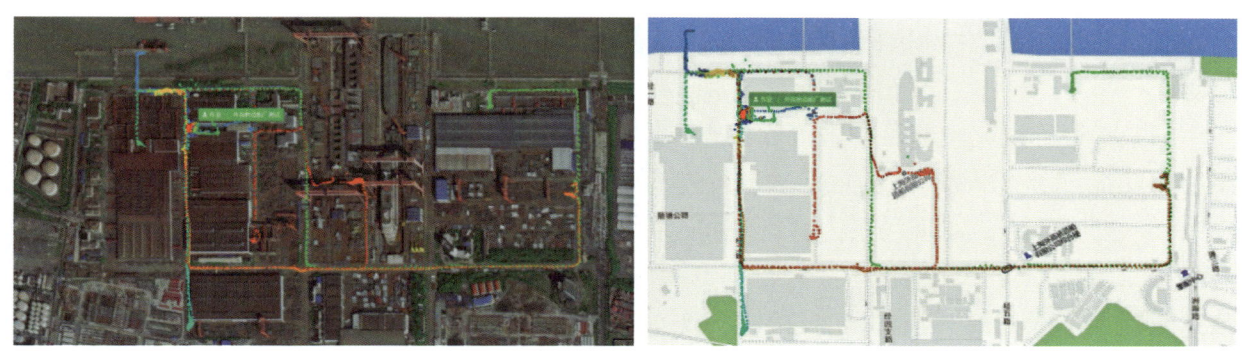

图 6-27 定位轨迹图

6.5.3 数字孪生技术

数字孪生技术是一种将实物对象或系统与其数字模型进行实时同步的技术。它通过将物理世界中的实体或过程与虚拟世界中的数字模型进行关联，实现对实体或过程的仿真、监测和优化。利用数字孪生技术对集配中心仓库进行三维建模，立体展示厂区仓储物资分布情况及设施。通过自然、全景式、实体化、融合的三维虚拟现实工作环境，如实地描述和反映设备的实体关系，并能与仓储实际操作结合，同时融合实时数据和管理数据，实现可视、可知、可控。结合三维场景建设全面直观的数据呈现平台，展示仓储运行及管理情况[66]。

基于实景复制技术获取的高精度三维模型，关联多源信息数据，对数据进行聚类分析，采用高性能的三维开发引擎，构建三维虚拟库房系统。对现场的集配中心仓库核心数据、报表、出入库任务状态等现场数据进行可视化展示。结合虚拟可视化技术，基于真实工厂进行高精度数字化重构，开发高精度、高还原、多状态、可交互的数字集配中心，并以高可视化的方式反映真实库房状态及运转情况。

1）数字孪生技术模型及软件要求

为了保障采集数据的完整性和精度，优先采用点云扫描和按照图纸建模等技术进行逆向建模作业。三维建模按设备的实际几何尺寸建立,比例为1∶1。三维实体模型反映部件的真实尺寸,三维模型底部应与其附着面保持一致。三维模型外形主要结构应表达清楚、准确和完整。

(1) 三维交互。支持通过鼠标、键盘、操纵杆、控制面板或任意组合方式来控制飞行的速度、高度视角,使得用户可以灵活、便捷地在三维场景中浏览漫游,操作简单,易于使用。

(2) 集配中心监控。在数字物理系统平台上可实时显示集配中心状态、跟踪任务状态、呈现库位状态,实现信息的实时显示等。与定位、仓储管理等模块对接,包含仓库核心数据、关键指标、关键报表信息、出入库订单信息、库位信息、人员及载具的位置信息等,并建立数字物理系统数据库。同时将物料位置信息、人员位置信息、载具位置信息映射至三维虚拟空间,系统实时掌握物料状态、位置信息,实时监控集配中心的任务信息,实现物资收发全流程监控。

(3) 集配中心主题。基于集配中心整体维度实现仓库数据的可视化展示,功能主要包含仓库基本存储信息、关键指标、核心报表信息、仓库资源位置模拟图、出入库订单状态概要信息等。

(4) 库存可视化主题。单击大库位查看该库位的物资存储情况及库位信息;支持查询、搜索物资功能,能对物资进行任意字段进行查询。

(5) 三维巡检。实现场景内远程巡检(系统可录制巡检路线),实时展示库区状态。以第一或第三人称视角在仓库场景内进行浏览漫游,模型为库位模型,数据为库位对应数据。传入数据包括第一人称镜头位置(通过按键实现对应场景中漫游位置的控制)和场景数据(基于定义好的数据展示模式进行展示)。

2) 面向大型邮轮建造的物流集配数字孪生场景的构建内容

(1) 仓库厂区三维数字化实景复制重建。

利用高精度三维激光扫描仪及其具有的高精度的三维激光扫描技术对库房、库位及设备进行扫描以获取与其外形高度一致的三维点云数据。扫描仪融合了高精度测角功能和测距功能,确保获取高质量的三维点云数据。

利用高效算法实现对设备中普遍存在的结构特征件,如拉伸特征,旋转特征及扫掠特征等的快速高精度建模。

为了加强模型的可视化效果,同时便于管理人员的识别,后期对模型进行纹理映射,可以使纹理像素大小与几何面相匹配,同时使模型具有相关属性和良好的视觉感受。

(2) 模型融合及应用拓展。

结合虚拟可视化技术,基于真实工厂进行高精度数字化重构,开发高精度、高还原、多状态、可交互的数字化数控车间,形成真实工厂的1∶1数字化镜像,并以高可视化的方式反映真实工厂的生产状态及运转情况。

基于实景复制技术重建的高精度三维模型,为转运工具三维精确管控提供场景载体,将真实世界的转运工具位置及轨迹在三维系统中精确定位,实现虚拟与现实的精准同步管控,进一步将人员信息与系统互联,获得人员的空间位置,映射至高精度三维场景,实现人员的位置管控。

（3）驾驶舱功能。

基于实景复制技术获取的高精度三维模型，关联多源信息数据，对数据进行聚类分析，通过现场总线和互联网技术，对现场的集配中心仓库核心数据、报表、出入库任务状态等海量现场数据进行采集，并上传至统一的智能物料管理平台进行深入挖掘和可视化展示。

（4）三维交互。

实现场景内远程巡检，实时展示库区状态，模型为库位模型，数据为库位对应数据。用户可以直接在图形化界面发起盘点、冻结、移库等功能，物资管理透明可视化。同时，支持按照物资管理员或物资描述的关键词搜索物资功能，输入信息后即可快速定位。

（5）库位信息可视化。

实时显示库位的箱体放置状态及每个货位的库存明细，所见即所得，无须采用 WM 模块的货位检索的繁琐操作。

利用数字孪生技术实现了对仓储过程的全面数字化建模和实时监测，为仓储管理提供数据支持和决策参考，从而提升建造效率、降低风险并优化各个环节的物资物流管理。

第 7 章　精益配送管理

精益配送管理是将精益生产理念应用于物流仓储集配管理活动中的一种管理方法,重点在于优化配送流程、减少资源浪费和提高供应效率,以最小的资源投入实现最大的价值输出,通过第三方物流(3PL)与第四方物流(4PL)管理、资源调度管理技术及路径规划管理等,形成高效的物流网络布局和灵活的配送策略,对邮轮物资配送的模式进行优化,确保常规类、非常规类物资等能够在安全运输的前提下在正确的时间、正确的地点,以正确的数量安全送达生产现场满足大型邮轮物资配送的个性化需求。

7.1　精益配送管理概述

大型邮轮物资配送涉及数以千万计的零部件,其中非标件占据相当大的比例,这增加了物流配送的复杂性和不确定性,保障这些物资及时到达生产现场,降低配送成本,是大型邮轮物资供应过程中需要解决的重要问题。为了确保配送资源的合理利用与大量物资的高效配送,实现大型邮轮的精益配送管理,如下三种精益配送管理技术值得参考和借鉴:

1) 3PL/4PL 管理

3PL 和 4PL 管理是现代物流供应链中的重要管理技术。3PL 管理[67]主要指的是企业将原本由自己处理的物流活动,以合同方式委托给专业的物流服务企业,从而实现对物流全程的管理和控制。4PL 管理[68]则是一个供应链的集成商,它通过对整个供应链的资源和能力进行整合,为企业提供全面的供应链解决方案。

得益于高度发达的工业基础、先进的物流技术和丰富的管理经验,以及成熟的供应链体系与完整的产业链,欧洲邮轮制造商一般采用 3PL 管理模式,将物流业务外包给第三方物流公司,第三方物流公司通过更专业的物流知识和技术,帮助船厂优化物流流程、降低库存成本、提高运输效率的同时,也有利于船厂集中精力发展核心业务,进一步提升整体竞争力。日本三菱重工结合自身的资源和能力现状,在总结经验教训的基础上,针对邮轮庞大的物流信息量,包括订单管理、库存管理、运输协调等,选择了 4PL 管理进行物流集配管理,实现整体运作成本的降低和服务能力的提升。结合我国邮轮产业的发展现状,在国产首制大型邮轮的建造过程中,对于物资配送的管理环节,可以深入探索并融合 3PL 与 4PL 管理技术的优势,进行实践应用与研究,以提升物资配送的效率和准确性。

2) 配送资源调度

配送资源主要分为人力资源、专用工装设备和车辆资源三大类,人力资源方面包括物流经理、管理人员、调度专员、配送司机、安全监管员等物流专业人才的分配和工作安排;专用工装设备通常指的是在特定工艺或生产过程中,为了完成特定的操作或任务而设计制造的设备;车辆资源包括吊装设备与移载设备等。在大型邮轮的物资运输管理过程中,面对大量具有独特的规格、尺寸和特性的非标物资,需要准备特殊的运输工具和设备,同时运输过程中需要重点关注安全、防护和包装等问题,以防止损坏或丢失。因此,通过配送资源调度技术对人力资源、专用工装设备和车辆资源[69]三方面进行合理配置,优化资源利用率并减少配送成本,保障大型邮轮物资配送的高效运行。

3) 路径优化技术

大型邮轮物资配送点的数量众多且分散,覆盖了多个生产部门及作业区,每个配送点都有其特定的物资需求和接收时间,进行合理的规划路径,确保物资能够按时到达就显得尤为重要。路径优化技术[70]是在给定条件下,通过合理的算法和策略,找到最佳或最优路径方案的技术,通过确定路线优化的目标,如效率最高、成本最低、路程最短等,再考虑约束条件,包括车流量变化、道路施工、配送目的地变动、天气条件等动态因素,需求点的分布区域和道路交通网络等静态因素,通过智能算法进行求解,生成最佳路径规划方案,实现快捷高效的物流配送。

7.2 3PL/4PL 管理

3PL 管理主要关注日常物流操作的优化和协调,4PL 管理则更加注重对整个供应链的规划、整合和优化。在大型邮轮物资多层级的配送模式中,厂前层级配送是将进口物资从境外各供应商配送至我国海关仓、保税区仓的过程,面对厂前层级物资配送过程中的货损、延误、复杂的清关手续及供应链协调等问题,大型邮轮厂前层级物资配送宜采用 3PL/4PL 管理。

7.2.1 3PL 管理

3PL 管理[71]是指生产经营企业通过委托第三方物流公司对物流全程管理控制的一种物流运作与管理技术。3PL 管理技术提供了一系列的服务,涵盖了运输管理、仓储管理、订单处理、库存管理及物流信息技术等多个方面。通过专业化的物流服务,3PL 管理技术可以降低物流成本,提高物流效率,同时使企业能够更专注于其核心业务的发展。

在 3PL 管理中,参与各方扮演着不同的角色并承担着相应的责任。3PL 参与各方的主要责任概述:

(1) 第三方物流提供商(3PL)。作为物流服务的主要提供者,3PL 负责根据客户需求设计并执行物流解决方案,包括运输、仓储、配送等环节。3PL 需确保物流活动的效率和准确性,并监控运输过程,确保货物安全、及时送达,还需提供订单处理、库存管理、信息报告等服务,以满足客户的业务需求,要保持与客户的积极沟通,理解并适应其业务变化,提供灵活的物流解决方案。

(2)客户方。客户方是 3PL 服务的需求方,需要明确其物流需求,包括运输要求、仓储需求等,并与 3PL 进行充分沟通。客户方需要提供必要的业务信息和数据支持,以便 3PL 能够更好地理解其业务需求并提供相应服务,还需与 3PL 共同制定物流服务标准和考核体系,确保服务质量达到预期目标。

(3)运输与仓储合作伙伴。3PL 可能会与运输公司、仓储公司等合作伙伴共同执行物流任务。这些合作伙伴需按照 3PL 的指示和要求,完成货物的运输、装卸、仓储等操作,需确保运输安全和时效性,并对仓储设施进行维护和管理,确保货物安全无损。

(4)运输与仓储合作伙伴。3PL 可能会与运输公司、仓储公司等合作伙伴共同执行物流任务。这些合作伙伴需按照 3PL 的指示和要求,完成货物的运输、装卸、仓储等操作,需确保运输安全和时效性,并对仓储设施进行维护和管理,确保货物安全无损。

在 3PL 的运作中,各方责任相互关联、相互依赖。通过明确各自的责任并加强沟通与协作,可以确保物流服务的顺利进行和不断优化。同时,各方也需遵守相关法律法规和行业规范,确保物流活动的合规性和可持续性。

3PL 的一般操作流程如下:

(1)第三方物流供应商选择:厂前层级第三方物流供应商选择标准的确定过程,实际是对境外物资物流工作的范围、内容和特征的认识以及分析过程。筛选确定供应商选择标准可以采用多种方式,一般选用德尔菲法。德尔菲法也称专家调查法,本质上是一种反复匿名函调法,能够保证专家的思维独立性,汇总意见的全面性、完善性及结论的科学性,最终选定合适的第三方物流供应商。

(2)合同签订:在双方达成一致后,会签订物流服务合同,明确服务范围、价格、服务期限等条款,以确保双方的权益得到保障。

(3)物流服务执行:根据合同内容,3PL 提供商开始提供物流服务。这可能包括货物接收、仓储管理、订单处理、运输配送等环节。在执行过程中,3PL 提供商会运用其专业的物流知识和技术,确保服务的高效和准确。

(4)监控与报告:3PL 提供商会实时监控物流过程,确保货物按时、安全地送达目的地。同时,他们还会定期向客户提供物流报告,包括运输情况、库存状态、成本分析等,以便客户了解物流运作情况。

(5)售后服务与持续改进:在服务过程中,3PL 提供商会提供必要的售后服务,解决客户遇到的问题。同时,他们还会根据客户的反馈和市场变化,不断改进物流方案,以提供更加优质的服务。

7.2.2 4PL 管理

4PL 管理[72]是通过一个供应链的集成商,对公司内部和具有互补性的服务供应商所拥有的不同资源、能力和技术进行整合与管理,提供一整套供应链解决方案。它是解决物流资源利用效率低下、物流成本居高不下等问题的有效途径,是物流业发展的高级形态。第四方物流不仅控制和管理特定的物流服务,而且对整个物流过程提出策划方案,再通过电子商务将这个过程集成起来。客户可以得到最专业、最适合自己的个性化服务。

4PL的主要作用在于对供应链中的资源、能力和技术进行整合,提供全面的供应链解决方案。通过整合供应链中的各个环节,4PL能够优化资源配置,提高物流效率,降低物流成本。同时,4PL还能够提供个性化的服务,根据客户的需求和特点,定制最适合客户的物流方案。

在实际应用中,4PL可以管理多个3PL提供商和其他服务提供商,如技术提供商、管理咨询公司和电子商务提供商等。它对整个供应链和物流系统进行全局优化,提供综合的供应链解决方案。这种解决方案可能包括物流战略规划、运输管理、仓储管理、订单管理、库存管理及供应链风险管理等方面。

日本三菱重工需要从全球各地采购原材料、零部件和设备,以确保生产的顺利进行,但全球化采购也带来了供应链风险,如供应商的不稳定性、贸易壁垒和运输延误等,同时日本三菱重工缺乏专业的物流信息系统来跟踪和监控货物的流动,这导致物流信息不透明,难以准确掌握供应链的实时状态,因此选择采用4PL管理技术,通过委托拥有先进物流信息技术的第四方物流服务商对邮轮整个建造物流进行管理,可以帮助三菱重工实现供应链的透明化和实时化,不仅能够降低物流成本、提高物流效率,还能确保物流过程的稳定性和可控性,为日本三菱重工邮轮建造的顺利进行提供有力保障。

4PL管理技术建立在第三方物流服务基础上,以客户为中心,对客户的物流服务需求进行全面的规划与管理。4PL管理参与各方各自承担着特定的责任,共同确保整个物流供应链的高效、顺畅运作。4PL参与各方的主要责任概述:

(1) 第四方物流提供商(4PL)。4PL作为整个物流供应链的规划者和协调者,负责整合与优化资源,提供全面的物流解决方案。4PL需要评估并满足客户方的需求,设计并实施高效的供应链策略,负责监控供应链绩效,确保物流活动的顺利进行,并在必要时进行干预和调整,还需要提供战略建议和技术支持,帮助客户方实现成本降低、效率提升等目标。

(2) 客户方。客户方是4PL服务的主要需求方,负责提出明确的物流需求和目标。客户方需要与4PL进行密切沟通,确保需求被准确理解并得到满足,需提供必要的信息和资源支持,如库存数据、销售预测等,以便4PL能够更好地规划和管理供应链。

(3) 第三方物流提供商(3PL)及其他供应商。3PL及其他供应商是实际执行物流活动的主体,负责按照4PL的规划和要求完成具体的运输、仓储、配送等任务,需要确保物流活动的质量和效率,并及时向4PL反馈执行过程中的问题和建议。在与4PL的合作中,3PL及其他供应商还需要遵守合同规定,履行相关义务,确保整个供应链的稳定性和可靠性。

(4) 技术支持方。在某些情况下,技术支持方可能参与4PL的运作,提供信息系统、数据分析等技术支持,需要确保技术的稳定性和安全性,为4PL提供准确、及时的数据和信息支持。技术支持方还需要与4PL和客户方保持密切沟通,根据实际需求进行技术调整和优化。

综上所述,4PL参与各方的责任相互关联、相互支持,共同构成了一个高效的物流供应链体系。通过明确各方责任并加强沟通与协作,可以确保整个供应链的顺畅运作和持续优化。

4PL的一般操作流程:

(1) 客户需求分析:4PL提供商需要先对客户的物流需求进行深入的分析和理解。这包括了解客户的业务模型、供应链结构、物流运作现状及面临的挑战和目标等。通过与客户进行深入的沟通和交流,确保对客户需求有全面而准确的理解。

(2) 方案设计:基于客户需求分析的结果,4PL提供商会制定一个全面的物流解决方案。这个方案会综合考虑各种因素,如运输方式、仓储布局、信息系统集成等,以优化整个供应链的运作效率和成本。

(3) 资源整合:4PL提供商会整合各种物流资源,包括运输公司、仓储公司、信息系统提供商等,以构建一个完整的物流网络。这些资源的选择和配置都是基于方案设计的需要,以确保物流运作的高效和顺畅。

(4) 运营管理:在方案实施过程中,4PL提供商会对整个物流网络进行运营和管理。这包括对运输、仓储、配送等各个环节的监控和协调,以确保物流运作的顺畅和高效。同时,4PL提供商还会通过信息系统对物流数据进行收集和分析,以便对物流运作进行持续优化。

(5) 绩效评估与改进:4PL提供商会对物流运作的绩效进行评估,包括成本、效率、客户满意度等方面的指标。基于评估结果,4PL提供商会提出改进建议,并对方案进行持续优化,以满足客户不断变化的物流需求。

3PL和4PL管理模式各有侧重,前者更注重具体的物流操作和技术实施,后者则更注重对整个物流供应链的规划、管理和优化。在国产首艘大型邮轮建造实践中,针对厂前层级的物资配送需求,应该结合国产首制邮轮的物资特点以及船厂的能力现状,灵活选择3PL和4PL进行配送需求管理,确保物资安全有序且成本可控地送达目的地。

7.3 配送资源调度技术

为了确保物资的精确配送和配送资源的高效利用,实现大型邮轮物资的精益配送管理,应根据邮轮物资不同的运输要求,对配送资源进行整合,引入先进的管理技术对配送物资进行管理[73],运用智能化的资源调度技术优化,提高物资配送效率和管理水平。

7.3.1 配送资源

配送资源主要包括人力资源、专用工装设备及车辆资源等。人力资源是物资配送中不可或缺的一部分,人员的职责、技能、数量、工作态度等都会影响到配送的质量和效率。专用工装设备具有高度针对性和专业性,在邮轮配送业务中发挥着至关重要的作用。这些设备专为邮轮物资配送而设计,能够精准地满足各种物资的特殊运输需求,显著提升配送效率并确保物资质量,不仅能够加快物资流转速度,还能有效减少运输过程中的损耗和误差,为邮轮建造提供了坚实可靠的物资保障。车辆资源是物资配送中的重要组成部分,又可以分为两个部分:吊装设备与移载设备,车辆的数量、类型、装载能力等都直接影响到配送的效率和成本,在配送资源调度的过程中,充分考虑和合理利用这些资源是至关重要的。

1) 人力资源配置

大型邮轮所需的大量的非标物资给配送工作带来了极大的挑战。这些非标物资不仅种类繁多,而且每种物资都有其特定的运输要求。在配送过程中,需要专业的人员进行细致的操作和管理,以确保物资的安全和完整。需要构建一支具备专业知识和丰富经验的团队来负责相关工作。配置人力资源的主要步骤:

(1) 建立可预测的人力需求模型。根据大型邮轮物资配送的物资数量、业务规模和配送需求,确定所需的员工数量。通过划分配送作业中不同环节的最低合理操作元素,并对各元素的重要程度进行排序,通过层次分析法等方法定量计算人员与不同环节的匹配度,在此基础上建立符合实际的模型对人力资源配置进行优化。

(2) 明确不同岗位的职位设置、资格要求,包括仓库工人、司机、调度员、管理班组长、物流经理、专业人才、安全监管员等各个层面的岗位。在确定职位要求时,需要充分考虑业务的长期发展和未来可能出现的新业务、新技术等因素。

(3) 根据实时数据和预测模型,面对海量邮轮建造物资待配送的实际业务,对人力资源需求进行预测和调整,以确保他们有足够的能力和精力完成配送任务,应对实时突发情况或需求变化。

(4) 选择合适的人力资源管理模式。合适的人力资源管理模式使得每个工作人员都能够专注于自己的职责,可以提高工作效率和质量,也有助于加强团队之间的协作和沟通,确保各个环节之间的衔接顺畅。通过优化人力资源配置,提升物资配送效率,为邮轮的顺利建造提供有力保障。

2) 专用工装设备

专用工装设备旨在满足特定的加工、装配或运输需求。在大型邮轮的物资运输过程中,对于常规物资,通常采用托盘进行运输;对于非常规类物资,需对特定工装设备进行加宽拖斗或加长叉齿的改造,以适应不同尺寸和形状的货物。

(1) 拖斗。拖斗是指汽车后面的可挂卸车厢,没有动力装置。船厂内通用的拖斗宽度为 2.5 m。

常规拖斗与加宽拖斗的对比如图 7-1 所示,左为常规拖斗,右为加宽拖斗。国产首制邮轮舱室单元(CABIN)的尺寸有以下三种规格:5.5 m×2.8 m×2.3 m、6.5 m×2.8 m×2.3 m、7.8 m×2.8 m×2.3 m,其尺寸已超出

图 7-1 常规拖斗与加宽拖斗

常规拖斗 2.5 m 宽的范围,使得普通的拖斗难以满足配送需求,加宽拖斗正是针对这一特殊需求设计的。加宽拖斗将拖斗的长度从 2.5 m 增长至 3 m。通过增加拖斗的宽度,我们可以装载更大尺寸和不同形状的物资。在稳定性方面,由于邮轮 CABIN 前期制作过程复杂,补货周期长,物资摆放和运输过程中必须注重安全管控,以防止因重心不稳或操作不当导致的安全隐患。加宽拖斗的设计充分考虑了这一点,其增强的稳定性能够确保物资在运输过程中的安全,有效减少潜在的安全风险。加宽拖斗的设计是应对邮轮 CABIN 特殊配送需求的有效解决方案,能够提升物流运输的效率和稳定性,为邮轮 CABIN 的物资配送工作提供有力支持。

(2) 叉齿。叉齿是连接叉车车架上升降机构与货物之间的重要配件。不同类型的叉车,其叉齿的长度、宽度和厚度会有所不同,以适应不同的工作需求,船厂常用的叉车叉齿长度分别为 1.2 m(3 t)、1.8 m(5 t)、2.4 m(10 t),常规叉齿如图 7-2 所示。

图 7-2 常规叉齿

图 7-3 加长叉齿

加长叉齿如图 7-3 所示。由于邮轮 CABIN 重量范围为 1.8~3.8 t,为了安全起见,一般会选择承载能力更大的叉车,如 5 t、10 t 叉车,但常规 5 t、10 t 叉车的叉齿长度无法满足邮轮 CABIN 的搬运需求。CABIN 的尺寸较大,这就要求叉车具备更强的搬运能力,确保其稳定性和安全性。加长叉齿将 5 t 叉车的叉齿的长度从 1.8 m 增长至 3 m,将 10 t 叉车的叉齿的长度从 2.4 m 增长至 3 m。通过加长叉齿,叉车能够更方便地处理大尺寸或高堆放的物资。加长叉齿还增强了叉车在搬运过程中的稳定性。对于 CABIN 之类的大型物资,特别是高堆放的物资,叉车需要具备更强的支撑和平衡能力。加长叉齿的设计使得叉车在搬运过程中更加稳定,减少了因物资重心不稳或操作不当导致的安全隐患。

(3) 门架及托架。中间产品的承载结构以门架和托架为主,门架是一种重要的支撑结构,主要用于运输分段等大型中间产品,适用于各种船型,如图 7-4 所示。托架(图 7-5)则主要用于支撑和固定中间产品。它们可以安装在门架上,形成一个完整的承载系统。共有 7 种类型的常规门架与托架适用于各种类型的中间产品,见表 7-1。

图 7-4 门架

图 7-5 托架

表 7-1 常规门架与托架

类 型	长(m)	宽(m)	高(m)	承重(t)	备 注
门 架	—	10	2.2	50	A 型
门 架	—	12	2.5	50	B 型
门 架	—	10	2.46	120	A 型
门 架	—	9.6	2.56	120	B 型
门 架	—	9.63	2.56	120	C 型
门 架	—	15	2.8	150	—
托 架	18	6	2.1	90	—

加宽托架如图 7-6 所示。邮轮分段在建造过程中，由于其特殊薄板的结构设计和薄板材料特性，容易发生变形。为了控制运输及堆放过程中邮轮分段的变形，需要采取一系列措施。加宽的托架作为一种重要的支撑结构，可以有效地防止分段在运输和存储过程中的变形。通过增加托架的宽度，可以提供更大的支撑面积，分散分段受到的外力，减少其变形的可能性，也

图 7-6 加宽托架

可以与邮轮旁的物资上船升降梯直接对接，方便操作人员快速高效执行吊装任务。加宽托架的尺寸见表7-2。

表7-2 邮轮专用加宽托架

类型	长(m)	宽(m)	高(m)	承重(t)	运输的物资类别
托架	40.5	32.3	—	250	分段或总段
托架	7.4	5.8	2.2	60	重型设备

3）车辆资源

（1）吊装设备。吊装设备通常包括多种类型，其中汽车吊和正面吊是两种常见的类型，它们在结构、功能及使用场景上均有所不同。

① 伸缩臂式叉车如图7-7所示，是一种装有可伸缩吊臂的叉车，其伸缩臂可以沿着叉车的方向自由伸缩，并且可以旋转，从而实现货物的侧向升降和侧向搬运。伸缩臂式叉车主要用途是配合阳台玻璃的吊运和安装工作。邮轮上的阳台玻璃往往尺寸大、难固定、易碎，且安装环境复杂，因此需要一种高效、安全且精确的吊装设备来完成这项任务，伸缩臂式叉车可以方便地将其吊装到指定位置，减少了人力、时间和安全隐患。

图7-7 伸缩臂式叉车

② 正面吊如图7-8所示。大型邮轮海外内装物资的运输主要以集装箱为主，在集装箱的掏箱与还箱过程中，箱体搬运主要依靠正面吊来实现。

图7-8 正面吊

图7-9 汽车吊

③ 汽车吊如图7-9所示。大型邮轮建造涉及大量物资的运输和搬运，如钢材、管道、机械设备等，这些设备及构件体积庞大、重量重，需要专业的吊装设备。汽车吊不仅具备强大的起重能力，还可以进行精确的吊装操作，确保设备的安全、准确安装。

④ 蜘蛛吊如图 7-10 所示,蜘蛛吊的小巧身形和强大起重能力使得无论是在狭窄的通道、复杂的邮轮船体结构内部,还是在屋顶等高处作业,蜘蛛吊都能展现出其独特的优势。蜘蛛吊的高精度定位能力也使其成为船厂中精细作业的重要工具。无论是设备维护、更换生产流水线,还是材料的吊装等作业,蜘蛛吊都能精确、快速地完成任务。

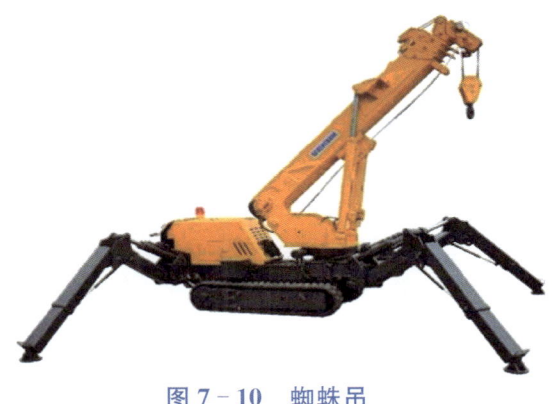

图 7-10　蜘蛛吊

(2) 移载设备。

① 叉车,如图 7-11 所示,是指对成件托盘货物进行装卸、堆垛和短距离运输作业的轮式搬运车辆,通常使用燃油机或电池驱动。

图 7-11　叉车

在物资配送方面,叉车具有出色的搬运和堆垛能力,可以高效、准确地将各类物资,如舾装件、机电物资、油漆、焊材、非船物资及邮轮物资等,从仓库或存储区搬运到指定的配送地点。其强大的升降和驱动功能使得叉车能够轻松应对不同高度和距离的搬运任务,大大提高了物资配送的效率和准确性。

② 卡车,如图 7-12 所示,指主要用于运送货物的汽车,卡车按照载重能力可以分为多个等级,包括 1.5 t、3.5 t 和 8 t 等。这些不同载重的卡车在大型邮轮物资运输中各自扮演着重要的角色。

1.5 t 卡车在邮轮物资运输中,主要承担一些相对较轻的物资运输任务。这些物资包括油漆、焊材、装饰材料、小型设备或者是日常用品等。3.5 t 卡车则适用于运输一些较重但体积不大的物资。8 t 卡车具有强大的承载能力和稳定的行驶性能,可以运输邮轮的大型设备、管子、发电机等重型设备和非标物资。不同载重的卡车在大型邮轮物资运输中各有分工,它们共同协作,能够满足不同物资的运输需求,确保邮轮建造物资能够按时、按量、安全地送达。

图 7-12 卡车

图 7-13 打包机

③ 打包机,如图 7-13 所示,用于打包预制舱室进行临时保护时,可以确保预制舱室在运输和存储过程中免受外部环境的影响,如尘土、雨水、碰撞等。

④ 舱室手推车,如图 7-14 所示,负责在船上推舱时提供动力,在预制舱室较重的一侧(卫生单元侧)使用。配合结构加强运输工装,可实现 2~3 人推舱,减少人力负荷,同时避免单纯人力推拉可能造成预制舱室损坏。

图 7-14 舱室手推车

图 7-15 推舱辅助轮架

⑤ 推舱辅助轮架,如图 7-15 所示,成品舱室单元没有底面,其底部结构强度较差,通过临时加强支撑工装保证舱室在运输过程中不会变形。可考虑在工装上安装可升降的轮子,方便推舱。可调节轮子高度保证了舱室的通过性。

⑥ 自动导向车(automated guided vehicle,AGV),也称为自动导向搬运车、自动引导搬运车,是指装备电磁或光学等自动导引装置,不需要驾驶员操作,具有安全保护及移载功能的运输车,如图 7-16 所示。在工业自动化的发展带动下,AGV 在工业生产和物流领域扮演着越来越重要的作用,有效地改善了工业生产和日常生活的运输系统结构,将人力从繁琐重复的体力劳动中解放出来,不仅大大地降低了生产成本,也提高了生产效率。

不同种类对象的管理特性要求迥异,生活用品、电子产品、危险品等仓储、配送要求极高。面对不同种类对象的配送,使用 AGV 可以节省宝贵的人力,小车式 AGV 适用于劳保用品、易

图 7-16 多场景应用的 AGV

耗品、文件等的运输，跟随式 AGV 和电动地牛适用于协助库内搬运作业。大型邮轮建造运用自动技术有助于提高配送工作效率和准确性，降低生产成本、人力资源的消耗和劳动强度，保障大型邮轮的顺利建造。

⑦ 牵引车，如图 7-17 所示，是一种车头具备驱动能力，并与后方没有驱动能力的挂车通过连接装置相互结合的工具车辆，广泛应用于各类货物的运输任务。

图 7-17　牵引车　　　　　　　　图 7-18　无人牵引车

无人牵引车，如图 7-18 所示，采用先进的导航方式，可以实现室内外应用，具备多种功能，如多车调度、交通管制、无缝衔接多种管理系统等。同时，无人牵引车还具有可靠的自动避障功能、故障自降功能及视觉化控制面板，使管理人员能够高效地对机器人进行管理和监控。无人牵引车分为轻型无人牵引机和重型无人牵引车，重型无人牵引车结合 3D-slam 导航定位算法、移动测量多传感器融合技术,实现自主定位导航、自主避障与三维环境重建功能。同时不需要在周边环境中加装任何额外设备,通过自身对周围环境的智能感知及智能决策和车辆控制,即可同时实现营区间的自动行驶功能,有助于解决大型邮轮大量超重物资的运输难题。

7.3.2 配送资源配套技术

面对大型邮轮海量的物资配送需求,配送过程中还需要进行严格的监控和跟踪。这不仅是为了防止物资在配送过程中出现损坏或丢失,更是为了确保物资能够按时、按量、按质地送达指定地点。这就要求具备先进的监控和跟踪技术,能够实时掌握物资的配送状态,及时发现并解决问题。一方面,需要投入大量的人力物力进行实时监管,这无疑增加了配送的成本和难度;另一方面,如何确保监控和跟踪数据的准确性和可靠性也是一个需要解决的问题。如果数据出现偏差或错误,可能会导致错误的决策,进而影响到整个配送过程。因此,需要借助更为前沿、具体的技术手段,对配送资源进行实时监控与定位追踪,追踪定位技术与感知识别技术,为我们提供了有效的解决方案。

通过选择适合的感知识别技术,实现高效的信息感知识别,并根据物资和设备的特性进行定制化应用[74];通过追踪定位技术的应用,实现对车辆位置、行驶路线、速度等信息的实时监控和管理,实现配送的可视化管理,提高配送的准确性和时效性[75]。这些技术的应用不仅提高了大型邮轮物资配送效率和质量,还降低了成本。

7.3.2.1 感知识别技术

当今的感知识别技术发展较为成熟,已在各行各业得到了广泛应用,其中以激光雷达技术、毫米波雷达技术、超声波雷达技术、NFC(near field communication)、RFID(radio frequency identification)等最为普及。

在大型邮轮的物资配送管理中,感知识别技术主要应用在物资管理和配送环节。该技术能够实时识别、追踪和监控物资的状态、位置和数量,从而实现对物资的高效管理。感知识别技术还能实时监测物资在存储和配送过程中的状态变化,如温度、湿度等,确保物资的安全和质量。

1) 激光雷达技术

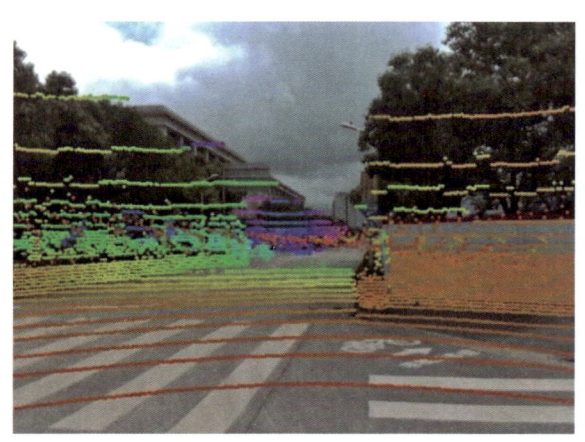

图7-19 激光雷达的"点云"视图

激光雷达是通过激光测距技术探测环境信息的主动传感器的统称。它向外发射激光束,根据激光遇到障碍物后的折返时间、强弱程度等,计算目标与自己的相对距离、方位、运动状态及表面光学特性,发射的激光束越多,感知的区域和细节就越多。激光光束可以准确测量视场中物体轮廓边沿与设备间的相对距离,这些轮廓信息组成所谓的"点云",如图7-19所示,并绘制出3D环境地图,精度可达到厘米级别。激光雷达技术不受环境光照的影响,这就意味着其可以在夜晚作业,它的导向与定位精度较高,抗电磁干扰能力强,且提供了任意路径规划的可能性;但是激光雷达技术成本较高,传感器和发射或反射装置的安装复杂,易受雨雾等大气环境的影响,位置计算过程也复杂。

2) 毫米波雷达技术

毫米波雷达技术主要是通过天线发射电磁波来对周边物体进行探查,并对反射的电磁波进行收集和分析处理,以此了解车辆与周边物体之间的相对距离、相对速度、相对角速度。毫米波雷达的工作模式主要有脉冲式和调频连续式两种。脉冲式测量原理简单,但需要在短时间内发射大功率信号脉冲,使得雷达结构复杂,成本高,实际应用中间较难实现。调频连续波式通过连续发射调频信号来进行探测,其雷达结构简单,体积小,大多数车载毫米波雷达都采用该模式。毫米波雷达探测距离较远,对烟尘雨雾具有较好的穿透、传播特性,受恶劣天气影响小,抗环境变化能力较强。通常毫米波雷达对径向的定位是比较准确的,但是对侧向定位准确度低,误判多。且不同的毫米波雷达之间会互相干扰,削弱信号的信噪比,甚至会导致雷达"致盲"。

3) 超声波雷达技术

超声波雷达技术通过发射器振动发射超声波,超声波传播过程中碰到障碍物时产生回波信号,接收器接收到回波信号后发生振动,通过压电装置转化为电信号并输入到控制器、控制器计算发送超声波和接收到回波的时间差 Δt,并推算出车辆与障碍物距离,在特定的环境下可以提高路径的柔性。超声波导引技术原理简单,且不需要设置额外的反射镜面,降低了导向成本,可直接测量较近目标的距离,对于外界光线和电磁场也不敏感,可用于黑暗、烟雾、电磁干扰等恶劣环境。但是,当运行环境的反射情况比较复杂时,应用还十分困难。

4) NFC

NFC即近场通信技术,是由非接触式识别及互联互通技术整合演变而来。通过在单一芯片上集成感应式读卡器、感应式卡片和点对点通信的功能,使设备(如智能手机)可以在彼此靠近的情况下进行数据交换,利用移动终端实现移动支付、电子票务、门禁、移动身份识别、防伪等多种应用功能。

这些感知识别技术各具特点,适应不同的工作环境,有的不易受光照与电磁环境的影响,有的受天气环境影响小,有的在配送作业的文件处理方面能起到很大帮助,它们为大型邮轮建造物资的配送作业提供了准确的测量和识别手段,能够提高工作效率、降低错误率并提升整体作业水平。随着技术的不断进步和推广,感知识别技术在船厂中的应用前景将更加广阔,但由于船舶钢结构易产生信号屏蔽,很多现代的物流配送感知识别技术无法直接应用,需要结合大型邮轮配送过程的实际需求,选择不同的信息感知识别技术在不同类型的物资、设备以及不同层级上的应用;此外,针对采集数据中存在异常值、缺失值等问题,还需要辅以数据清洗、数据压缩、数据聚集和数据融合等优化技术,实现高效的信息感知识别。

7.3.2.2 追踪定位技术

实时定位系统国际标准的制定和"物联网"产业的崛起,推动了追踪定位技术的发展应用,追踪定位服务受到越来越多的关注。从20世纪70年代开始出现了GPS定位技术,目前全球很多制造业企业广泛使用追踪定位技术,在物流配送等环节实现全生命周期的精细化管理。

大型邮轮的追踪定位对象主要包括物资、车辆、人员及物流集配环境。通过对物资的追踪定位实现快速可靠的物资信息记录、高效的堆场物资查找及监测物资的实时状态等，从而提高物资的集配效率与管理水平；通过对车辆的追踪定位来监测车辆的实时位置、实时状态等，提高车辆管理的水平并提供决策支持；通过对人员的位置及状态进行追踪定位可以监督人员的考勤时间、工作质量及安全管理等，提高对人员的管理水平及生产的安全水平。

常用的追踪定位技术主要包括卫星定位技术、无线定位技术、计算机视觉定位技术、红外线定位技术、地磁定位技术、惯性导航定位技术等，需要根据大型邮轮的实际生产及配送情况选择合适的追踪定位方案。

1) 车辆卫星定位技术

全球导航卫星系统（global navigation satellite system，GNSS）是所有卫星导航系统的统称。GNSS 系统由三部分组成，分别是空间部分、地面监控部分和用户部分，如图 7-20 所示。空间部分又称为卫星星座，用来接收地面监控部分注入的时钟修正、星历等信息进行信号调制，并按规定的信号体制向地面传播信号。地面监控部分为卫星提供精确的时间基准、观测 GNSS 卫星，编写卫星星历、向卫星注入相应的导航电文。用户部分接收各可见卫星的信号，并根据跟踪信号获得的观测量和解调信号获得的星历、时间信息进行位置、速度和时间解算，确定用户的位置、速度和时间信息。目前，GNSS 定位给系统的优势在于产业链成熟，终端系统多，但主要应用于室外定位和导航，在室内的可用性较低。

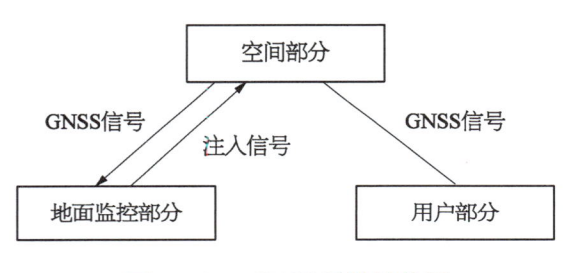

图 7-20 GNSS 系统结构图

2) 无线定位技术

无线定位技术被广泛应用于导航、物体追踪定位、虚拟现实等方面，常见的无线定位技术有 Wi-Fi、UWB、蓝牙、移动蜂窝、基站定位、ZigBee、RFID 等，其定位原理有以下几种：基于信号到达时间（TOA）、基于信号到达时间差（TDOA）、基于信号角度（AOA）、与 AOA 相反的基于信号角度（AOD）、基于多普勒频移（FDOA）及基于接收信号强度（RSS）。

3) 计算机视觉定位技术

计算机视觉定位利用计算机图像处理技术，让机器通过数字图像或视频等视觉信息来模拟人类视觉的过程，以达到对物体的理解、识别、分类，并进一步实现追踪、定位等目的。它是人工智能领域中的一个分支，涉及图像处理、模式识别、机器学习、深度学习等多个领域。它可以用来实现自动导航、机器人控制等应用。其关键技术有特征提取、图像匹配、摄像机标定、摄像机位姿参数估计、实例分割等。近年来，随着人工智能技术、深度学习技术等相关技术的发展，计算机视觉定位技术也有了显著的进步，它在处理大规模和复杂数据方面的优势更加突出，此外，它还具有自动化、高效性、扩展性等优点。但计算机视觉定位需要有大量且高质量的训练数据以及优良的算法，才能有效减少误差，但该技术受光线条件限制较大，不适合低光照或强光照环境。

4）红外线定位技术

红外线定位采用离散红外技术，将调制处理后的红外线通过发射器发送出去，并在接收端进行信号解调，来完成室内定位。红外线定位主要有三种方法：一是移动中的被定位目标发射调制的红外线，通过事先安装在各处的光学传感器接收红外线进行定位；二是通过多对发射器和接收器织起红外线网覆盖待测空间，直接对运动目标进行定位；三是利用红外成像技术，对场景中反射或辐射的红外线的差异情况进行记录，并用一定方式转化为二维图像，进而进行追踪、定位。其中前两种方法多用于室内定位。红外线定位技术比较成熟，用于室内定位精度相对较高，但是由于红外线只能视距传播，穿透性极差，易受遮挡影响，也极易受灯光、烟雾等环境因素影响。加上主动发射的红外线传输距离短，若要增加传输距离，则功耗会显著增加，这就对前两种方式在布局上提出了要求，要求在每个遮挡背后，甚至转角都安装接收端，使得成本提升，而定位效果有限。红外成像则有图片质量差、对比度低，对其进行自动特征点选择比较困难的缺点。

5）地磁定位技术

地磁定位根据所处环境的磁场分布来实现定位：一类是先构建精确地磁模型，再根据实测值与模型对比进行定位；另一类是利用场景识别的方式，先构建区域内磁场指纹，再根据实测数据与指纹匹配进行定位。地磁定位作为一种无长期积累误差、不易被干扰的自主定位方式，在可用性、抗干扰能力、自主性等方面具有天然的优势，纯地磁导航在地面的定位精度优于 30 m，在室内的精度可达 0.1 m。但也存在空间分辨率不高、易受环境中的电磁信号源干扰、易出现误匹配等问题。

6）惯性导航定位技术

惯性导航系统是以陀螺仪和加速度计为敏感器件的导航参数解算系统。基本工作原理是以牛顿力学定律为基础，通过测量载体在惯性参考系的加速度，将其对时间进行积分，并变换到导航坐标系中，就能够得到在导航坐标系中的速度、偏航角和位置等信息。惯性导航定位技术具有完全自主性和高可靠性、定位信息完备及连续性好的优点；但是也存在误差随时间和运动距离累积、需要初始信息、成本高及笨重等缺陷。

7.3.3 配送资源调度技术

配送资源调度技术[76]通过根据配送任务的需求，智能地分配资源，确保配送任务能够精确、高效地完成，提高物资供应准时性，降低成本并增加价值，优化空间利用，增加物流流程可见性。

1）基于排队论集配作业调度技术[77]

邮轮的托盘管理涉及邮轮上所有常规物资的存储与配送。托盘配送前的集配作业需要仓储管理员根据生产建造需求，依据安装托盘图纸对各类物资进行集配，确保托盘上的物资种类和数量都能满足邮轮运营的需要。科学有效的托盘管理和集配作业，是配送活动的起点，更是确保后续配送过程顺利进行的关键环节。邮轮作为一个庞大而复杂的工程项目，其配送前的集配作业业务面临着诸多难点，这些难点不仅关系到物资配送的效率，更直接影响到邮轮建造的进度和质量。

邮轮配送物资种类繁多，从大型机械设备到细小零部件，从原材料到成品，在配送前都需要进行精确的集配作业。这不仅要求作业人员具备丰富的专业知识和经验，还需要高效的物流管理系统进行支撑。然而，在实际操作中，由于物资规格不一，往往容易出现错配、漏配等问题，给后续的配送和安装工作带来极大的困扰。邮轮建造进度紧凑，对配送前集配作业的时效性和准确性要求高。如何确保集配作业的及时性和准确性，成了业务难点中的重中之重。

排队论（queuing theory），是通过对服务对象到来及服务时间的统计研究，得出这些数量指标（等待时间、排队长度、忙期长短等）的统计规律，排队系统由服务机构和服务对象（物料需求清单）构成，服务对象到来的时刻和对他服务的时间（即占用服务系统的时间）都是随机的。在大型邮轮建造物资的集配管理实践过程当中，将生产单位发来的物料需求订单视为服务对象、处理订单的集配作业小组（可以是人工或自动化机器或半自动化的机器与人协作）视为服务机构。排队系统包括三个组成部分：输入过程、排队规则和服务机构。

（1）输入过程。由于系统会不停地为集配生产部门派单，但是每个订单中的零部件都是有限的，那么整个队列也是有限的，但数量较大，订单中每个部件到达都是单个到达。而每个造船物资部件到达处理人员处的时间也会服从于泊松分布。

（2）排队规则。排队规则指顾客按怎样的规定的次序接受服务。常见的有等待制、损失制、混合制、闭合制。订单中的物资处理可以视为一种等待制的排队规则，在订单的各个物资处理过程中，采用先到先处理的规则；当出现紧急订单时，可以采用优先处理等规则。

（3）服务机构。服务机构即为集配生产小组。其中，集配生产小组的数量，可以视为服务台数量，而对订单的处理时间可以作为服务时间，服从于负指数分布，且存在多个服务台时，各个服务台之间是相互独立的，则可以建立单队列—单阶段—多服务台并联的排队论模型；假如每个流程只建立一个处理小组（单位），按多阶段分别处理，可以建立单队列—多阶段—多服务台串联的排队论模型；假如是单流程多个处理阶段、多服务台混合网络系统，可建立单队列—多阶段—多服务台混联的排队论模型。

（4）模型的建立。在整个集配过程中把作业人员假设为服务台，由于订单数量较大，且每个订单中包括物资数量若干，故假设在排队系统中，客户数量无穷大。每个订单中的若干物资进入排队系统的规律服从参数为 λ 的 Poisson 分布，在 $[0,t]$ 时间内到达的顾客数 $X_{(t)}$ 服从的分布为：

$$P\{X_{(t)}=k\}=\frac{(\lambda t)^k e^{-\lambda t}}{k!} \qquad (7-1)$$

其单位时间到达的顾客平均数，即到达的大型邮轮建造物资数量为 λ，$[0,t]$ 时间内到达的顾客平均数，即到达的大型邮轮建造物资数量为 λt。

① 单队列—单阶段—多服务台并联模型。

仓库管理人员会把作业人员分成多个作业小组，每个小组单独进行大型邮轮物资的集配作业，各个小组自行完成集配作业流程中的各个流程：印贴标签、货物分类、出货检查、捆包包装及配载装车。

针对以上情况,每个集配作业小组可以设为一个服务台,且一个作业小组能够完成所有集配作业流程,只需一个阶段完成集配,那么可以视为单队列—单阶段—多服务台并联的排队模型,如图 7-21 所示。

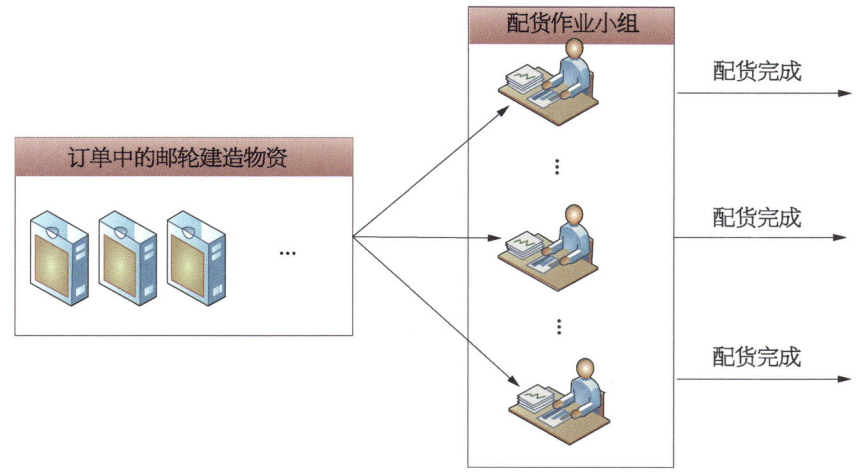

图 7-21 单队列—单阶段—多服务台并联模型

建立排队系统后可以根据现在设置的参数 λ、μ_1 等计算大型邮轮建造物料在排队系统中平均逗留时间 W_1、平均队长 L_1 及平均等待时间 W'_1,来评价排队系统的效率。

针对此种模型,可以得出相应的排队系统数量指标:

$$L_1 = S_1\rho_1 + \frac{(S_1\rho_1)^{S_1}\rho_1}{S_1!(1-\rho_1)^2} \cdot p_1 \qquad (7-2)$$

$$W_1 = \frac{L_1}{\lambda} \qquad (7-3)$$

$$W'_1 = \frac{L_1}{\lambda} - \frac{1}{\mu_1} \qquad (7-4)$$

其中

$$p_1 = \left[\sum_{k=0}^{S_1-1} \frac{(S_1\rho_1)^k}{k!} + \frac{(S_1\rho_1)^{S_1}}{S_1!(1-\rho_1)}\right]^{-1} \qquad (7-5)$$

② 单队列—多阶段—单服务台串联模型。

可以把集配作业人员按流程分配,组织多个生产小组专门分别负责集配作业流程中的某一个流程。每个阶段的生产小组视为一个服务台,每个小组作为一个服务台只需处理集配作业众多流程中的一个流程,每个流程可以作为一个阶段,则可以视为一个单队列—多阶段—多服务台串联的模型,如图 7-22 所示。

假设集配小组在同一阶段处理同种货物的速率没有差别,且每个物料在每个阶段接受处理的时间服从于负指数分布,每阶段处理速率分别为 μ_2^1、μ_2^2、μ_2^3、μ_2^4、μ_2^5,对应的分布为 D_1、D_2、D_3、D_4、D_5。建立排队系统后可以根据所设定的参数,计算大型邮轮建造物料在排队系统中的平均逗留时间 W_2、平均等待时间 W'_2 及平均队长 L_2。

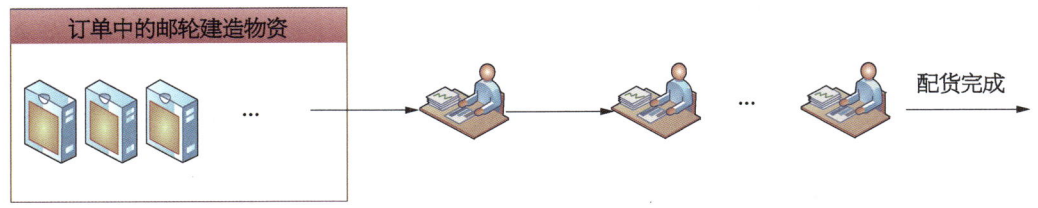

图 7-22　单队列—多阶段—多服务台串联模型

但是此模型由五个阶段构成，令每阶段的平均逗留时间为 W_{2i}、每阶段的平均队长为 L_{2i}、每阶段的平均等候时间为 W'_{2i}。根据的排队论的理论知识，可以知道顾客在前一阶段的输入与输出是相同的，即前一阶段输出服从于参数为的泊松分布，也就是现阶段子系统的输入。

针对此模型可以计算排队系统的数量指标：

$$L_{2i} = \frac{\lambda}{\mu_i - \lambda} \qquad (7-6)$$

$$W_{2i} = \frac{1}{\mu_1 - \lambda} \qquad (7-7)$$

$$W'_{2i} = \frac{\lambda}{\mu_1(\mu_1 - \lambda)} \qquad (7-8)$$

那么 $L_2 = \sum_{i=1}^{5} L_{2i}$，$W_2 = \sum_{i=1}^{5} W_{2i}$，$W'_2 = \sum_{i=1}^{5} W'_{2i}$。根据此排队系统的数量指标可以对排队系统的效率等进行评价。

③ 单队列—多阶段—多服务台的混合模型。

在大型邮轮建造物料的集配作业中，集配部可以根据每个流程的复杂程度、现有的作业人员，分成多个生产作业小组，然后再将小组分配给各个作业流程。这样每个流程，可能是一个小组进行集配作业，也有可能是多个小组一起处理。同样分阶段，各个流程都有专门的一个或多个小组负责处理，一个小组可以视为一个生产作业小组，那么可以建立单队列—多阶段—多服务台混联的模型，如图 7-23 所示。

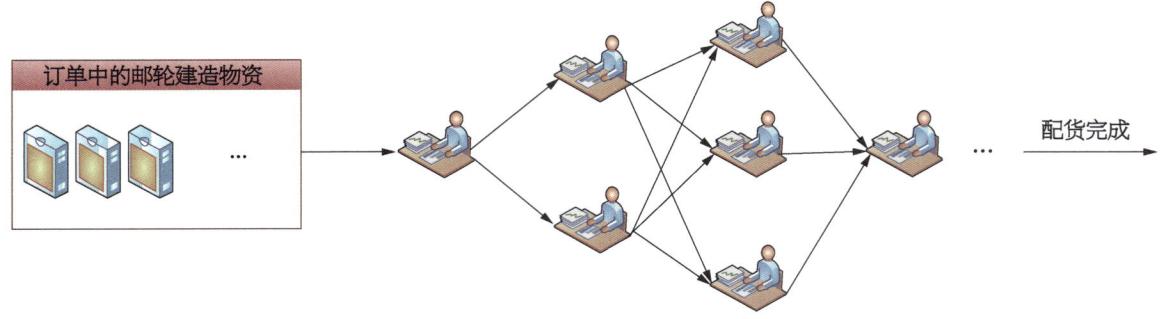

图 7-23　单队列—多阶段—多服务台混联模型

假设集配小组在同一阶段处理同种货物的速率没有差别,每个阶段的单个小组的处理建造物料的能力分别为 μ_3^1、μ_3^2、μ_3^3、μ_3^4、μ_3^5,对应的分布为 E_1、E_2、E_3、E_4、E_5。由于不确定每个阶段分配多少个小组,那么可以假设各阶段的生产小组数量为 S_3^1、S_3^2、S_3^3、S_3^4、S_3^5。在模型建成后,可以计算平均逗留时间 W_3、平均等待时间 W_3'、平均队长 L_3。针对此模型可以计算排队系统的数量指标:

$$L_{3i} = S_3^i \rho_{3i} + \frac{(S_3^i \rho_{3i})^{S_3^i} \rho_{3i}}{S_3^i!(1-\rho_{3i})^2} \cdot p_{3i} \qquad (7-9)$$

$$p_{3i} = \left[\sum_{k=0}^{S_3^i-1} \frac{(S_3^i \rho_{3i})^k}{k!} + \frac{(S_3^i \rho_{3i})^{S_3^i}}{S_3^i!(1-\rho_{3i})} \right]^{-1} \qquad (7-10)$$

$$\rho_{3i} = \frac{\lambda}{S_3^i \mu_3^i} \qquad (7-11)$$

$$W_{3i} = \frac{L_{3i}}{\lambda} \qquad (7-12)$$

$$W_{3i}' = W_{3i} - \frac{1}{\mu_3^i} \qquad (7-13)$$

依据集配作业速率、包装成本等生成合适的集配订单,保障大型邮轮的顺利建造,优化结果如图 7-24 所示。

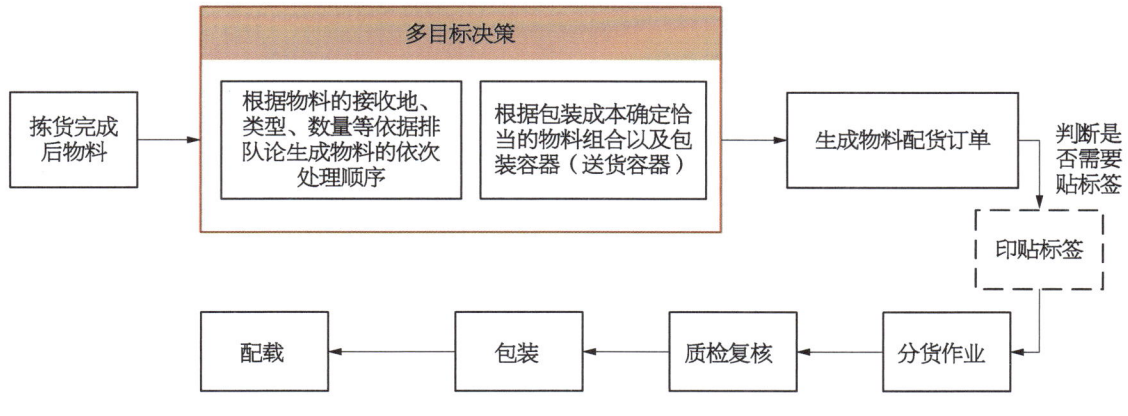

图 7-24 配货作业优化流程

基于排队论的集配作业调度技术有助于减少等待时间和提高作业效率,优化资源配置,通过对排队系统的分析,可以了解集配作业中各个环节的资源利用情况,从而进行针对性的优化,提高配送效率的同时也能够减少运输成本。

2) 车辆调度技术

车辆调度技术[78]是针对大型邮轮物资的实际状况,制定物资配送的总体目标和具体各项任务,使车辆在满足一定的约束条件下,有序地通过一系列装货点和卸货点,达到等待时间最小等目标。通过对全过程实施总体监控和管理,对现有资源进行合理配置,得到最佳车辆调度方案,减少车辆等待工作的时间,提高配送效率,进而达到大型邮轮物资配送系统经济效益最大化的需求,将有限的资源发挥最大的价值。

海量的邮轮建造物资作为配送调度的对象与目标决定了这一问题具有复杂特性,其突出表现为调度目标的多样性、调度环境的不确定性和问题求解过程的复杂性。其具体表现如下:

(1) 多目标性。车辆调度的总体目标一般是由一系列的调度计划约束条件和评价指标所构成,大型邮轮建造物资种类繁多、形式多样,这在很大程度上决定了调度目标的多样性。对于调度计划评价指标,通常考虑最多的是配送周期最短,其他还包括设备利用率最高、成本最低、最短的延迟、最小提前或拖期惩罚、在制品库存量最少等。在实际配送中有时不只是单纯考虑某一项要求,由于各项要求可能彼此冲突,因而在调度计划制定过程中必须综合权衡考虑。

(2) 不确定性。在实际的配送调度系统中存在种种随机的和不确定的因素,如库存紧缺、紧急配送订单插入等各种意外因素。调度计划执行期间所面临的运输环境很少与计划制定过程中所考虑的完全一致,其结果即使不会导致既定计划完全作废,也常常需要对其进行不同程度的修改,以便充分适应运输现场状况的变化,这就使得更为复杂的动态调度成为必要。

(3) 复杂性。多目标性和不确定性均在调度问题求解过程的复杂性中得以集中体现,并使这一工作变得更为艰巨。经典调度问题本身已经是一类极其复杂的组合优化问题,大型邮轮大规模的物资配送调度总数及其他评价指标,并考虑环境随机因素,使得问题变得更加复杂。

车辆调度技术是配送资源调度技术中的核心内容,它利用有限的资源在合理的时间内分配给若干个任务,以满足或优化一个或多个目标。大型邮轮大规模的物资配送易产生多辆车辆阻塞状态,依靠人工的调度方法具有局限性,易导致车辆在某点等待时间过长,调度混乱。因此,本节对车辆调度技术进行优化,提出基于最小等待时间的车辆优化调度模型,以车辆的等待时间为判断依据进行优化调度,保证车辆等待时间最短,最大限度调度车辆,降低车辆空载率,提高车辆利用率,减少道路交通堵塞,提高运输效率。

绝大多数的调度问题可以通过调度算法解决,这是一种根据系统的资源分配策略来决定资源分配顺序的算法。这些算法在多个领域中应用,包括操作系统、通信系统、生产调度等。以下是一些常见的调度算法:

(1) 先来先服务(FCFS):任务按照到达的先后顺序进行调度。

(2) 最短作业优先(SJF):根据任务需要的处理时间进行排序,处理时间短的任务先执行。

(3) 优先级调度算法:为每个任务分配一个优先级,优先级高的任务先执行。

(4) 时间片轮转算法(RR):任务按照到达顺序排成队列,每个任务分配一个时间片,时间片用完未完成则暂停,继续执行下一个。

(5) 多级反馈队列调度算法(MLFQ):结合了优先级调度和时间片轮转的特点,根据任务的优先级和等待时间进行调度。

(6) 最高响应比优先(HRRN)：根据任务的等待时间和处理时间的比例进行排序，等待时间长且处理时间短的任务优先执行。

(7) 轮询算法(Round Robin, RR)：在通信系统中，认为小区内所有用户的调度优先级相等，所有用户周期性地被调度，保证每个用户被调度的概率相同。

(8) 最大载干比算法(Max C/I)：在通信系统中，基于信道质量进行调度，选择信道质量最好的用户进行优先调度。

(9) 比例公平算法(Proportional Fair)：在通信系统中，考虑长期公平性和系统吞吐量，根据用户的信道质量和业务特性进行调度。

(10) 进化算法：是一类模拟生物进化过程的智能优化方法，主要包括遗传算法(genetic algorithm, GA)、遗传规划(genetic programming, GP)、进化策略(evolution strategies, ES)和进化规划(evolution programming, EP)，广泛应用于规划与调度等组合优化问题。其中，遗传算法是在调度领域中应用最广泛的进化算法。

(11) 群智能优化算法：主要是通过模拟昆虫、鸟群和鱼群等群体行为所构造的一类智能优化方法。这些群体按照一种合作的方式寻找食物或躲避追捕，群体中的每个成员通过学习它自身的经验和其他成员的经验来不断地改变搜索的方向。任何一种受动物的社会行为机制而启发设计出的算法均属于群智能优化算法。在调度领域中，常见的群智能优化算法有粒子群算法(particle swarm optimization, PSO)、蚁群算法(ant colony optimization, ACO)等。

(12) 局部搜索(local search, LS)算法：是运用人工智能、物理学等领域的某些思想，对基本局部搜索算法进行推广或扩展，目的是为克服基本局部搜索算法极易陷入局部最优的缺点，并形成了以禁忌搜索算法、模拟退火算法等为代表的算法，是求解调度问题的常用方法。

(13) 人工智能算法：人工智能是一门多领域交叉学科，涉及概率论、统计学、逼近论、凸分析、算法复杂度理论等多门学科。专门研究计算机怎样模拟或实现人类的学习行为，以获取新的知识或技能，重新组织已有的知识结构使之不断改善自身的性能。经典的人工智能算法包括决策树(decision trees, DT)、朴素贝叶斯分类(naive bayesian classification, NBC)、支持向量机(support vector machine, SVM)、主成分分析(principal component analysis, PCA)等。

3) 回收物流调度技术

回收物流主要指按照正常流程出库的物资，因为生产盈余、不符合需求等原因，有时需要退回仓库。生产过程中产生的废油漆桶、废油漆渣等危险废弃物也需要进行回收。

在进行回收物流前，需要根据各回收物的种类、质量、成分等因素，确定回收物的回收途径和最终目的地。再依据生态经济学、可持续发展理论、循环经济学、交易成本和网络组织理论等回收物流管理的基本理论，设计回收物流网络[79]，以运营成本最低为目标并整合正向物流网络。考虑回收物流网络的集中度、层次性、与其他网络的连接、开闭环结构、分支合作程度等性质，建立回收物流站点的网络布局模型，利用智能算法进行优化求解，确定回收网络中站点的数量、位置及服务区域,最终建立多层级的回收物流站点(包括收集点、中转站、回收站、拆解站等)网络。

综上所述,基于排队论集配作业调度技术可以通过优化作业流程,提高作业效率;车辆调度技术可以降低配送成本,提高配送效率;回收物流技术有助于资源循环利用,降低运营成本。这些技术在大型邮轮的物资配送中发挥了重要作用,保障了大型邮轮的顺利建造。

7.4 路径规划技术

路径规划技术分为两个层次:一层是配送网络节点的配置,建立大型邮轮物资配送网络[80],第二层是在已知节点上的这个配送任务的一个路径规划。路径规划技术[81]是一种使用算法确定最优或可行路径的技术,通过最小化物流成本、最大化物流效率,确保物资能够准确、及时地送达目的地。与常规船舶相比,大型邮轮物资配送需求多变,准时性要求高,需要考虑物资的多样性、时效性及配送时的最优路径,如何高效、精准地将这些物资配送至生产现场,是大型邮轮建造过程中需要重点解决的问题。

本节针对大型邮轮物资配送需求提出了路径优化方法,即优化大型邮轮建造过程中的物资配送网络,进行合理的路径规划,以降低运输成本、提高物流效率。具体来看,网络方面,包括优化物资的物流配送网络的层级及配送网络韧性评估;路径方面,在物流配送网络中,需要考虑运输路径的选择,影响选择的因素有很多,包括时间、成本等,结合算法,制定物资配送最优路径规划方案。

7.4.1 精益物流配送系统网络优化

1) 物流配送网络特征

大型邮轮物资配送网络呈现出配送多模式、多层级和动态性等特点:

(1) 多模式。大型邮轮建造物资配送主要涉及三种配送模式,分别是供应商直配模式、供应商联配模式和第三方物流配送模式。供应商直配模式是指船厂物资由供应商直接配送到船厂的仓库、堆场或生产现场;供应商联配模式是指几家供应同一类船厂物资且供货频次多、批量小、距离较近的供应商,为实现经济的目标而展开的由一家供应商依次向其他家供应商取货然后统一配送的模式;第三方物流配送模式是指供应商将物资配送至外协仓库后,根据需要随时形成物资需求计划,由第三方物流负责从外协库配送至船厂的仓库、堆场或生产线边。不同物资采用不同的配送模式,经过的配送节点与路线不尽相同,这反映在物流配送网络上是不同的配送节点之间不同的连线。

(2) 多层级。一方面,对于大型邮轮建造物资的厂外物流配送网络而言,物资配送具有多层级的特点,如对于国际/距离较远的供应商进行物资配送时,会经过制造商、国际代理商、国内代理商、港口码头/车站、口岸仓库/车站堆场、船厂等等一系列的网络节点,这些节点之间具有明显的层级关系,因此大型邮轮建造物资的厂外物流配送网络是一个具有层次性特征的网络。另一方面,对于大型邮轮建造物资配送网络而言,大型邮轮的生产建造从原材料到船体零件,从零件组装成部件或进而再组装成分段和总段,再到将零、部件或分段、总段总装成船体是有一定的生产流程顺序的,这导致物资在配送时也是具有顺序和层级划分的,故大型邮轮建造物资配送网络也是一个具有层次性特征的网络。其整体配送层级如图 7-25 所示。

（3）动态性。网络所包含的信息是随着时间的变化而变化的,另一方面网络的结构会受到各种因素的影响使得网络结构中的节点、路径可能发生变化。大型邮轮建造物资物流配送网络的动态性体现在现场物资需求的波动性引起配送网络流量的动态变化、网络流向（路径）动态变化和网络节点的动态变化,整个配送网络具有动力学特征。

大型邮轮建造物资物流配送网络中各种复杂性因素的相互影响,使得物流配送网络在一定的时间和空间内进行演化,成为更加复杂的网络,因此该物流配送网络是一个复杂网络。

2）复杂网络构建

如图 7-26 所示,在大型邮轮建造物资配送网络中,船厂节点与其他供应商企业联系最为密切,具有较高中心度值。另外,由于地理位置、供应物资种类和供应频次的相近性,部分企业选择联合配送的形式进行物资供应,这样在保证配送效率的,也节约了配送成本,联合配送模式使得邮轮物资配送的复杂网络可能是一个无标度的供应网络,又会具有小世界模型的特性。

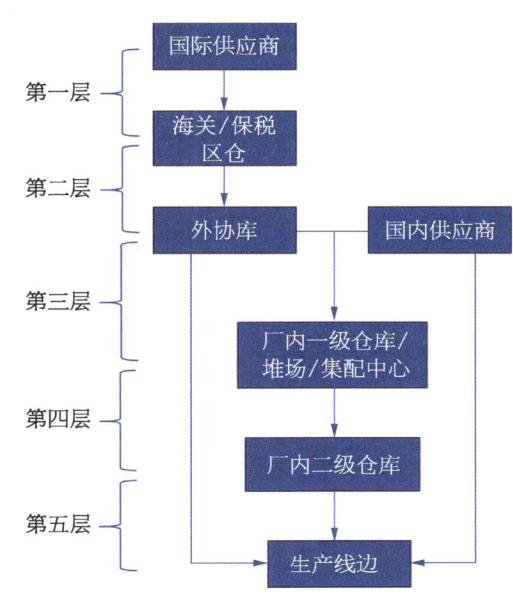

图 7-25　配送网络层级图

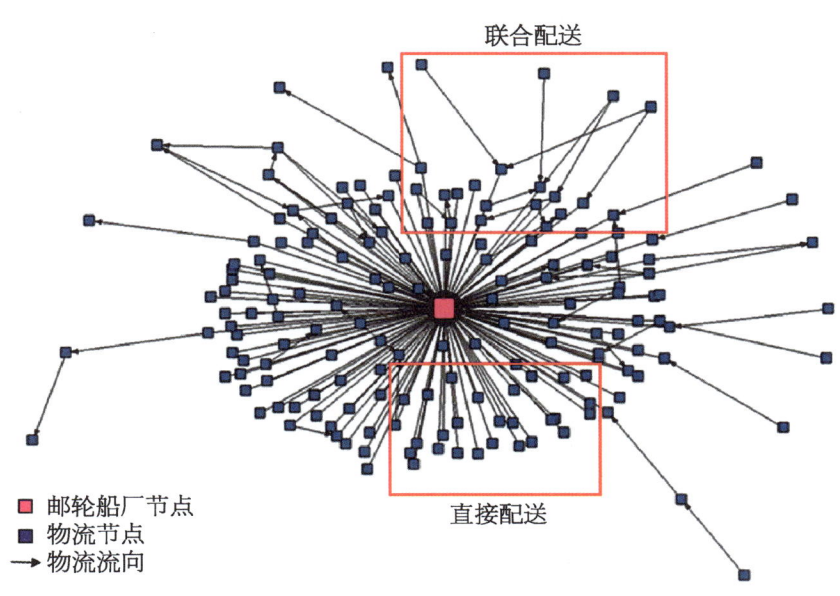

图 7-26　船厂物流配送网络图

3) 复杂网络优化

邮轮工程的复杂度决定了船厂原有物资配送网络体系的不适应性,原有网络对于网络节点的划分仅根据节点自身的功能进行划分,而对于其他方面的数据例如配送订单密度、配送计划等缺乏考虑;另外,原有网络的凝聚力与连通性均较小,而且部分物资网络中心节点较少,若出现单个节点失效或者节点之间道路堵塞的情况可能会扩散引发更大面积的网络瘫痪,而在实际情况中将会带来成本的巨大损失或整个区域物流的全面瘫痪,这是需要极力避免的。因此,有必要对构建的网络模型进行优化。

(1) 基于引力模型的层级优化[82]。

引力模型(也称重力模型)在19世纪产生于万有引力定律,后被引入经济学领域,用于人流、物流、信息流等研究中,是广泛使用的空间相互作用分析模型。

引力模型的实质是:在无其他要素影响的条件下,要素间的相互作用与距离的平方成反比,与质量的乘积成正比。通过改变不同问题对应的质量和距离变量,引力模型的应用十分广泛。引力模型的一般形式计算公式为

$$F = G \frac{M_i M_j}{L_{ij}^{\gamma}} \quad (7-14)$$

式中:F 为节点 i、j 之间物流引力($i \neq j$);M_i 和 M_j 为节点 i、j 的物流"质量";L_{ij} 为节点 i、j 之间的距离;γ 为距离衰减系数,通常取值为2;G 为引力系数,通常取值为1。

① 基于引力模型的网络布局优化算法。

一般情况下,复杂网络可被抽象为节点集合和表达节点间关系的边集合组成的有序二元组,它有两种表达方式:一种是邻接矩阵,可以用表格形式来描述图的结构与特征;另一种表达方式是绘制成节点链接图,与简单地查看矩阵形式的数据相比,直观的节点链接图有助于用户更好地接收到信息。

然而,要将复杂网络布局成一个可以有效传输信息的节点链接图并不简单。网络的布局与排列对数据的理解有非常重要的影响,不能随意地绘制节点然后将相连的节点用线连接起来。例如,无论两个节点之间是否存在着边直接相连,只要在图中将这两个节点放置在很接近的地方,读者通常会认为这两个节点之间存在很强烈的关联。因此,即便可以通过进一步的交互、筛选和分析等方法来探索这种关系是否真实存在,还是需要找到一种能够准确表达图中关系并且不会误导用户的布局优化方法。

目前大多数布局算法是基于力引导算法的,这些算法将图建模为一个物理系统,其中的节点根据某种力被吸引和排斥。基于力引导的布局算法是使用最广泛的,它们可以应用于许多领域来绘制具有数千个节点的图,网络优化主要参考以下算法:

Fruchterman Reingold 布局算法,在计算一个节点受力的时使仅考虑相连节点间的引力和不相连节点间的斥力。引力定义为

$$f_a = \frac{d^2}{k} \quad (7-15)$$

斥力被定义：

$$f_r = -\frac{k^2}{d} \tag{7-16}$$

式中：d 为指节点对在布局空间中的距离；k 为指两个节点间的理想距离：

$$k = C\sqrt{\frac{area}{|V|}} \tag{7-17}$$

式中：C 为通过实验取得的常量；$area$ 为指可布局的空间大小。

该算法在生成布局时遵循两个基本原则：直接相连的节点在布局中的位置应该很接近，以及节点不应该离得太近。直接相连的节点间的理想距离取决于绘制空间与绘制节点数量。该算法的目的是生成一个边等长且较少交叉，布局对称且可以均匀分布到布局空间的布局。

由于初始算法复杂度为 $O[T \cdot (|V|^2 + |E|)]$，迭代量过大，为了提升算法效率，因此引入了 GVA(grid variant algorithm) 方法来优化斥力计算。该方法将布局空间分割成网格，对每个节点计算斥力时仅考虑与该点处于同一方格或相邻方格的节点，斥力计算公式变为

$$f_r = \frac{k^2}{d}u(2k-1) \quad \text{其中} \ u(x) = \begin{cases} 1 & (x > 0) \\ 0 & (\text{其他}) \end{cases} \tag{7-18}$$

在此基础上，Yifan Hu 提出 Yifan Hu 算法。它是一种非常快速的算法，该算法的复杂度为 $O(N \cdot \log N)$。在该算法中，仅考虑相邻节点进行力的计算，从而降低了算法的复杂性。Yifan Hu 算法使用"自适应冷却方案"的概念，这有助于更快地收敛并避免陷入局部最小值。它结合了力定向模型和图形粗化技术（多级算法）来降低复杂度。利用 Barnes-Hut 算法对一个节点上的排斥力进行近似计算，并将其视为一个超级节点。

② 基于引力模型的网络布局优化算法选取。

考虑到现有配送网络的网络范围、节点数量、路径数量相对较小，不适合选取基于降维的布局优化算法。另外，基于力引导的布局优化算法能够较好地呈现优化后的网络层级关系，因此选用基于力引导的布局优化算法对大型邮轮建造物流配送网络进行优化。

(2) 基于复杂网络的韧性优化。

结合现有船舶物流配送网络，综合考虑网络拓扑指标与基于性能的韧性指标，构建一个适合现有网络的韧性评价体系，并结合评价结果，通过数值分析法给出优化方案[83]。该韧性指标体系主要包含两大类：一是以网络拓扑指标为基础的结构韧性，二是以性能韧性指标为基础的功能韧性。

结构韧性主要是指网络拓扑结构的韧性，特别关注节点之间的物理和逻辑连接，选择了基于最大连通图、集聚系数等网络拓扑指标产生的能够反映复杂网络连接度和连通性的拓扑指数（包括 α、β、γ 和 C 指数）来描述，见表 7-3。拓扑指数能够揭示节点和连接数的关系，反映网络的复杂程度，节点之间的连接程度越高，网络结构越稳定。而且拓扑指数并不只关注网络

自身的结构特征,更强调复杂网络在空间上的耦合关系及其生态效能,反映网络之间的耦合途径及其生态功能的整体复杂性和有机性,因此可以很好地指向复杂网络结构韧性。

表 7-3 网络韧性指标体系

韧性指标体系	名 称	内 容	表达式	备 注
结构韧性	α 指数	衡量网络闭合性的指标,度量连接网络中现有节点的环路存在的程度	$\alpha = \dfrac{L-N+1}{2N-5}$	$(L-N+1)$ 为实际环线数;$(2N-5)$ 为最大可能环线数
	β 指数	衡量网络连通度的指标,度量一个节点与其他节点联系难易程度	$\beta = \dfrac{2L}{N}$	L 为实际路径数;N 为节点数
	γ 指数	衡量网络的连通程度的指标,是网络中连线的数目与该网络最大可能的连线数之比	$\gamma = \dfrac{L}{L_{\max}} = \dfrac{L}{3(N-2)}$	L 为实际路径数;N 表示网中实际的节点数。通过 N 可以确定最大可能的连线数 $L_{\max}$
	C 指数	表达生网络连接度和破碎程度,可以近似用网络中路径数与节点数之比来表示	$C = \dfrac{L}{N}$	
功能韧性	传播性	采用网络效率指标来定量化评价复杂网络的可传输性,网络效率是指直接基于网络实现的传输功能,效率的优劣与节点链接的长度有关	$E = \sum\limits_{i \neq j \in G} \dfrac{1}{d_{ij} n(n-1)}$	E 代表网络的传播性,$0 \leqslant E \leqslant 1$;$d_{ij}$ 表示节点 i 和 j 之间的最低费用;n 表示网络中的总节点数
	多样性	采用独立路径的平均数来衡量复杂网络的多样性	$V = \sum\limits_{i \neq j \in G} \dfrac{n_{ij}}{n(n-1)}$	V 表示网络的多样性;n_{ij} 表示节点 i 和 j 之间的独立路径数;n 表示网络中的总节点数

基于复杂网络理论,选择网络的传输性和多样性指标来衡量其功能韧性。传播性主要与节点之间的最短路径长度有关。较高的传输性意味着网络中的每个节点可以更快地实现物流的迁移,增强网络的抗危机能力。多样性是对网络冗余性的描述,反映了节点之间存在多种连接路径,当一个特定的链接受到危机影响,其他环节确保正常运作,以有效地维持网络功能。

(3) 优化结果。

通过分析大型邮轮建造物资现有的建造配送网络,归纳出该物流配送网络存在层级偏差、网络凝聚性和连通性较差的问题;对已有物流配送网络引入引力模型,建立相应的物流配送网络模型,初步提升了网络的合理性,并对其网络特征进行分析;再将优化后的物流配送网络结合 Fruchterman Reingold 布局算法和 Yifan Hu 布局算法对其进行了可视化,并重新规划了网络结构;从结构韧性的角度和功能韧性角度分析了多个物流配送网络的特征,进一步给出网络优化建议。

从短期来看,物流配送网络是一个静态的网络,但从长远角度来看,是处于动态变化之中。网络中应存在少量的"备用物流模块",且在时空维度上布局分散,有助于提升网络的动态适应性和包容能力,避免遇到不可抗力从而导致整个网络崩溃。提高舾装件物流韧性应该在结构韧性和功能韧性提升的基础上,结合网络整体布局、配送计划等针对网络结构韧性和功能韧性的薄弱环节加强冗余度和模块化设计,提高网络的调控管理韧性,用动态灵活的调控手段来主动应对突发性扰动。

7.4.2 精益物流配送系统路径规划

大型邮轮建造的物流配送网络路径规划是根据配送的具体要求、配送的能力及客观条件,以配送总路程最短和配送总成本最低为规划目标,同时根据规划目标构建带装载能力约束和带时间窗约束的车辆路径优化模型并求解。

在物流配送网络基础上,针对网络的路径规划问题,对物流配送网络的成本进行核算,建立优化模型,同时考虑车辆载重限制、时间限制等因素的影响,运用算法进行求解。

1) 带装载能力约束的车辆路径优化[84]

对物流配送路径进行建模并求解,设置带装载能力的约束。在物流配送问题中,车辆路径设计都会有载重量的限制,可以说带装载能力约束的车辆路径问题(CVRP)是最基本的车辆路径问题,每辆车在完成配送后返回集配部,以车辆配送总路程最小为优化目标。

2) 带软时间窗约束的车辆路径优化[85]

对物流配送路径进行建模并求解,设置软时间窗的约束。在邮轮的物流配送问题中,车辆路径设计不仅有载重量的限制,还有时间窗限制。带软时间窗的车辆路径问题是在带有硬时间窗的车辆调度问题的基础上松弛时间约束,客户接受车辆提前或延后服务,但集配部需支付相应的惩罚费用。每辆车在完成配送后返回集配部,以车辆配送总成本最小为优化目标。

3) 算法求解物流配送路径优化[86]

路径优化算法是实现路径优化的关键。这些算法大致可以分为两大类:精确算法和启发式算法,而启发式算法又可以分为传统启发式算法和现代启发式算法。精确算法是针对具体的问题和模型利用数学规划技术可求出最优解的算法,启发式算法主要是基于直观或凭借经验开发出能够朝着最优解的方向搜索或靠近的一类算法。

(1) 精确算法。

精确算法是基于运筹学的优化算法,通常运用线性规划(包括经过了专门处理的分支定界法、割平面方法和标号法)和非线性规划等数学规划技术,以求得问题的最优解,是理论上的准确求解方法。其中常用于求解路径优化的精确算法主要有如下几种方法:

① 分支定界法:这是一种求解整数规划问题的经典算法,也适用于路径优化问题。它通过不断分支和剪枝,搜索整个解空间,直到找到全局最优解。分支定界法可以有效地处理带有约束条件的路径优化问题,并且在求解过程中能够排除不满足约束条件的解,从而提高搜索

效率。

②动态规划法：动态规划是一种通过将问题分解为子问题来求解复杂问题的算法。在路径优化中，动态规划法可以根据问题的特性，将路径选择过程划分为多个阶段，并在每个阶段做出最优决策。通过存储和重用子问题的解，动态规划法可以显著减少计算量，提高求解效率。

③切割平面法：这是一种用于求解线性规划问题的算法，也可以应用于路径优化问题。它通过迭代地添加线性不等式约束（切割平面），将问题的可行域逐渐逼近最优解。在每次迭代中，算法会求解当前约束条件下的线性规划问题，并根据解的情况调整切割平面。通过不断缩小可行域，切割平面法能够找到全局最优解。

④集分割和列生成：这种方法常用于求解大规模路径优化问题。集分割将原问题分解为多个子问题，通过求解子问题来逐步逼近全局最优解。列生成则是一种在求解过程中动态添加变量的技术，用于处理具有大量潜在路径的问题。通过结合集分割和列生成技术，可以有效地处理大规模路径优化问题，并降低求解难度。

（2）启发式算法。

启发式算法是指一种基于直观或经验构造的算法[87]，该算法不需要或需要很少的关于问题的先验信息，在与研究问题有关的模型及算法中寻求其间的联系，从中得到启发，去发现适于解决该问题的思路和途经。启发式方法作为一种逐次逼近的算法，能适应不同领域的优化问题求解，并在大多数情况下都能得到比较满意的解。因此，启发式算法是目前关于复杂优化问题求解的一类有效方法，已成为解决配送路径优化问题的重要方法。对于启发式算法大致上可以将其分为两类：传统启发式算法和现代启发式算法，下面分别予以简要介绍。

传统启发式算法是搜索解空间中相对有限的一部分子空间，力求在比较合理的时间内取得比较好的解的方法。传统启发式算法主要有节约算法、插入算法、扫描算法、两阶段算法。

①节约算法，也被称为C-W算法，是求解车辆路径问题的一种有效方法。该算法的核心思想是将运输问题中的两个循环依次合并为一个循环，每次合并都使总运输距离减小的幅度最大，直到达到一辆车的装载限制。通过这种方式，算法能够逐步优化车辆路径，降低总运输成本。

②插入算法则是通过逐个插入节点来构建路径。它通常从一个初始路径开始，然后依次考虑将其他节点插入到当前路径中的最佳位置。这种算法的优点是简单易实现，能够处理较大规模的问题。然而，由于它只考虑局部最优解，因此可能无法得到全局最优解。

③扫描算法是一种基于极坐标系的路径优化方法。它以起始点为原点建立极坐标系，然后按照角度顺序将客户节点分组，并依次构建路径。这种方法能够有效地处理具有空间分布特性的问题，并且在一定程度上能够平衡车辆的负载。

④两阶段算法则是一种更为复杂的路径优化方法。它通常分为两个阶段：第一阶段是根据一定的规则将客户节点进行分组，第二阶段则是在每个组内优化车辆路径。这种方法能够综合考虑全局和局部的信息，从而得到更为合理的路径规划。

现代启发式算法，也叫智能优化算法，相对于传统启发式算法，它不要求在每次迭代中均沿目标值下降方向,而允许在算法中适当接受目标值有所上升甚至不可行的解,其目的是能够跳出局部搜索邻域。现代启发式算法强调的是对解空间进行全局搜索,特别是对富有希望的区域进行纵深试探以达到较好的解。下面对四种主要的现代启发式算法做如下介绍:

① 禁忌搜索算法是一种全局邻域搜索、逐步寻优的算法,其特点在于通过禁忌表和禁忌对象的设置来避免迂回搜索,同时采用"特赦准则"来不错过可能产生最优解的"移动"。禁忌搜索算法在搜索过程中可以灵活记忆并接受劣质解,因此具有较强的"爬山"能力,能够跳出局部最优解,增大获得全局最优解的概率。

② 模拟退火算法则借鉴了物理退火过程,通过逐步降低温度,在解空间中随机寻找目标函数的全局最优解。该算法采用 Metropolis 准则,并结合概率突跳特性,能够在局部最优解的空间内概率性地跳出,并最终趋于全局最优。模拟退火算法在求解 TSP 问题、求最值、全局优化、生产调度、控制工程、机器学习、信号处理等问题中都有广泛应用。

③ 蚁群算法是一种本质上的并行算法,每只蚂蚁搜索的过程彼此独立,仅通过信息激素进行通信。这种算法具有较强的全局搜索能力和鲁棒性,对初始路线的要求不高,且参数设置简单,易于应用到组合优化问题的求解中。然而,蚁群算法的收敛速度相对较慢,因为信息素初值相同,选择下一个节点时倾向于随机选择,需要较长时间才能发挥正反馈的作用。

④ 遗传算法是模拟生物在自然环境中遗传和进化过程形成的一种自适应全局优化概率搜索算法。该算法通过数学的方式,利用计算机仿真运算,将问题的求解过程转换成类似生物进化中的染色体基因的交叉、变异等过程。在求解较为复杂的组合优化问题时,相对一些常规的优化算法,通常能够较快地获得较好的优化结果。

第 8 章　物流集配管理平台

在仓储管理体系建立过程中,需要充分考虑大型邮轮机电设备、舾装件物资、阀件物资、TK类物资及易耗品类物资管理难点并通过引入信息化管理平台实现仓储信息共享,协助管理者进行仓储管理和计划制定。本章介绍了为构建物流集配管理平台而展开的各项业务的流程梳理、框架结构及系统功能设计,通过开发包含机电设备配送、舾装件配送、中间产品配送及邮轮专班配送等管理模块,助力需求、配送及人员管理信息共享,提升配送效率,优化配送资源利用率。

8.1　仓储配送管理系统概述

面对大型邮轮海量物资的精细化管理要求,有必要运用先进的物联网和信息化技术,优化船厂传统的物资物流集配管理业务流程,并在此基础上构建成熟且完善的仓储和配送管理系统,实现邮轮物资的有效管理[88]。如图 8-1 所示,是上海外高桥造船有限公司在国产首制大型邮轮建造过程中探索建立的物资物流集配业务管理系统架构。

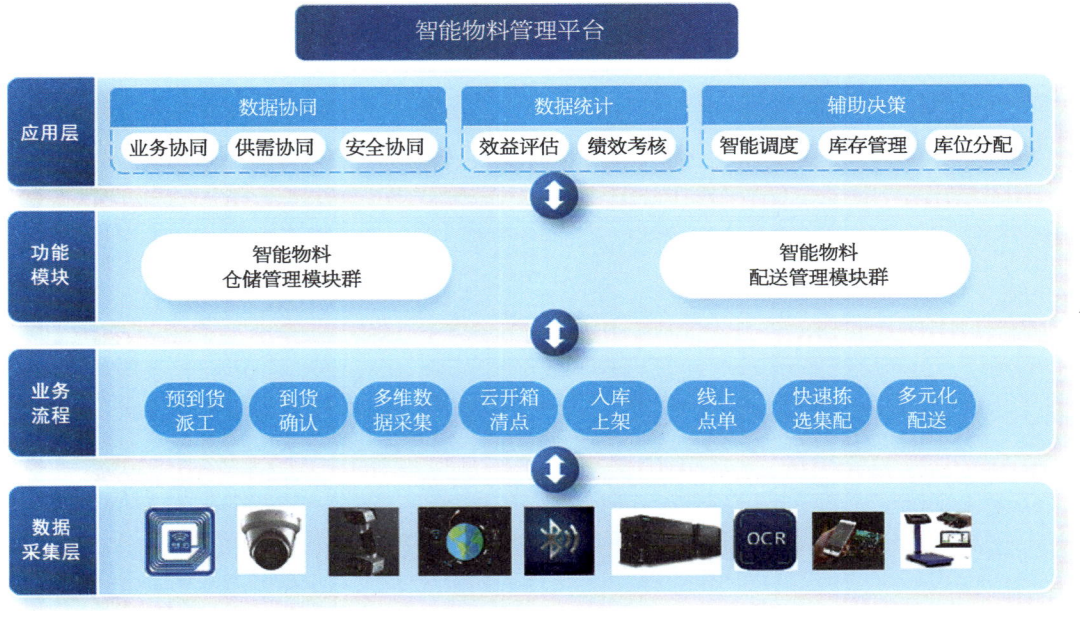

图 8-1　仓储配送管理系统架构

仓储物流管理平台包括仓储管理和配送管理两个子系统。根据物资类别分类及管理特点,仓储管理子系统主要包括机电设备管理模块、舾装件物资管理模块、阀件物资管理模块、Turnkey类物资管理模块和易耗品类物资管理模块等。配送管理子系统主要包括机电设备配送模块、舾装件物资配送模块、以分段为对象的中间产品配送管理模块和邮轮专班配送管理模块等,具体情况如图8-2所示。各模块在实现各类物资仓储配送管理的同时,通过接入SWS TIME平台形成了有机整体。

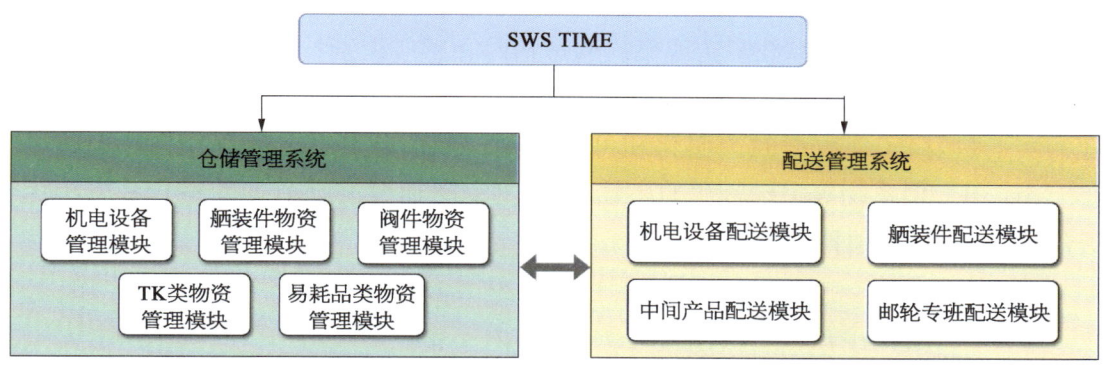

图8-2 仓储配送系统主要功能

8.2 仓储管理系统

在工程实践中,技术人员运用先进的物资识别与库存管理技术,可以辅助快速完成复杂的物资到货、入库、分拣、配货和盘点等任务,降低人工操作难度和错误率,降低人力成本,提高工作效率[89]。

仓储管理系统可以实现实时库存监控和预警的功能。通过实时监控库存情况,准确提供库存报表和预警信息,帮助企业及时调整仓储策略,避免库存积压和过剩,优化供应链各个环节的协同效率[90]。

针对邮轮建造过程中的物资管理类型及物资管理要求,仓储管理系统的机电设备管理模块主要用于机电设备、材料类等物资全流程信息跟踪和库存管理;舾装件物资管理模块用于船用舾装件及其托盘信息管理;阀件物资管理模块主要用于阀件及其附件的仓储管理;Turnkey类物资管理模块主要针对完全由分包商进行自主管理的非常规物资;易耗品类物资管理模块主要用于非船用的易耗品物资的管理。

8.2.1 机电设备管理模块

1)机电设备仓储管理模块概述

邮轮建造涉及复杂的仓储管理过程,首先,机电设备在场地面积方面有着较高的需求,仓储场地利用率的提升亟待解决。由于机电设备各供应商间缺乏统一的编码标准,仓储出入库效率较低。另外,受纸质单据约束,传统的人工订单识别和数据录入工作量大,人员利用率仍需改善。在物资入库后,由于缺乏有效的监测和定位,物资在库管理难度大。因此,建立统一化的信息管理系统显得尤为必要。

对于机电设备仓储管理模块,需要能够动态应对不同物资的管理需求,快速响应物资流动和信息更新,避免由于信息延误导致仓储数据失真。

机电设备仓储管理模块融合了一系列先进的物联网技术,包括OCR识别、3D扫描、到货检测、云开箱、高效入库及精准分拣出库技术,相关技术的应用减少了人工劳动强度,简化了操作流程,提高了工作效率并降低了错误率。通过扫码和感应识别技术,能够生成详尽的物资流动和操作大数据,实现物料管理各环节的实时监控。通过构建三维数字孪生场景,可以完成操作流程的实景映射,实现数据的透明化和可视化管理。机电设备仓储管理模块促进了Piece Mark、Smart-POR系统等关键资源的高效集成与协作,通过内部数据的整合和分析优化,平衡业务需求,进行风险预警。相关模块概况如图8-3所示。

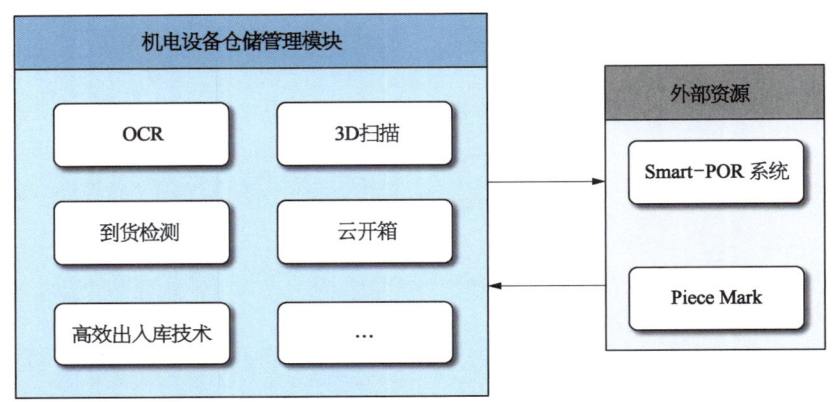

图8-3 机电设备仓储管理模块概况

2)机电设备仓储管理业务流程

机电设备仓储管理作为物料管理的核心之一,通过精确调控基于物料流动量的仓储策略,能够有效提升资金的流转效率,机电设备仓储管理业务流程如图8-4所示。

机电设备仓储管理模块包括入库、库存、出库、退库四个关键部分,具体流程如下:

入库管理:物资到达后,将执行称重、检验、清点、贴码操作,完成托盘整理后,安排相应库位/货架的过程。

库存管理:管理系统通过监控库存水平、预测需求和调节库存量,实现物资的有效控制。库存管理需确保仓储空间的最优利用,同时满足生产现场的需求。

出库管理:当生产部门提出物资需求时,仓储管理系统负责有序且高效地执行物资的发放和出库操作及更新库存信息,确保数据的准确性和时效性。

退库管理:处理因发错物料或超量发放等问题而导致的退库。现场将物资退回集配中心,进行重新入库或相应处理。

机电设备仓储管理涉及供应商、采购部、集配部及生产部门,各部门间信息的及时沟通将

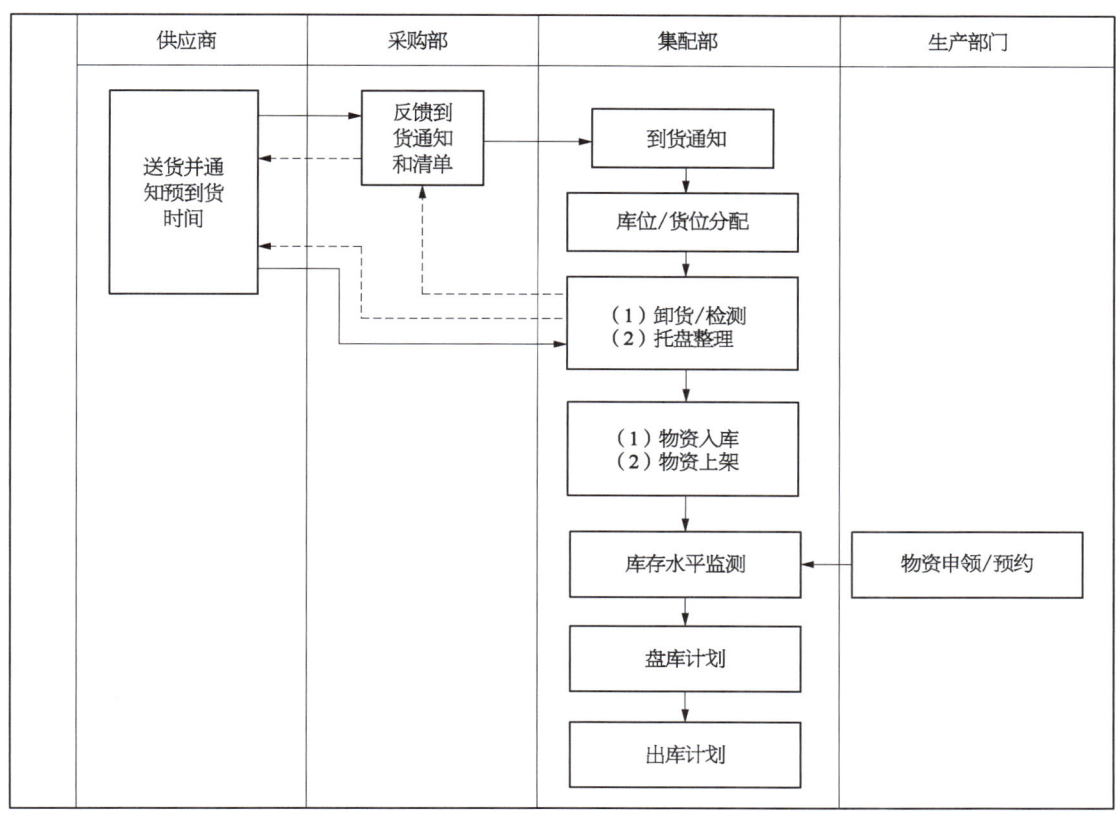

图 8-4　机电设备仓储管理业务流程图

直接影响机电设备的仓储管理效益。机电设备的全流程管理不仅需要考虑物资的到货、出库情况,也需要综合考量场地利用率、人员派工情况及计划管理等方面。通过对流程进行合理管理,机电设备仓储管理模块可加速物资流转,增强整个仓储系统的响应速度和服务质量。

3) 机电设备仓储管理模块架构

机电设备仓储管理模块通过多层级结构实现了全面的物料管理,其涵盖了硬件控制、数据分析及用户交互等功能,形成了一个完整的闭环管理体系,如图 8-5 所示。该模块通过 PC 端的网页界面、移动应用程序、OCR APP 及其他数字接口为管理人员提供了包括仓储管理、实时数据分析和基础操作平台在内的多项服务。利用这些工具,管理人员能够有效监控物料流动,进行智能设备的远程控制,并确保与 ERP 等外部系统的协同工作。

机电设备仓储管理模块采用 Java SpringBoot 框架构建的 API,促进了不同应用间的高效互联。结构化数据存储在 MySQL 数据库中,保证了应用层的数据支持。Redis 缓存提升了数据处理速度,加快决策过程。手持设备应用通过 ToF SDK 实施箱体 3D 测量,而 Unity 3D 引擎通过创建 3D 虚拟仓库,增强了数据的可视化和环境映射。

机电设备仓储管理模块通过 TCP/IP 和 UDP 协议实时收集传感器与定位器数据,以监控仓库操作流程。MQTT 消息队列用于确保数据在平台上的稳定传输。仓库控制系统(WCS)与生产线控制系统(RCS)负责调度与控制智能设备,优化物料流转的效率与准确性。在系统最底层,PLC(可编程逻辑控制器)扮演着执行任务命令和收集机器数据的关键角色。通过与上

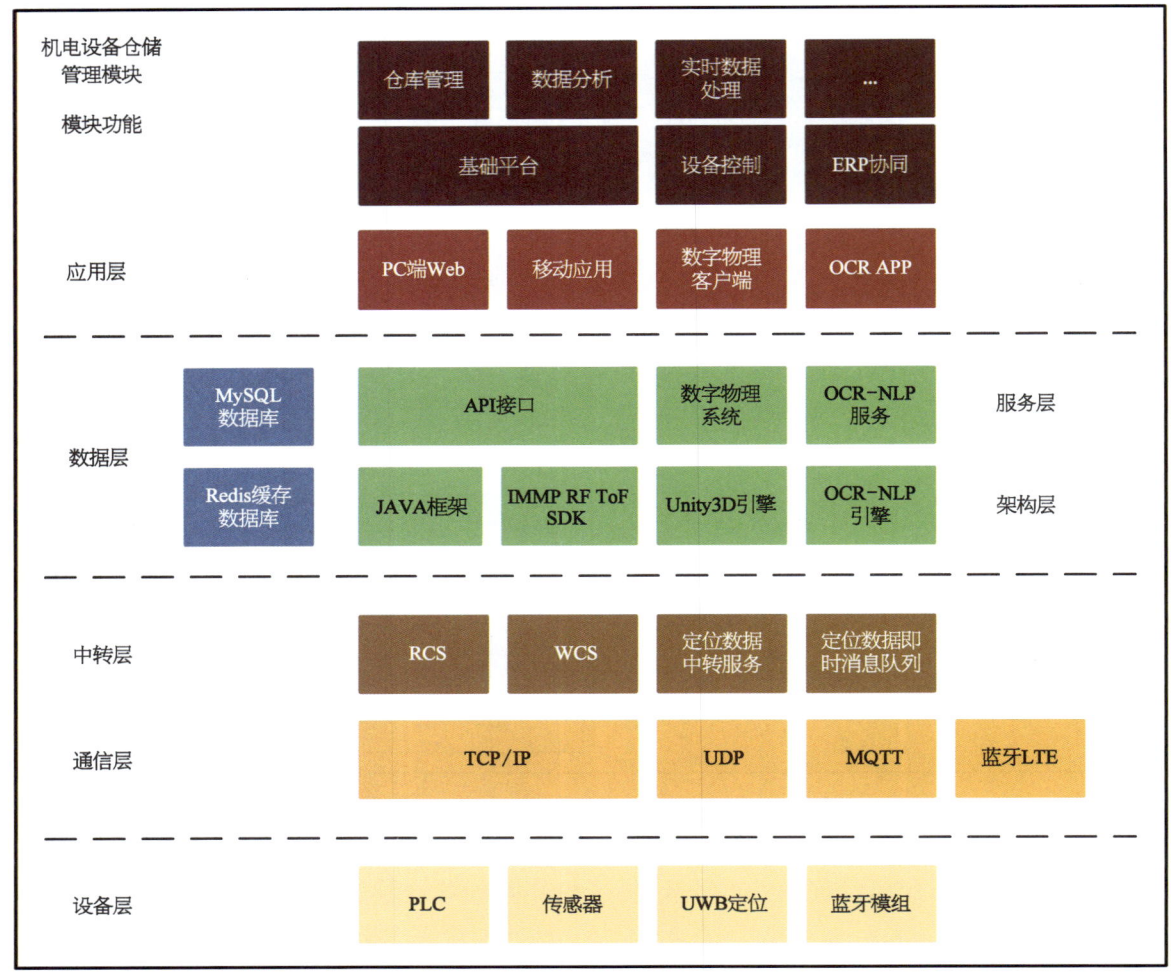

图 8-5 机电设备仓储管理模块架构图

层的 WCS 和 RCS 等中间件系统的紧密集成，PLC 确保物料管理的精确执行和设备的实时响应。

机电设备仓储管理模块采用分层架构，优化了操作效率与准确性。系统设计注重可扩展性与模块化，简化了维护和升级过程，确保适应业务和技术的演进。该平台作为一体化解决方案，提升了物料管理的效率和可靠性。

4）机电设备仓储管理模块功能

首制邮轮建造过程中有多达 168 套主要机电设备，累计约 200 万件物资，是邮轮物资仓储过程中最为复杂的管理对象。机电设备仓储管理模块提供了一套全面而综合的仓储、使用和管理解决方案。该系统通过融合统一的作业流程和多源数据集成，实现资源的最优化配置与流程自动化，显著提升了效率和准确性。核心功能包括系统管理、仓库维护、出入库操作等，如图 8-6 所示。机电设备仓储管理模块功能图，这些功能构成了仓储与库存管理的基石。此外，模块借助自动化技术驱动设备和调度，实现了高度自动化的无人立库系统。模块的设计理念是以自动化驱动设备的调度来实现立体自动化仓库的操作，大大减少了人力需求。采用了 OCR 机器视觉识别技术，它能快速处理到货信息的复杂录入，简化了操作流程并提升了数据的准确性。

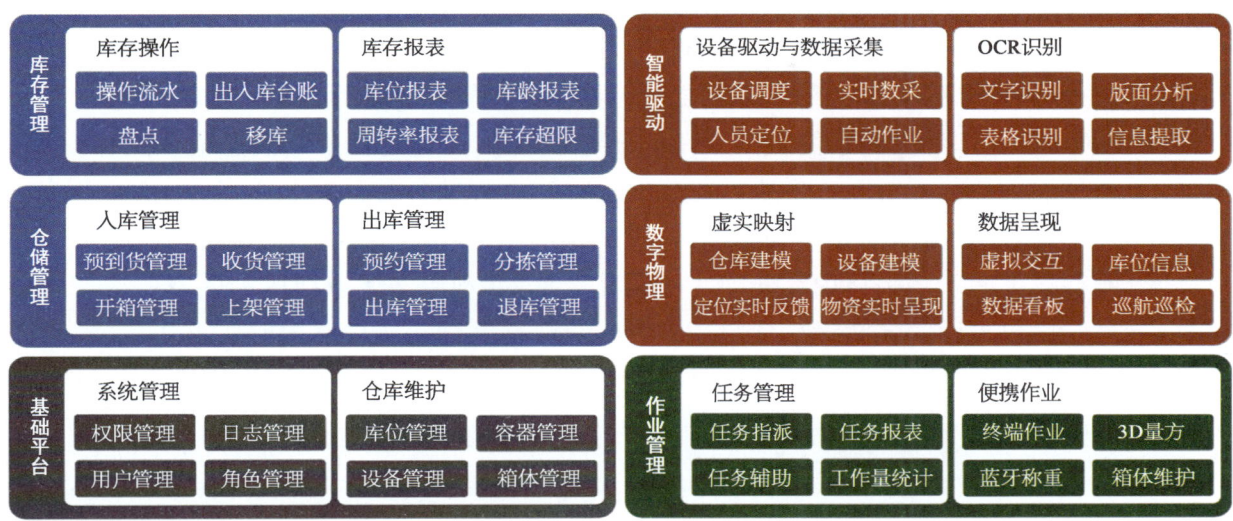

图 8-6　机电设备仓储管理模块功能图

其中核心功能主要有如下几点：

(1) 云开箱管理如图 8-7 所示，在机电物资管理中实现了物料开箱信息的实时、准确采集，提高了机电物资开箱管理的效率，避免了传统开箱过程的繁琐和流程的复杂性。另外，云端的开箱视频集中管理不仅提升了数据的可视性和透明度，也使得开箱信息能够实时共享，帮助物资管理员快速、准确地处理物资到货的流程，降低了信息传递的延迟和不确定性，提高物资的可视化管理水平。

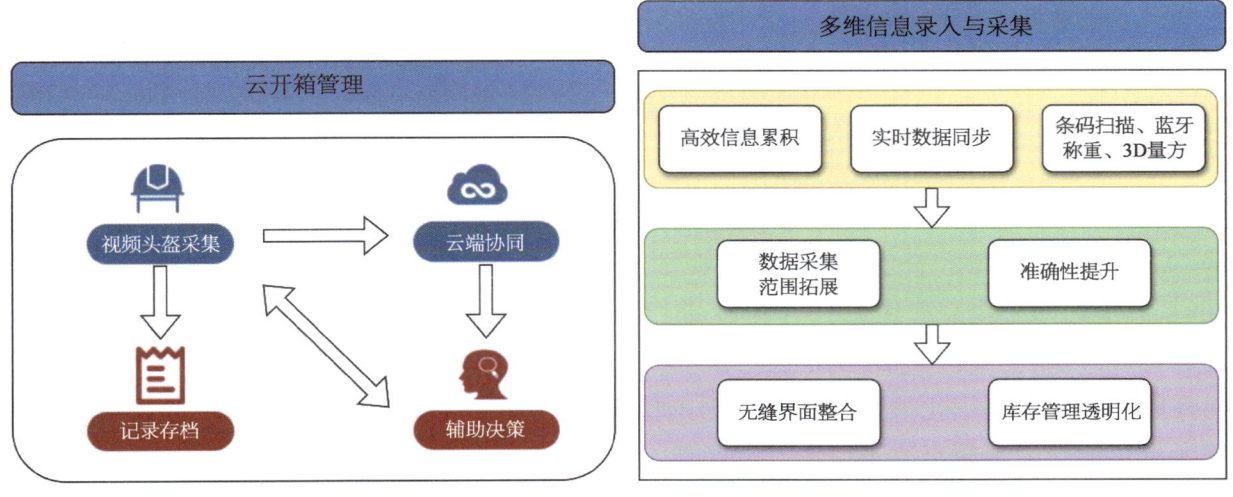

图 8-7　云开箱管理功能示意图　　　图 8-8　多维信息录入与采集功能示意图

(2) 多维信息录入与采集功能在广阔的数据维度上实现了高效的信息累积与输入，提升了信息的完整性和精确度，其功能结构如图 8-8 所示。通过 PC 与移动端界面的无缝整合，配备前沿的条形码与二维码扫描技术、蓝牙称重和 3D 量方功能，显著提高了数据录入效率与准确性，有效减少了手动输入的需求，降低了数据输入错误的风险。系统还通过支持图像与三维数据类型,拓展了数据采集的范围。此外,机电设备管理模块能实时采集自动化设备的运行数据,确保现场调度与内部服务能够即时更新。设备状态的任何变化都会自动同步至系统,实现库存操作的实时反馈和可视化管理,从而提高了操作效率与管理透明度。

(3) OCR视觉识别。为了简化大型邮轮机电设备预到货过程中的信息输入工作,模块集成了OCR识别功能,如图8-9所示,通过快速扫描,识别各类箱单上的多种文字,有效减轻工作人员信息录入工作的负担,并显著提升数据的精确性。OCR服务采用先进的文档分析技术,能够将页面上的表格内容转换为结构化数据,并利用文字识别技术进一步完善文本信息。另外,用户界面的灵活设计使得用户可以直接在文件上定位并提取所需文字,极大提高了文本检索和提取的效率,不仅加速了数据处理过程,还确保了高度准确的文字内容提取。

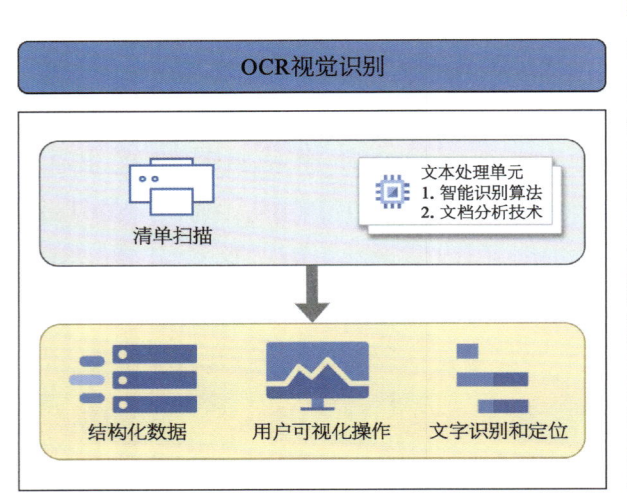

图8-9　OCR视觉识别功能示意图

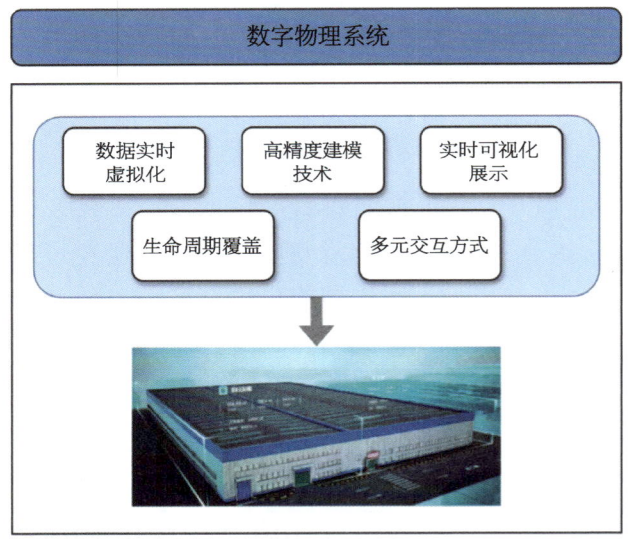

图8-10　数字物理系统功能示意图

(4) 数字物理系统功能实现了数据的实时虚拟化,该功能通过从多个来源精确采集数据,提供了一个动态的仓储管理视图,如图8-10所示。基于高精度的仓库和设备建模技术,系统能够对整个仓库及其操作流程进行实时的虚拟映射,有效覆盖仓储的整个生命周期。此外,该功能支持丰富的交互方式和多种可配置的数据面板,能够实时展示仓库全景、库存状态和各种可视化数据。这种全面的信息展示大大增强了仓储操作的透明度,帮助管理人员快速准确地做出决策。通过这些技术优势,提升了管理效率,为企业带来了创新的仓储解决方案。

(5) 库位管理功能通过先进的可视化技术和智能算法,实时反馈物资的堆放及立体仓储状况,如图8-11所示。该功能采用不同的标记和色系区分在用库位和待用库位,使库存状态一目了然。每个在用库位都详细展示了存放物资的明细、重量、占用体积及占用周期,而待用库位则显示数量、种类(如高位货架、地堆、双层平台、自动提升货柜等)及预计可存放物资类型和体积。

技术层面,库位管理功能运用了复杂的数据分析和图形表示算法,如空间优化算法和存储预测模型,以优化库位分配和物资存取策略。不仅提高了库存管理的精确性和响应速度,还支持复杂查询与实时更新,确保库存信息的精确反映和快速访问。

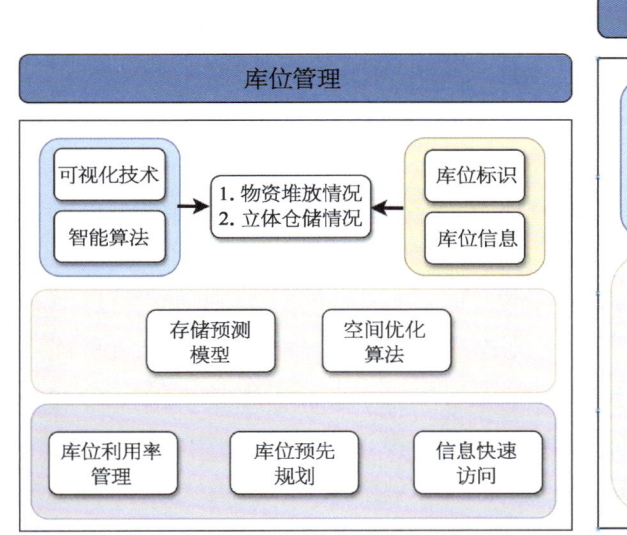

图 8-11　库位管理功能示意图

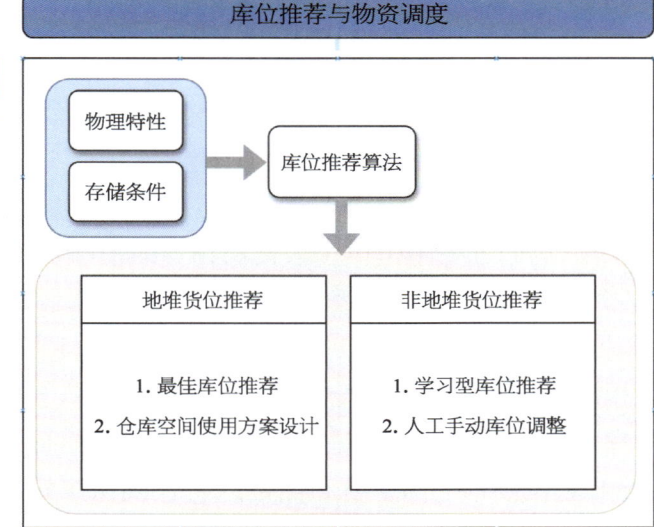

图 8-12　库位推荐与物资调度功能示意图

经济价值方面,通过减少库位过剩和空间浪费,优化库位利用率,从而降低仓储成本并提高操作效率。智能规划工具还可以帮助管理人员对即将入库的物资进行预先规划和合理安排,这不仅提升了物流效率,也增强了对生产需求波动的应对能力。

(6) 库位推荐与物资调度功能采用先进的算法和技术,为操作人员提供科学的库位推荐,确保待入库物资被放置在最合适的库位中,如图 8-12 所示。系统针对地堆货位的物资,通过物料的尺寸和重量信息,自动推荐最佳的库位。由于推荐算法充分考虑了货位的物理特性和存储条件,从而最大化仓库空间的使用效率并减少搬运时间。

对于非地堆货位,系统利用预设的库位存储规则和物资上架的历史数据,智能推荐合适的库位。这种基于历史数据的推荐机制不仅提高了库位分配的精确性,也优化了整个物流流程。操作人员在接收到系统推荐后,还可以根据现场的实际情况进行调整,增加了操作的灵活性。通过优化库位分配,本系统显著提高了仓库的存储效率和操作速度,减少物资搬运和搜索时间,也直接减少了劳动力成本和潜在的物料损耗。

(7) 库存管理。对于含最低及最高库存设置要求的物资,具备库存提醒模块,一旦高于或低于设置标准值时能主动触发预警功能,通过专门的库存提醒功能界面,提醒采取相对应的措施,保障机电物资库存在合理范围之内。

(8) 跟单管理。跟单管理与公司协同管理模块相对接,根据协同管理模块提供的物资信息(包含但不限于到货物资种类、重量、到货时间、厂家信息等)预知机电物资到货信息和到货物量,并基于此内容对各班组提前分配工作,有效释放人力与设备资源。

(9) 剩余物资管理。系统能够在完成交船后发起剩余物资处理程序,主要通过以下步骤:

① 对于在库物资进行剩余物资属性的维护,实现根据船号、生产部门或安装状态等选项统计剩余物资清单及剩余物资 Excel 表单导出功能。

② 支持授权用户对于已定义的剩余物资清单进行再利用处置意见的填写和提交功能,后台自动进行处置意见的汇总。

③ 支持管理员权限用户对于已提交的剩余物资再利用处置意见汇总的表单进行最终判定操作。

(10) 实时定位。实时定位功能采用了先进的 UWB(超宽带)定位技术结合智能设备的数据采集,为仓库管理提供了人员和物资的精确实时定位解决方案,如图 8-13 所示。该功能通过固定频率采集定位数据,并通过专门的数据服务进行处理。处理后的数据则通过消息队列实时传输至数字孪生客户端,实现仓库内人员和物资位置的 3D 实时显示。实时定位功能不仅提高了仓库操作的安全性和效率,还增强了仓库管理的透明度。数字孪生技术的整合允许管理人员以三维视图实时监控仓库动态,从而更快地响应操作需求并优化资源分配。此外,UWB 定位技术的高精度和低延迟特性确保了定位信息的准确性和实时性,极大地提升了物流和人力资源的管理效能。另外,通过减少搜寻时间和提高响应速度,显著降低了操作成本,并通过优化资产和人员配置,提升了整体运营效率。这些技术优势使得实时定位功能成为提高仓库管理水平和企业竞争力的关键工具。

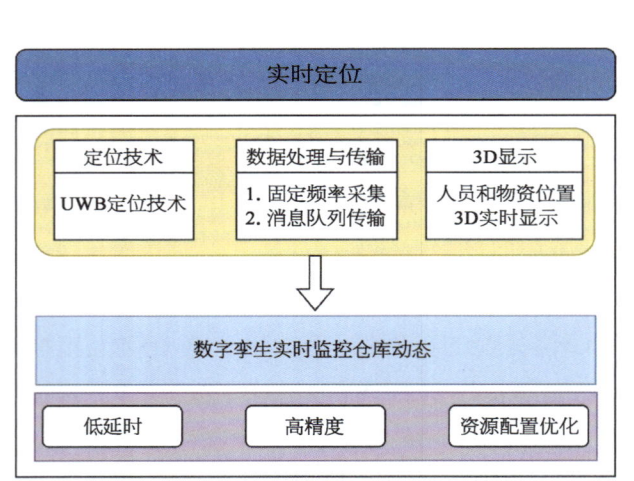

图 8-13 实时定位功能示意图

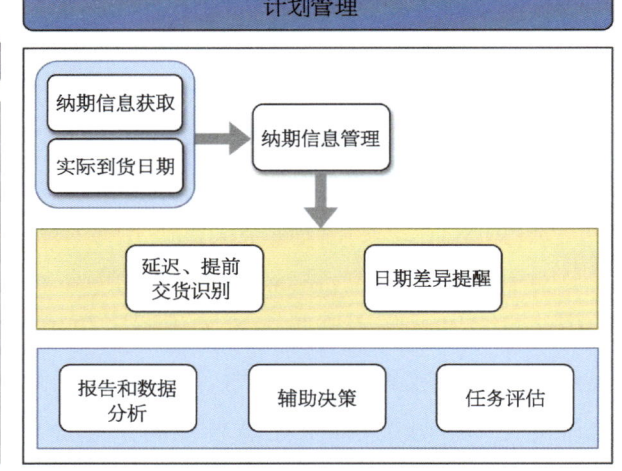

图 8-14 计划管理功能示意图

(11) 计划管理功能设计用于增强仓库操作的透明度和预测能力,支持从上游系统获取纳期信息并记录,同时与物资的实际到货日期进行对比,以便准确识别交货的延迟或提前情况,如图 8-14 所示。当存在任何纳期与实际到货日期的差异时,系统会自动生成预警或提醒,进一步地,系统能生成详细的报告和分析数据,显示物资纳期与实际到货日期的对比,从而帮助管理层做出更为精准的决策。

此外，计划管理功能还支持在创建出库单时根据生产情况和库存状况等多种因素设定期望出库时间。当物资实际出库时，系统记录这一时间点作为实际出库时间，并将期望出库时间与实际出库时间进行比较。这一功能不仅可以评估出库任务的准确性和效率，还可以为优化仓库管理提供了关键的数据支持。

机电设备仓储管理模块通过整合如云开箱管理、多维信息录入与采集、OCR 视觉识别、数字物理系统、库位管理、库位推荐与物资调度、库存管理、跟单管理、实时定位和计划管理等多个关键功能，为管理人员提供了一个全面、高效的机电物资仓库管理解决方案，旨在通过协同工作，优化仓库操作流程，提高数据处理效率，减少运营成本和提升仓储效率。

8.2.2 舾装件物资管理模块

邮轮建造过程中舾装件物资数量巨大、占地面积大、种类繁多、差异性大导致标准化程度低，管理难度大；舾装件物资管理贯穿了邮轮建造的整个流程，时间跨度长，部分标准件流转慢，仓储周期时间长。在管理中要特别注重物料的采购、存储、配送等环节，确保舾装件物资供应的及时性和准确性。

针对这些特点，开发舾装件物资信息化管理模块，从供应商生产发货、到货入库、申请出库、领用全流程进行信息化流转，以提高舾装件管理效率和质量。

1）舾装件物资管理模块概述

舾装件物资管理模块便是以二维码技术应用为核心，以托盘为单位进行舾装件管理的信息化应用平台。基于舾装件物资分类、物理性质、仓储要求、集配托盘需求等不同特性，结合舾装件物流仓储立体化布局和仓库货位规划，梳理和定义舾装件物资仓储业务相关多维度、多层级的管理流程，通过开发面向舾装件物资仓储管理模块，推动舾装件精益化仓库管理流程优化改造，准确地按照舾装物资生产现场需求时间，及时集配托盘做好配送准备。

2）舾装件物资管理业务流程

舾装件物资管理业务流程如图 8-15 所示。舾装件供应商根据 9 个月中日程制作计划进行排产和制作，制作完成后根据船厂物流集配部门提供的舾装件双周需求计划安排发货，舾装件发货前供应商必须张贴物件二维码，并经物流集配驻厂人员质检同意后再发货至船厂，物资管理员对到货舾装件进行质量自检，确认无问题后做扫码入库工作。

舾装件托盘配送过程，由仓储配托人员根据生产部门日需求计划首先进行舾装件配托，完成配托后由物流配送人员负责将托盘配送至生产部门指定现场，双方对托盘物件进行现场清点确认后，现场人员进行扫码接收。

舾装件安装过程，现场作业人员根据舾装件安装图纸将现场舾装件安装到分段、船体等结构上，完成安装后作业人员对物件二维码进行扫码确认，确定舾装件完整安装并持续对舾装件托盘大小、阶段划分合理性等问题提出管理改善意见。

舾装件物资管理模块旨在解决供应商信息协同管理、到货计划、快速入库、精细化仓储管理、管理可视化等问题。

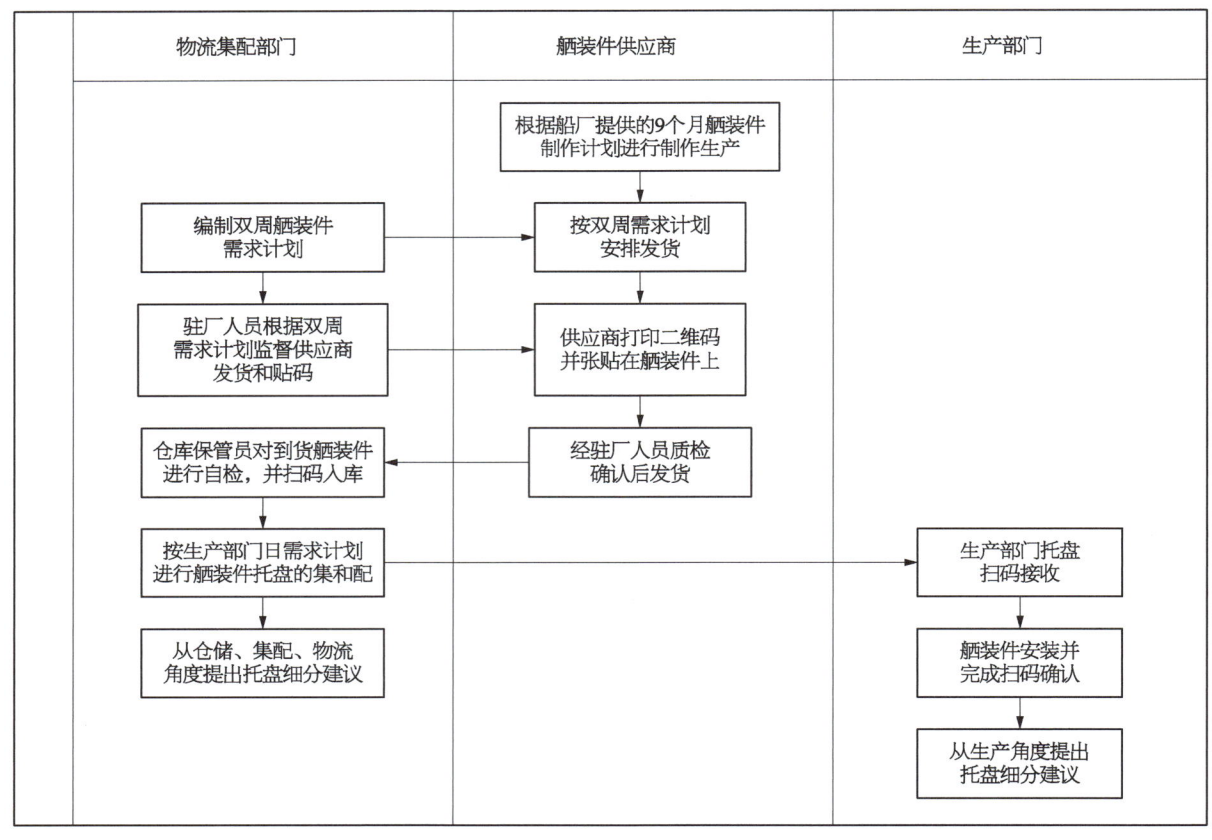

图 8-15 舾装件物资管理业务流程图

3) 舾装件物资管理模块架构

舾装件物资管理模块采用云平台技术架构,建设 SaaS 层(Software as a Service,应用软件服务层)、PaaS 层(Platform-as-a-Service,平台服务层)、IaaS 层(Infrastructure-as-a-Service,基础设施服务层)三层体系,框架如图 8-16 所示。

IaaS 层以云计算资源作为系统的基础资源层,是整个平台的基础。云计算资源包括主机、存储、网络及其他硬件在内的硬件设备,它们是实现虚拟化服务集群(云计算)的基础资源。

PaaS 层主要基于 IaaS 层提供舾装件物资管理模块所需的统一的平台化系统软件支撑服务,主要内容包括数据服务、报表服务、业务规则引擎、流程服务引擎、权限认证管理、消息服务、检索服务、文件接口等[91],这些平台的基础服务满足云架构的部署方式,通过虚拟化、集群、负载均衡等技术提供云状态服务,并可以根据需要随时定制及扩展。通过一系列调试工具集,包括快照工具、性能分析工具、命令行工具、日志调试工具等,实现系统问题的快速定位,极短时间内快速解决问题,将影响用户使用的可能性降到最低。业务规则引擎和流程服务引擎将业务自动分析和拆解成若干明细条目,动态生成逻辑规则,可快速实现业务层面复杂的算法,调理出清晰的业务流程,提供稳定可靠的业务逻辑,有效避免业务经常性变化导致生产停

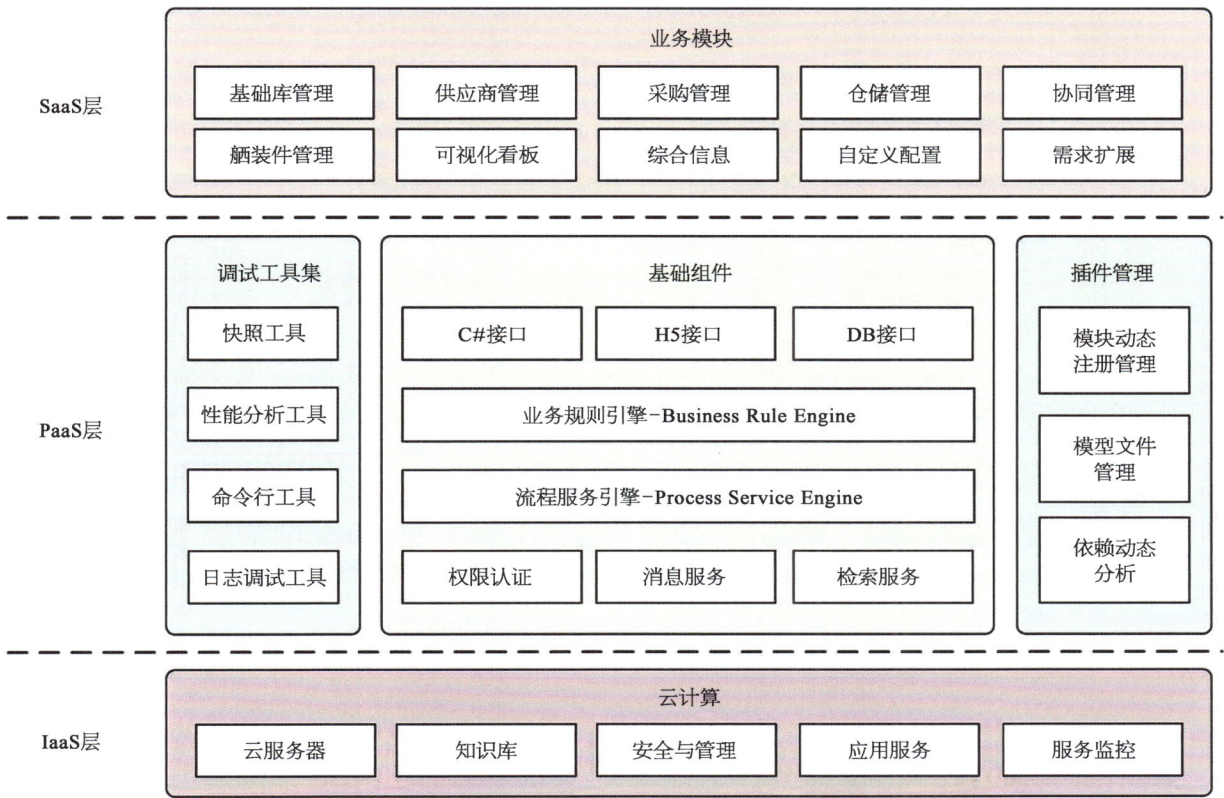

图 8-16 舾装件物资管理模块架构图

滞,提升用户满意度。动态插件管理将业务分拆成各个插件,热插拔式动态插入系统,在不影响生产的情况下,可快速热更新系统功能,而不用停机升级,所有模块以插件模式注入系统,通过动态分析自动调用各自所需服务,实现良好的系统架构灵活性。

SaaS 层系统对外提供的业务应用服务,依托互联网应用,实现项目和活动集中管理,大数据技术驱动的集团化管控[92],对舾装件的业务分类出若干单独的应用模块,形成若干舾装件物资管理服务。系统模块包含基础库管理、供应商管理、采购管理、仓储管理、协同管理、舾装件管理、可视化看板、综合信息,随着用户深入应用也可按用户具体需求定制模块。

4) 舾装件物资管理模块功能

舾装件物资管理模块涵盖了供应商管理、采购管理、质量管理、协同管理及仓储管理等 5 大主要管理功能,如图 8-17 所示。

依托舾装件物资管理模块的应用,大型邮轮建造舾装件物资仓储实现了管理提升,主要体现在以下几方面:

(1) 供应商协同管理:供应商将舾装件生产进度及关键时间节点上传系统,将采购、纳期信息在系统上更新,实现信息协同,同时对 PO 导入日期、收图日期、发货日期、到货日期、检验日期、入库日期、配送日期等信息进行全流程记录,供应商可根据船厂需求计划合理安排送货时间,并建议供应商根据纳期计划合理安排舾装件生产制作计划,以防库存积压。

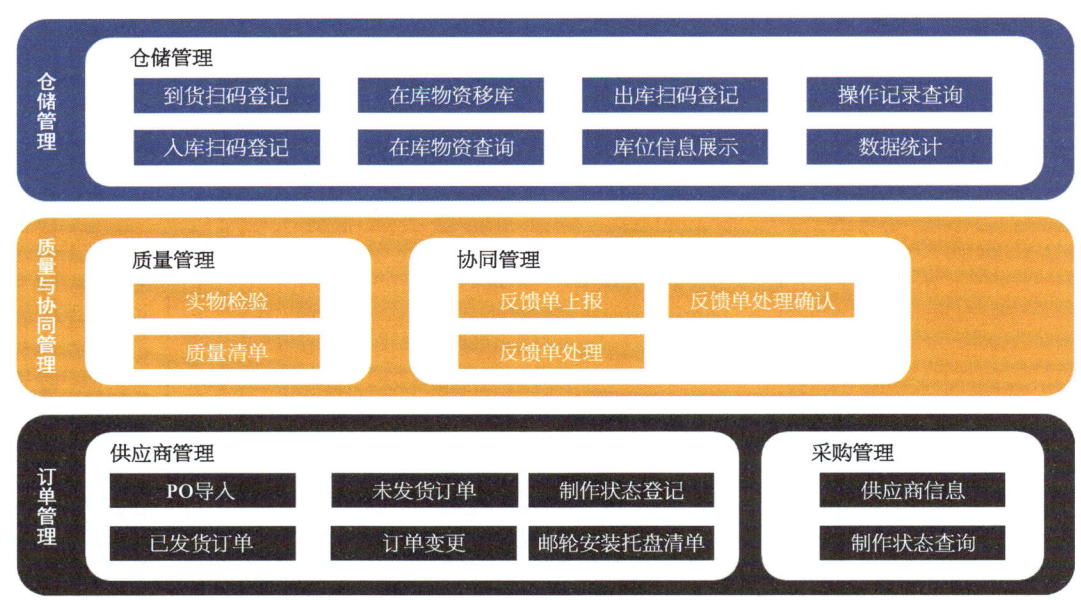

图 8-17 舾装件物资管理模块功能图

图 8-18 舾装件物资仓储全流程扫码

(2) 一码通流程追溯：系统通过抽取工程号、分段号、物资编码、模型件号等信息作为单一数据源，生成满足物资需求高频变化的物资码、托盘二维码，采用"一码通"对设计、采购、供应商排产等各环节发生变更后，及时更新物资、托盘二维码，实现快速响应与调整，如图 8-18 所示。"一码通"的应用将在提高生产效率、降低信息录入差错率、优化库存管理以及加强合作伙伴关系等方面发挥重要作用。

(3) 托盘流转进度看板：管理者可通过统计看板实时了解从供应商发货到托盘仓储、出库的物流集配具体进度信息，如图 8-19 所示。

(4) 托盘预约制：物流集配计划管理人员根据双周舾装件托盘需求进行系统预约，以确认托盘物资是否已入库，对还未入库的缺件物资及时汇总后反馈采购部门和供应商。托盘系统预约成功后，物流集配根据生产部门的实际需求提前 3 d 将托盘指派给仓库配托人员，根据托盘清单完成实物配托。

(5) 报表分析：利用报表统计、分析方法对大量舾装件仓储管理数据进行分析，汇总、理解并消化，可按舾装件物资的总览报表、集配的出入库、库存数量、库存周期等维度进行数据挖掘并加以分析数据，供管理层人员作出有效决策判断。

通过舾装件物资管理模块能够实时掌握厂家生产状态，通过舾装件物资从制作—发

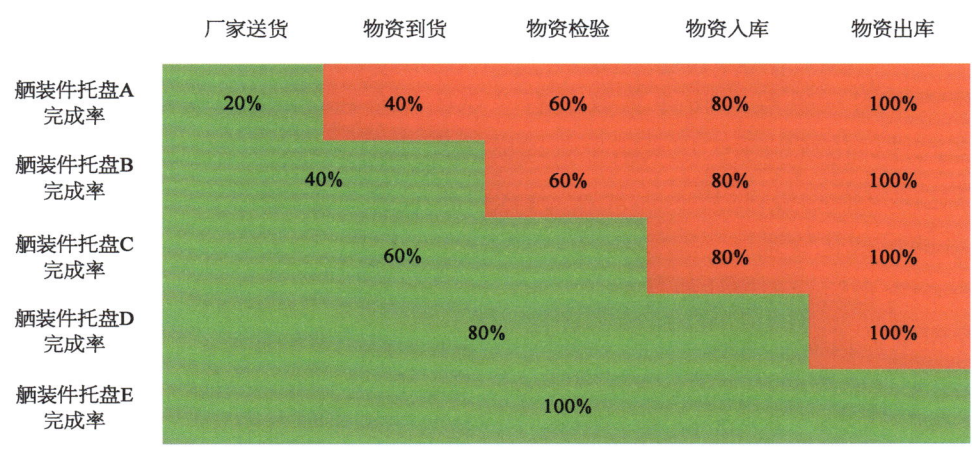

图 8-19　舾装件物资流转进度表

货—入库—配送—出库—安装的全流程扫码操作，使得各业务流程的数据收集和录入变得简单高效，不仅提高了舾装件物资管理的工作效率，而且降低了仓储和人力成本，实现舾装件物资全生命周期信息化管理。借助舾装件物资管理模块，如图 8-20 所示，运用数据分析及时发现问题和预警，追溯问题根源，保证舾装件的准时到货，为计划对应执行和产品质量控制提供了重要的基础保障。

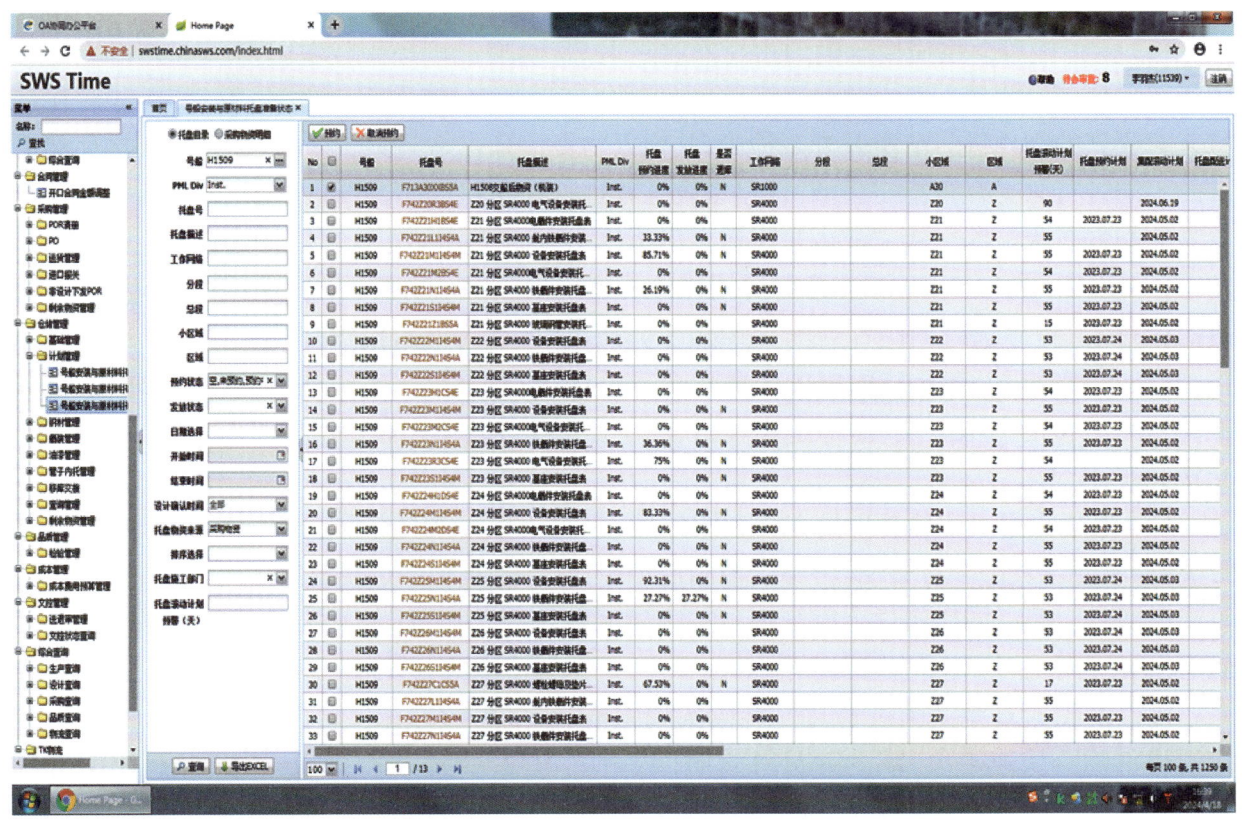

图 8-20　托盘预约界面

8.2.3 阀件物资管理模块

常规船舶平均一条船的阀件总数只有 3 000 个左右,而大型邮轮的阀件数量共计约有 20 000 多阀件。传统的手工记录信息管理模式难以高效支撑邮轮的阀件精细化管理,有必要结合信息化的发展趋势,推进系统开发,升级阀件管理功能,提高大型邮轮工程物流运作效率,实现阀件的可视化管理。

1) 阀件物资仓储管理模块概述

阀件管理模块利用二维码等物联网技术实现物资标签化,通过手机端及 PC 端双端信息化操作,减少纸质单据流转次数,提高现场出入库速率;通过 3D 扫描设备获取常规阀件的外观尺寸,在系统中建立 1∶1 模型,通过可视化看板及亮灯拣选操作,快速实现物资定位;通过数据分析及图表直观展示阀件物资管理各项指标数据。

2) 阀件物资仓库管理业务流程

邮轮阀件业务流程主要是供应商根据采购订单及到货纳期进行生产发货,送货车辆提前在手机端申请物资送货进厂,车辆到厂后司机可在手机上实时查看厂内路径导航,根据导航直送指定仓储区域,减少车辆在厂内的无效行驶路程;阀件到货后物资管理员根据到货清单核对到货物资明细,通过 3D 扫描设备完成阀件模型 1∶1 还原,通过扫描二维码和库位推荐功能快速完成入库;生产部门根据建造计划提出需求申请,物资管理员扫发放单,通过亮灯快速拣选配托完成发放,业务流程如图 8-21 所示。

(1) 入库流程。供应商车辆到达仓库收货区后,管理员审核到货单,进行入库登记,并将到货资料提交给收货人员。收货人员将阀件卸货到理货区,核实阀件数量、重量、尺寸后在理货区对收到的阀件进行分类及外观检验,并根据物资信息张贴对应二维码,合格品依据存储要求的不同进行分类存入指定区域,根据系统推荐进行入库,收货人员通过扫码进行入库。生产急需的阀件在集配区交接完成后直接送至出货区出库。

(2) 出库流程。生产部门提前向阀件仓库申请出库单,物资管理员按出库单明细到各存储区拣货,将拣选好的阀件运输至集配区配托盘,再将阀件按托盘归类放置木质托盘或木箱,配托盘完成后叉车员将配好的托盘运至出货区,检验员再次检验规格、数量后暂存,待次日配送人员将前一天配好的托盘装车出库送至生产线边,现场工作人员检查完成后完成交接。

(3) 退货流程。仓库管理员在收到阀件后,在收货区对阀件按到货单进行清点及理货区分类、检验时发现的不合格品,将不合格阀件拍照留档后,将阀件运至退货区,待评估后决定回收或退回供应商。同样阀件仓库管理员在理货区分拣时,发现阀件有不良品、多余品、分类存储时损坏等问题时,对不合格品拍照留档后,将不良品转移至退货区处理。

阀件物资管理系统旨在通过二维码实现物资标签化,扫码实现物资快速入库,通过亮灯指引进行物资快速定位,减少人员寻货时间,利用 3D 扫描还原阀件模型,并在看板上直观体现仓储状态。生产领用人员通过发放看板实时了解配托状态,从而进一步优化阀件物资管理。

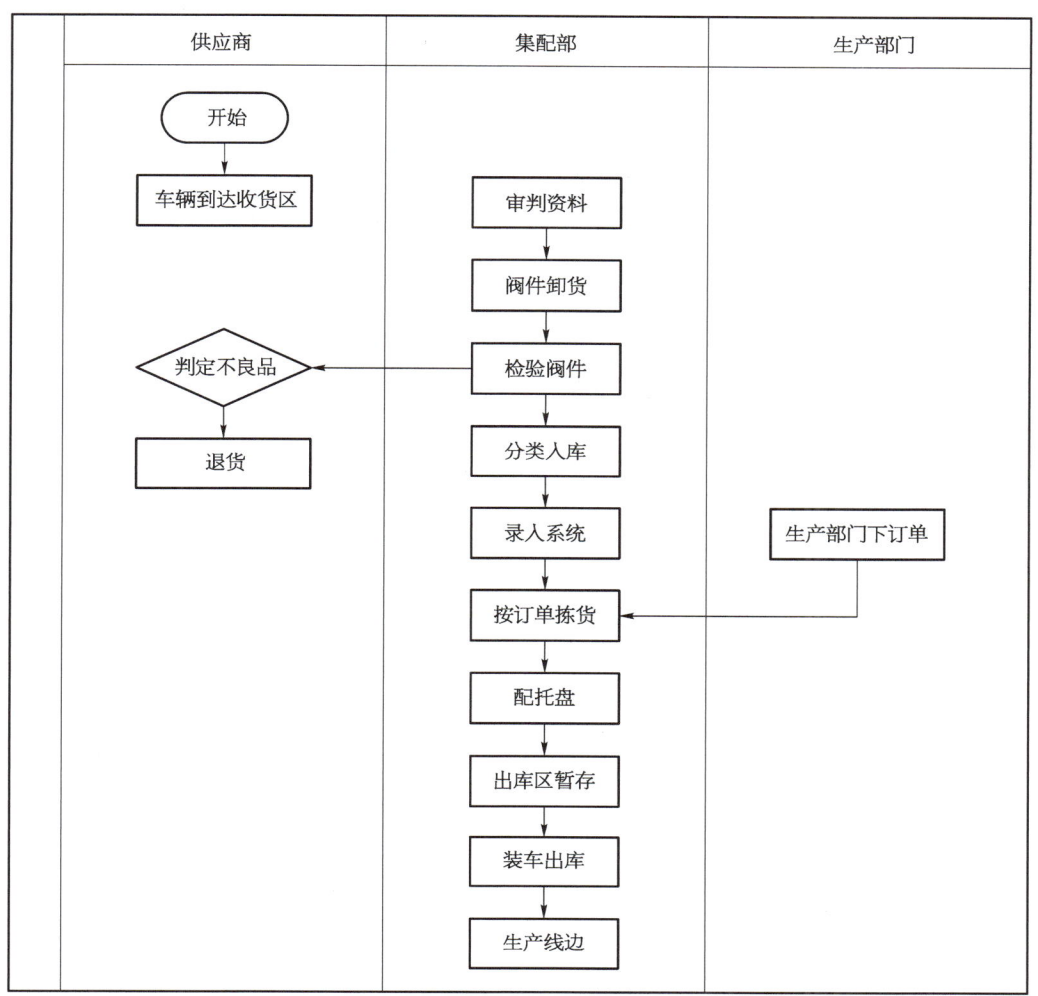

图 8-21　阀件物资管理业务流程

3）阀件物资仓储管理模块架构

阀件物资仓储管理模块架构如图 8-22 所示。

（1）用户层。用户层作为系统的最前端,负责与用户的直接交互。用户通过使用 Chrome 浏览器来访问系统的各项功能。用户层主要处理与用户的直接交互,包括数据的展示和基本的输入输出处理。

（2）表示层。表示层负责生成用户界面,处理页面的显示逻辑,并进行用户输入的验证。在技术实现上,表示层主要由基于 EXT 框架的 JavaScript 脚本及基于 Struts 框架的 JSP、Action 和 ActionForm 组件构成。JavaScript 脚本用于增强页面的交互性,JSP 负责渲染视图,而 ActionForm Bean 处理视图与控制器之间的数据传递,Action 负责单个事件的流程控制。

（3）业务层。业务层处理系统核心业务逻辑。它封装了业务规则、数据和业务流程。业务逻辑对象（Business Logic Object，BLO）在这一层中实现,其将业务规则、约束、活动和数据结合在一起,而 Spring 框架负责管理这些对象,确保业务处理的高效和灵活。

（4）数据访问层。数据访问层专注于数据的持久化和检索,是系统与数据库交互的桥梁。

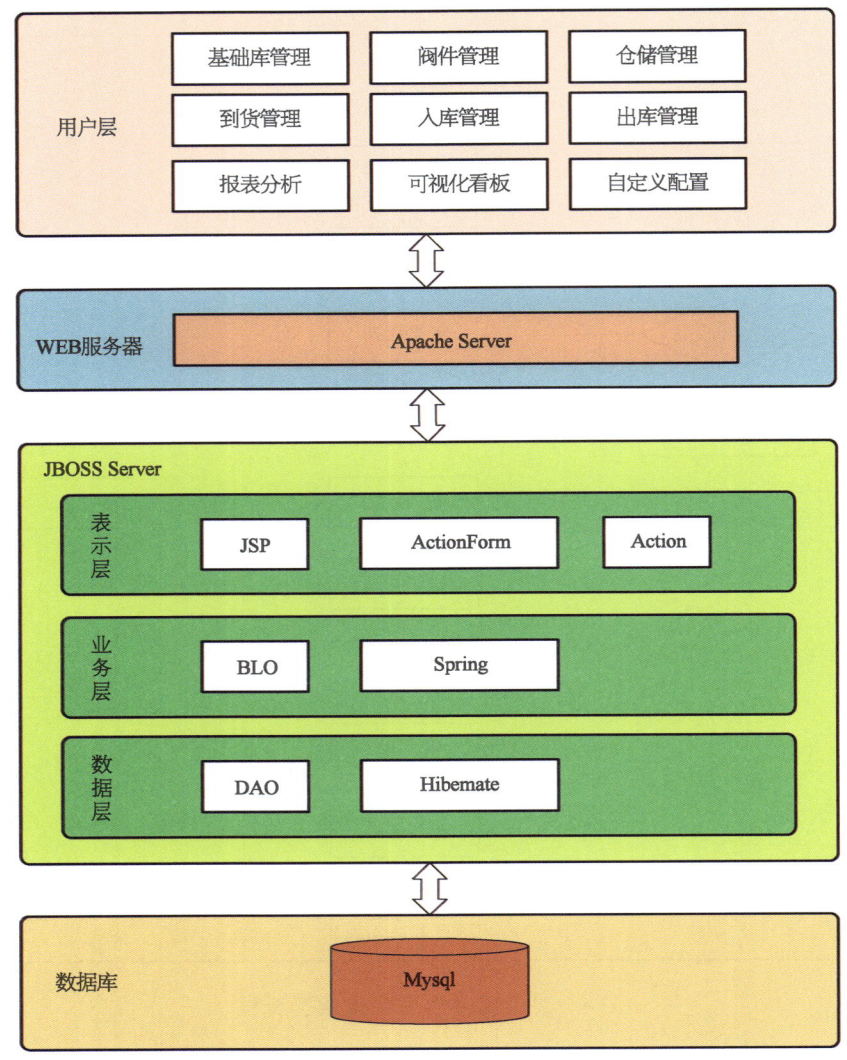

图 8-22 阀件物资管理模块架构图

通过数据访问对象(Data Access Object,DAO),数据访问层将数据库操作与业务逻辑分离,支持系统的数据完整性和一致性。

(5) 数据传输对象。数据传输对象(Data Transfer Object,DTO)主要用于在不同系统层间传递数据。作为 JavaBean 对象,DTO 承担着封装和传输层间数据的任务,提升了系统的数据处理效率。

阀件物资仓储管理模块架构通过将关注点分离,实现了系统各部分的解耦和独立管理。使用成熟的开源产品和框架,如 Struts、Spring 和 Hibernate,不仅缩短了开发周期,还确保了系统的可扩展性和维护性[93]。

4) 阀件物资仓储管理模块功能

阀件物资管理模块涵盖了基础管理、到货单管理、入库、出库、移库、盘点、库存管理等功能,如图 8-23 所示。

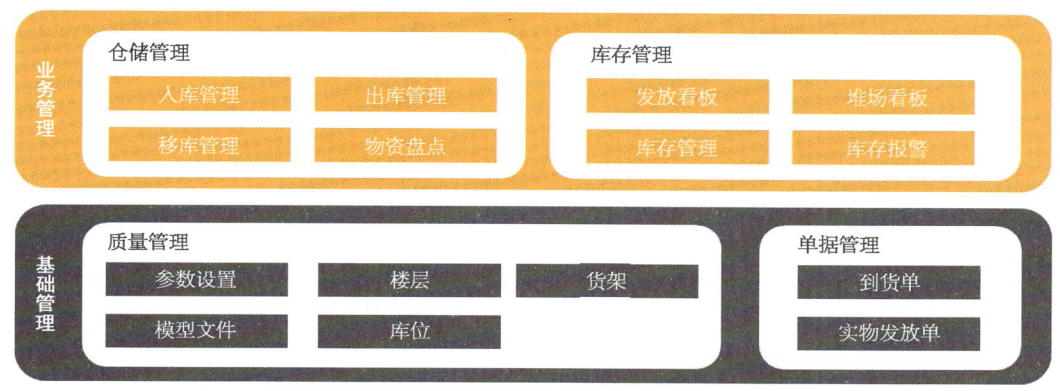

图 8-23 阀件物资管理模块功能图

（1）基础数据维护：系统允许用户设置和管理仓库的基本信息，包括仓库名称、地址、联系人等。这些信息为后续的操作和管理提供基础数据；创建、编辑和查询库位的功能，用户可以输入库位的编号、名称、所属区域等信息，从而有效地组织和利用仓库空间。

（2）单据管理功能：用户可以根据需要设置物料入库、出库等关键单据的生成流程。这包括单据的分类、样式和编号规则等；系统支持在线填写单据，使得员工能够方便地录入相关信息。同时，系统还提供审批功能，确保单据在提交后能够得到适当的审核和批准，保证信息的准确性和合规性；所有处理过的单据都会被系统自动存档，方便用户随时查询和调阅。这一功能简化了单据的追溯和管理，提高了整体的工作效率。

（3）业务管理功能：完成入库、出库、移库、盘点等业务功能，可实现入库记录查询、删除，出库记录查询、删除，移库记录查询、删除，盘点记录查询、删除、差异比较。

（4）三维堆场看板功能：通过可视化看板，还原堆场仓储展示，直观显示仓库仓储状态，可以点击每个库位准确查找库位物资信息。

（5）库存预警：根据不同船型的业务需求，设定不同的预警时间，对于仓储时间过长的阀件物资，由管理人员核对集配计划，并提醒各生产部门及时领用，确保物资及时发放。

（6）库位推荐：物资入库过程中，通过扫描二维码自动识别阀件基础信息，通过模型比对和入库规则，自动推荐合适库位，方便物资管理员进行快速入库。

（7）亮灯拣选：物资管理员扫发放单后，系统根据物资所在库位区域进行亮灯，视觉化的作业引导可以减少人员寻找货物的时间。

通过阀件物资仓储管理模块能够实现阀件物资快速出入库，通过亮灯拣选功能实现需求物资仓储区域快速定位，提高物资管理员配托速度。生产部门领用人员能够通过发放看板准确了解托盘拣选进展和发放状态，实现阀件物资可视化管理。

8.2.4 Turnkey 类物资管理模块

根据合同约定，大型邮轮 Turnkey 类物资由分包商进行管理，由于缺少有效的信息协同系统，物流集配部门无法实时有效获取物资数量、规格、来源和去向等信息，这样不利于信息的统筹和物资配送活动的协调。利用 Turnkey 类物资管理模块，原本只掌握在供应商自己手中的

Turnkey 类物资信息和场地使用信息实现了信息共享,助力实现大型邮轮大量 Turnkey 类物资的穿透式管理。

1) Turnkey 类物资管理模块概述

在邮轮建造分包模式下,通过对分包商到货及出入库计划填报提升对于分包商计划及资源的掌控,应用二维码等物联技术实现邮轮分包商自主管理物资从到货到上船安装全流程信息化管理;结合"箱单"整体到货及"分批出库"模式,简化人员出入库信息填报操作步骤,提高信息录入效率,系统性提升 Turnkey 类物资及仓储资源管控能力,最终达到信息协同管控的目的。

2) Turnkey 类物资管理业务流程

根据业务系统流程,Turnkey 分包商在固定时间节点完成计划填报,待计划到货箱单完成到货后张贴箱码并进行扫码入库,物资管理员检查根据实际入库情况对入库单据进行确认,如有差异可以拒绝入库,库存信息回滚。Turnkey 分包商根据现场实际需求上传出库计划,物资管理员进行审核,审核完成后 Turnkey 分包商扫箱码进行物资拣选出库,物资管理员根据情况进行出库确认,如有差异可以拒绝出库,库存信息回滚,Turnkey 分包商进行重新出库,确保账物信息一致。总体设计如图 8-24 所示。

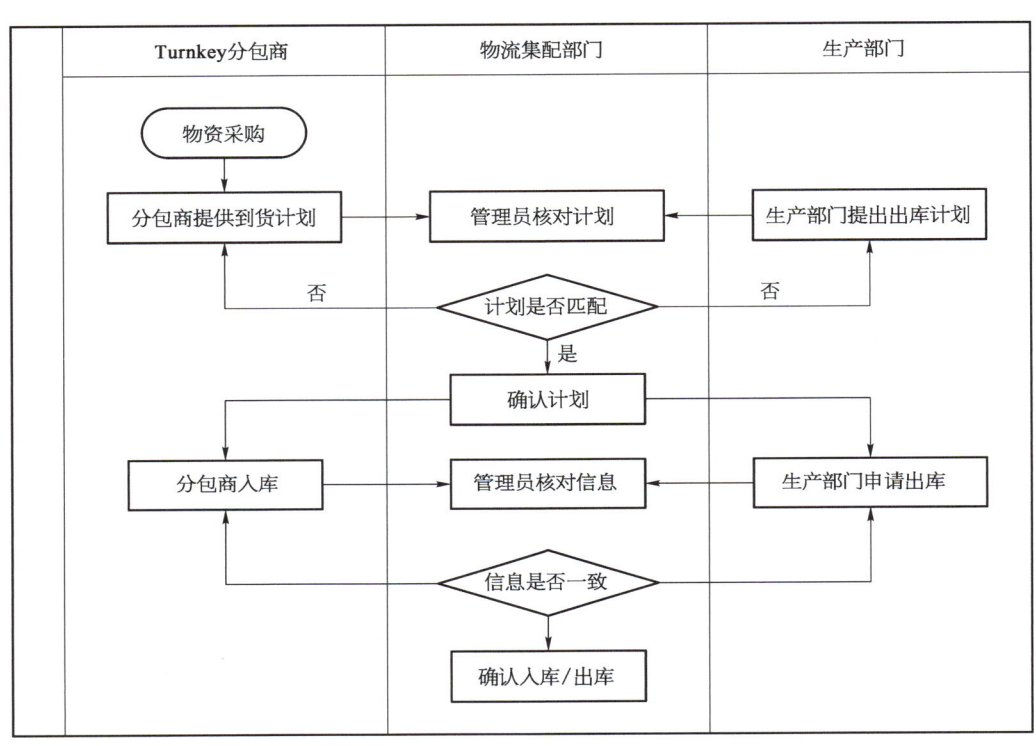

图 8-24　Turnkey 类物资管理业务流程图

(1) 计划:Turnkey 分包商根据实际需求制定到货计划及出库计划,通过系统将计划信息与仓库管理人员进行实时共享,减少人员线下沟通导致的计划信息延迟问题。

(2) 入库:Turnkey 分包商针对自行管理的物资根据实际上传计划打印二维码,并通过扫码进行入库申请,仓库管理员根据实际情况对分包商入库信息进行核实,确认无误后完成入库。

（3）出库：Turnkey 分包商根据出库计划选择出库物资，可以通过扫描箱码或物资码实现"整进零出"或"整进整出"功能，方便现场进行物资精细化管理，仓库管理人员对出库内容进行核实，确认无误后完成出库确认。

（4）场地管理：通过细化 Turnkey 分包商仓储场地，对每一个仓库进行区域划分，系统中精确到每一个库位的面积管理，根据实际出入库物资占地面积进行实时变更，有效掌握分包商仓储场地使用情况。

Turnkey 类物资管理模块旨在解决分包商计划管理不透明、线下沟通频繁导致信息传递迟滞失真；物资出入库详情不明晰，实际库内剩余物资信息无法掌握；分包商场地状态不清晰，需要经常盘查统计，管理层无法准确获取物资发放计划、出入库信息、场地实际使用情况等问题。

3）Turnkey 类物资管理模块架构

如图 8-25 所示，Turnkey 类物资管理模块架构中包含三大块，即业务层、控制层、数据模型层。

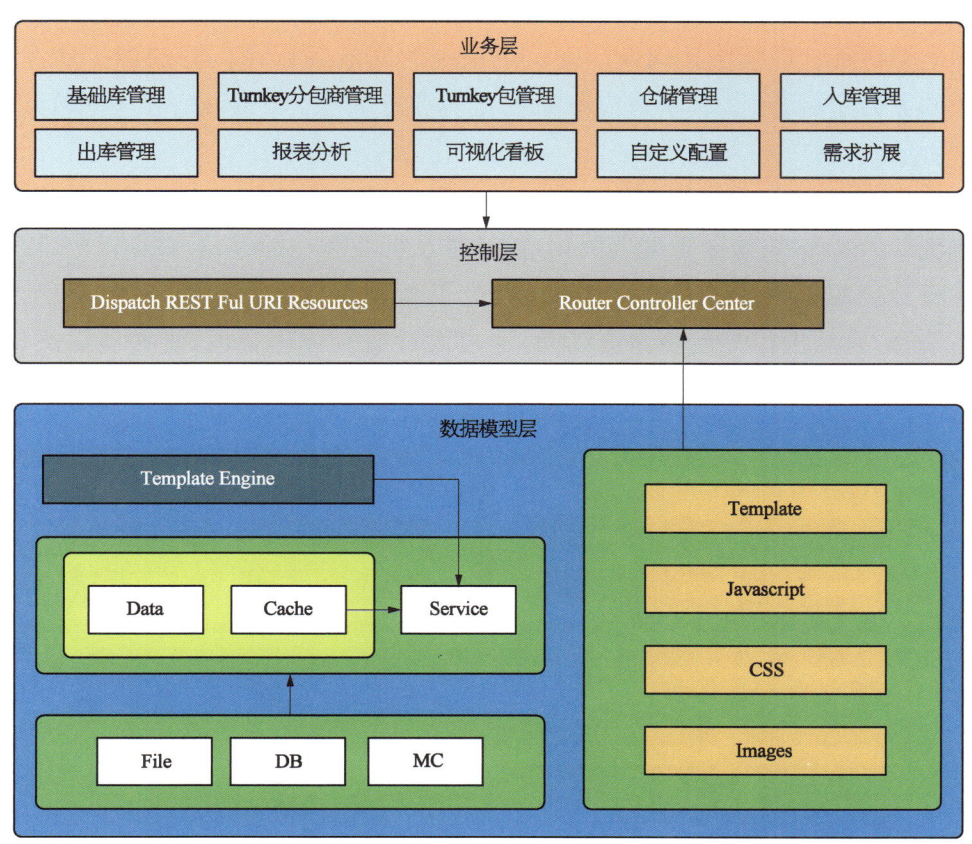

图 8-25 Turnkey 类物资管理架构图

（1）业务层。业务层负责提供对外的应用服务，将 Turnkey 的业务划分为若干独立的应用模块，构成一系列的 Turnkey 类物资管理服务。具体模块包括基础库管理、Turnkey 分包商管理、Turnkey 包管理、仓储管理、入库管理、出库管理、报表分析及可视化看板。这些模块可根据用户的具体需求进行定制，以适应不同用户的深入应用需求。

（2）控制层。控制层通过 URI REST 风格的驱动模式来驱动相应的控制类模块。控制类模块负责将业务逻辑与数据模型和用户界面结合起来，从而形成完整的用户交互行为。控制层的主要职责是解析用户请求，并将这些请求映射到相应的业务逻辑处理模块，实现数据的流转和视图的呈现。

（3）数据模型层。数据模型层由逻辑模块和基础库数据模块两部分组成。逻辑模块层主要提供控制层所需的数据应用接口，这些接口与应用逻辑紧密相关，确保数据的准确传递和处理。基础库数据模块层为逻辑模块层提供了广泛的接口支持，包括文件操作、数据库交互、缓存管理、会话控制、网络通信等。

（4）技术和服务支持。系统通过云管理平台提供必要的运行环境和基础服务，使用 Spring Boot 框架构建的 API 加强了应用间的互联互通。数据存储使用 MySQL 数据库，以保障数据的完整性和一致性。Redis 缓存被用于提高数据处理的速度和系统响应能力。系统通过 TCP/IP 和 UDP 协议实时监控服务数据，确保服务器的稳定运行。在出现问题时，系统能够及时通知管理员，并通过自动化智能处理快速恢复服务。

Turnkey 类物资管理模块架构设计确保了系统的高效运行和良好的可扩展性，同时支持对现有模块的灵活定制和升级，以适应不断变化的业务需求。Turnkey 类物资管理模块架构如图 8-25 所示。

4）Turnkey 类物资管理模块功能

为了实现 Turnkey 类物资管理透明化，设计了系统业务功能架构，如图 8-26 所示。整体业务架构是将分包商各项信息通过信息系统与仓储管理人员进行共享，实时分享计划信息及实际的出库信息，有效把控分包商物资动向，通过设计物资管理看板，将各项信息统计分析后利用可视化图形或数据直观展示，提高管理效率。

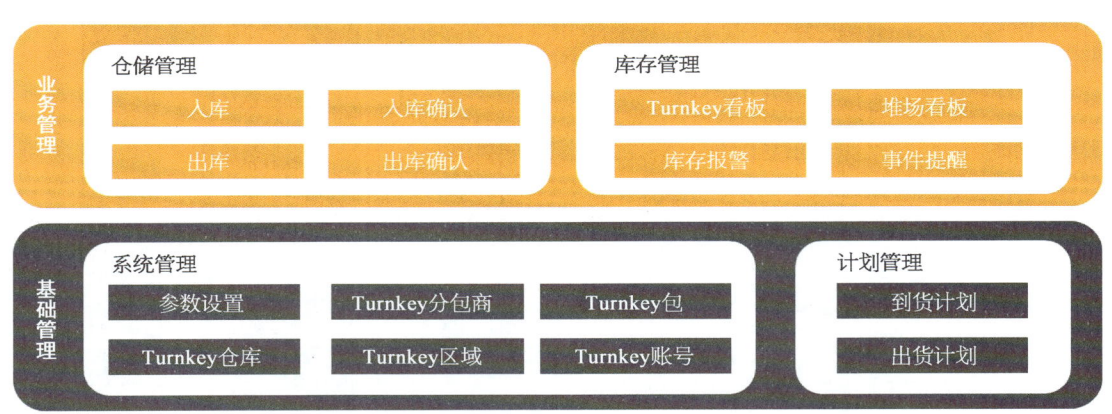

图 8-26 Turnkey 类物资管理模块功能图

（1）基础数据维护功能。本模块实现 Turnkey 基础数据的维护，包括参数设置、Turnkey 分包商、Turnkey 包、Turnkey 仓库等。参数设置包括维护报警时长等参数信息，Turnkey 分包商即维护 Turnkey 分包商信息，Turnkey 包即维护 Turnkey 包信息，Turnkey 仓库即维护 Turnkey 仓库信息。

（2）计划管理功能。Turnkey 分包商按照要求提前填写月度及周度计划，提醒仓库管理人员根据计划做好收货及场地安排，实现分包商到货计划和出库计划透明化管理。到货计划即到货计划导入和记录，可导入、增删改查到货计划。出库计划即出库计划导入和记录，可导入、增删改查出库计划，Turnkey 计划管理界面如图 8-27 所示。

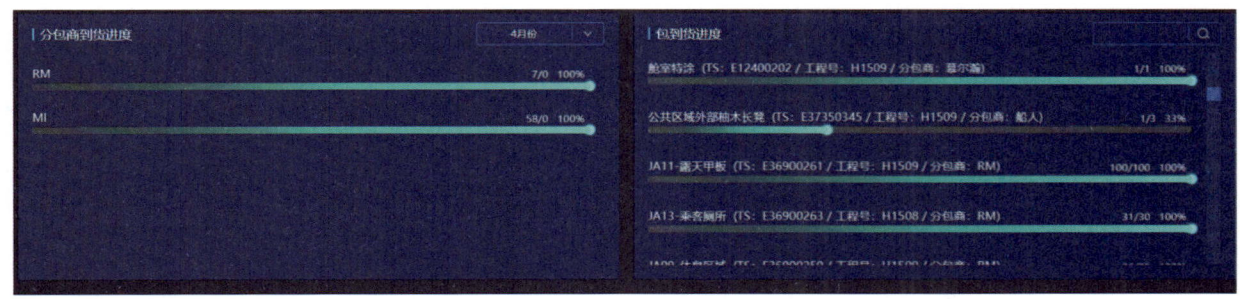

图 8-27　Turnkey 计划管理

（3）出入库管理功能。本模块通过打印二维码，并通过手机端进行扫码实现出入库操作、出入库记录、出入库确认操作、出入库确认记录等功能，可实现入库操作和入库记录，入库确认即对上面的入库信息做确认，只有经过确认的入库才生效。出库操作包含出库记录和出库确认，即对上面的出库做确认，只有经过确认的出库才生效；这种出入库方式能够有效保证分包商出入库信息的准确性。

（4）库存管理功能。本模块实现数据看板、库存管理、库存报警、事件提醒、我的提醒等功能，可实现数据可视化图表展示，维护库存数据，增删改查库存，库存预警即查询占用库存超过指定天数的物资，提醒分包商整改。流程是船厂员工在"事件提醒"中发出提醒，分包商在"我的提醒"中处理该提醒，最后船厂员工在"事件提醒"中对分包商的处理做确认。

（5）看板管理：将所有业务数据进行收集、汇总、统计、分析，利用可视化图形直观展示当前 Turnkey 包、场地及计划的各项管理数据，为考核分包商提供有效的数据支撑。Turnkey 看板管理界面如图 8-28 所示。

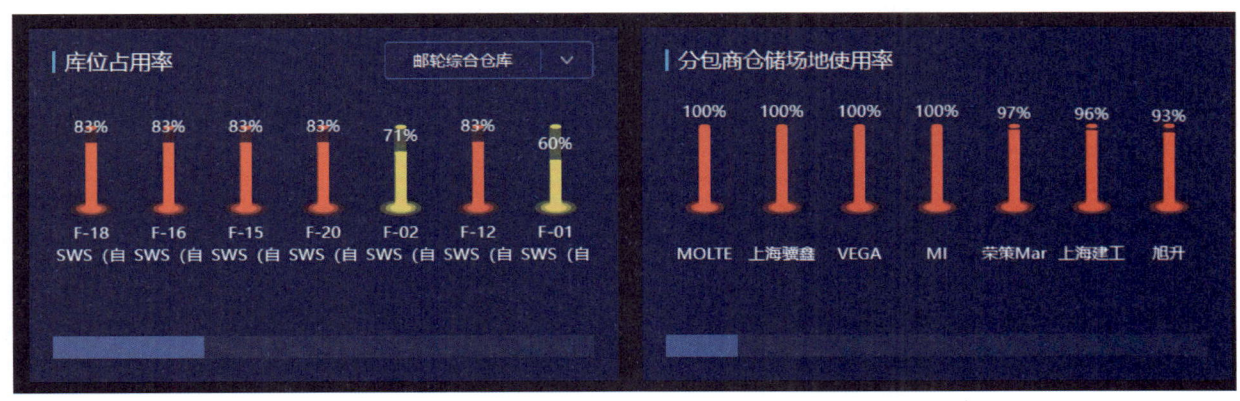

图 8-28　Turnkey 看板管理

通过Turnkey类物资管理模块功能分包商能够通过系统与管理人员及时共享计划信息、出入库信息、库存信息及场地占用信息，打开了分包商管理"黑盒"，实现Turnkey分包商的穿透式管理。

8.2.5 易耗品类物资管理模块

易耗品类物资管理模块是仓储管理系统中的一个重要组成部分，主要用于管理日常使用如生产辅助类易耗品、工具、后勤易耗、备品备件等非船用物资。这类物资具有生产现场领用频繁、消耗量大、周转快、单位价值低等特点，传统领用模式情况下现场人员只要带着签字纸质单据就能领用物资，过程缺乏有效的管控手段，这种管理模式导致了信息传递速度慢、甚至部分物资领用信息缺失、失真。因此需要在生产现场周边部署分库，通过系统性方案来满足现场生产节奏和合规化管理要求，同时为了快速响应现场物资申请及配送需求，缩短现场人员领用时间，建立分库与总库数据实时共享管理模块，减少物资、时间的浪费和损失，实现易耗品类物资精益化管理。

1）易耗品类物资管理模块概述

通过分库仓储集配协同业务流程分析及分库管理系统架构分析，构建基于云平台的分库仓库管理系统，加大信息化管理力度，提高分库的管理效率。通过仓储入库管理技术及多源数据联动的出库技术整合，整体加强易耗品的入库、出库管理方式，加强对生产部门限额领料的提醒和控制，提高易耗品的领用精度，规范操作流程，通过金额的控制，有效地控制易耗品成本。通过发放工程号、采购工程号关联易耗品，以实现易耗品的精细化管理。

三级定额管控管理模式精确化控制部门、作业区、班组三级用户领用易耗品的额度，当超额时及时报警提醒（部门）。定期向责任人推送账单，以便及时了解领用情况并加以改进。

实时查看易耗品的入库、出库等信息，以图形化方式展现库内各货区各货位存放物资的信息，提高仓储管理数据挖掘与可视化管理及数字化应用效率。

2）易耗品类物资管理业务流程

通过对分库业务流程的梳理，在系统业务流程设计方面可分为以下几个层面：

（1）物资管理员维护基础库数据，含物资类型、物资编码、发放工程号、采购工程号、金额、超限阈值、三级管理部门等信息。

（2）物资从总库移至分库，各分库通过系统进行物资入库。

（3）生产部门人员根据实际需求进行系统申请，待各部门负责人审核完成后即可到指定分库进行扫码领用。

（4）可以直接到分库通过现场打卡方式进行所需易耗品领用。

（5）部门定期接收账单推送，部门相关人员可实时查看领用情况与金额，如果金额超限则报警提醒，根据领用情况进行整改，防止过度领用造成的浪费。易耗品类物资管理业务流程如图8-29所示。

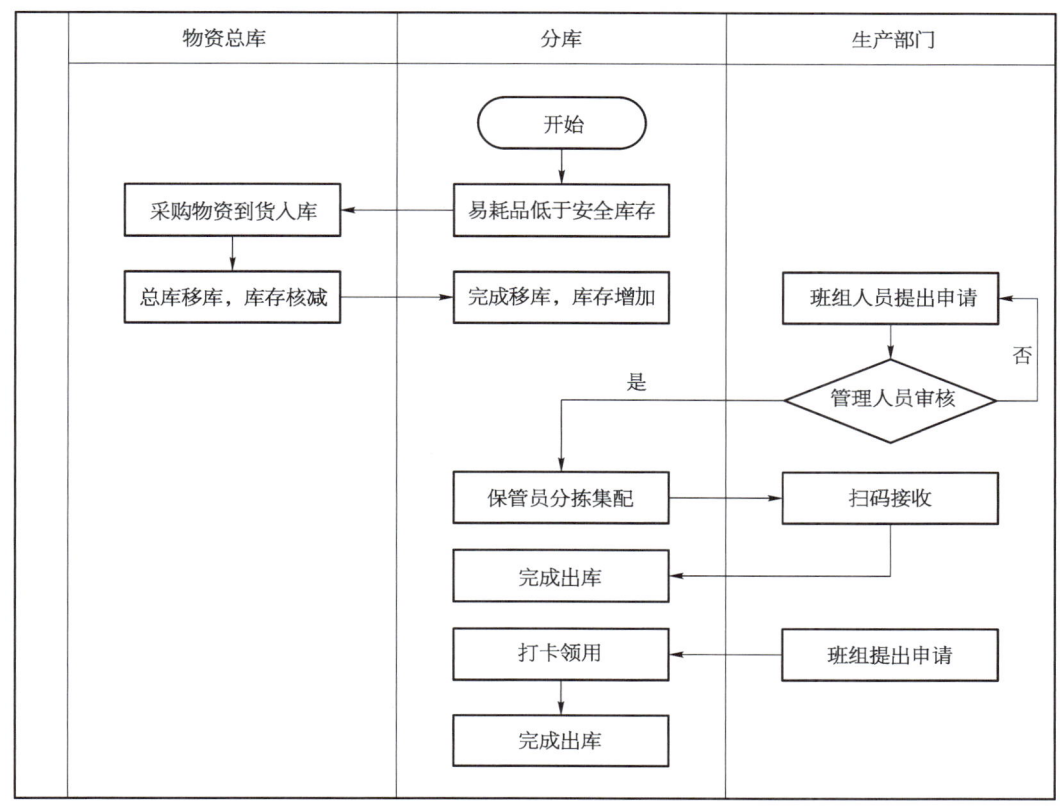

图 8-29 易耗品类物资管理业务流程图

通过易耗品类物资管理模块旨在解决现场人员领用不规范,导致领用金额超预算,成本不断增加,同时通过有效的电子记录能够随时追溯领用信息,确保信息不丢失,利用统计手段分析各部门使用情况并及时进行超额预警,做到事前预算控制。

3) 易耗品类物资管理模块架构

易耗品类物资管理模块架构采用 Spring 三层技术架构,分为表现层、模块层、Spring 层,此三层技术架构确保了易耗品类物资管理系统的高效运行和良好的可维护性,同时支持对现有模块的灵活配置和升级,以适应不断变化的业务需求,具体架构如图 8-30 所示。

(1) 表现层。表现层为易耗品类物资管理提供多平台接入点,包括 PC 端、手机端、大屏端及打卡器端。此层允许用户在各种场景下通过不同设备快速领用、发放和管理易耗品,满足多样化的使用需求。

(2) 模块层。模块层基于互联网应用实现项目和活动的集中管理。采用大数据技术实现集团化管控,对易耗品业务进行分类并形成独立的应用模块。这些模块包括基础库管理、易耗品管理、金额管理、账单管理、三级定额管控、报表分析、可视化看板、综合信息管理、自定义配置以及需求扩展等。

(3) Spring 层。Spring 层通过其框架的分层架构,为易耗品程序开发提供解决方案,降低开发复杂性。Spring 框架核心特性包括支持可重用的业务和数据访问对象,这些对象可在不同 J2EE 环境(如 Web 或 EJB)、独立应用程序及测试环境间重用而不绑定特定 J2EE 服务。

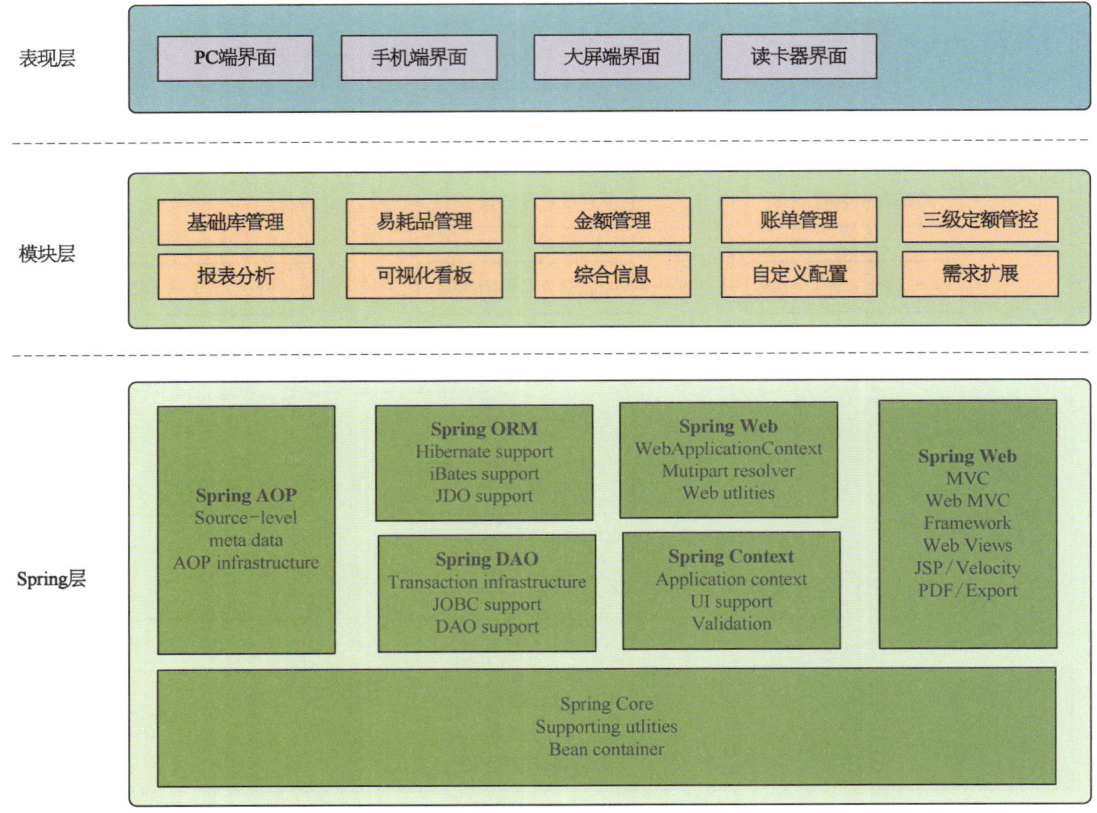

图 8-30 易耗品类物资管理模块架构图

4）易耗品类物资管理模块功能

易耗品物资管理模块涵盖了基础管理、金额管理、仓储管理、账单管理、数据看板等功能，拟对易耗品类物资的分级管理和刚性管控，易耗品物资管理模块功能如图 8-31 所示，其核心功能主要体现在以下几方面：

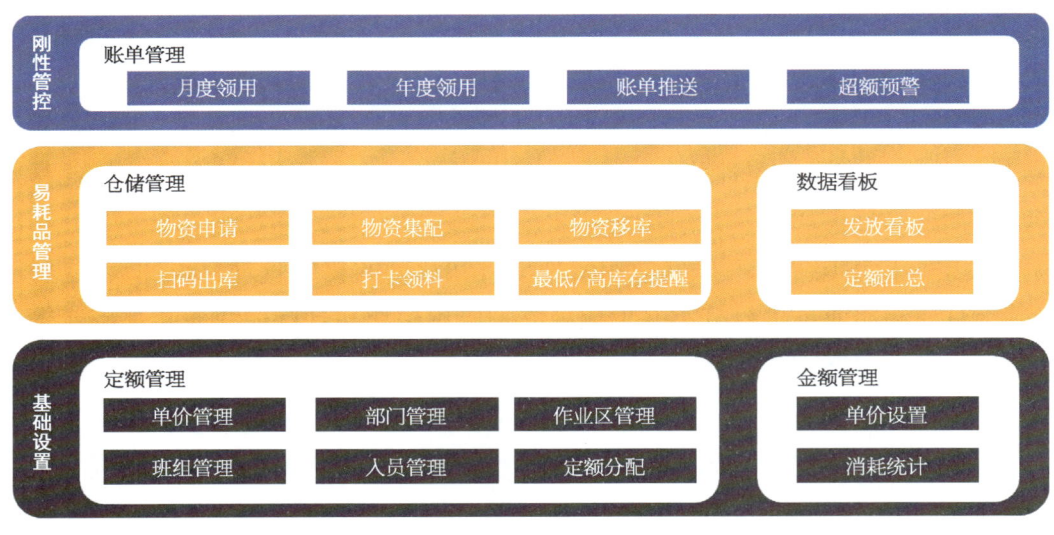

图 8-31 易耗品类物资管理功能图

(1) 单价管理。基础库管理是物资管理员根据船厂的实际情况,为运营系统软件而配置的基础数据。本系统软件的资源管理需包含物资类型、物资编码、发放工程号、采购工程号、金额、超限阈值、三级管理部门等信息。基础数据是船厂内部相对固定的资源,一般情况下基础数据在系统软件实施应用时初期配置一次即可,后续需根据船厂相关数据的变动及时修正。

(2) 定额设置。通过对每个物资赋予单价金额属性,将领用的物资量与金额挂钩,实现精细化物资金额管理。易耗品定额设置界面如图 8-32 所示。

序号	作业区	年度初始定额	过程定额调整
1	物流中心		
2	集配中心		
3	平直作业区		
4	平台一作业区		
5	冷热加工作业区		
6	材料准备作业区		
7	切割作业区		
8	部件作业区		

图 8-32 易耗品定额设置

(3) 申请领用。现场工作人员根据实际生产需求,在手机端小程序进行物资申请领用。

(4) 领用审批。现场人员确定好领用物资及领用数量后提交部门管理人员进行审核,管理人员根据单据详情予以审批。

(5) 扫码领用。审核完成后现场人员即可到各现场指定分库进行扫码领用,规避了以往的管理流程因人员到总库领用物资造成的时间浪费。

(6) 打卡领用。为满足现场人员使用要求,生产人员在有限条件下只需要带相关审批单据到分库进行打卡领用需求物资。

(7) 账单推送。为了及时掌握本组织消耗的物资情况,及时做出整改,防止物资过度领用造成浪费,系统需定期向管理者以短信的方式推送账单信息,包括组织名称、账单时间、配额金额、已领用金额、剩余金额、是否已超限。

(8) 领用管控。将船厂分为三级组织,分别是部门、中心、小组,每级组织管理自己组织的物资领用情况,并为上一级负责。每级组织设置阈值金额,如果领用超限了,需及时做出整改,防止物资过度领用造成浪费。另外,具备定期接收系统推送的账单信息的功能。

(9) 报表展示。报表分析指用适当的报表统计、分析方法对收集来的大量数据进行分析,将它们加以汇总和理解并消化,以求最大化地开发数据的功能,发挥数据的作用。报表统计分析是为了提取有用信息和形成结论而对数据加以详细研究和概括总结的过程。可按物资的总览报表、物资的出入库、库存、领用金额等维度进行数据挖掘并加以分析数据,供管理层人员作出有效决策判断。耗品报表展示如图8-33所示。

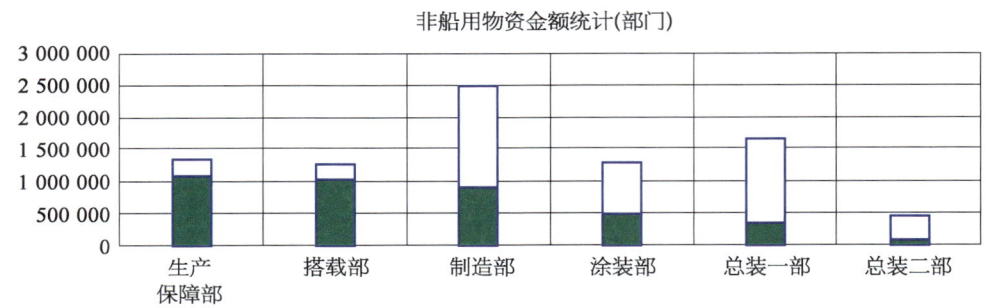

图8-33 易耗品报表展示示意图

通过易耗品类物资管理模块,生产现场人员能够通过移动端申请或打卡快速实现物资实名制领用,实现全流程信息可追溯,减少生产人员领用时间浪费,提高现场人员工作效率;管理人员通过看板能够直观体现定额及消耗情况,提升管理效能。

8.3 配送管理系统

邮轮建造过程中的物流配送网络更为复杂和多样化,形成了多层级的物流配送网络。在物资进厂前,主要通过第三方物流进行物资有效管理;在物资进厂后,基于不同物资的生产需求采用不同的厂内配送策略。材料、设备、配套类物资等常规物资从仓储场地直送生产现场;分包商管理的非常规物资则需根据需求从各分包商仓库配送至船前固定区域;对于分段这类独特的中间产品则需要采用特定的物流方案。基于这类复杂的物流配送场景,物流集配部门构建配送管理系统,根据物资类型构建不同的配送管理模块,实现厂内配送作业的有效管理。

配送管理系统包括机电设备配送模块、舾装件配送模块、分段物流管理模块、邮轮专班配送管理模块。其中,机电设备配送模块负责优化和管理机电设备的配送管理;舾装件配送模块专注于舾装件配送管理,以提高舾装和阀件物资的准时交付和库存管理效率;分段物流管理模块主要对分段物流过程进行管理,以实现更灵活、可控的物流运输和配送方案;邮轮专班配送管理模块通过整合车辆与网络技术,实现对车队的远程监控、调度和管理,以提高整体配送系统的协调性和响应速度。

8.3.1 机电设备配送模块

大型邮轮作为目前全球最复杂的单体机电产品,机电设备的数量庞大且形状各异,亟须建立统一化的机电设备配送管理模块进行管理,提高物资配送效率和可视化管理水平。

机电设备配送管理模块融合了当前先进的物联网技术,包括配送作业调度技术、无线定位技术、全球导航卫星系统、车辆调度技术,为机电设备配送流程提供全面、精准、高效的服务。通过集配作业调度技术减少物资配送等待时间,提高配货效率;通过无线定位技术与全球导航卫星系统,对车辆位置、行驶路线、速度等信息进行实时追踪,实现机电设备配送的实时监控和全程可视化管理;通过车辆调度技术得到车辆调度优选方案和配送路径。

1) 机电设备配送管理业务流程

根据机电设备配送要求及生产部门计划需求,指定标准化配送流程,生产现场通过需求申请,物流中心进行派工,司机根据任务清单进行派送。机电设备配送模块操作业务流程具体如图8-34所示。

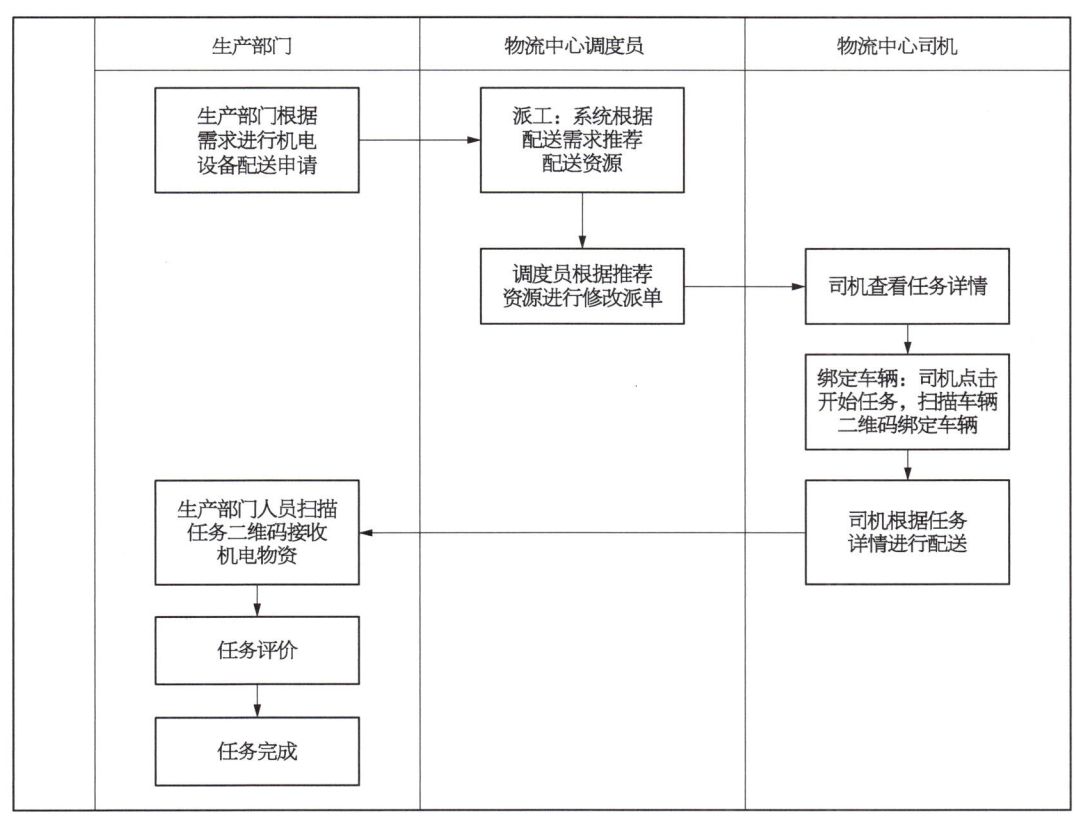

图8-34 机电设备配送管理业务流程图

为有效解决机电设备配送过程中的最后一公里问题,特别是减少生产现场的取货和等待时间,整个流程设计分为几个关键阶段,确保配送内容的准确性和时效性:

(1)托盘申请:生产部门根据实际的生产计划,在机电设备配送模块中提交托盘申请。申请中需详细填写配送内容及预定的配送计划,确保物流中心可以清晰了解需求。

(2)物流派工:接到生产部门的托盘申请后,根据申请内容进行物流派工,结合仓储计划和派工推荐管理,实现物流派工任务的分配和资源的调配,确保每项配送任务都能被及时处理。

（3）配送执行：配送司机收到派工后的任务消息，负责将分拣集配完毕的完整机电设备托盘按照既定的时间和地点配送至指定的生产工位。通过结合厂内车辆定位和路径推荐，司机可确保按时按点完成配送任务，以满足生产部门的即时需求。

（4）物资接收与确认：物资到达生产工位后，接收方负责在系统中完成物资接收流程，并通过扫码确认物资的正确性和完整性。通过系统信息同步，完成物资配送闭环管理。物资接收后，任务评价机制也有助于提升配送服务质量。

机电设备配送模块涉及生产部门、物流中心、调度员和车辆司机等多个部门和角色，信息的及时传递和任务计划的合理推荐将影响物流中心的配送服务质量。通过结构化的流程设计，有效缩短了生产现场的等待时间，提高了配送效率和准确性。

2）机电设备配送管理模块架构

机电设备配送模块采用微服务技术架构，将机电设备配送功能细分为若干个微服务。每个功能可创建多个微服务并部署于多个服务器节点，实现负载均衡。这种架构模式增强了系统的可扩展性和可维护性。

（1）用户访问层。物资管理员、配送调度员、司机、员工及管理员等用户通过 ZUUL 网关路由访问机电设备配送模块的业务功能及通用服务。ZUUL 作为 API 网关，提供了一个统一的入口，简化了内部服务的调用和管理。

（2）业务服务层。业务服务层提供机电设备配送的各种业务应用服务。服务层对机电设备配送业务进行分类，形成独立的应用模块，如基础库管理、机电物资管理、机电配送申请、任务派发、物资配送、物资接收、数据统计分析、数据看板、车辆管理等。

（3）微服务设计。微服务层面包括多个独立的服务模块，以支持灵活的扩展和调用。

① 原子服务层：梳理并抽取核心和公共应用，形成稳定的服务中心，以快速响应用户需求。

② API 接口设计：为每个服务设计专用的 API 接口，确保服务之间的独立性和安全性。

③ 服务资源配置：根据不同服务的需求配置相应的资源，如 CPU、内存和存储等。

④ 前后端分离：前端通过 HTTP/HTTPs 协议调用 API 网关，网关再路由至相应的微服务。

⑤ 服务间通信：微服务之间通过 REST 方式进行互相调用。

⑥ 消息交互机制：使用消息中间件实现不同微服务之间的消息交互。

⑦ 自动化服务：包括自动化构建、部署、测试和平台发布（如 Docker）。

⑧ 管理服务：配套监控与管理服务、日志管理服务，以确保微服务架构的稳定运行。

⑨ 协作服务：应用 DevOps 理念，提高开发、测试、运维的协作效率，实现开发与运维的一体化。

舾装件配送模块架构如图 8-35 所示。

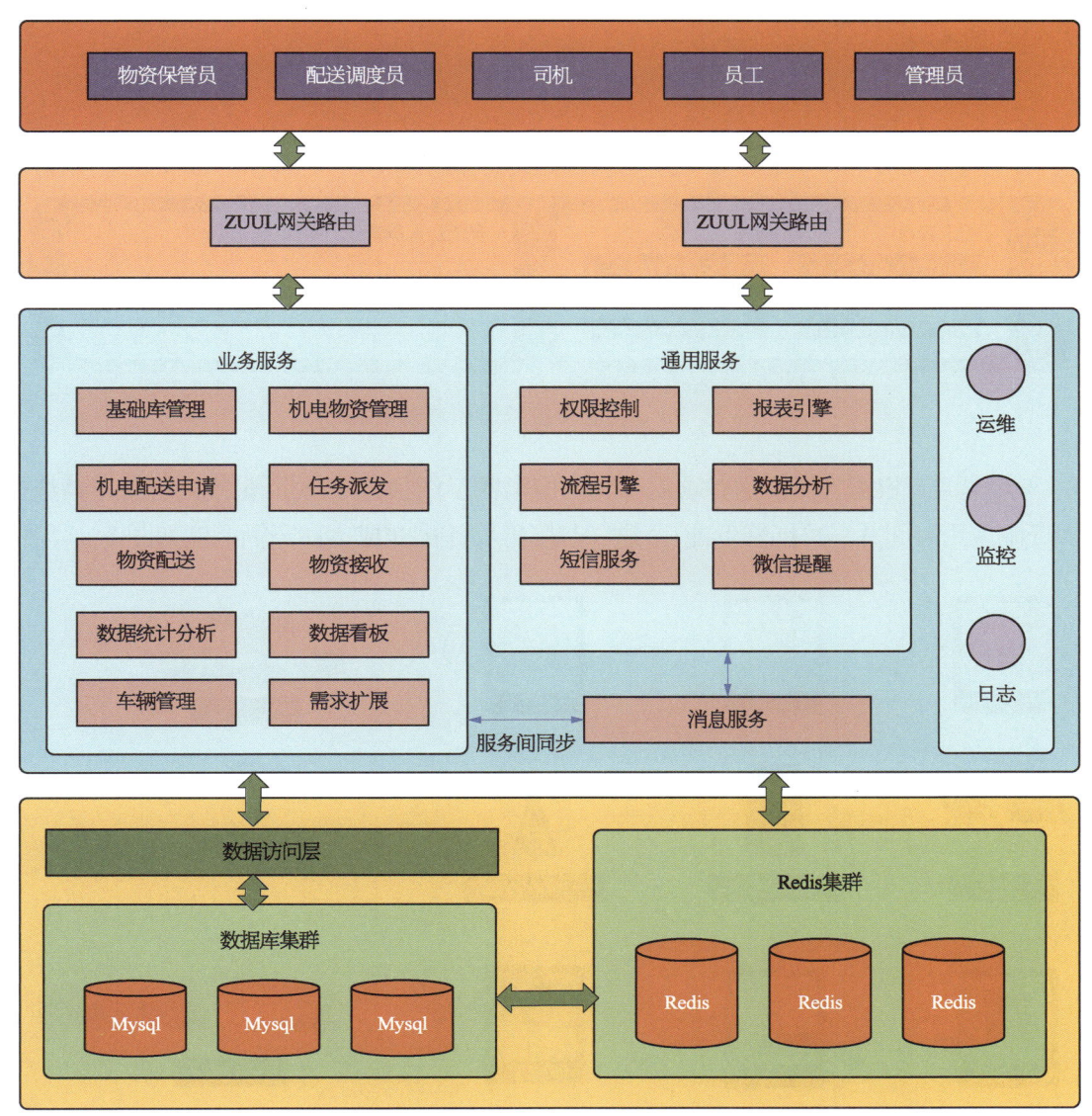

图 8-35 舾装件配送模块架构图

3）机电设备配送管理模块功能

机电物资以台套为单位，整体到货进行仓储，根据生产进度，按阶段、按批次分批配送至生产现场进行安装。为满足这种配送方式，机电设备配送管理模块融入了"自定义配送"的概念，生产部门可通过个性化的需求描述，提出可达到零件级的机电设备物资配送申请，从而保障配送物资的准确性。机电设备配送模块主要功能如图 8-36 所示。

（1）资源管理：对厂内包括司机、车辆等各项配送资源进行管理，人员和车辆进行适配，对车辆使用及物量进行合理管控及平衡。

（2）订单管理：生产现场根据需求申请机电设备配送需求，明确送货物资、地点、时间、接收人，集配中心根据需求订单进行机电物资配托，配托完成后将订单流转给物流中心，物流中心根据实际内容选择合适的资源进行派工配送。

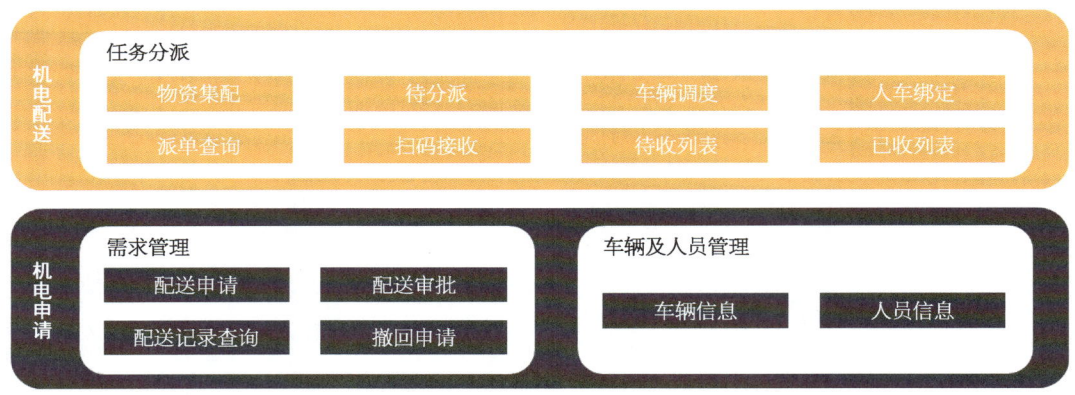

图 8‑36 机电设备配送模块功能图

（3）车辆调度：根据实际配送各项需求和当前车辆工作状态，按照既定规则进行车辆选择和调度，减少资源占用时间并尽可能降低能耗，进一步降低物流配送成本。车辆调度如图 8‑37 所示。

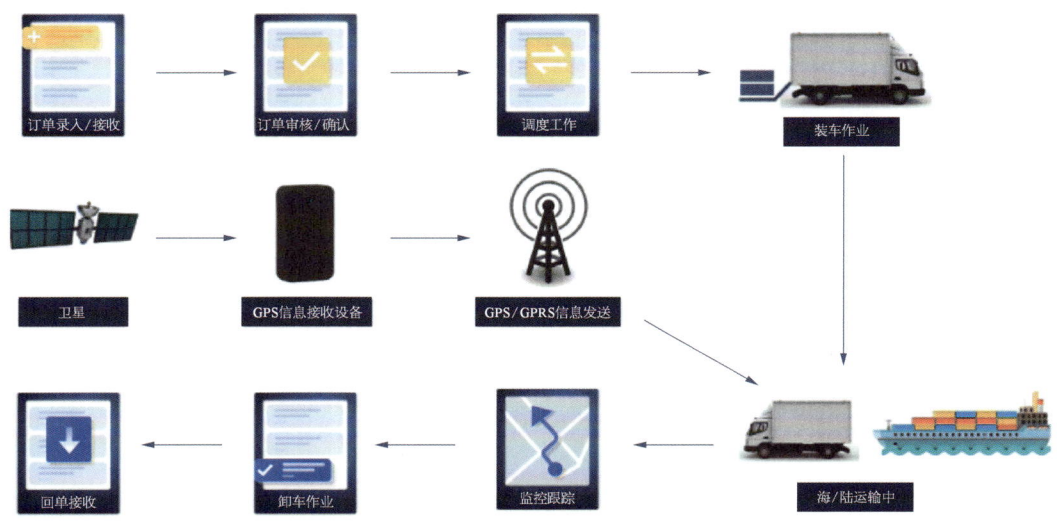

图 8‑37 车辆调度示意图

（4）任务管理：通过地图实时查看物资集配进展及配送位置，掌握车辆及人员各项信息，将全流程可视化展示，有效做好任务管理。

（5）评价反馈：订单完成后可以及时进行评价，不断优化配送服务，提高人员主动性和积极性。

8.3.2 舾装件配送模块

1）舾装件配送模块概述

舾装件配送是船舶建造过程中的重要环节，将所需的托盘按照规定时间送达指定地点，对于确保船舶建造的进度和质量至关重要，需要精心组织和优化配送环节。通过开发舾装件配送模块，配送调度员可实时跟踪包括配送进度、配送人员、配送车辆等信息在内的舾装件配送状态，通过对配送数据的分析，找出配送过程中的瓶颈和问题，进而优化配送流程和路径，提高配送效率。

2) 舾装件配送模块业务流程

物流集配部门根据生产部门双周托盘需求计划编制集配部舾装件双周需求计划,舾装件供应商根据集配部双周需求计划将生产完毕的物资配送至公司内,集配中心根据双周计划开展托盘分拣集配并储存于暂存区待配送。

生产部门根据实际生产要求在舾装件配送模块中进行托盘申请,填写完整需求时间和配送地点,集配部配送模块中进行派工,操作人员收到任务后将分拣集配完毕的完整托盘按时、按点配送到生产工位,物资接收方在系统中完成物资接收扫码确认。舾装件配送模块操作业务流程如图 8-38 所示。

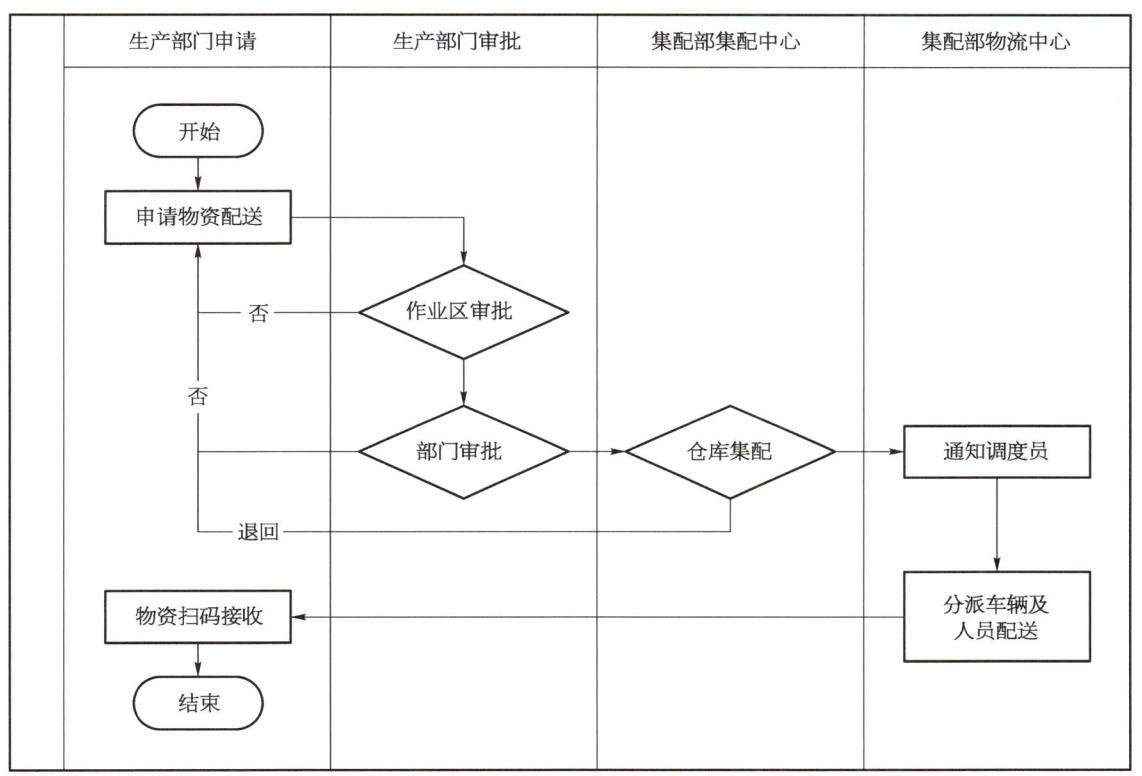

图 8-38　舾装件配送业务流程

(1) 舾装件配送申请:现场生产固定人员根据邮轮建造计划需求,提前一天在系统中进行舾装件托盘申请,并填写配送地点及需求时间等相关信息。

(2) 申请审批:各生产主管根据计划安排对各项托盘申请合理性进行审批,避免现场提前申请,导致现场物资囤积。

(3) 托盘集配:仓库根据申请需求进行托盘集配,完成后通过扫码提示物流中心托盘集配完成,单据流转至下一阶段。

(4) 任务派工:物流中心根据单据详情进行配送资源平衡,选择合理的配送资源并进行派工。

(5) 完工确认:舾装件托盘配送至生产现场后司机出示任务二维码,生产人员扫码接收完成配送任务,并对单据进行评价提高配送服务水平。

舾装件配送模块的构建能够有效避免因信息交互不畅导致系统信息失真,现场缺料后无法认定责任,配送地点与需求指定地点不符,造成二次配送影响生产计划执行等问题的发生。

3) 舾装件配送模块架构

舾装件配送模块架构采用 Struts 三层技术架构,分为表现层、模块层、Struts 层,框架如图 8-39 所示。

(1) 表现层。表现层提供多平台用户接口,包括 PC 端、手机端、大屏端、车辆端,支持用户在多种使用场景下管理舾装件配送任务。此层允许用户执行配送任务的分派、配送、接收和评价,以及进行各类数据统计和效率分析。

(2) 模块层。模块层作为系统对外提供的核心业务应用服务层,该层包括基础库管理、托盘管理、托盘配送申请、配送任务分派、托盘配送、接收与评价、可视化看板、综合信息等应用模块。模块层还提供了定制化服务,以满足不同业务场景下的功能开发需求。

(3) Struts 层。Struts 层采用 MVC 模式,显示界面与业务逻辑分离。Struts 框架主要由控制层组件、Java Servlets、JavaBeans、Resource Bundles 和基于 Jakarta Commons 的类库构成。此层实现了对 Web 应用的高效管理,支持多种数据访问技术。Struts 的控制器处理来自客户浏览器的 HTTP 请求,并决定请求的处理流向。控制器的行为由 struts-config.xml 文件配置,管理请求到业务逻辑的映射。在 Struts 架构中,业务逻辑由 Action 类承担,这些类更新模型的状态并控制应用程序的业务流程。模型层在 Struts 中通过 ActionForm beans 表示,这些 beans 存储在会话或请求级别,并更新应用程序的状态。视图层在 Struts 架构中主要由 JSP 文件组成,专注于显示逻辑。JSP 文件通过标签访问 ActionForm beans 中的数据,展示给终端用户。舾装件配送模块架构如图 8-39 所示。

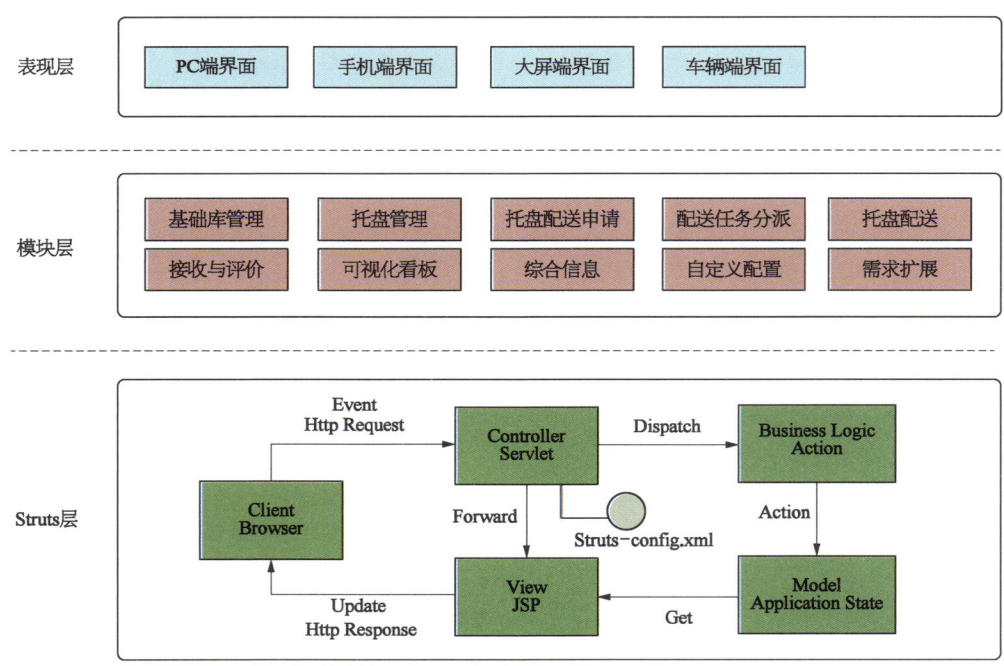

图 8-39　舾装件配送模块架构图

4) 舾装件配送模块功能

舾装件配送模块的应用打破了原本需要生产部门派人自行前往仓库领料的模式,生产人员通过移动端和PC端便能快捷地通过点单送料,提出舾装件配送申请,由集配部门接单完成配送任务,提高了工作效率。舾装件配送模块功能如图8-40所示。

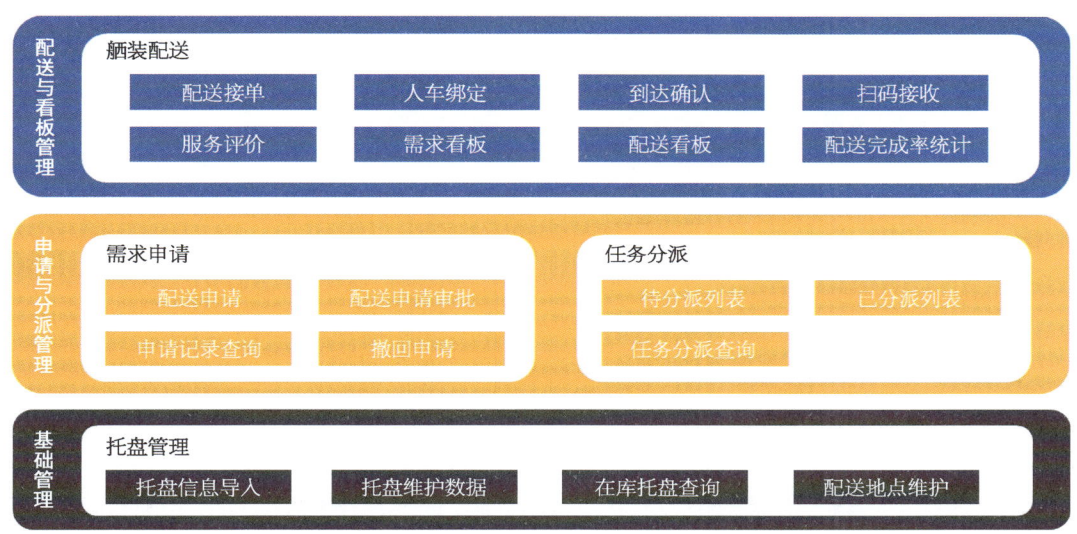

图8-40 舾装件配送模块功能图

舾装件配送模块主要功能有:

(1) 供应商协同管理:供应商根据厂内实际仓储场地及物资需求计划情况,合理安排物资发货计划,确保厂内资源得到合理规划。供应商协同管理功能如图8-41所示。

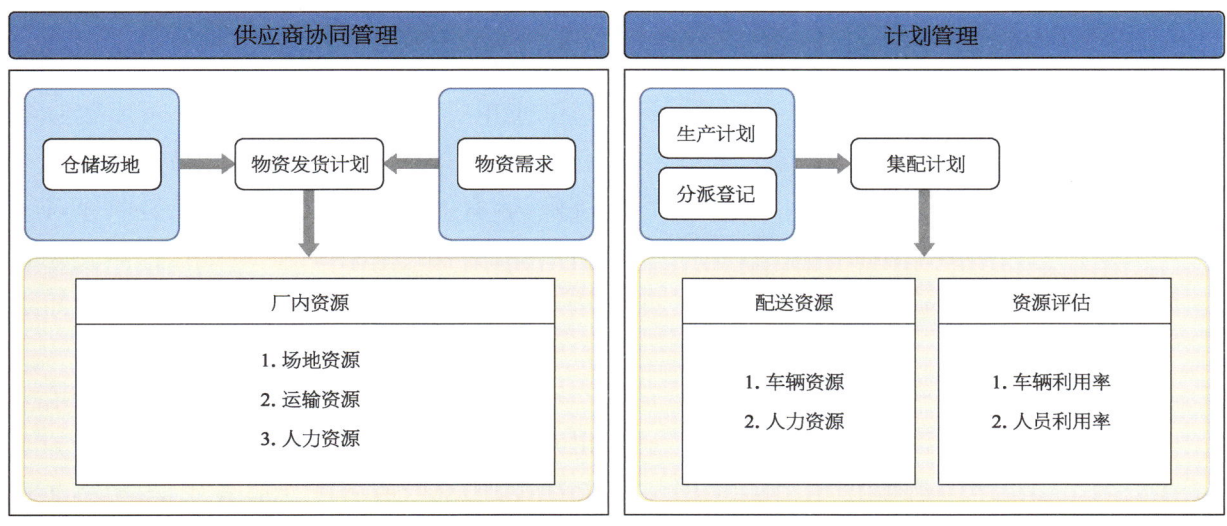

图8-41 供应商协同管理功能示意图　　图8-42 计划管理功能示意图

(2) 计划管理:根据生产需求计划制定合理的集配计划,结合生产现场实际业务申请需求,合理安排配送资源,确保合理化运用。计划管理功能如图8-42所示。

(3) 托盘申请：改变了托盘申请方式，由之前的电话或手机申请转化为手机 APP 系统申请，简化了申请流程，提高了申请效率，同时解决了之前托盘申请信息不对称、沟通时间长等问题。托盘申请功能如图 8-43 所示。

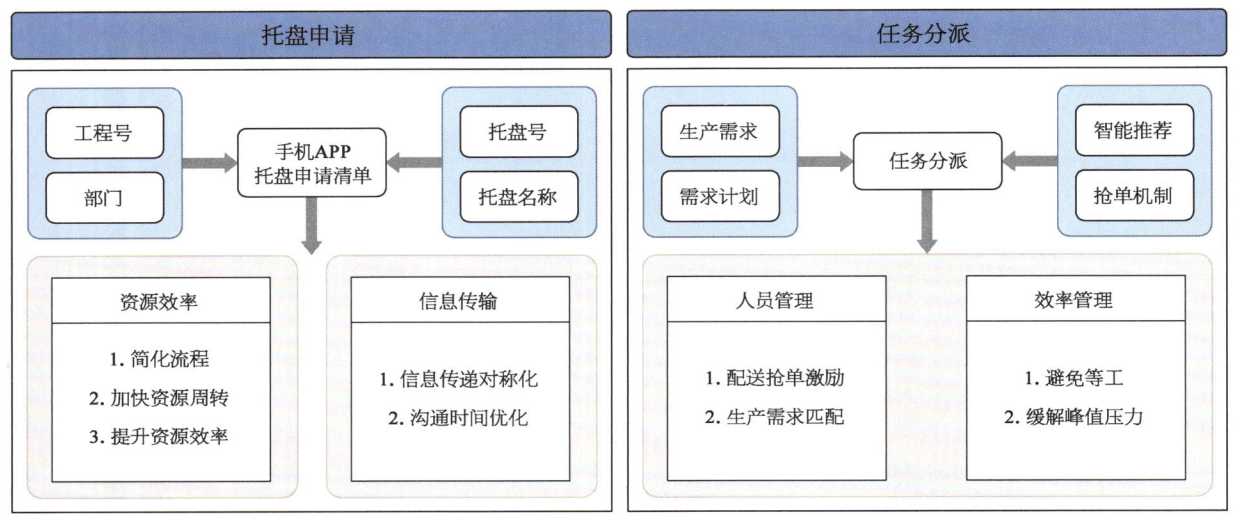

图 8-43　托盘申请功能示意图　　图 8-44　任务分派功能示意图

(4) 任务分派：可及时掌握生产需求托盘的急需情况，并通过系统实现快速准时派工，让"物流小哥"及时把急需的物资送达到生产部门员工的手中，同时通过系统把托盘需求时间与"物流小哥"工作负荷关联，由系统自动平衡"物流小哥"每天的物量，避免了等工或超负荷的现象，如果对当天无法完成的物量，可通过系统对外派发，让公司其他"物流小哥"进行抢单，有效提升公司物流工作效率。任务分派功能如图 8-44 所示。

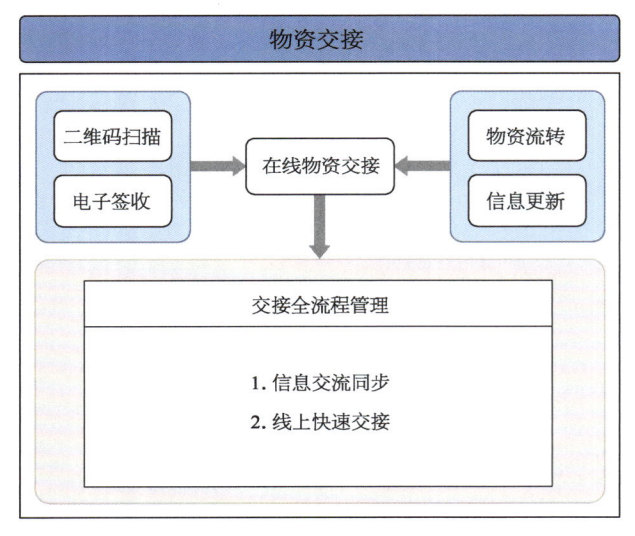

图 8-45　物资交接功能示意图

(5) 物资交接：改变了托盘配送现场的交接模式，由之前的纸质送货单书面签字并将纸质单据移交给物资管理员完成数据更新，转变为扫描托盘配送二维码实时完成系统确认，有效解决了之前交接中签收字迹不清扯皮、签收记录丢失、物资配送流转信息无法及时更新等问题。物资交接功能如图 8-45 所示。

(6) 服务评价：通过系统服务评价功能，可及时了解配送服务中生产部门提出的意见和建议，为部门改善配送服务质量、提高工作效率提供了有力的抓手。服务评价功能如图 8-46 所示。

(7) 数据分析：通过系统一体化数据集成功能，可及时转化为部门需求的各类数据报表和看板，为绩效评价提高可靠依据。数据分析功能如图 8-47 所示。

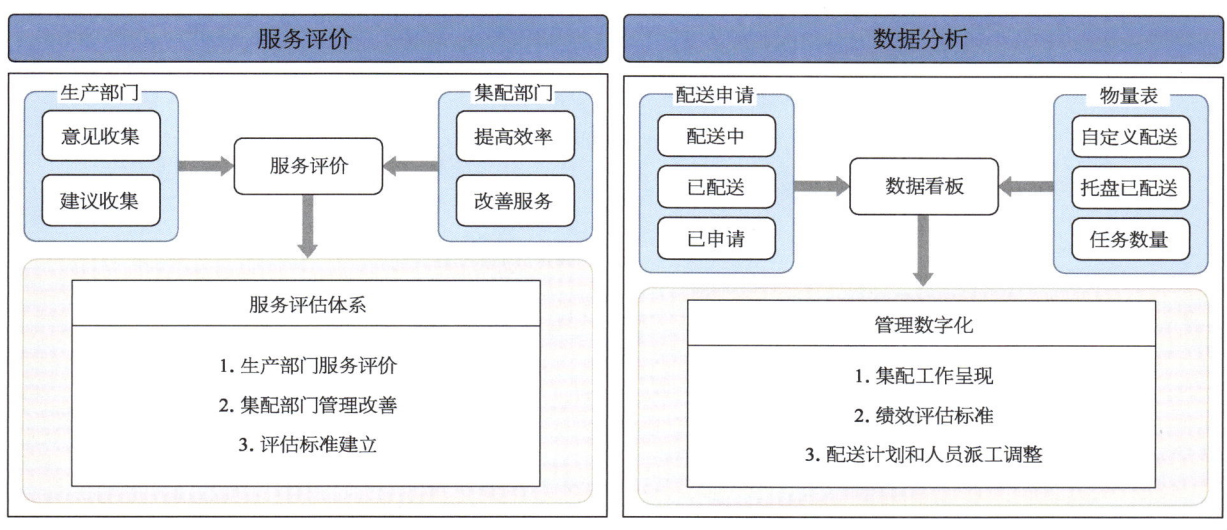

图 8-46　服务评价功能示意图　　　　图 8-47　数据分析功能示意图

舾装件配送模块开创"派工＋抢单"相结合的厂内舾装件物资配送新模式,并在其他邮轮物资上得到推广应用。该模式可激发员工的工作热情,提高人均作业效率,提升服务生产一线的水平。

8.3.3　中间产品配送模块

1）中间产品配送模块概述

分段作为船舶中间产品的核心组成部分,其制造过程、堆放时间和配送过程对船坞周期和生产运营产生着重大影响。在有限的场地资源下,管理包含大型邮轮在内的多船型分段的存放和配送是一项复杂的任务。为此,需要通过构建中间产品配送模块,优化分段驳运流程,释放造船产能,盘活场地。中间产品配送模块概况如图 8-48 所示。

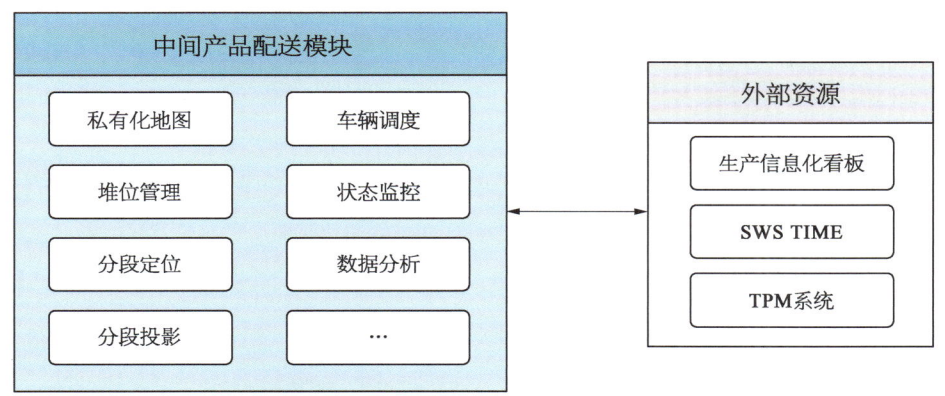

图 8-48　中间产品配送模块概况

2）中间产品配送模块业务流程

为确保分段申请驳运的及时性及关联性,根据分段物流双周例会,生产管理部每日生产物流会上提出的需求,由各生产部门在系统中提出驳运任务申请,进行线上审核,审核完成后,系统自主进行资源协调调度。中间产品配送模块业务流程如图8-49所示。

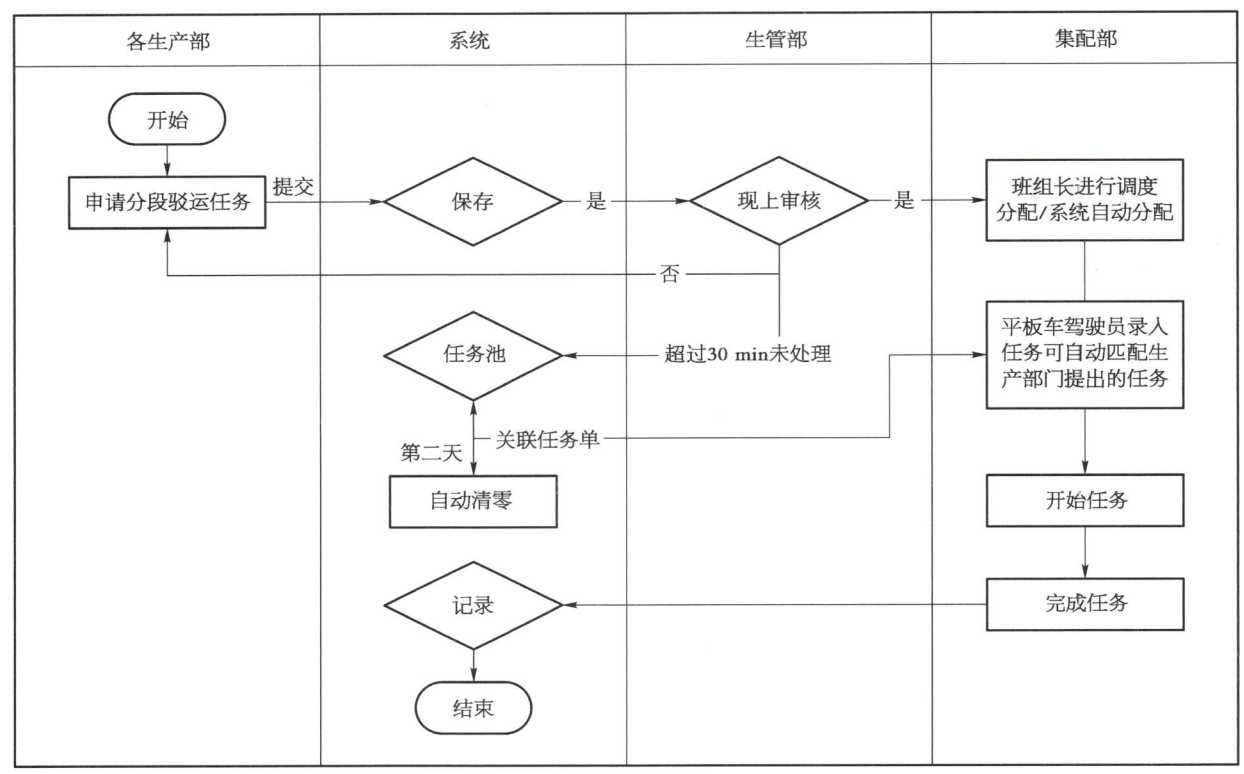

图8-49 中间产品配送模块业务流程图

(1) 中间产品配送申请:生产部门人员根据分段各阶段周期计划,在系统内填写需要驳运分段的相关驳运目的等配送信息。

(2) 申请审批:生管部通过申请单在物流生产会进行物量及场地平衡,再对所有工单统一进行审核,避免分段的无效驳运。

(3) 任务派工:审核完成的申请单优先进入任务池内等待匹配,管理人员也可通过任务单详情决定手动或系统自动分配到指定的人员或车辆。

(4) 任务执行:驾驶员可通过检索池子内的任务,也可通过指派的任务信息进行完成任务。

(5) 轨迹记录:根据任务目标和当前车辆位置,结合厂内场地情况推荐合理路径,完成任务后能够随时回放任务轨迹,不断优化车辆运行路径。

3) 中间产品配送模块架构

中间产品配送模块作为配送管理系统不可或缺的核心组成部分,在厂内生产物流中扮演着至关重要的角色,如图8-50所示。该模块集硬件数据采集、系统业务管理及数据展示分析于一身,构建了一个完善的中间产品配送物流管理系统。在功能设计上,模块将设备侧和应用侧进行隔离,通过API调用的方式实现数据交互,为管理人员提供了中间产品管理、物流调度、监控管理及数据分析等一站式功能服务,从而确保对中间产品配送业务全面、实时、精准管控。

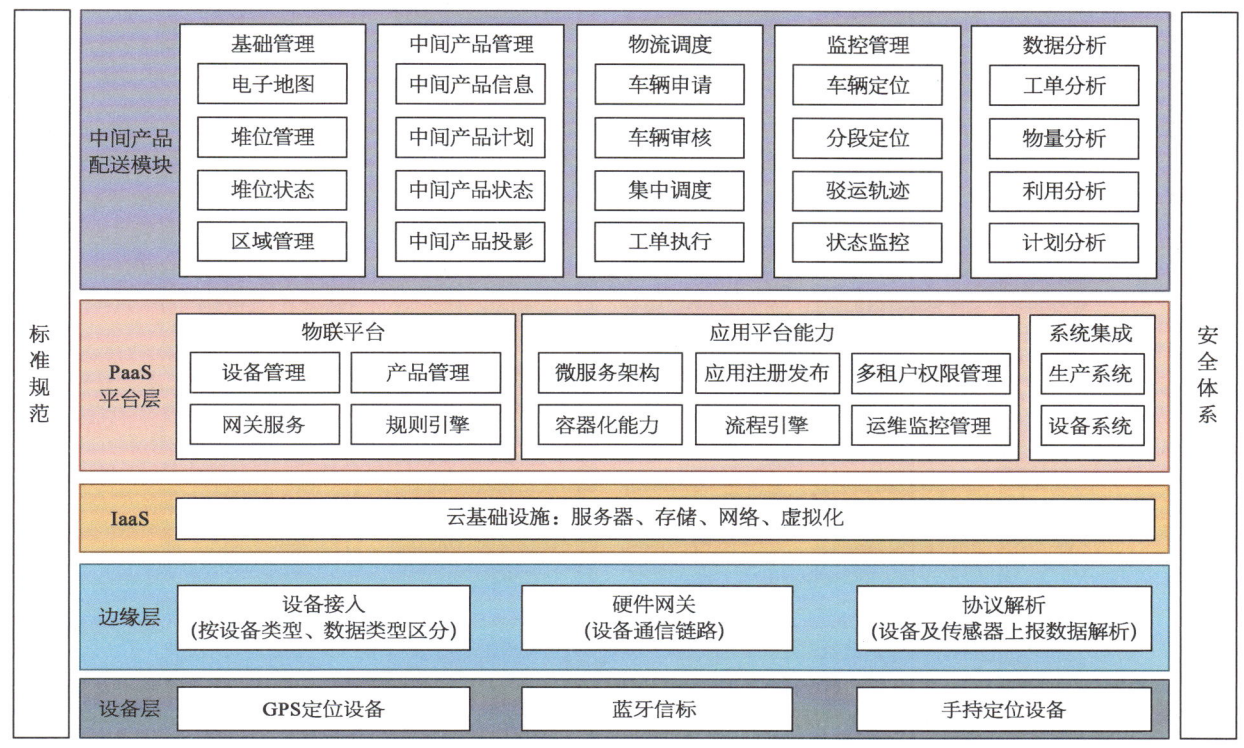

图 8-50　中间产品配送模块架构图

在技术实现层面,中间产品配送模块凭借 TCP/IP 协议和 HTTP 协议实时收集 GPS 定位设备及蓝牙信标数据,精确追踪车辆和中间产品的位置。同时,模块内部通过转换为 MQTT 协议,确保了数据的稳定、高效传输。经过初步的数据清洗和治理后,这些数据被妥善存储于 Tdengine 时序库及 Redis 缓存中,为业务提供准确、及时的定位数据支持。

在架构设计上,中间产品配送模块采用微服务架构,将中间 PaaS 层及应用层划分为多个独立的微服务。这些微服务之间通过 Feign 接口进行调用,不仅简化了服务间的通信,还通过其内置的负载均衡和容错机制,保证了远程服务调用的高效性和可靠性。此外,该模块还与其他异构业务系统进行集成,实现了数据的互联互通,进一步提升了数据的价值和使用效率。

通过多层级结构设计,中间产品配送模块成功地将系统划分为多个独立且相互关联的层级,显著提升了系统的灵活性、稳定性和可维护性。这种设计使得系统能够更好地适应不断变化的业务需求,降低出错概率,简化维护流程。同时,多层级结构还有助于增强系统的安全性,通过精细化的权限控制保护数据安全。此外,它还能优化系统性能,满足不同层级对数据处理和响应速度的需求。

4) 中间产品配送模块功能

通过中间产品配送模块的应用有助于全流程追溯以分段为核心对象的中间产品厂内物流全生命周期轨迹和驳运信息,实现分段定位与状态的信息化、可视化,其配送模块功能如图 8-51 所示。

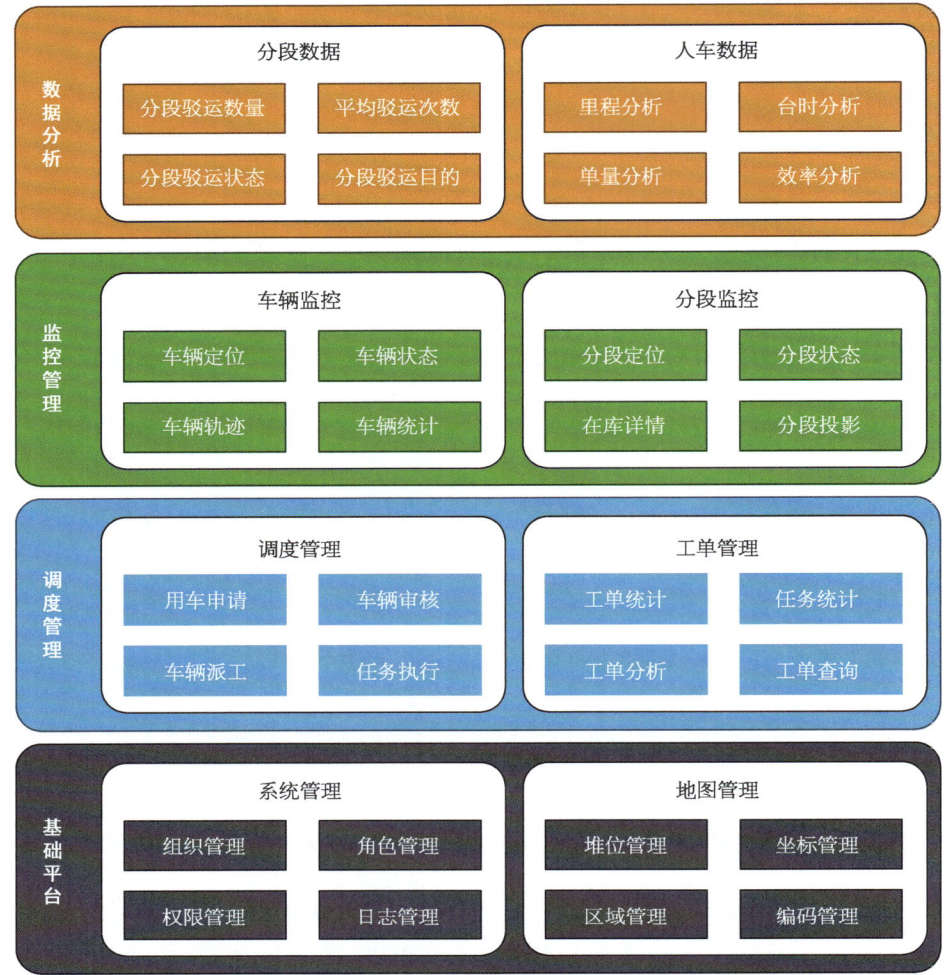

图 8-51 中间产品配送模块功能图

中间产品配送模块主要功能有以下几个方面：

(1) 车辆及分段定位：中间产品配送体系建设的基础核心问题就是精准定位,选用搭载多系统亚米级精度定位终端,支持北斗、惯性导航定位,具有高灵敏度、抗干扰、高性能等特点,通过内部集成惯导模块,进行 GNSS 和惯导的深度融合,反复进行空间定位和校准纠偏。实现车辆室内外高精度定位的无缝连接、定位数据和实景的高精度匹配,最终精度可达到米级。车辆定位设备如图 8-52 所示。

(2) 厂区地图：地图覆盖整个厂区,包括车间、平台、船坞等各个重要位置,使用瓦片地图技术,将大范围地理数据分成多个小块(瓦片),提高地图的加载速度和性能。地图具有实时定位功能,可以准确显示车辆和其他分段的当前位置。

(3) 桩位划分：利用地图系统及 GIS 软件辅助桩位的划分和管理。在地图上标注每个桩位的位置和编号,方便实时查看和定位。桩位划分是一个动态过程,随着厂区内资源的变化和调整,桩位的使用情况也会不断变化。因此,系统保留了桩位增删改功能,可根据需要进行更新和调整。

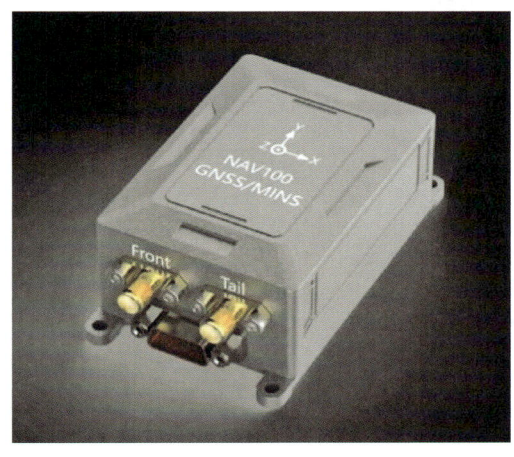
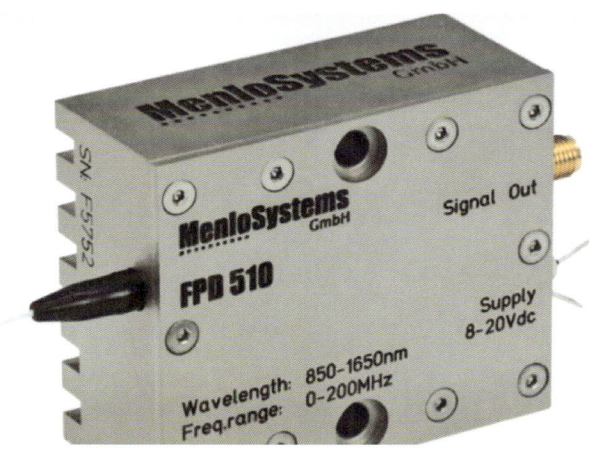

图 8-52　车辆定位设备图

（4）抗干扰通信：传统蜂窝数据无法满足平板车运输下的复杂环境，在船厂信号薄弱的地点增加信号放大器及基站，通过增加信号放大器和基站，提高了船厂内信号覆盖范围和信号强度，在原本信号较弱的地点提供了更稳定和可靠的通信连接，改善网络环境。再引入三网通的随身 Wi-Fi 有效保障了通信问题。

（5）物流配送全生命周期管控：中间产品物流配送作为生产制造过程中的重要环节，始终连接各个生产工艺阶段，驱动生产制造过程，其核心目标是基于科学调度将中间产品安全、高效、精确的送达。通过中间产品物流配送模块对中间产品配送全过程、全阶段的监控和管理，实时了解中间产品位置、状态、阶段、形状等信息。

（6）分段投影：根据厂区真实情况绘制厂区地图，网格化划分厂内道路及堆场确定具体库位，系统内导入各船型分段投影，将分段投影面积与库位面积形成 1∶1 映射，结合分段定位，实现实时反馈公司场地占用情况。分段投影如图 8-53 所示。

（7）数据分析：中间产品配送业务开展过程中，通过业务系统及多类终端设备采集了大量的业务数据，以管理方向和关键指标为导向，针对性地过滤数据源，挖掘数据价值，分析数据可靠性，通过数据溯源业务根本，识别业务痛点，提出相应的改善策略，形成数据链的闭环。创建稳定、高效的中间产品物流体系，科学调整运力配置，及时、有效地释放场地仓储资源。数据分析如图 8-54 所示。

（8）辅助配送：通过中间产品配送模块的大范围推广使用，积累相关经验及数据，逐步识别到各类影响配送的因子，建立精确、稳定及可拓展的算法模型，辅助物流配送各个环节，形成智能化配送能力，创新物流模式，从而提升整体物流的效率和科学准确性。

（9）轨迹回放：通过定位设备能够实时上传车辆位置，在高精度还原地图上能够实时显示车辆位置信息及任务信息，并且能够在事后回放车辆的精确运行轨迹，为车辆运行优化提供数据支撑。

中间产品配送模块通过精准定位、全生命周期管控、数据分析和辅助配送等方面的完善，为生产制造提供了强大的支撑和保障，提升了中间产品配送整体效率。

图 8-53 分段投影图

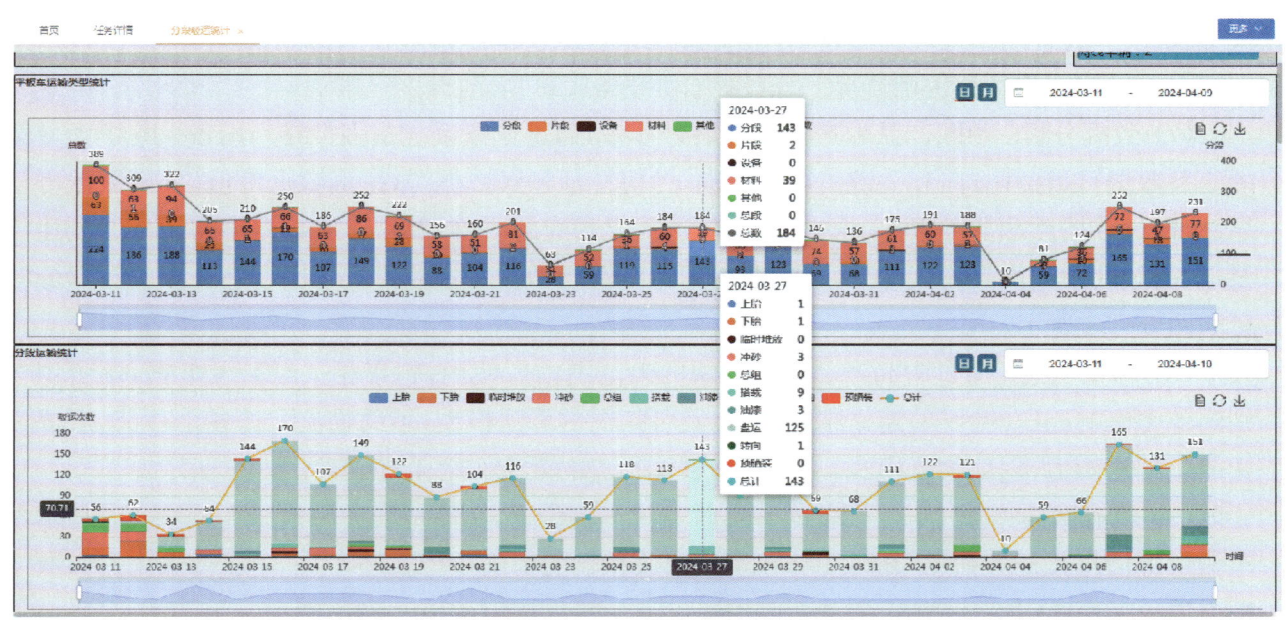

图 8-54 数据分析图

8.3.4 邮轮专班配送模块

1）邮轮专班配送模块概述

大型邮轮建造过程中有超过 450 万件大小、重量各异的船东供应品及内装物资需要从仓储场地运输至各层甲板及船舱位置,过程中需要卡车、叉车、牵引车、汽车吊等不同配送资源相互配。为确保船东供应品、邮轮内装物资能够高效、安全、准时配送至各个地点,为此建立了邮轮专班配送制度,创建固定服务班组及责任人员,设备供应保证,实行专人、专车、专班措施,快速响应生产现场需求。

同时为了实现生产人员和配送司机快速实现信息沟通,避免信息误差,确保大量邮轮物资按计划、按节奏有序上船,有必要开发邮轮专班配送管理模块,通过快速响应和灵活调度,迅速组织邮轮船东供应品、内装物资配送上船。邮轮专班配送模块概况如图 8-55 所示。

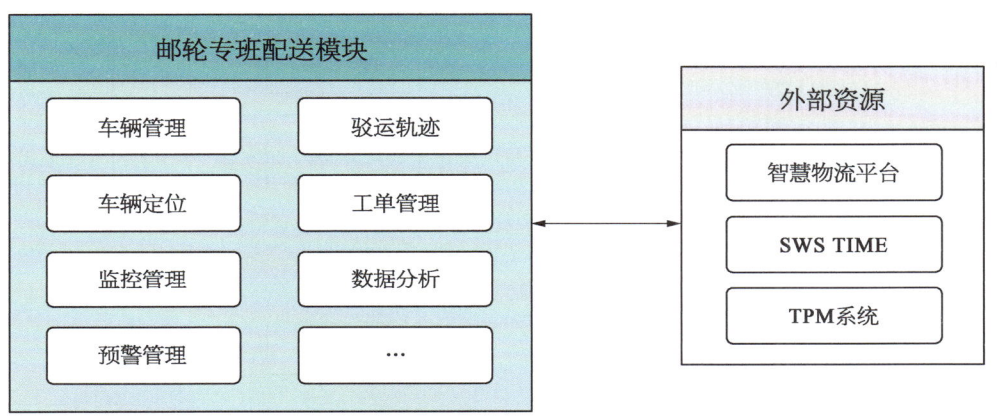

图 8-55　邮轮专班配送模块概况

2）邮轮专班配送业务流程

大型邮轮建造涉及大量物资的运输和搬运需要专业的吊装设备进行吊运,通过汽车吊及其操作人员的协同工作。预制舱室、舱室材料、卫生单元的配送需要卡车、叉车、牵引车进行配送,其配送管理业务流程主要是由分包商、总包商提出用车申请,物流集配部门进行用车审核及车辆派工,司机接到任务后与车辆进行扫码绑定并开始执行任务,执行过程中,通过车载定位实时上报车辆行进轨迹,当配送任务完成后通过扫码确认后,完成人员与车辆解绑,该单配送任务完成闭环,具体业务流程如图 8-56 所示。

（1）用车申请：生产现场根据实际配送物资需求,申请所需车辆资源并填写配送时间、目的地等配送信息。

（2）用车审批：各部门管理人员根据生产计划,核对申请内容进行任务审批,确保申请物资满足现场生产需求。

（3）系统派工：系统根据当前所有车辆资源,根据既定规则和调度算法对车辆进行资源平衡,并排出推荐设备和人员,管理人员查看推荐结果,确认合适后进行系统派工。

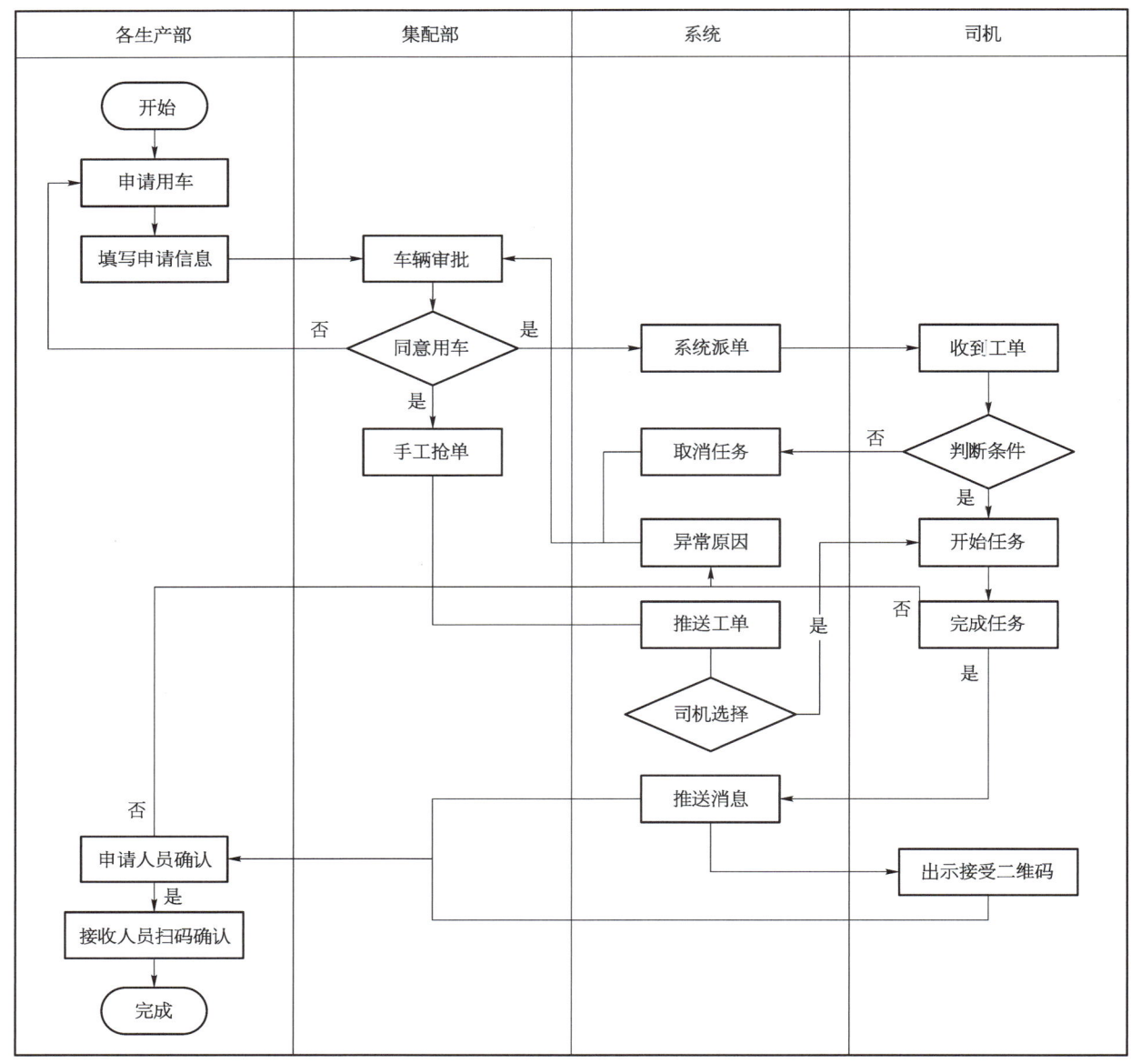

图 8-56 专班车辆配送管理业务流程图

（4）完工确认：司机完成任务后出示任务单据二维码，现场人员通过扫描二维码确认完工，并对工单进行评价，有助于优化配送服务。

邮轮专班配送模块的构建能够有效满足邮轮建造过程中大量内装物资配送申请，提高邮轮内装物资安装计划的执行，通过信息化流转提升沟通效率和信息传递的准确性，辅以合理的调度规则及算法提升车辆及人员派工的科学性，提高资源利用率的同时降低能耗。

3）邮轮专班配送模块架构

邮轮专班配送管理模块是专门为邮轮配送业务设计的全方位管理系统，其采用多层级模块化的结构设计，有效实现了对物资配送全程的精准监控管理。该模块集硬件设备数据采集、业务监控管理及数据分析等功能于一体，构建了一套闭环管理的船用物资配送全流程监控管理系统,为邮轮配送业务的顺畅运行提供了有力保障。邮轮专班配送管理模块架构如图8-57所示。

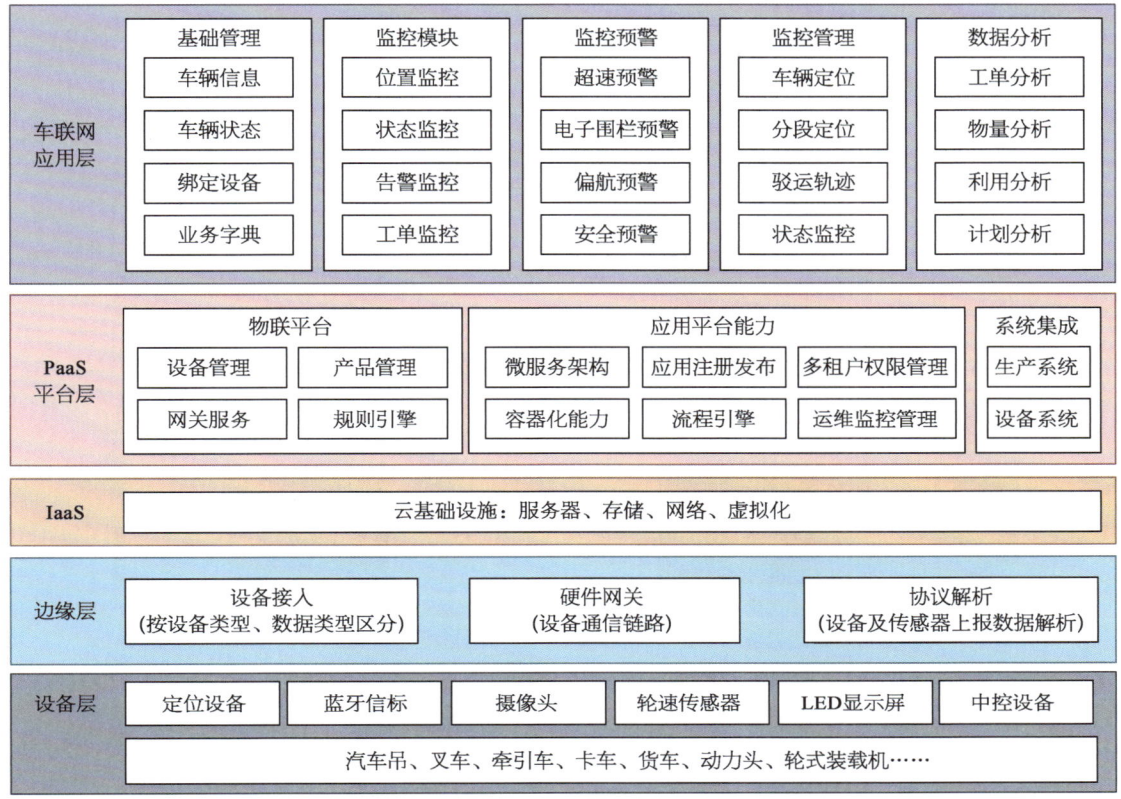

图8-57 邮轮专班配送模块架构图

邮轮专班配送模块充分利用现代物联网技术,通过给车辆安装GPS定位设备、测速传感器、摄像头等多种设备,实时采集车辆及物资运营数据。模块支持TCP/IP、UDP、MQTT、HTTP等多种协议直接解析上报数据,或者通过封装API或SDK直接调用数据等方式,实现数据的定向高效传输。采集到的数据经过严格的清洗和治理后,存入时序数据库,以供业务层随时调用。

邮轮专班配送模块采用微服务架构,将业务功能模块与基础服务模块进行解耦,极大地增强了系统的灵活性和可扩展性。基础服务模块中的流程引擎服务负责业务模块中工作流的调用,物联网平台则专注于多源设备的监管,容器化部署能力则确保了系统部署的灵活性和便捷性。此外,模块还支持与其他业务系统进行数据交互,确保全业务链条的畅通无阻,实现对配送业务场景的有效管理。

邮轮专班配送模块采用分层架构设计,通过聚合功能、减少层级依赖,进一步优化了系统的维护性和拓展性。通过这种多层级模块化的结构设计、强大的数据采集和处理能力、灵活的微服务架构及高效的分层设计,为邮轮配送业务提供了全面、精准、高效的管理解决方案,实现对车辆的实时监控、预警、调度和数据分析等功能,提高车辆的运行效率和安全性,同时也为后续的业务拓展和智能化升级提供了良好的基础。

4）邮轮专班配送模块功能

邮轮专班配送模块的应用，打破了运输设备之间独立运行的传统模式，实现了卡车、叉车、牵引车和汽车吊之间的协同作业的新模式，可减少工作衔接中的无效等工和需求信息不匹配的不足，其主要配送模块功能如图8-58所示。

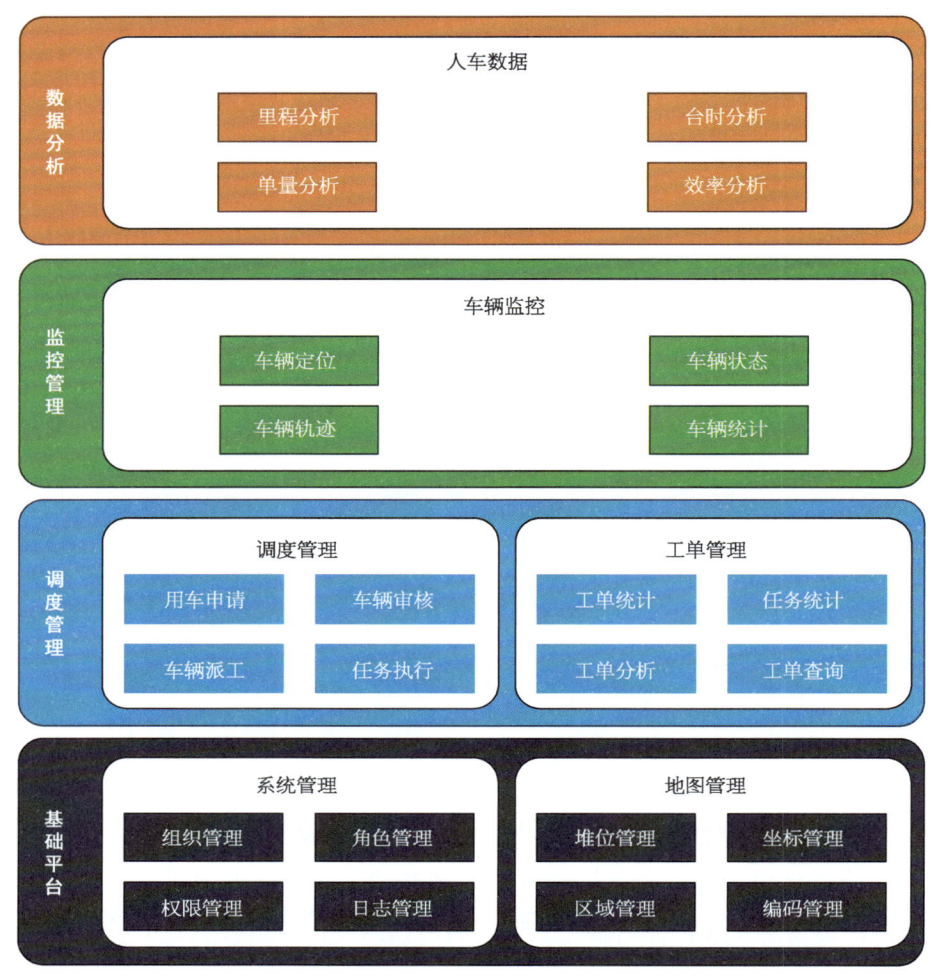

图8-58　邮轮专班配送模块功能图

邮轮专班配送模块主要功能有以下几方面：

（1）智能分配：根据不同的车型，基于调度算法为任务工单匹配适合的车辆，减少"远车近用，大车小用"的情况出现。

（2）地图找车：厂区电子地图可实时、直观地反映作业车辆所在位置及正在执行的任务详情。厂区电子地图如图8-59所示。

（3）统计看板：实现车辆执行任务统计和报表分析、实现员工任务执行情况及工时数统计、实现车辆运行台时数及里程数统计、综合呈现物量、绩效与车辆效能看板。统计看板如图8-60所示。

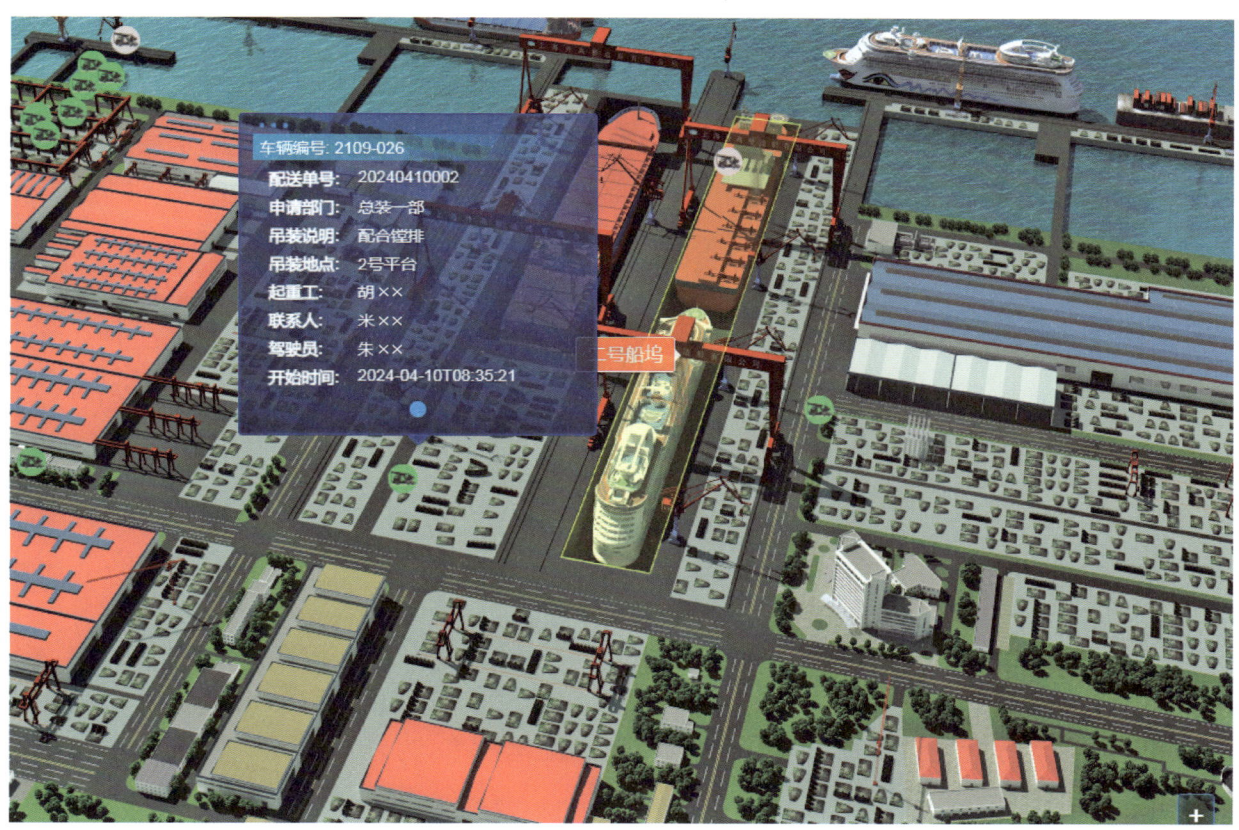

图 8-59　厂区电子地图

图 8-60　统计看板图

（4）工单数据：从用车申请、审核、派工到工单执行，对车辆工单全流程数据进行记录和统计，便于后续数据分析及业务回溯。工单数据统计如图 8‑61 所示。

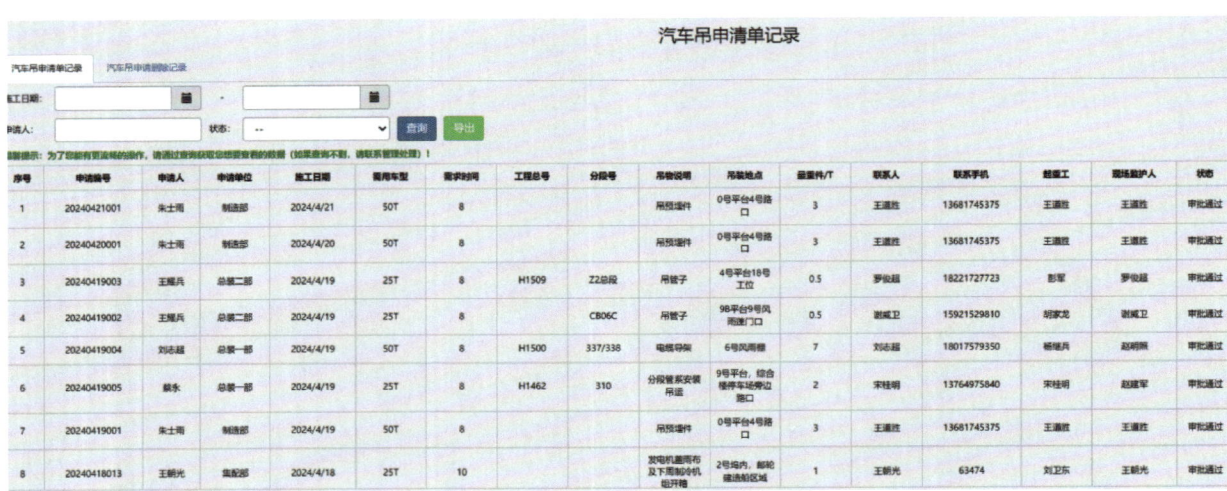

图 8‑61　工单数据统计图

邮轮专班配送模块通过智能分配、地图找车、统计看板和工单数据等功能，实现车辆调度和任务执行全流程管理和监控，提高车辆利用率和配送效率，为管理者提供数据支持和决策依据。

实践篇

第 9 章 物流集配计划管理与实践

大型邮轮是复杂的巨系统工程,参与物流集配管理的相关方众多,物资种类广、数量大,需要大量的场地、设备、人力等资源投入。为了确保相关方之间有效协同,应制定合理的物流集配计划,对仓储、配送、人力、设备等资源进行有效整合,及时发现物流集配活动中的瓶颈问题,提升物流集配作业准确性和可靠性。本章深入阐述了根据项目层级计划明确物资需求,制定详细、准确的物流集配计划的重要性和运行机制,借助 SWS TIME、SMART - POR、P6 三大软件系统建立的物流集配计划新体系,以工程实践验证了该体系对于支撑大型邮轮建造的有效性。

9.1 物流集配的计划管理

9.1.1 计划管理体系技术支撑

工程技术人员利用自主开发的 SWS TIME 系统、SMART - POR 系统和甲骨文公司的 P6 系统等软件工具的协同联动,为大型邮轮建造计划有序推进提供技术支撑。SWS TIME 系统为各类图纸下发、物资订货、到货、检验、入库、发放等基础数据收集汇总提供了平台,为计划执行效果评估提供了数据支持;SMART - POR 系统力求从源头避免物资采购周期不足、到货批次不明确、设计修改量大等复杂工程项目容易遇到的普遍问题;P6 系统实现了各层级计划之间相互联动,在 P6 系统内利用关键路径法进行计划排程,实时跟踪项目进展,确保整体建造项目有效可控。

SWS TIME、SMART - POR、P6 三大系统运用不仅支撑起了大型邮轮建造整体框架,而且也为建立适应大型邮轮建造的新物流集配计划管理体系奠定了基础,具体联动关系如图 9 - 1 所示。

根据 P6 系统中的总体目标计划在 SWS TIME 系统中编制中日程计划;SMART - POR 系统从设计建模数据中获取物资信息并结合中日程计划得出物资理论需求时间、需求量,通过 SWS TIME 系统将这些信息传递到采购部门;物流集配部门通过 SWS TIME 系统结合中日程计划落实物流集配计划,并通过 P6 系统将数据集成。三个系统协同联动,实现了大型邮轮建造过程中物流集配管理的信息化管控。

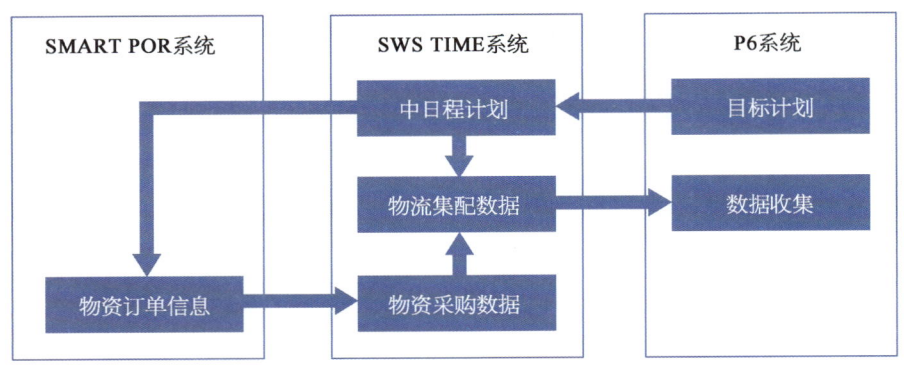

图 9-1 三大管理系统关系图

1) SWS TIME 系统

SWS TIME 系统是上海外高桥造船有限公司为大型邮轮建造而建立的一套船舶建造管理系统,通过科学、合理地制定邮轮生产计划,提高生产管理效率,达到精细化管理的目标。SWS TIME 系统可加强公司对生产计划的管控能力,推进公司节拍化生产,资源的有效利用,从而达到提高协同效率的目的。

为实现生产、设计、物资的计划协同管理,SWS TIME 系统从设计、计划、进度执行、供应链等关键业务的一体化管理入手[94],实现精益化、精细化管理。通过系统数据的相互关联引用,编制合理、均衡、有现实意义的生产计划,系统根据当前项目进度与计划对比,实现项目计划滚动推演功能,为项目管理人员制定决策提供数据支持。同时,系统还为未来的持续业务流程优化和智能化工厂打下基础,SWS TIME 系统框架如图 9-2 所示。

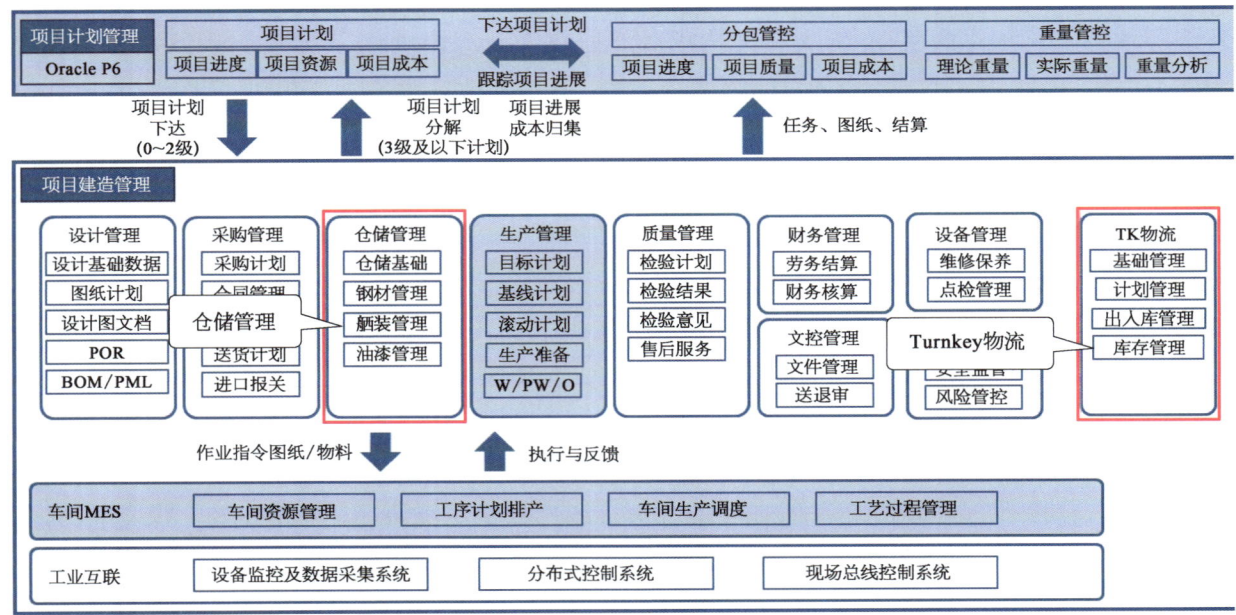

图 9-2 SWS TIME 系统框架

物流集配计划在 SWS TIME 系统的主要运用平台是仓储管理模块和 Turnkey 物流模块，前者包含托盘计划管理和钢板计划管理，后者是面向 Turnkey 物资计划，见表 9-1 和表 9-2。

表 9-1　SWS TIME 系统仓储管理模块信息统计

模　块	子　模　块	信　　息
仓储管理	舾装管理	入库管理
		发放管理
		退库管理
		库存管理
	计划管理	托盘集配计划编制标准
		托盘集配计划生成
		托盘集配计划看板
	钢材管理	入库管理
		发放管理
		退库管理
		库存管理
		钢材预处理需求

表 9-2　SWS TIME 系统 Turnkey 物流模块信息统计

模　块	子　模　块	信　　息
Turnkey 物流	计划管理	到货计划
		出库计划
	出入库管理	入库信息
		出库信息
		库存管理
		库存报警
	库存管理	场地看板
		Turnkey 看板

仓储管理和 Turnkey 物流模块将物资入库、发放、库存、计划等信息全部囊括,有效保障物流集配计划的执行和管控,提升仓储管理水平。

2) SMART-POR 系统

大型邮轮的工程特点决定了建造周期内始终处于边设计、边施工、边修改的状态,难以避免部分物资采购周期不足的情况,而到货需求顺序不明确会导致供应商无法精准地按需供应,无序发货、集中到货又会造成仓储资源压力陡增、物流拥堵等问题,给物资需求保障带来极大影响,因此必须要有合理的物资到货顺序和到货时间控制。为有效管控设计、采购、供应商生产、物流集配各个节点,上海外高桥造船有限公司开发了智能订货管理系统,简称"SMART-POR"。SMART-POR 利用数字化 3D 模型数据,将设计过程中逐渐完善的数字化信息实时应用在物资采购和托盘集配业务中,由传统的托盘级的管控模式转变为托盘零件级的管控模式,实现对材料类物资的全流程精细化管理,指导供应商备货和生产,实现供应商排产和船厂需求计划的有效协同。SMART-POR 整体数据流程如图 9-3 所示,其原理如下:

(1) 设计部门在进行一个区域的三维设计的同时,预估该区域各涉及物资的需求量。

(2) 细分模型梳理出该区域设计物资的理论 POR,该过程使三维模型携带工艺信息,实现从原需求量预估清单中抽取出实际需要的订单需求量及对应安装阶段。

(3) 对照各分段/总段的中日程建造计划,系统自动匹配物资的需求到货时间和对应的物资需求,从而进一步细分出分批到货计划。

(4) 采购部根据此细分到货计划,要求供应商按分批到货计划生产供货。

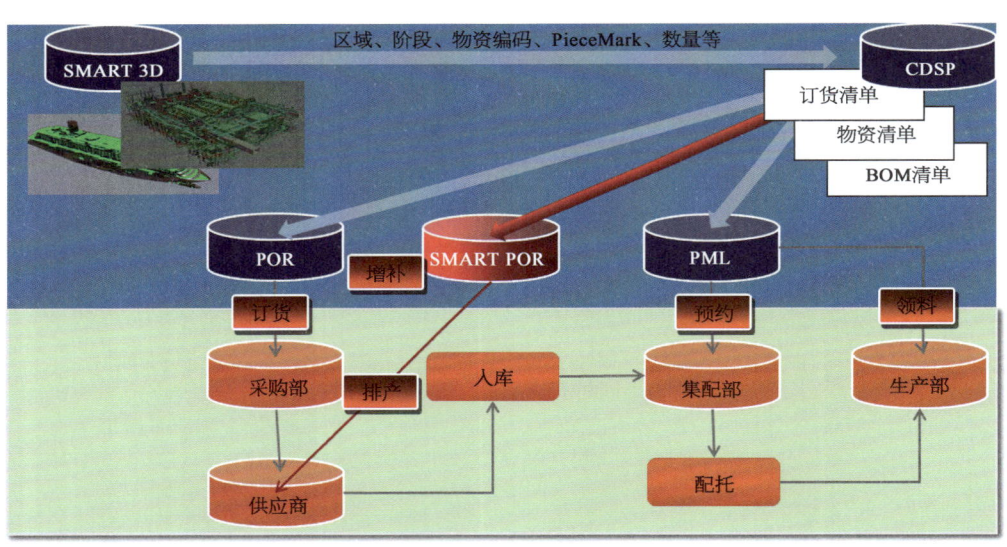

图 9-3 SMART-POR 整体数据流程

如图 9-4 所示,SMART-POR 定期扫描全船三维模型数据,抽取物资编码、Piece Mark、物资识别码、区域、安装阶段、安装类型等信息,根据物资编码匹配已下发的 POR 号及行号,最终由 SMART-POR 实现对订货状态的对比分析并上传到 SWS TIME 系统,指导完成各项生产准备工作。

实践篇

图9-4 CDSP全船模型

如图9-5所示,对于模型中每一个物资根据"区域＋区域/总段/分段/单元＋安装阶段"关联各对应层级的计划时间,由此细化物资到货需求时间,并在SWS TIME系统中体现。

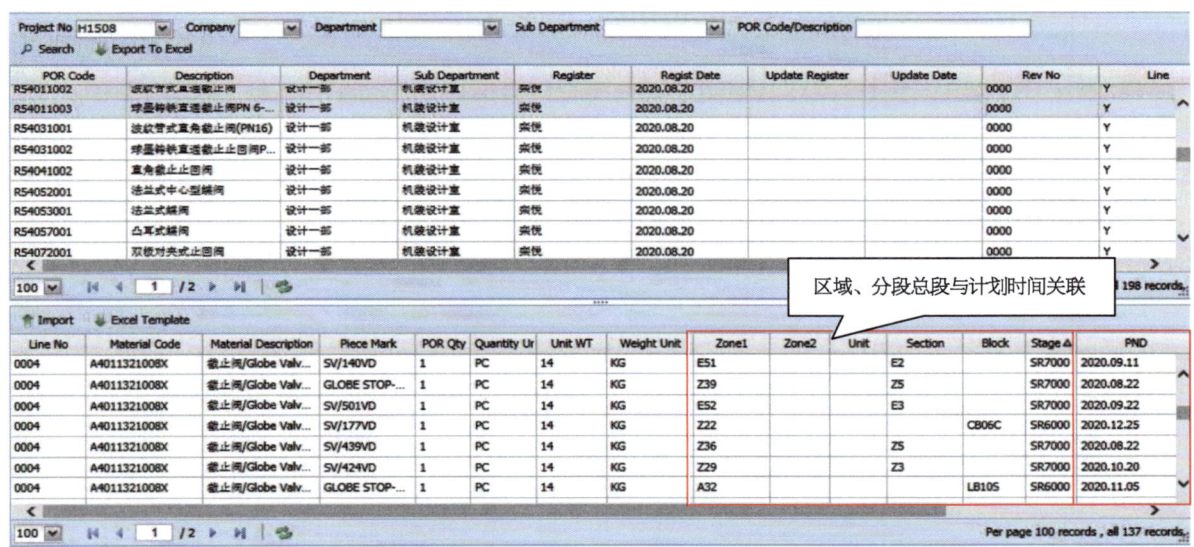

图9-5 SWS TIME系统SMART-POR各类物资到货需求

3) P6系统

P6系统是一款综合的项目管理软件,原名为Primavera 6.0A,由美国Primavera System Inc.公司研发。该软件于2007年7月1日全球正式发布,后被ORACLE公司收购,并对外统一称作Oracle Primavera P6。P6系统继承了P3软件20年的项目管理精髓和经验,采用最新的IT技术,在大型关系数据库Oracle和MS SQL ServerA上构架起企业级的、包涵现代项目管理知识体系的、具有高度灵活性和开放性的、以计划—协同—跟踪—控制—积累为主线的企业级工程项目管理软件。P6系统不仅可以管理单一的大型项目,使用最新版本P6软件可以使企业在优化有限的、共享的资源(包括人、材、机等)的前提下来对多项目进行预算、确定项目的优先级、编制项目的计划并且对多个项目进行管理。它给企业的各个管理层次提供广泛的信息,各个管理层次都可以分析、记录和交流这些可靠的信息并且及时地做出有充分依据的符合公司目标的决定。

P6 系统的核心功能包括多级计划、单代号、项目组合、关键路径、赢得值等,通过组合管理(Portfolio)实现多个项目的组合分析[95],包括资源、人工、数量等的分析。P6 系统还提供关键路径管理,包括关键路径基础参数设置、关键路径梳理、关键路径核心参数识别、关键路径对比分析和动态跟踪。此外,P6 系统还支持模板应用管理,帮助企业实现标准 WBS 模板管理、模板计划管理、类型项目基础架构模板应用及移动应用,实现不同的人、不同角色快速进行任务跟踪和分析。

在国产首制大型邮轮的工程实践中,工程技术人员应用 P6 系统实现了项目级的工程计划管理,包含两大类内容:

第一类属于非 Turnkey 类的计划,该类计划的相关工程范围实施主体为船厂,由各部门根据自身业务管理范畴编制,如设计总控计划、采购总控计划、建造总控计划分别由设计部门、采购部门、邮轮项目部负责编制和维护[96],各计划编制需要匹配由邮轮项目组提供的运用 P6 系统编制项目三级计划,各部门的计划数据管理平台为 SWS TIME,SWS TIME 平台与 P6 系统之间可实现数据交换,项目管理人员能够实时计算和评估项目总体进度并监控每个管理口的进度情况。以物流集配计划为例,将托盘按阶段划分,同阶段的托盘按照分段、总段、分区组合成托盘包,以托盘包形式编制计划,最终形成总控计划,在 P6 系统中的运用主要有以下三个方面,如图 9-6 所示:

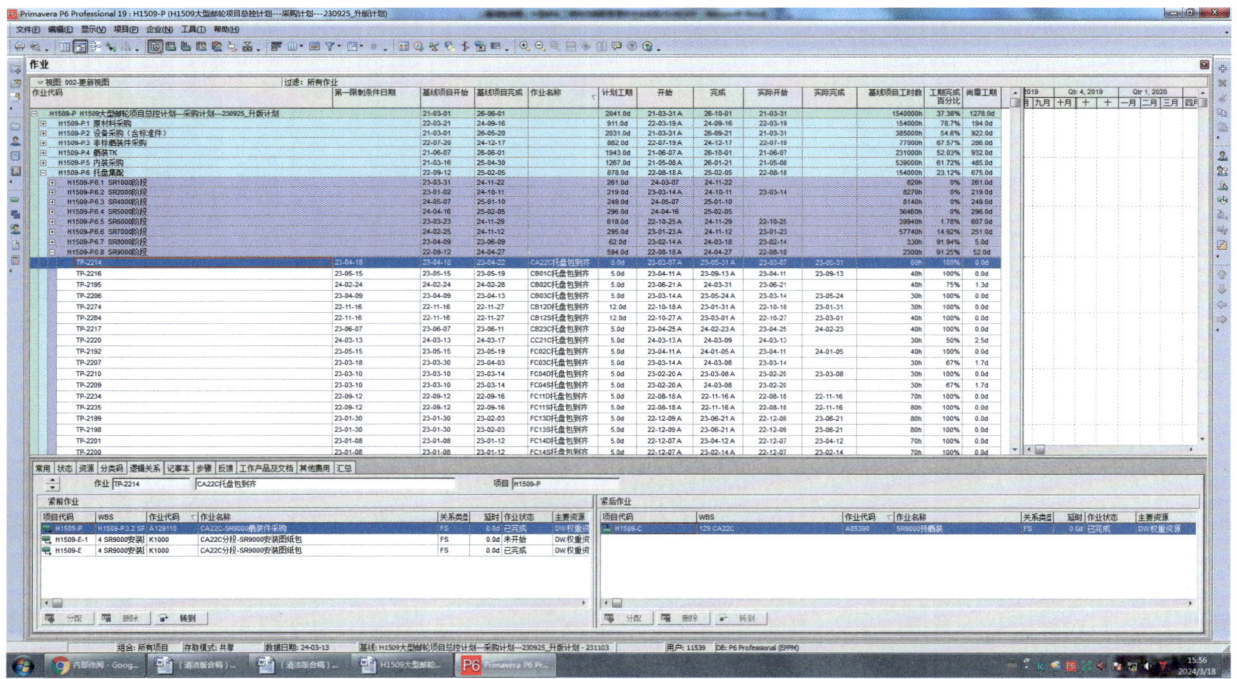

图 9-6　P6 系统托盘包

（1）将全船托盘在 P6 系统中建立相应托盘包，并赋予每个托盘包计划开始和完成以及工时物量信息。

（2）将托盘包与设计图纸包、物资采购包及舾装计划建立逻辑链接。

（3）基于 SWS TIME 系统的四/五级计划完成情况的统计数据，根据每个包的实际完成进度定期在 P6 系统中更新信息。

第二类计划属于 Turnkey（分包商）计划，为确保此类计划符合整体建造进度，由邮轮内装部和邮轮项目部协同 Turnkey 包各分包商负责建立工程五级计划，框定计划开始和完成时间，实际执行情况由分包商负责反馈，形成总控计划。在 P6 系统中的运用主要有以下三个方面，如图 9-7 所示：

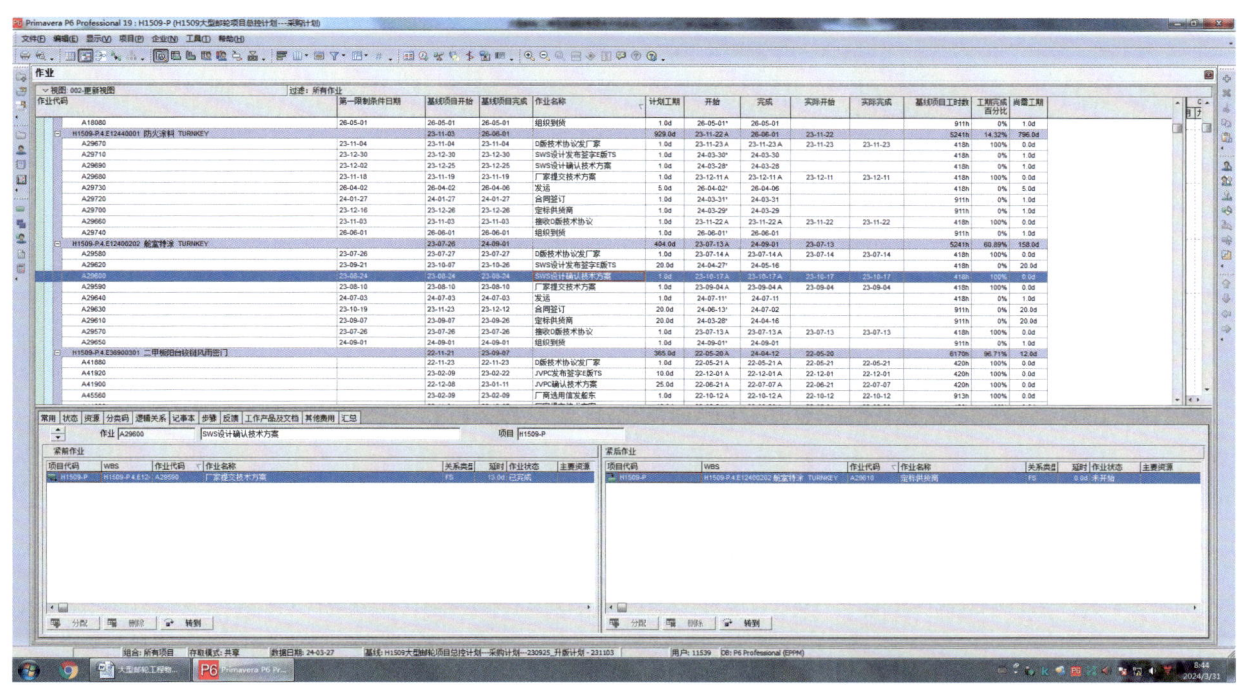

图 9-7　P6 系统 Turnkey 包

（1）邮轮内装部和邮轮项目部将所有 Turnkey 包项目建立到 P6 系统中，按照物资整体采购流程从确定技术方案、定标供货商、合同签订、物资发运及到货等五级计划的每一个步骤全部罗列出来，作为跟踪反馈项目。

（2）将每个需要跟踪反馈项目建立前后道逻辑链接。

（3）由各分包商根据每条项目实际进展定期反馈给邮轮内装部和邮轮项目部并更新到 P6 系统中。

通过在 P6 系统中建立各总控计划，将托盘包、Turnkey 包等计划实际情况定期卷集到 P6 系统中，最终收集到各项目建造整体进度，如图 9-8 所示。

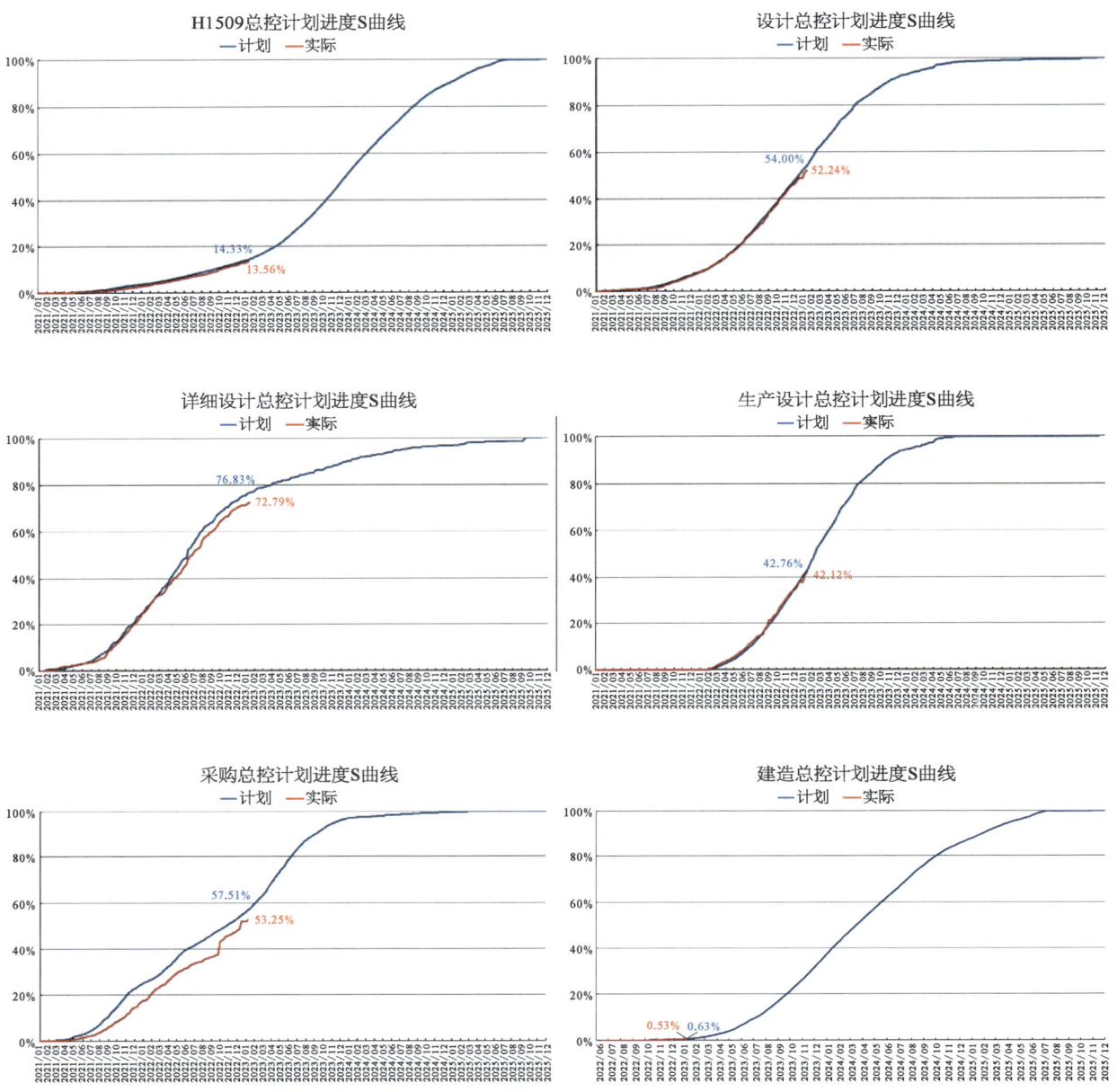

图 9-8 各建造项目的整体进度曲线

9.1.2 物流集配计划体系

物流集配计划是大型邮轮建造计划管控体系中的重要组成部分,主要根据大型邮轮建造计划、物资特性、仓储条件、运输路径等因素进行调整和优化,形成物流集配计划体系,匹配大型邮轮建造需求。

保障物资按时、有序供应是确保邮轮这一巨系统工程顺利建造的前提条件,为此工程技术人员制定了物料控制流程,有效落实风险防控方案,实现控制库存、盘活资金、保障生产的管理目标,如图 9-9 所示。

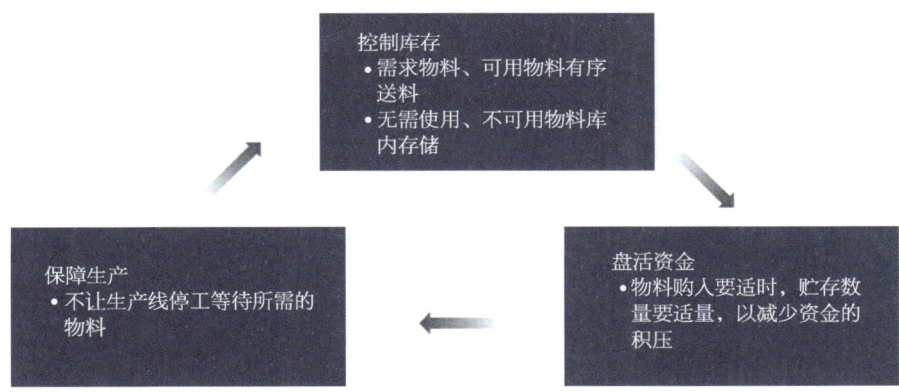

图 9-9　物料控制目标

邮轮项目部设立了 6 个物料控制工作小组,具体如图 9-10 所示,各小组职能职责见表 9-3。

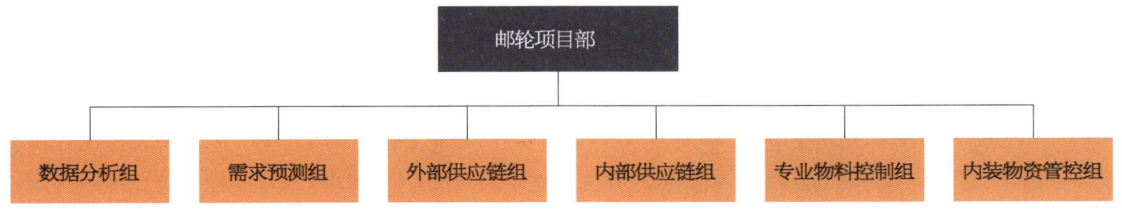

图 9-10　物料控制工作小组

表 9-3　物料控制小组职能职责

小组名称	职能职责
数据分析组	1. 负责大型邮轮物料管理策划,物料管理问题处理,实施全过程物料管控 2. 确保全船物料满足建造生产需求,并监控物料管理流程的实施
需求预测组	1. 负责大型邮轮物料管理需求的预测,定期将需求发给相关部门 2. 负责大型邮轮物料仓储策划及仓储管理,确保物料仓储度满足建造生产 3. 组织大型邮轮通用物资账目的核对和更新
外部供应链组	1. 负责制定大型邮轮外部供应链建设和实施 2. 负责组织大型邮轮舾装物资采购管控策略编制 3. 组织物料采购环节的问题分析
内部供应链组	1. 负责制定大型邮轮物资需求测算,及时将需求反馈给采购部 2. 负责大型邮轮场内物资供应链体系的策划及实施 3. 组织密配部门和生产部门核对物资准备情况 4. 负责对接总包商,梳理总包商的物资状态 5. 组织定期进行巡察及日常工作的监控和数据分析

(续表)

小组名称	职能职责
专业物料控制组	1. 负责制定大型邮轮专业物资管理的标准和管理（包含 Turnkey）项目 2. 负责检查生产设计与详细设计、规范、法规的一致性检查 3. 负责评估大型邮轮的物料和需求阶段，并定期更新 4. 组织密配部门和生产部门进行物料定额的评估 5. 配合大型邮轮物料配套国产化的推进
内装物资管控组	1. 负责制定大型邮轮内装物资管理的策划和实施 2. 负责大型邮轮内装部分物资用量的评估 3. 负责大型邮轮内装物资场地用量的评估 4. 负责协调密配部门做好技术支持、现场问题处理及改善

物流集配计划体系主要制定流程如下：

(1) 预估订货阶段：设备包 POR 下发后，由计划管理人员参照相关历史数据和项目主计划，匹配三级计划后发送采购部门；标准件类 POR 发放后，由邮轮项目部组织讨论，从所属中间产品、安装阶段两个维度匹配三级计划，给出分批纳期，供应商根据分批纳期进行原材料备货及产能预留。原材料类按照分段进行订货，匹配三级计划由邮轮项目部给出交货纳期。

(2) 三维建模阶段：设计部门在 SMART-POR 建立模型，在模型中定义所属中间产品和安装阶段两个属性，每周扫描模型后，推送数据至 SMART-POR 系统，根据三级计划表决纳期，用于供应商生产使用。SMART-POR 系统首次扫描纳期到正式出图有 3～5 个月周期，供应商根据自身生产周期和仓储条件有序安排生产。按照 SMART-POR 表决的两个维度，某中间产品在某安装阶段的物资纳期一致，形成托盘包计划。物流集配部门牵头各部门讨论托盘集配计划信息处理规则，实现系统自动分类处理托盘包计划物资，通过协同平台推送至供应商，完成自动协同。物流集配计划包括预到货、检验、入库、发放内容，采购部门完成系统派单和跟踪。

(3) 生产需求阶段：物流集配计划与 SWS TIME 系统四级计划模块关联，实时读取四级计划模块，根据标准工期预测托盘需求计划。在生产部门提出周度需求计划之前，完成对应中间产品托盘预配齐。此阶段同样需要 SWS TIME 分类自动处理需求计划，通过协同平台推送至供应商，作为送货计划指令。

(4) 改单管理：后期修改阶段启动通用件库存管理和进口件应急采购备货管理，设计改单如有物资增订，需在改单内明确对应的 POR 行号或提出对应的托盘改单。

整体物料控制方案流程如图 9-11 所示。

在物料控制小组中，物流集配部门主要负责发挥需求预测组和内部供应链组的作用[97]。需求预测组对照的是中日程计划，根据中日程计划检查物资是否已按计划在落实到货，核心目标是物流集配计划要满足中日程计划。内部供应链组对照的是生产部门需求，根据生产需求时间检查物资是否已经配齐，核心目标是要确保生产部门需求的物资都已到货。为了将物料控制小组发挥的作用落到实处，物流集配部门内部重新规划了物流集配计划体系，如图 9-12 所示。

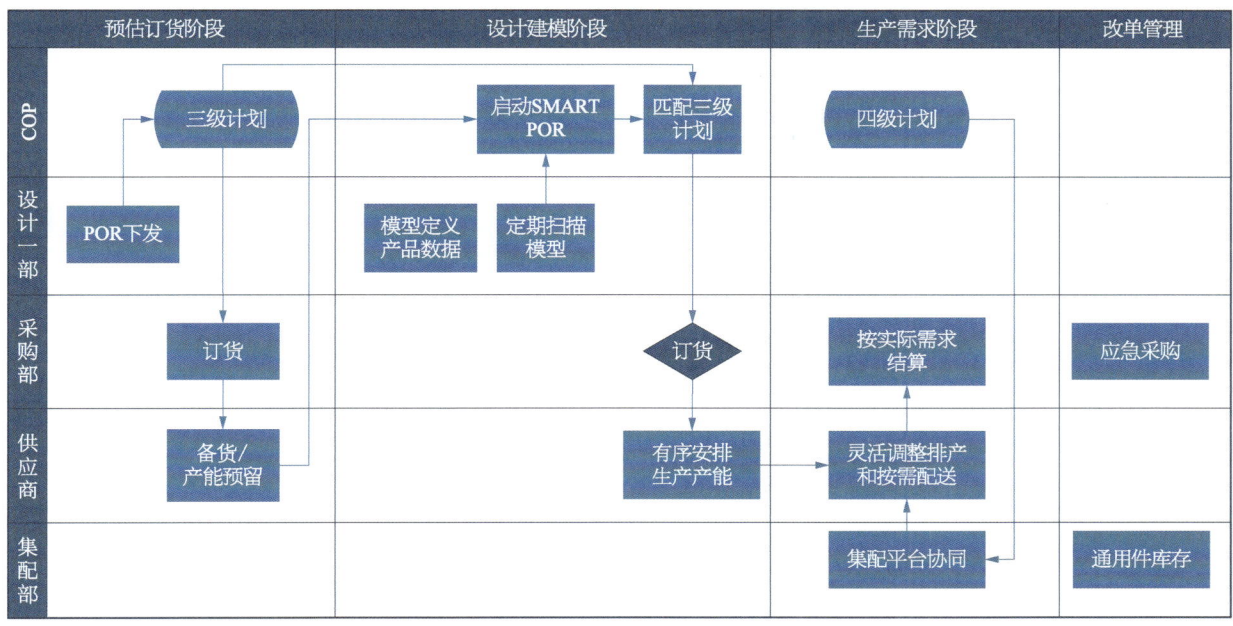

图 9-11　物料控制方案流程图

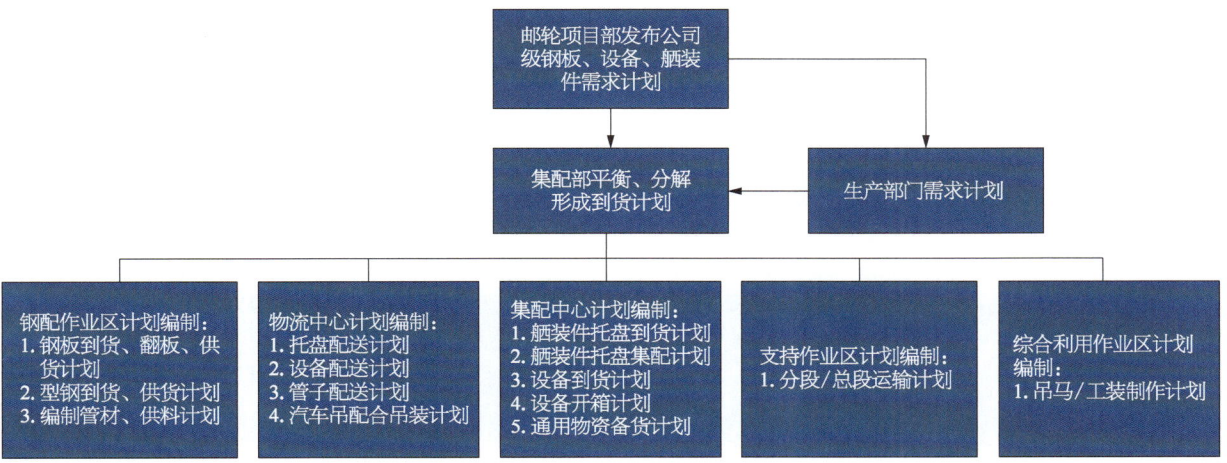

图 9-12　物流集配计划体系

具体实施方案如下：

(1) 物流集配部门根据邮轮项目部每月发布的邮轮钢板、舾装件、设备的需求计划，与生产部门需求计划进行协同平衡，分解后形成各类物资的集配到货计划，指导各作业区开展生产工作。

(2) 物流集配部门下属作业区在集配到货计划基础上按自身职能进一步细化为执行计划，具体包括：钢配作业区编制翻板、配料计划，集配中心编制托盘集配、设备开箱、通用物资备货等专项计划，物流中心编制各类物资的配送计划，支持作业区编制分段/总段厂内运输计划，综合利用作业区编制吊马等工装制作计划。在这些专项计划形成的同时，各作业区将生产信息进行汇总、比对，着重完成以下分析：

① 测算本作业区的物量，预测场地、人员等关键资源的配置需求，提前做好准备。

② 测算月度收、存、发的物资数量,评估运行负荷,滚动更新仓库、堆场、钢平台、材料码头、运输起重设备等物流集配硬件资源的利用率,平衡调度,缓解波动。

③ 预判后续生产可能出现的主要问题,特别是有关物资脱期的预警,及时提醒设计、采购、项目管理归口部门制定应对措施。

④ 物流集配部门计划执行过程中,对生产部门需求计划内的未领用物资做好跟踪提醒,督促其尽快完成领用,保证稳定的计划执行对应率。

⑤ 物流集配部门各作业区统计各专项计划完成情况,反馈管理室,作为内部绩效考评依据;并分析实绩数据,对作业区的保有产能、人均产出等关键指标形成满足公司产品建造要求的标准;同时,策划管理改善工作,对重点改善项目制定措施与目标。

整体物流集配计划流程如图 9-13 所示。

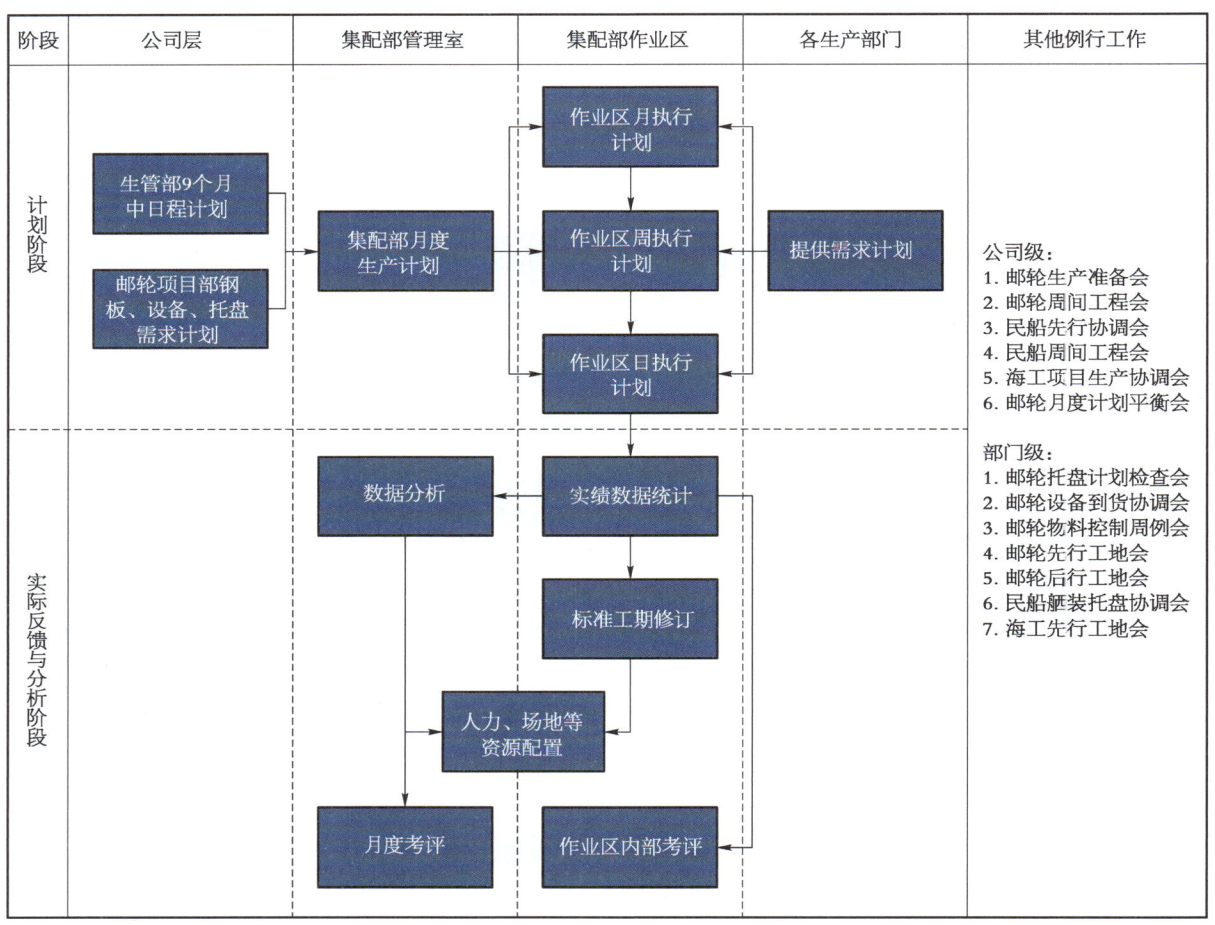

图 9-13　物流集配计划流程图

通过 P6 系统、SWS TIME 系统和 SMART-POR 系统的有效协同,对物资到货、物资收发、物资预警等,对物资需求、仓储场地、物流集配的准备和保障工作发挥了强有力的指导作用。根据邮轮物资需求时间、物资存储特性,物流集配部门在结合常规船舶物流集配计划体系的基础上,形成了以托盘计划、钢板计划、设备计划和 Turnkey(分包商)物资计划为主的邮轮物流集配计划体系,并在计划执行过程中形成了物料控制、Turnkey 场地运转等相关机制,有效保障大型邮轮物资物流工作平稳、有序。

9.2 物流集配计划管理实践

大型邮轮建造的物流集配计划按照物资类别划分主要可分为托盘计划、钢板计划、设备计划、Turnkey(分包商)物资计划。

船舶舾装托盘的含义包括两个内容:一是生产设计时编制的托盘管理表及相应的生产管理用表册的最小单位,是现场生产作业的最小单位,也是内场制造、舾装品的采购、集配中心的集配和外场安装的最小单位。二是托盘是实实在在的有如饭店配膳室内的配菜盘一样,既有菜单,又有盘子。托盘是舾装作业物资集配的载体,作为舾装托盘载体,既有托盘管理表,也有由钢结构组成的托盘,它可以根据实际需要制成各种形式。托盘管理作为现代造船模式的管理方式之一,是随着船舶舾装件的制造、安装方法的发展而产生的,托盘管理是生产管理的核心,连同造船生产设计,合理的生产体制和工种结构及完善的计划工作,构成企业内部生产管理方面强有力的四大支柱。

大型邮轮标准件物资多、通用性大,通过制定合理的托盘集配计划,可提高物资流转率,减轻仓储负荷,并在托盘预约过程中提前发现缺件,做出预警,为缺件补齐争取时间。在托盘配送计划方面,需要达到供需平衡,确保施工现场的物资需求得到满足。

钢板托盘直接服务于船舶钢结构中间产品——分段制造,铁舾装件托盘和设备都需要在此基础上开展施工,保障钢板及时订货与到货是计划的核心目标。钢板托盘计划以分段为单位,分为到货计划和预处理计划,以项目三级计划为主导,依托于先行中日程计划制定。

设备包含在安装托盘中,所有设备都以托盘形式申领,故设备计划主要指设备到货计划,根据设备安装阶段、安装位置等信息,结合中日程计划来确定设备标准纳期,进而编制出设备到货计划,跟踪纳期执行情况确保设备到货满足生产需求。

由于大量 Turnkey 类物资由 Turnkey 分包商直接采购,船厂对相应的材料需求顺序、到货时间、施工周期难以直接把控,为有效控制 Turnkey 项目的整体施工进度,有必要与 Turnkey 分包商有效沟通实现计划协同,实时掌握 Turnkey 分包商的物资到货及出库信息,便于船厂的资源动员和协调。

9.2.1 托盘计划管理实践

设计部门以托盘为单位下发安装托盘表,由各生产部门组织领用和施工,物流集配部门按照托盘清单将各类物资汇总到一起,待生产部门申请领用。托盘计划包含托盘集配计划和托盘配送计划。托盘集配的目的是提前判别托盘配齐情况,甄别出缺件。设计部门确认托盘后,托盘物资明细即可明确,物流集配部门通过托盘预约,将已到货物资自动匹配到相应托盘中,未预约到的物资就表示目前处于缺货状态,由此将缺件信息汇总后反馈给采购部门落实到货。

托盘集配计划的准确性及配齐率关系到整体生产进度,没有完善的物资到货计划作为基础,托盘集配计划配齐率则无从谈起。大型邮轮与常规船舶在托盘计划的管控方面存在较大差异,常规船舶托盘管控方式如下:

(1) 常规船舶大量托盘为非标舾装件,每月生产管理部门根据 9 个月中日程计划编制舾装制作图完工计划,要求采购部门督促各供应商按照完工计划完成舾装件制作,等待发货通知。

(2) 设计部门根据 9 个月中日程计划编制制作图出图计划,并按计划下发相应托盘制作图,由供应商落实制作。

(3) 物流集配部门安排驻厂人员实施舾装件制作进度及质量过程控制,参考舾装制作图完工计划做好发货清点。

(4) 采购部门参照托盘完工计划跟进供应商制作进度,同时根据完工计划时间结合参考生产部门需求,通知供应商发货。

(5) 生产部门提出双周托盘舾装需求计划,物流集配部门按照需求计划内容核对托盘到货及缺件情况。

常规船舶托盘计划流程如图 9-14 所示。

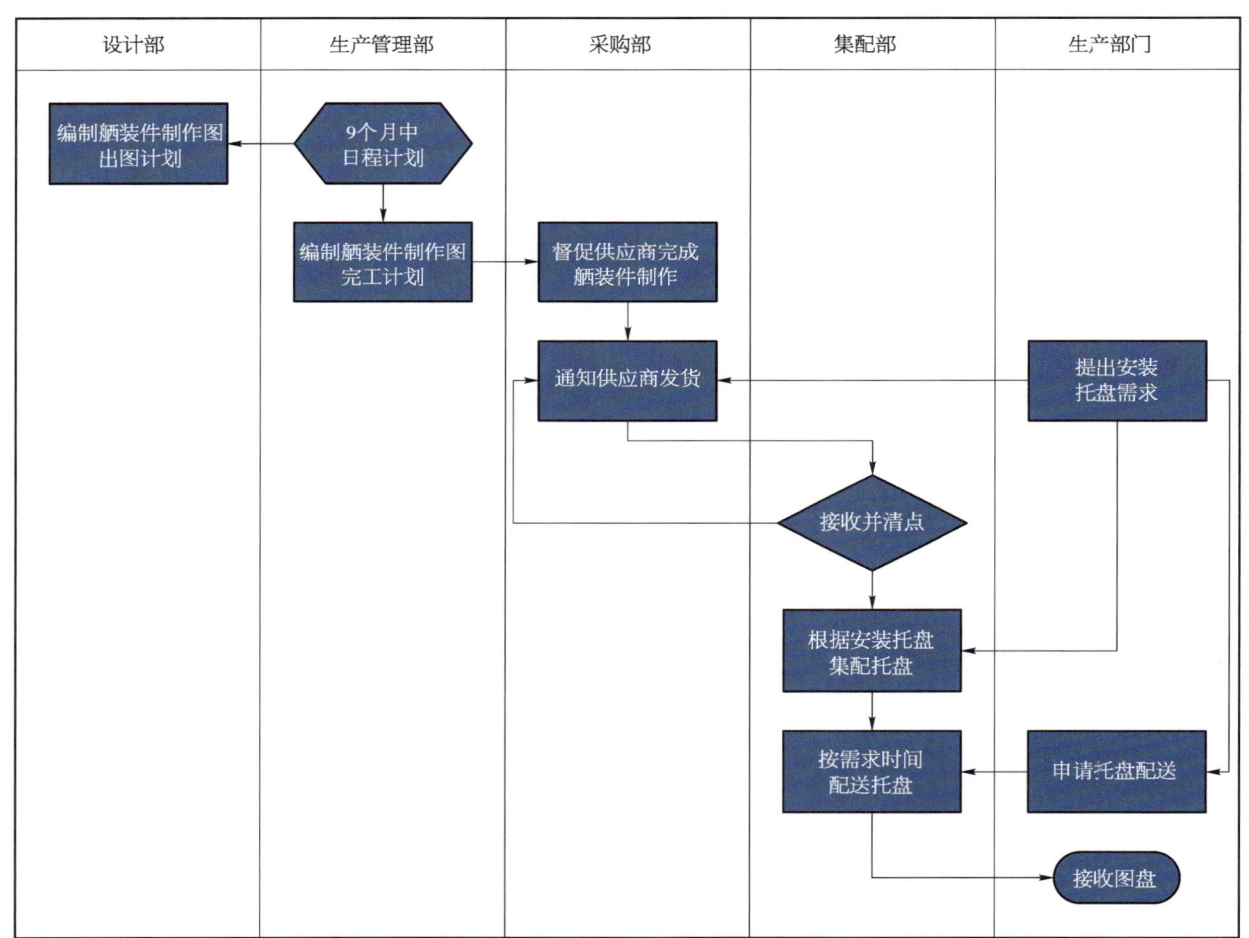

图 9-14 常规船舶托盘计划流程图

在常规船舶托盘管控方面,生产管理部门编制舾装件完工计划,以生产部门提出的双周托盘需求计划作为托盘集配计划,满足双周托盘需求计划是托盘集配工作的首要目标。大型邮轮托盘以标准件为主,供应商无须设计部门反复提供制作图,仅需要采购部门明确需求数量和需求时间。这两类模式区别较大,常规船舶托盘管理模式无法覆盖到大型邮轮上,主要原因如下:

1) 托盘物资用量问题

常规船舶托盘下发制作图已匹配相应的安装托盘表,不考虑图纸修改情况下,供应商按图施工即可,无须考虑制作数量问题;大型邮轮托盘以标准件为主,同一个物资可应用到多个托盘中,设计部门下发安装托盘表之前无法知晓各类标准件的托盘用量,需要借助 SMART-POR 系统对标准件用量进行预估,让供应商提前备足物资。

2) 托盘物资采购周期问题

常规船舶托盘舾装件供应商根据舾装件完工计划进行制作,在生产部门提出托盘需求时,各类舾装件已处于待发运状态。大型邮轮的舾装标准件若按常规船舶模式操作,生产部门提出双周托盘需求后再通知供应商送货,物资就没有足够的采购周期,无法满足生产需求物资的持续供应。

3) 托盘类型问题

大型邮轮大量的 Turnkey 托盘的物资采购、到货、安装主要由各分包商自主管理,常规船舶不涉及此类托盘,没有相关管理经验可供借鉴。

由于两者存在诸多显著差异,有必要建立一套适用于大型邮轮的物流集配计划模式。大型邮轮需要依据中日程计划各阶段物资不同需求时间赋予托盘集配时间,依靠人工编制托盘计划难以对应其间的工作量,耗费时间长且容易出错。生产现状可能瞬息万变,缺乏计划响应调整机制会导致来货物资与生产实际需求不匹配,因此建立托盘计划表决实现托盘计划快速编制势在必行。

首先,SWS TIME 系统是为建造大型邮轮建造量身打造的一套船舶建造管理系统,是 L4、L5 级计划的执行平台。常规船舶运用"C""B""P""D""U"来标注托盘安装阶段,大型邮轮则以 SR1000~SR9000 来表示,具体阶段定义见表 9-4。

表 9-4 邮轮阶段定义

序 号	阶 段	定 义
1	SR1000	码头舾装(分区)
2	SR2000	码头舾装(分区)
3	SR4000	机械处所船坞阶段舾装(分区)
4	SR5000	非机械处所船坞阶段舾装(分区)

(续表)

序　号	阶　段	定　义
5	SR6000	分段预舾装阶段（分段）
6	SR7000	总段舾装阶段（总段）
7	SR8000	单元舾装阶段（单元）
8	SR9000	分段上胎阶段舾装（分段）

大型邮轮托盘安装阶段分为 SR8000（单元阶段）、SR9000（分段阶段）、SR6000（分段阶段）、SR7000（总段阶段）、SR4000（船坞阶段）、SR5000（船坞阶段）、SR1000（码头阶段）、SR2000（码头阶段）托盘，如图 9-15 所示，其与先行中日程计划分段舾装、总段舾装、分段搭载，后行中日程计划中的分区相互对应，如图 9-16 所示。

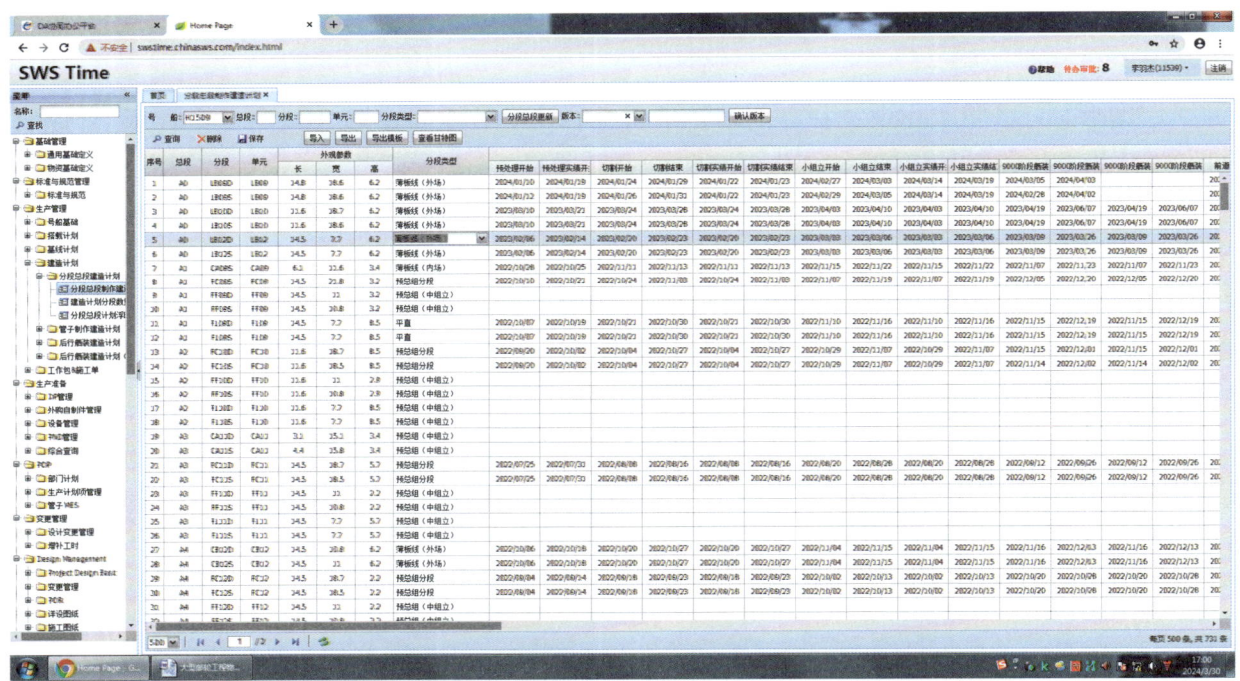

图 9-15　先行中日程计划

先行中日程计划将全船分段从钢板预处理开始到分段搭载结束涵盖的全部施工环节、施工周期计划排布完成，托盘计划只需与先行中日程计划匹配就能确保计划的准确性和及时性。

后行中日程计划由分区舾装、非分区舾装、结构施工三方面构成，与先行中日程计划有较大区别，托盘计划的编制与分区舾装对应，要确保满足分区舾装时间。

实践篇

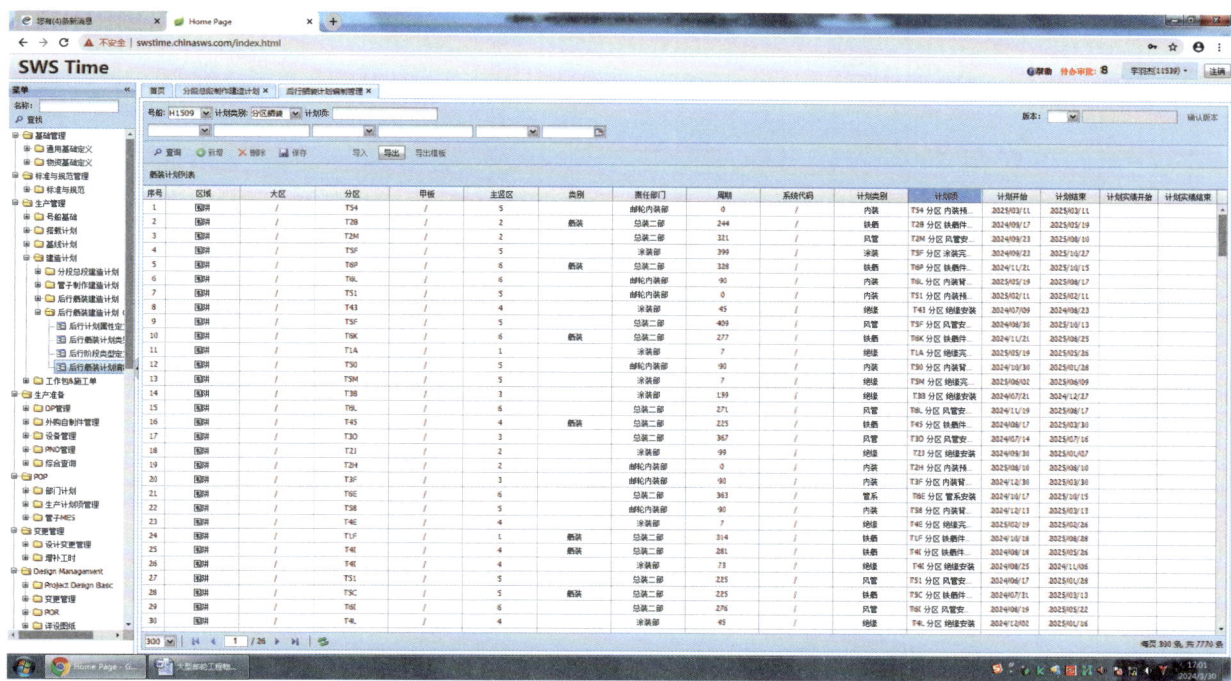

图 9-16 后行中日程计划

通过托盘计划编制策略将托盘信息和中日程计划有效关联起来，按照不同阶段、不同类别的托盘分别建立安装托盘计划生成标准，如图 9-17 所示，实现托盘计划的一键自动编制，确保托盘计划随着中日程计划同步调整，最终形成完整、准确的托盘计划，如图 9-18 所示。

图 9-17 托盘计划编制策略

263

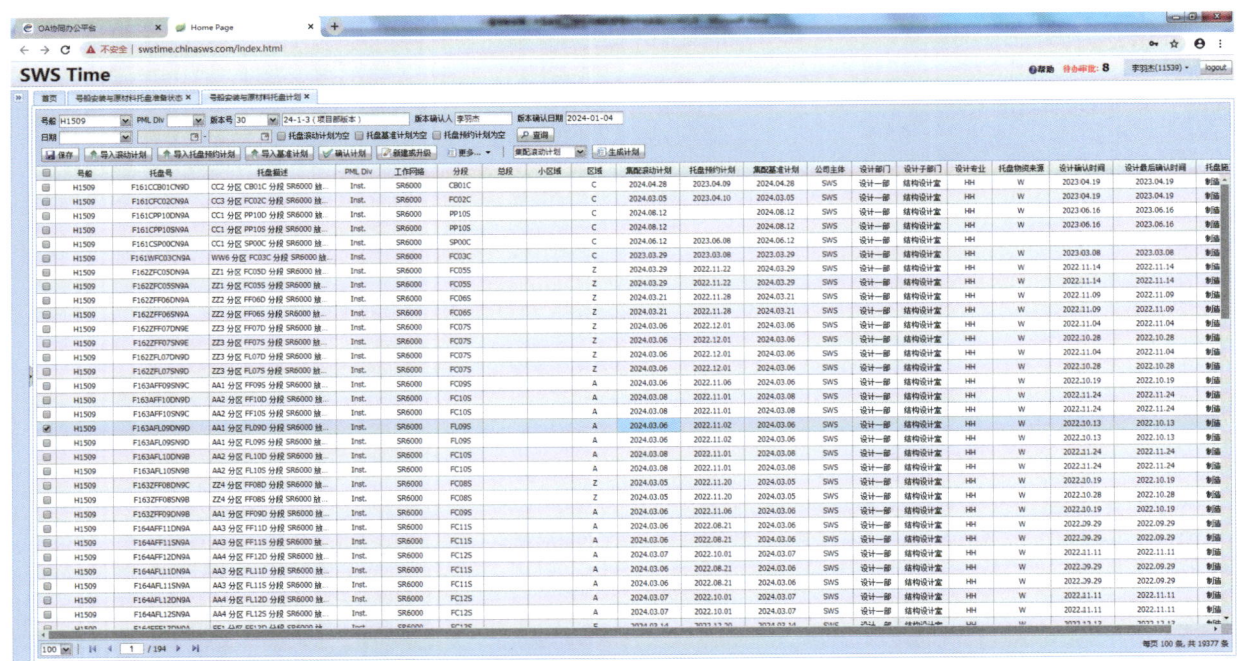

图 9-18 托盘计划的生成

由于出图计划时间来源于中日程计划,托盘计划编制策略的原理是将设计部门整理的所有安装托盘类型找出对应安装节点并将其关联,这意味着托盘计划与中日程计划有了关联关系,从而通过托盘计划编制策略得出托盘计划时间。

其次,充分借助 SMART-POR 系统的强大功能,对物资需求、订货、到货信息做到实时把控。大型邮轮的设计、生产、修改工作并行发生,从 SMART-POR 系统中获取到的物资信息通常对应的生产图纸还在设计过程中,无法对应到具体的安装托盘,为避免来货数量过多造成仓储压力或来货数量不足无法满足生产需求,利用 SMART-POR 跟踪物资实际订货、到货数量,定期将实际数据结果反馈给相关部门,做好共同监督和管控。如图 9-19 所示,以红框圈出的数据为例,至基准日期该项物资 POR 数量为 200 个,采购 100 个已全部入库,当前基准日 SMART-POR 的总数 109 个,实物在库数量 23 个,基准日期需求数量 39 个。这些数据反映了按照 SMART-POR 理论上该时间点应采购 109 个,目前采购了 100 个,从已下发的生产图纸统计,截至基准日期实际需求为 39 个,已入库 100 个满足生产需求量,生产部门已领用 77 个,供应和库存情况正常。

SMART-POR 系统的应用主要针对原材料物资,非标件类物资需要船厂提供制作图,供应商才能安排制作,无法通过该系统做到信息的实时把控。如图 9-20 所示,托盘计划要求 3 月 29 日配齐,其中涉及的基座为非标件,SMART-POR 未将其纳入信息抽取范畴,系统对此会显示暂时未到货,托盘未能配齐。

SMART-POR 具备对不同时间跨度物资需求总量判断的前瞻性,如图 9-21 所示,红框圈出的数据为例,在 SMART-POR 中设置了 4 个时间间隔点,分别代表 15 d、30 d、45 d、60 d

实践篇

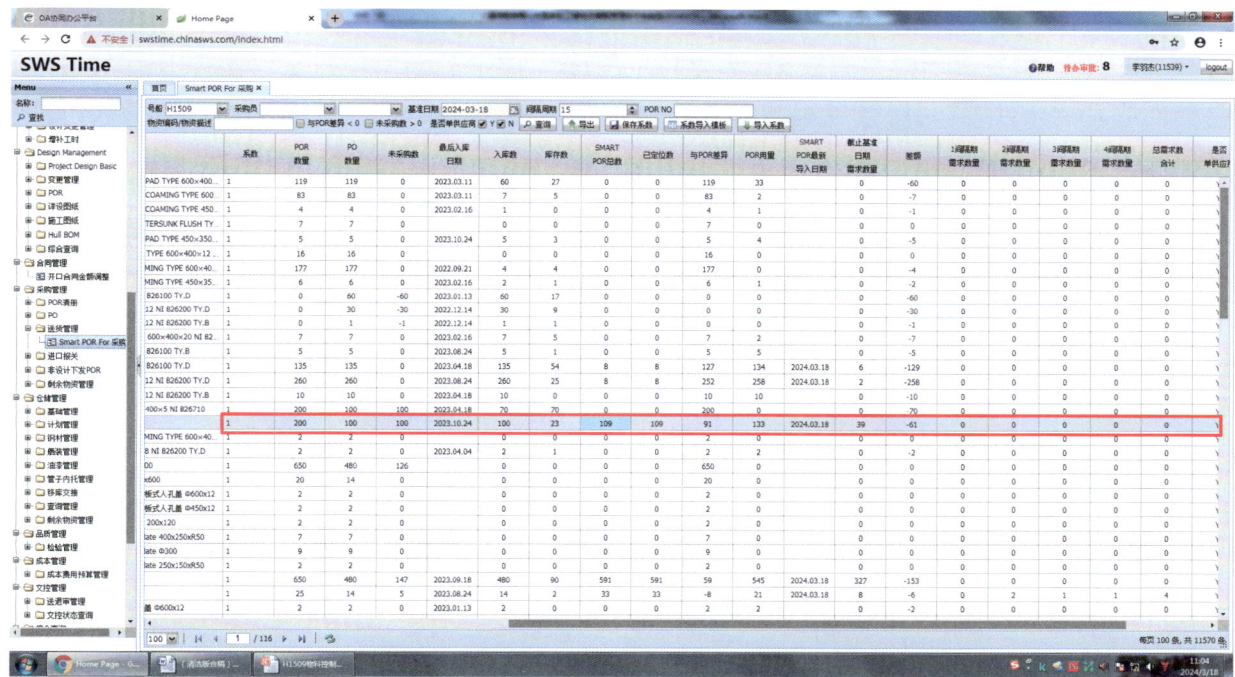

图 9-19　SMART-POR 物资需求展示图

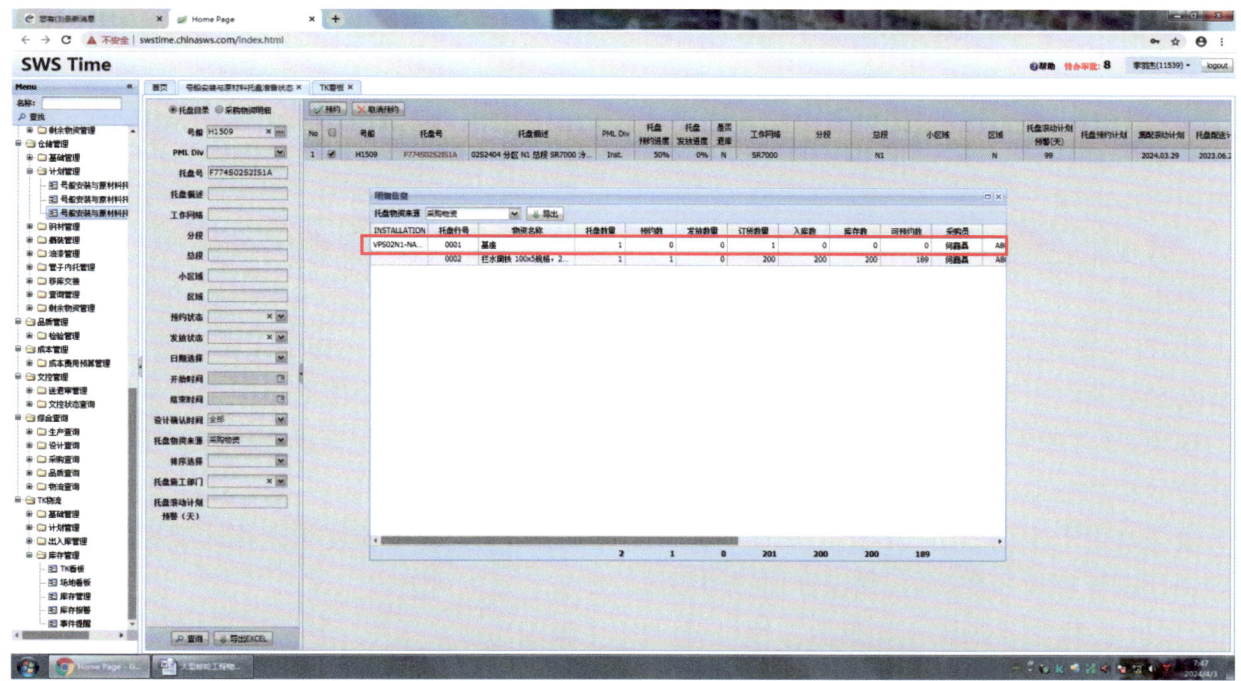

图 9-20　托盘缺件清单

265

物资需求预估数量。当前基准日期物资需求 94 个,后续第 1~15 天内需求 40 个,第 16~30 天内无需求,第 31~45 天内需求 33.896 个,第 46~60 天内需求 22.803 个,60 d 内总计需求 96.699 个。只要设计模型有数据,就能同步预估 SMART – POR 数量,为采购周期较长的物资创造订货条件,同时有效规避了由于计划变更引起当前用不到的物资大量到货或者近期需求的物资供货周期不足的风险。

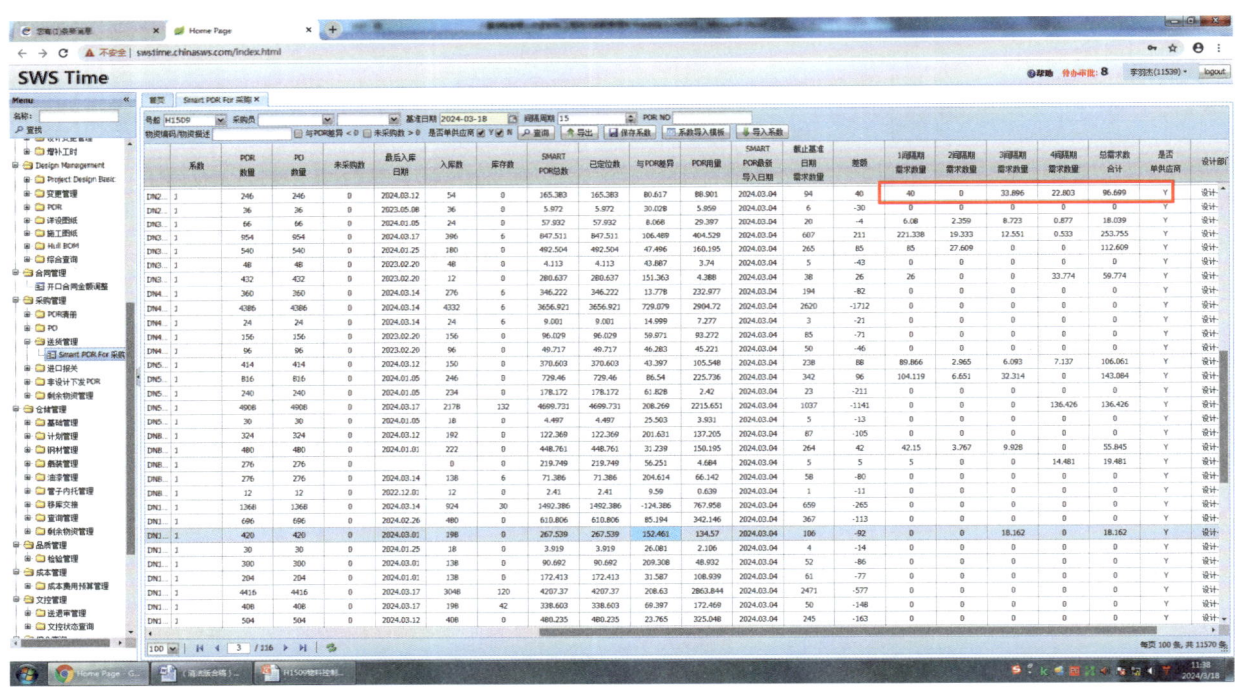

图 9 – 21　SMART – POR 物资间隔需求展示图

最后,定期从 SWS TIME 系统收集托盘到货和配送实绩数据,并汇总集中到 P6 系统内,形成进度曲线。

常规船舶舾装件以非标件为主,大多数制作图与安装托盘表一一对应,供货主要以生产部门提出的需求时间为准,大型邮轮标准件多、通用性强,建造初期由于 SMART – POR 系统未上线,在安装托盘表还未下发的情况下,托盘具体需要的物资类别和物量无从参考,采购部门在安排订货时只能凭经验通知供应商送货,于是会出现标部分准件物资到货量远大于需求量的现象,导致库存积压,而有些标准件物资又成了"抢手货",经常处于紧缺状态。托盘集配工作参照常规船舶模式操作时,生产部门需求中有除了部分托盘由于物资缺口无法配齐,还存在大量托盘由于生产部门未提出需求计划而未安排托盘集配,最终导致托盘整体配齐率难以提升。托盘管理模式变革后,托盘计划管理整体取得了可观的进展:

(1) 去除对 Turnkey 托盘的考核(分包商自主管理)。

(2) 去除设计部门未确认的托盘(未确认的托盘无信息)。

(3) 去除安装阶段设置错误的托盘(调整安装阶段)。

(4) 线下配托作为配齐项目(部分进口物资由于 Piece Mark 问题导致到货后无法入库)。

（5）根据SWS TIME系统中托盘计划管理平台，借助预约功能提前把托盘物资锁定，同时对未到物资提前预警。

（6）对标准件物资按制作周期、使用量、占用场地等建立库存，并科学设定最高、最低库存。

（7）建立由邮轮项目部、物流集配部门、采购部和设计部组成的托盘缺件反馈跟踪机制。

（8）建立3个月托盘送货计划，指导供应商制作生产和送货，同时建立双周托盘集配计划，提前配托，保证生产部门托盘领用。

在托盘集配计划方面，通过以上措施的推进，托盘集配计划的准确性和配齐率得到大幅提升，邮轮托盘配齐率由最初的23%增长并稳定在90%。改善情况如图9-22所示。

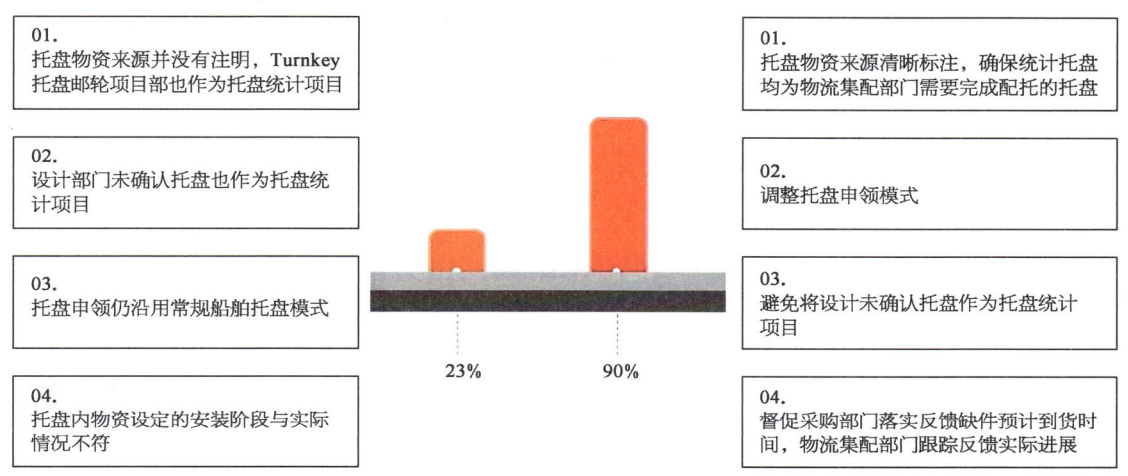

图9-22 托盘配齐率改善情况

在托盘配送计划方面，物流集配部门按照需求时间将物资配送到指定地点，为生产部门免除了窗口领料环节，节省了大量时间。运用"SWS智慧物流平台"实现了从计划申请、托盘配送、事后跟踪的全流程管控，如图9-23所示。

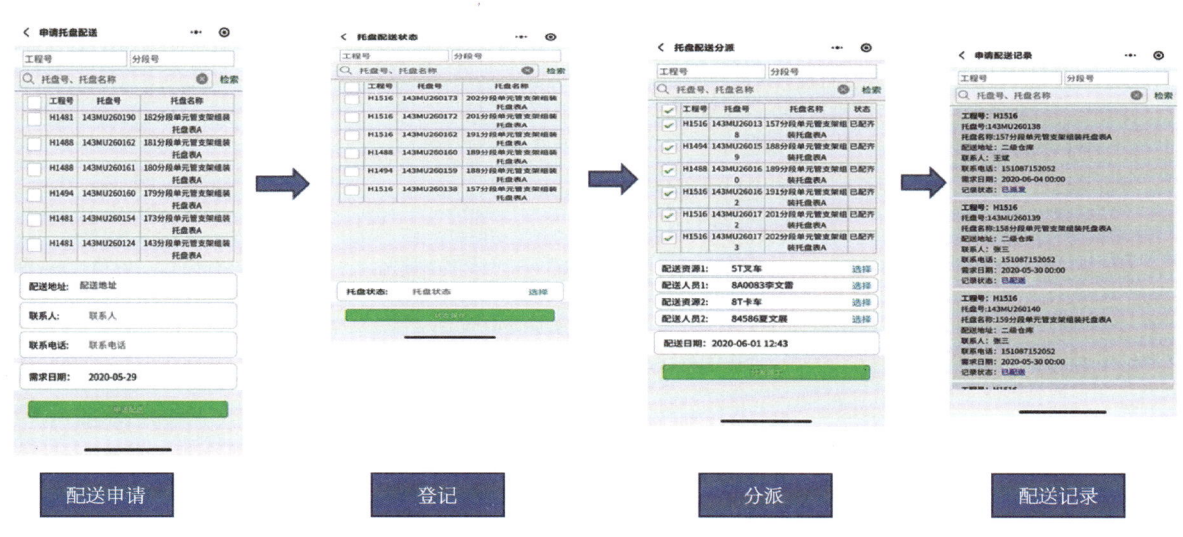

图9-23 托盘配送全流程跟踪

使用"SWS智慧物流平台"提升了信息传递效率,保证了信息准确性,托盘配送计划完全来源于生产部门的托盘配送申请,由生产一线员工通过PC端或手机移动端操作,提前1~3 d申请需要配送的托盘,生产准备工作由物流集配部门完成,实现"快递式送货上门服务",助力整体建造效率的提升。

9.2.2 钢板和设备计划管理实践

钢板和设备供货周期时间跨度长,要保证这些重点物资的到货及时性,必须有精细的计划管理做支撑,建立符合大型邮轮建造的钢板和设备计划管理模式尤为重要。

1) 钢板计划管理实践

大型邮轮钢板和设备计划管理模式与常规船舶基本相同,钢板到货计划首先要满足先行中日程分段切割计划,邮轮项目部会根据采购标准周期,如图9-24所示,指派给采购部门每月钢板订货和到货清单,确保钢板在满足生产需求的前提下,有效控制钢板在库总量。

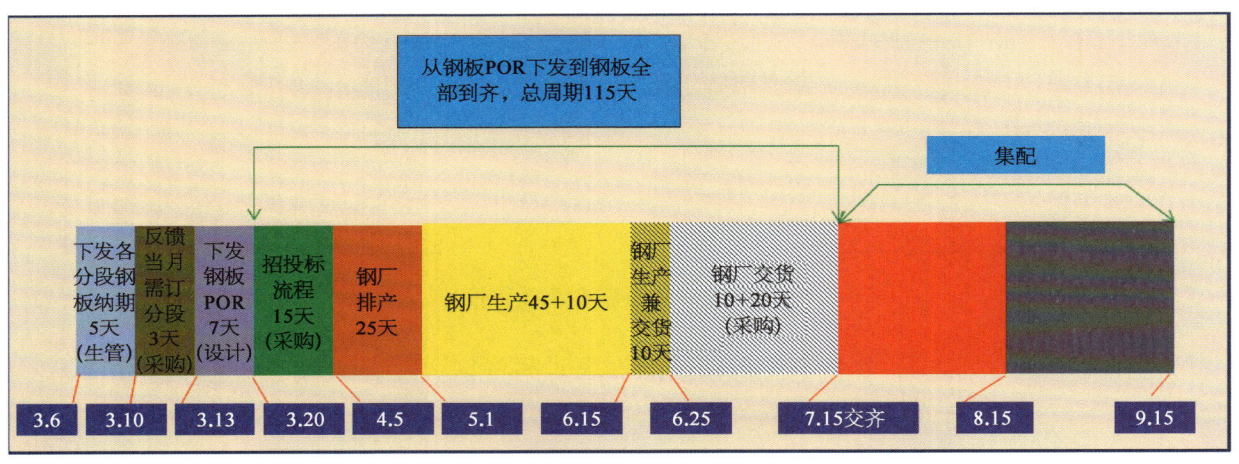

流程概述:
(1) 每月10日前生管部提供9个月生产计划钢板纳期。
(2) 每月13日前采购部反馈当月需要设计下发的钢板POR清单。
(3) 每月20日前设计完成下发需要订货的钢板POR分段清单。
(4) 每月5日前采购部将上月订货分段清单以及预计到货时间反馈给生管部。
(5) 从采购部收到钢板POR算起,需确保钢板在115天以内全部到齐。

图9-24 采购标准周期流程

通过对钢材实际订货和到货统计表的跟踪(图9-25和图9-26),确保钢板到货计划有序可控,同时依据钢板到货量,可提前做好人员、设备负荷安排。

钢板预处理计划由邮轮项目部根据月度生产计划进行指派,每月钢板切割部门需要完成邮轮项目部制定的钢板预处理分段清单内容,因分段由不同类型的零件组成,钢板切割部门根据不同类型的切割图将钢板分类,形成钢板分道,不同分道先后加工顺序不同,钢板切割部门对每张钢板按照不同切割类型细分预处理分道需求计划,并在SWS TIME系统进行申请,如图9-27所示,物流集配部门按照分道信息和需求时间进行翻板。

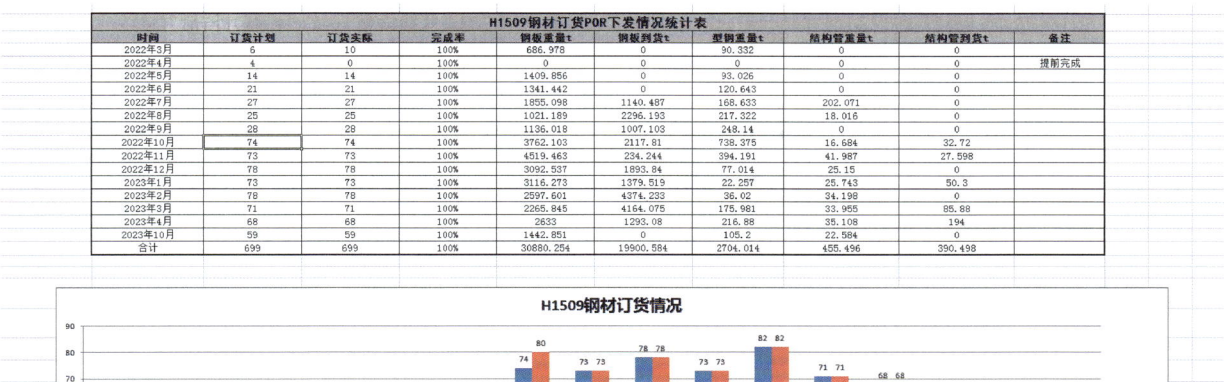

图 9-25　钢材订货统计表

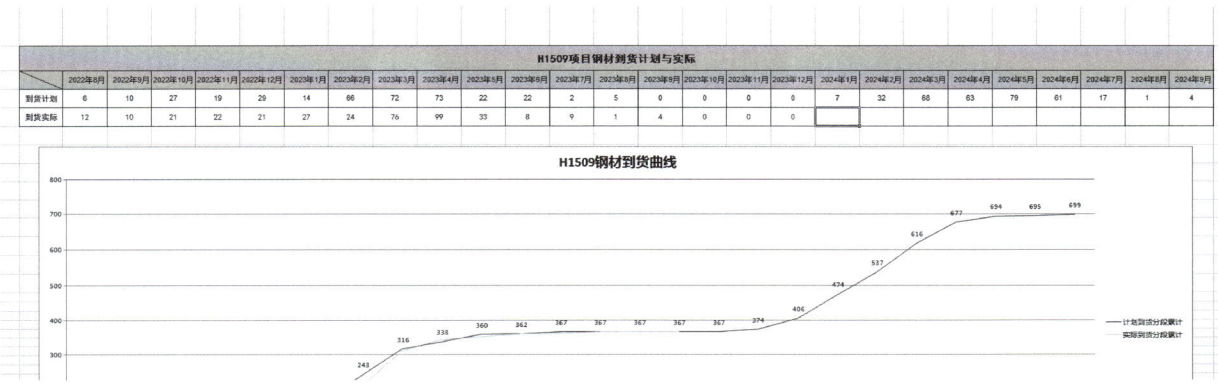

图 9-26　钢材到货统计表

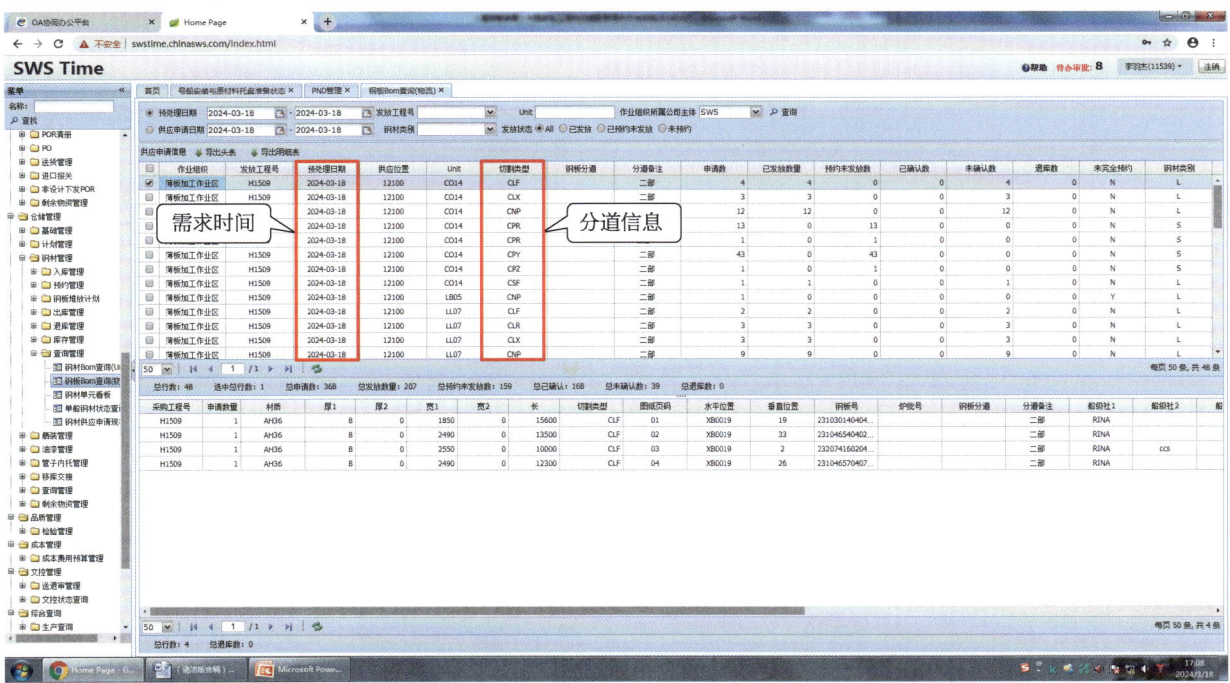

图 9-27　SWS TIME 系统钢板预处理申请界面

生产部门根据钢板预处理分道需求计划与物流集配部门沟通当日钢板预处理事宜,并按计划完成相关预处理工作,如图 9-28 所示。

图 9-28 预处理冲板

2) 设备计划管理实践

大型邮轮设备内容杂、价格贵、封舱件多、采购周期长等特点突出,设备纳期的合理制定关系着生产进度、仓储场地、采购资金等多方面的管理工作。在制定标准纳期时,需结合设备的安装阶段、安装位置和邮轮建造中日程计划时间推断出合理的设备纳期,如图 9-29 所示。

序号	POR号	POR行号	设备包	物资描述	总段/分区	需求阶段	纳期	备注
1	R11140001		结构T型钢				已完成	
2	R11160001		结构U型钢				已完成	
3	R11410001	0001	双相不锈钢曲形板	双相不锈钢曲形板	I2	SR6000	2024/10/16	材料
4	R11410001	0002	双相不锈钢曲形板	双相不锈钢曲形板	I2	SR6000	2024/10/16	材料
5	R11410001	0003	双相不锈钢曲形板	双相不锈钢曲形板	I2	SR6000	2024/10/16	材料
6	R11410001	0004	双相不锈钢曲形板	双相不锈钢曲形板	I2	SR6000	2024/10/16	材料
7	R11410001	0005	双相不锈钢曲形板	双相不锈钢曲形板	I2	SR6000	2024/10/16	材料
8	R11410001	0006	双相不锈钢曲形板	双相不锈钢曲形板	I2	SR6000	2024/10/16	材料
9	R11410002	0002	阳台支撑用不锈钢	阳台支撑用不锈钢	E3	SR5000	2024/4/16	材料
10	R13170001		结构钢管				已完成	
11	R16065015		锚链管圆钢		H2	SR6000	2024/7/8	材料
12	R17131335	0006	非标准牺牲阳极	Non-standard sacrificial anode(Alluminium alloy)	A2	SR9000	已完成	
13	R17131335	0006	非标准牺牲阳极	Non-standard sacrificial anode(Alluminium alloy)	A1	SR9000	已完成	
14	R17131335	0003	非标准牺牲阳极	Non-standard sacrificial anode(Alluminium alloy)	Z2	SR9000	已完成	
15	R17131335	0003	非标准牺牲阳极	Non-standard sacrificial anode(Alluminium alloy)	Z1	SR9000	已完成	
16	R17131335	0002	非标准牺牲阳极	Non-standard sacrificial anode(Alluminium alloy)	A2	SR6000	已完成	
17	R17131335	0001	非标准牺牲阳极	Non-standard sacrificial anode(Alluminium alloy)	A1	SR6000	已完成	
18	R17131335	0004	非标准牺牲阳极	Non-standard sacrificial anode(Alluminium alloy)	A1	SR4000	2024/3/24	
19	R17131335	0001	非标准牺牲阳极	Non-standard sacrificial anode(Alluminium alloy)	Z1	SR4000	2024/5/18	
20	R18570405	0001	首侧推格栅	BOW THRUSTER GRIDS	G1	SR4000	2024/8/11	
21	R18620001		结构不锈钢尿素舱		CB13D	SR7000	2023/3/7	

图 9-29 设备纳期制定表

国产首艘大型邮轮的设备 POR 数量达 3.8 万多项,虽然同一系统的设备会做 POR 打包,但系统内多项设备需求时间点并不处于同一时间段,需要供应商按照明显的分隔批次分批打包发货,为有效管控设备订货、发运、接收进度,以设备包形式管理,在 SWS TIME 系统建立设备到货跟踪看板,如图 9-30 所示,物流集配部门根据纳期时间筛选出某一时间段内需要到货的物资,形成设备到货计划,设备订货/到货流程如图 9-31 所示。

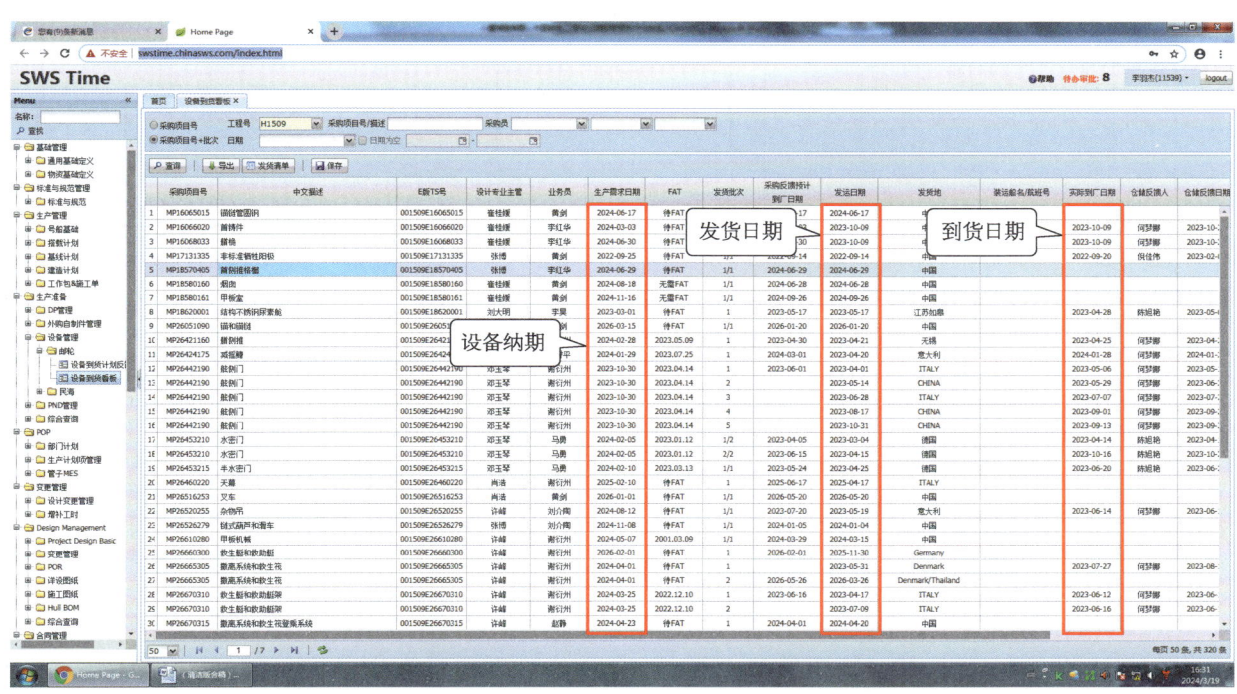

图 9-30 SWS TIME 系统设备到货看板

钢板和设备对大型邮轮的结构和功能完整性至关重要,因此钢板计划和设备计划的完善程度对保障准时到货有决定性的影响。外高桥造船有限公司物流集配部门利用信息化、标准化、规范化手段建立了科学高效的计划管理体系,有效监控和管理物资到货和发放过程,通过数据分析和看板展示加强了物资管控体系的能力。

9.2.3 Turnkey 物资及船东供应品计划管理实践

大型邮轮内装工程及特殊系统施工专业化程度高,施工作业无法由造船企业独立完成,需要各类分包商按 Turnkey 模式承揽项目,进行施工和整体交付。每一项 Turnkey 工程包有各自的施工方案,在 Turnkey 物资发货、到货、收货、清点、安装等一系列工作流程封闭于分包商界面内,船厂不直接介入,为避免分包商施工进度出现滞后,影响到大型邮轮整体建造进度,有必要对 Turnkey 物资进行过程管控,掌握到货计划、出入库计划、库存情况等关键信息。

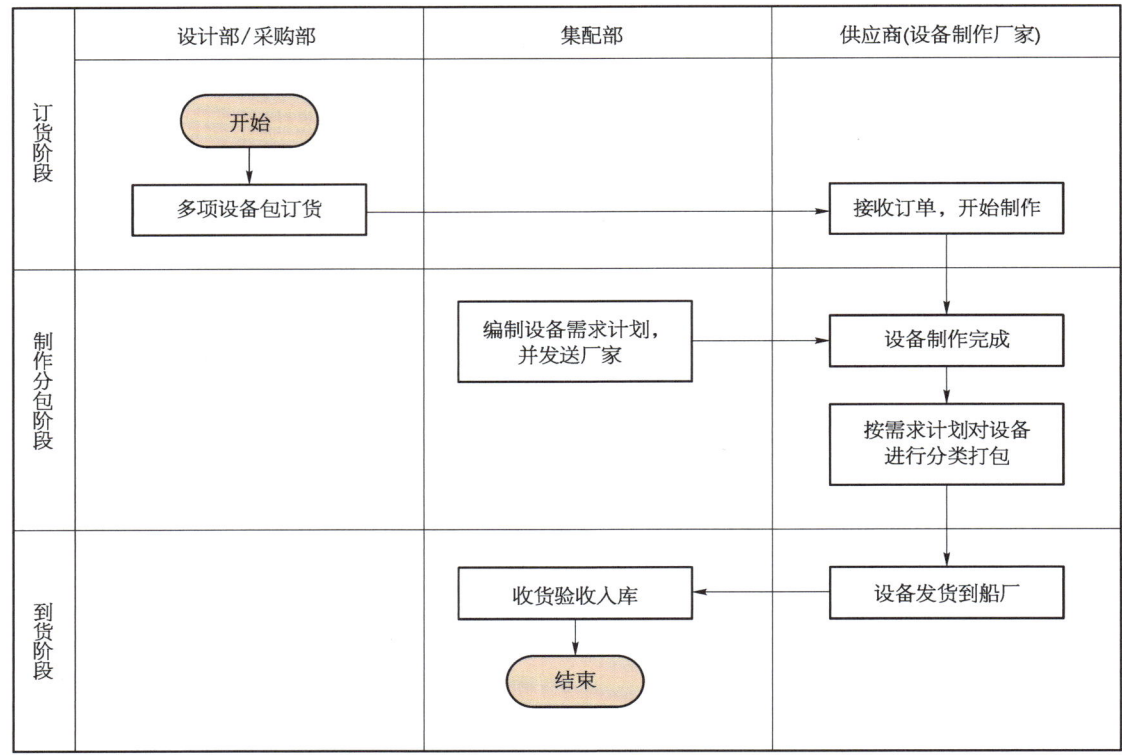

图 9-31 设备订货/到货流程图

面对大型邮轮 Turnkey 物资管理的挑战,穿透式管理是具有创新意义的模式,外高桥造船有限公司为此成立了多部门联合的 Turnkey 物资专业化管理团队,从公司层面策划 Turnkey 物资管理的一系列工作。物流集配部门安排精干力量参与其间,成立 Turnkey 物资管理团队,为每一个 Turnkey 包配置了包经理。

在技术层面上,开发 Turnkey 物流模块如图 9-32 所示,实现管理的可视化。通过建立和优化分包商管理模块,将到货信息及到货计划的填报反馈前置到分包商端完成;结合二维码等物联网技术,满足"箱单整体到货"及"分批出库"的模式,简化人员出入库信息填报操作步骤,提高信息录入效率,降低人员工作强度,提高人均作业效率,提升服务生产一线的水平。

Turnkey 物流模块设置了计划管理、出入库管理、库存管理子模块,基于 Turnkey 物资的特殊性,计划管理模块由各分包商根据实际需求填报 Turnkey 物资到货和出库计划时间、到货批次、到货物资明细等信息,原则上要求提前一周反馈,便于包经理掌握 Turnkey 物资状态变化轨迹,同时物流经理通过计划管理模块提前了解 Turnkey 物资到货安排,指导调整 Turnkey 物资场地、起吊设备配合等相应准备。若分包商未按照要求完成计划管理信息录入工作导致物流经理无法配合,最终影响 Turnkey 物资入库,由分包商承担后果,此举促使分包商主动融入体系,发挥计划自主管理的职责,如图 9-33 所示。

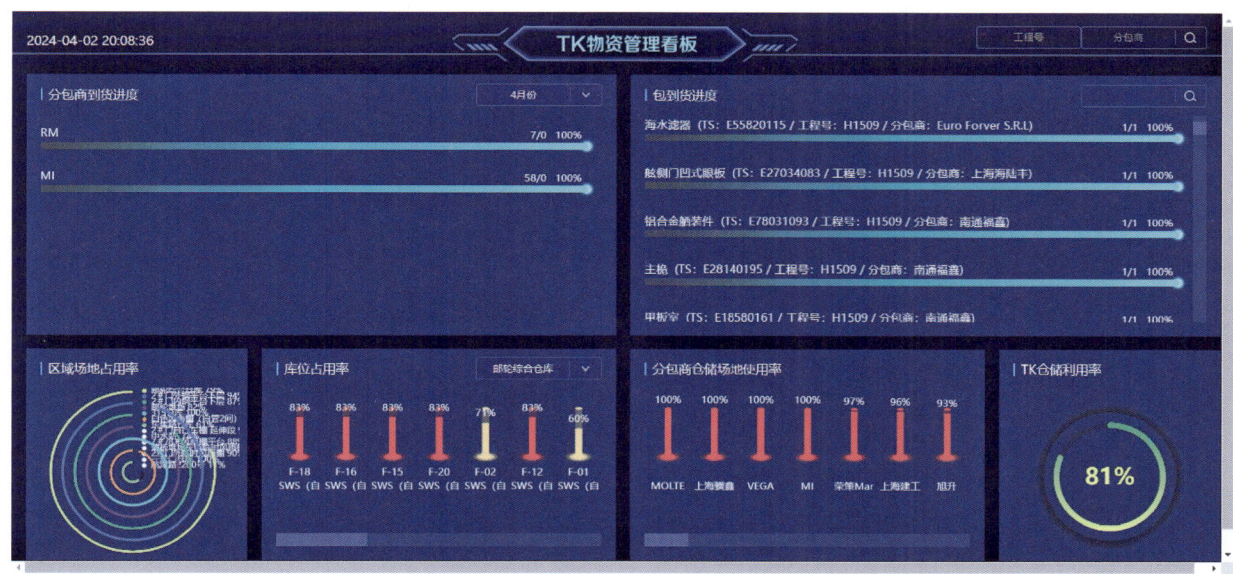

图 9‑32　Turnkey 物资管理看板

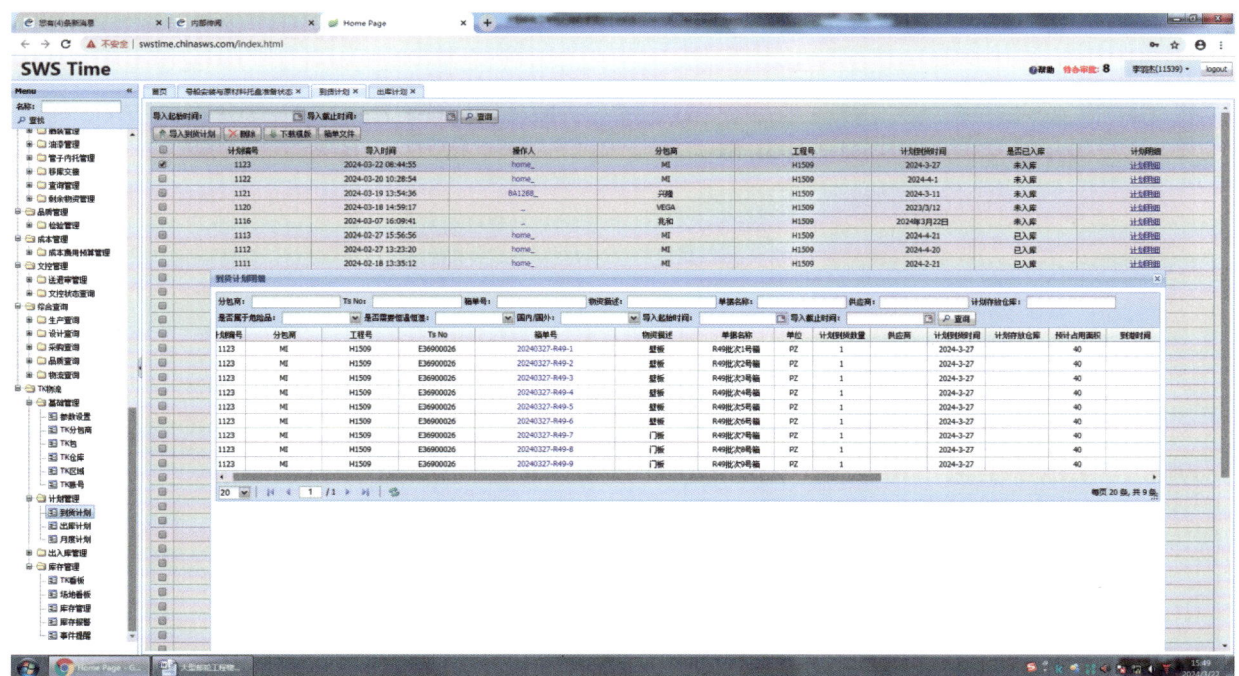

图 9‑33　Turnkey 计划管理模块

由于分包商基本不配备物资运输工具，存储在外高桥造船有限公司的 Turnkey 物资需要物流经理安排落实运输车辆。出入库管理模块对 Turnkey 物资实际状态进行跟踪记录，确保出入库信息的准确性，为评估 Turnkey 物资施工进度满足整体建造需求的情况提供参考依据，如图 9‑34 所示。

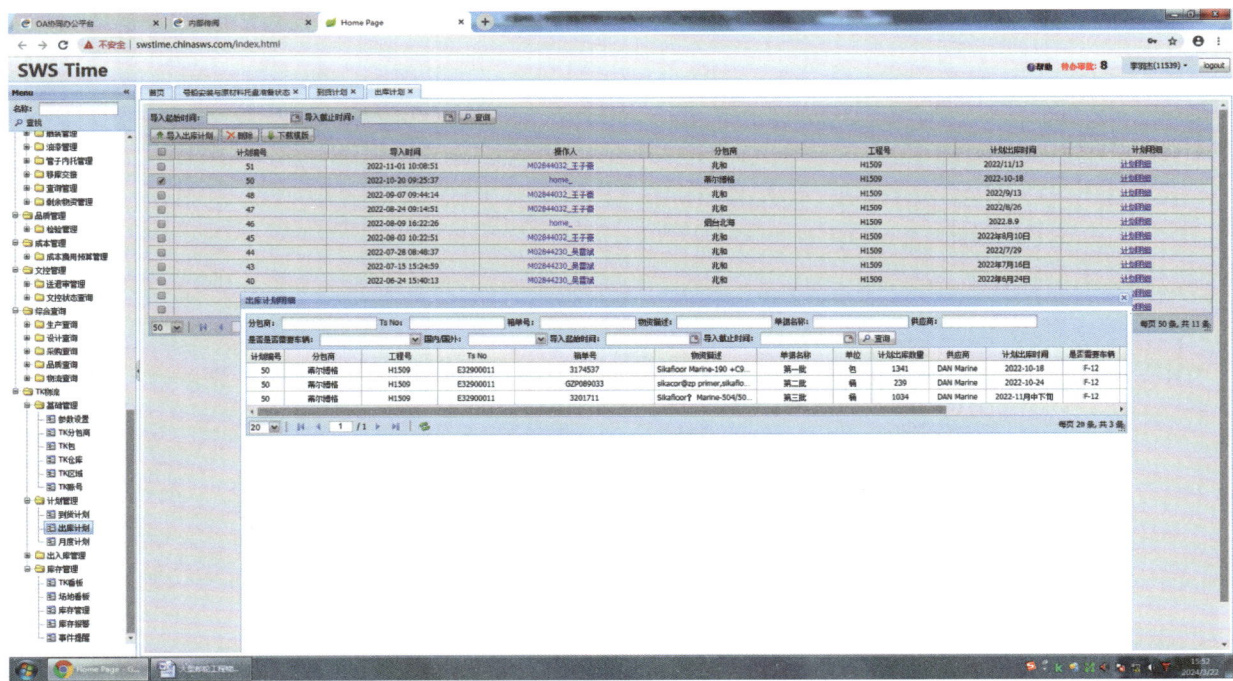

图 9-34　出入库管理模块

面对 Turnkey 物资数量大、占用场地多，到货、出库的中长期规划较难形成的特点，工程技术人员专门建立了 Turnkey 物资场地使用看板并实时更新，直观展示了各分包商使用场地的情况，如图 9-35 所示。

图 9-35　Turnkey 物资场地使用看板

基于分包商管理模块的信息化运用,形成对分包商物资动态管控的能力,提升了 Turnkey 物资生产准备的完整性,保证了业务过程数据收集的便捷性及可靠性,Turnkey 物资到货及出入库计划与对应率可视化呈现,为分包商场地及配送等资源的配置和策划提供切实依据,物流集配资源的盘活延伸到了分包商端。

第 10 章　精益仓储管理实践

精益仓储的核心在于通过不断优化管理流程、提高效率、降低成本,实现物流集配管理的效益最优化。本章结合大型邮轮的工程实践,深入探讨了编码技术、识别技术、物资快速出入库技术及物资动态感知技术在精益仓储管理中的管理革新及工程实践。以计划为导向,精确分析场地需求与仓储标准,实现仓储空间的效能优化,确保到货物资的存储有序;集成运用OCR 识别、3D 扫描、云开箱、数字孪生等先进技术,构建机电设备物流集配管理的新模式,确保大型邮轮机电物资高效仓储与流畅周转;采用二维码贯通于舾装件物资全生命周期管控,并结合驻厂管理策略,实现舾装件管理延伸,确保大型邮轮舾装件物资稳定和高质量供应;采用工程包经理的管理模式,结合 Turnkey 类物资管理模块畅通物资信息流,同时借助环境感知技术,确保特殊仓储需求的 Turnkey 类物资安全存储。相关技术的应用有效节省了仓储场地需求、提升了物资周转效率、保障了物资存储安全,实现了大型邮轮各类建造物资的高效管理与及时供应。

10.1　机电设备仓储管理实践

10.1.1　机电设备管理流程

大型邮轮机电设备物资的实际管理流程分为计划到货、入库准备、物资入库、预约出库和仓储管理五个主要流程,如图 10-1 所示。

1) 计划到货

机电设备物资根据其纳期、到货计划等,提前判断物资仓储需求,配置场地资源;提前整理到货物资清单,通知物流集配部门做好收货准备。

2) 入库准备

(1) 清单信息录入。物资到货后,仓储人员将到货物资清单,通过 OCR 识别技术获取清单中的有效信息并以标准导入模板形式导入机电物资管理模块。

(2) 打码贴码。到货物资信息导入管理模块后,管理模块中到货任务同步生成,将到货任务指派给相应仓储人员,并根据"一箱一码、一物一码"的要求打印箱码、物资码,现场根据实物情况清点核对物资并张贴二维码。

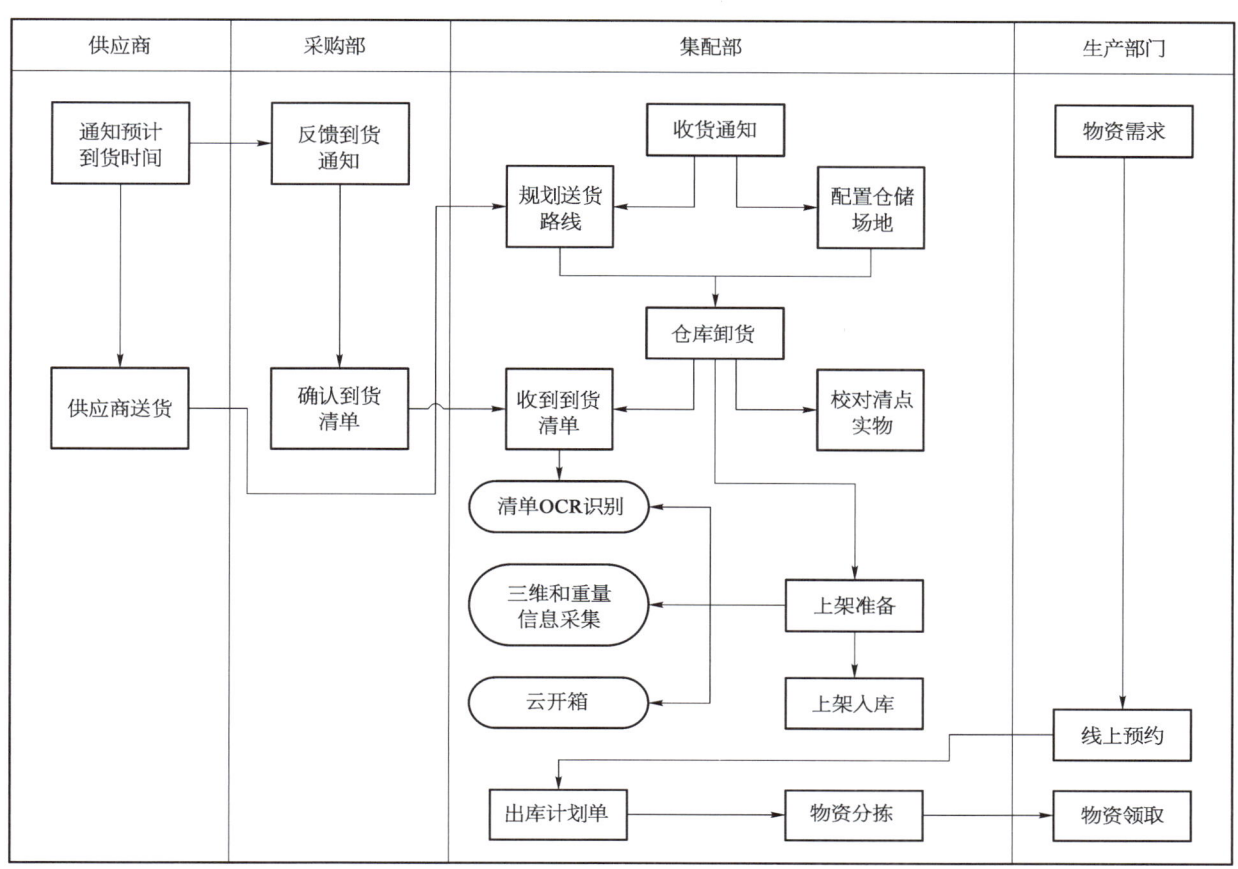

图 10-1 机电设备管理流程

（3）三维和重量信息采集。完成物资清点贴码后，仓储人员根据手持终端，对上架物资的三维尺寸进行红外扫描，记录实物尺寸信息；利用蓝牙称重设备，对实物称重，记录物资重量信息。

（4）物资开箱。仓储人员运用云开箱智能安全帽记录现场开箱情况，云开箱管理后台同步存储开箱视频以便后续查看。

3）上架入库

仓储人员通过手持终端完成物资箱码和库位/托盘的绑定，点击上架，完成物资入库。

4）预约出库

生产部门线上预约申请，系统生成出库计划任务后完成派工，仓储人员根据出库计划任务指导，完成出库物资的配货并发放。

5）仓储管控

通过编制机电物资管理模块数据可视化看板和 U3D 看板，管理人员可收集各类仓储数据。运用数字物理系统云端巡检可实时监测各项设备、人员的位置和状态，精确定位物资库存信息。

10.1.2　机电设备管理痛点

1）场地需求量大

大型邮轮机电设备需要占用大量的仓储资源,如果将贵重的机电设备储存在外地将增加转运过程中的设备损伤风险,需要就地进行存储。通过有效的计划管控加快物资流传、减少场地占用就显得非常关键,同时通过立体存储等方法提高场地利用率。

2）缺乏统一的物资编码标准

设备供应商均采用自身的编码标准,缺乏基于项目的统一编码标准,实物的出入库依赖纸质单据传递信息,信息化程度低,影响出入库效率和准确性。

3）纸面箱单信息无法快速准确识别

大型邮轮机电系统普遍特征为物量庞大,按照生产计划分批到货,给信息的全过程跟踪带来了挑战。以 CO_2 系统为例,其总计来货清单数达 118 份,清单累计字符 11 384 610 个,传统人工识别方法工作量巨大,且遇到进口物资箱单时现场人员无法有效识别信息。同时,各类物资清单格式、文字、表达形式都不可能做到统一,纸质清单关键信息准确、快速地识别提取具有非常大的难度。

4）物资尺寸重量数据录入工作量大

机电物资入库时需要进行尺寸和重量的识别,便于分配合理库位,也为大型邮轮重量控制提供数据基础,依靠人工记录和输入大量机电物资尺寸和重量数据工作量巨大,且数据准确性不能有效保证。

5）多方协同参与开箱困难

物资开箱时需要船东、船检、供应商、采购等各方共同参与,由于机电设备大部分供应商为国外供应商,因不可抗力因素(如疫情、自然灾害等)无法现场参与开箱,为避免开箱过程中产生不必要的纠纷,需要在实际开箱时形成有效记录,便于追溯。

6）仓储数据统计负担大

面对大量的物资出入库,每日入库、开箱、库存、出库、周转率等数据需及时有效统计,工作任务繁杂,单纯依靠人工进行统计不仅效率低下,数据准确性也无法得到保证,难以满足大型邮轮建造对准确性和时效性的要求。

7）缺乏物资快速定位方法

大量机电物资入库后,由于缺乏物资精确位置坐标,需要花费大量时间经历完成查找和盘点工作,管理效率低。若不能有效统计和查找库内物资信息和位置,容易出现重复订购的情况,增加采购成本,造成物资浪费。

10.1.3　机电设备实践

1）提前策划场地资源分配[98]

大型邮轮设备物资到货前,物流集配部门会根据预到货通知,提前预判物资场地需求,配置场地资源。如大型主机、救生艇等物资,由于体型巨大、场地周转难度大,适宜直送现场,放置在船坞边,存放情况如图 10-2 所示。

图 10-2 救生艇存放

灯具、通导等物资,其物资附加值高,来货物资标准,适宜进行室内立体存储,如图 10-3 所示。通过对预到货物资的仓储场地提前配置,大幅度提高了场地周转率和库位利用率。

图 10-3 灯具物资存放

为满足附加值高、来货托盘标准不一的机电物资仓储需求,提高仓储场地的利用率,引入了重型移载堆垛机设备,并以基于物联网技术和数字孪生技术的机电物资管理模块为核心控制软件,建设重型堆垛机立体库,实现了大型邮轮机电物资的智能化立体存储。立体库分为办公区、收发货区、物资出入库区三大区域,仓储人员在办公区域,完成到货清单信息录入,物资出入库任务制作和派工;在收发货区,完成来货物资重量尺寸信息的记录,开箱信息的记录;物资出入库区包含了重型移载堆垛机、AGV、输送线等智能出入库设备,负责完成相应的物资快速出入库任务,重型堆垛机立库布局如图 10-4 所示。

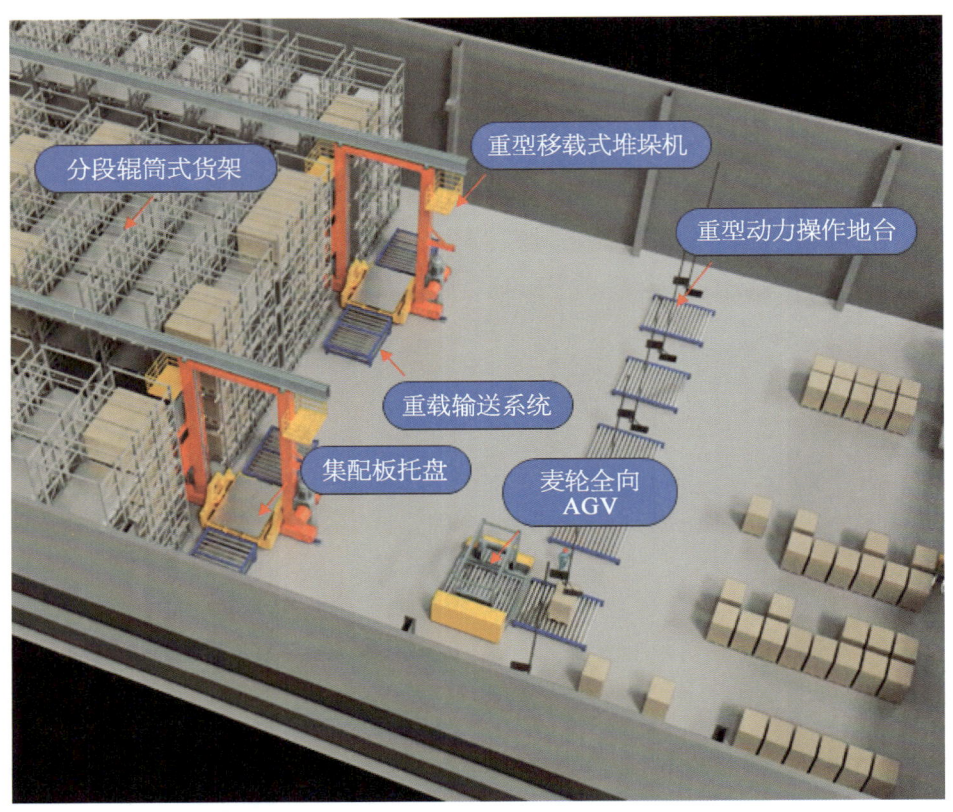

图 10-4 重型堆垛机立库布局

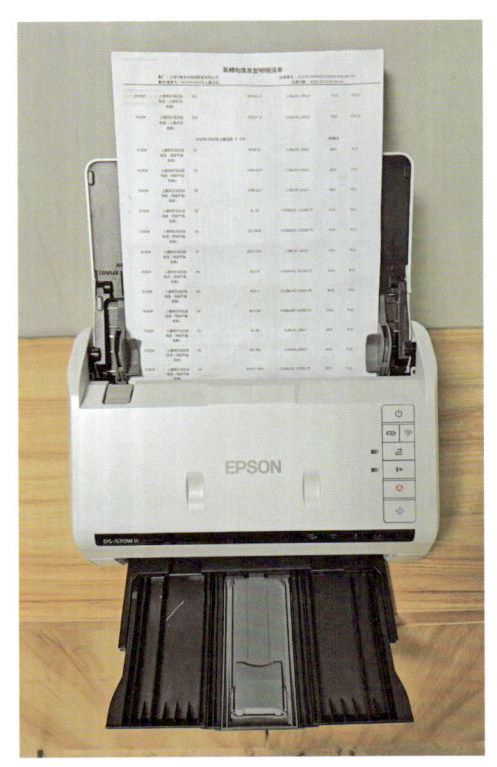

图 10-5 OCR 识别

2) 到货清单识别

实物到货后,仓储人员收到各种版本的到货清单,通过 OCR 识别仪,进行到货清单的识别,如图 10-5 所示。识别设备根据清单的版本类型,选择相应的扫描模式自动扫描到货清单,提取清单有效信息,并以标准版本的形式导出。得到清单有效信息导出文件后,仓储人员则整理出机电物资管理模块导入模板,导入系统后,进行后续打码派工工作。通过清单的 OCR 识别,实现了各类纸质清单关键信息准确、快速地识别提取,大大提高了数据提取效率。

3) 二维码打印及张贴

在完成 OCR 清单识别和机电物资管理模块信息导入后,会在系统生成物资收货任务,根据导入的清单信息打印箱码/物资码,并将收货任务派工给相应仓储人员。二维码及张贴流程如图 10-6 所示,仓储人员根据收货任务指导,对到货物资现场清点和进行箱码/物资码张贴工作。通过编码技术,对箱体/物资、库位/托盘进行统一编码，实现了大型邮轮机电物资的标准化管理。

图 10-6　二维码打印和张贴

4）尺寸重量信息采集

在物资入库上架前，通过手端内嵌红外扫描模块，扫描箱体外观，根据箱体尺寸大小，选择大货/小货不同扫描模式，实现尺寸记录。通过叉车秤、吊钩秤、称重液压车称重模块，通过蓝牙传输形式，实现重量信息的记录。通过手持端三维信息采集模块和蓝牙称重设备的应用，实现了大量物资尺寸和重量信息采集。尺寸重量信息采集如图 10-7 和图 10-8 所示。

5）开箱流程记录

进行物资开箱验收时，仓储人员在开箱打开智能安全帽中视频录制功能，实时记录开箱全过程。开箱过程记录如图 10-9 所示，开箱结束后，可在云开箱管理后台，查看安全帽记录留底的开箱视频记录。通过云开箱智能安全帽搭配云开箱管理后台，实现机电设备开箱过程全记录，物资各方能够线上远程参与开箱直播，事后也可对开箱留存视频进行追溯。

6）物资入库

通过引入重型移载堆垛机设备，并以基于物联网技术和数字孪生技术的机电物资管理模块为核心，实现了大型邮轮机电物资的智能化立体存储。在完成收货前准备工作后，仓储人员通过手持端呼叫入库托盘，由 WCS 功能模块下发入库任务，库内 AGV 设备对接对应地台，仓储人员将物资转运至入库托盘，并完成物资箱码和入库托盘的绑定。点击上架，AGV 配合输送线、重型堆垛机将入库托盘上架，整个入库作业完成，实际操作如图 10-10 所示。

在物资入库时，布置于地台上方的智能摄像头会实时监测物资摆放情况，通过绿、黄、红三色实时提示摆放状态，起到指导码放作业的作用，识别位置如图 10-11 所示。

图 10-7　三维尺寸采集

 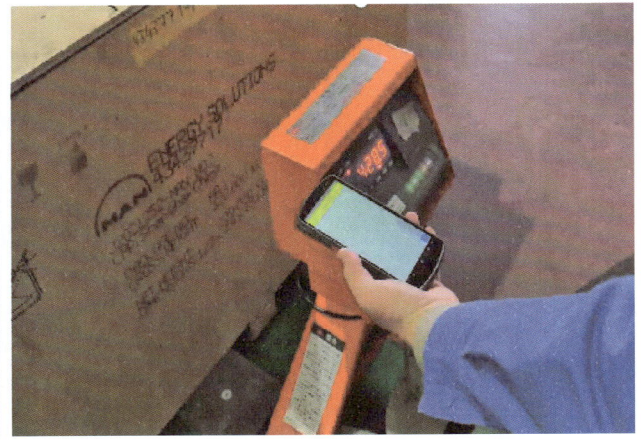

图 10-8　重量信息采集

 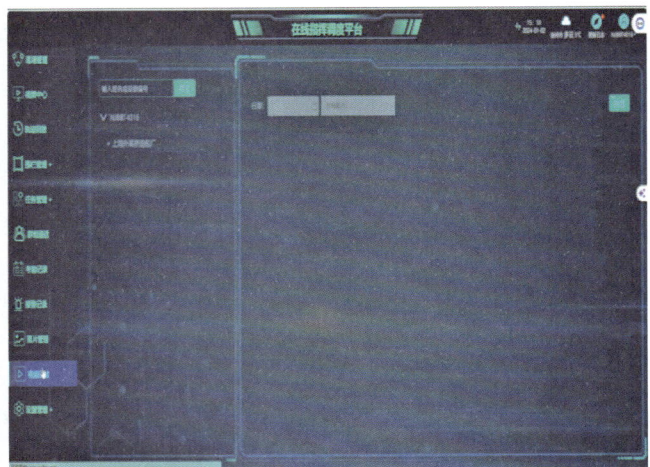

图 10-9　开箱过程记录

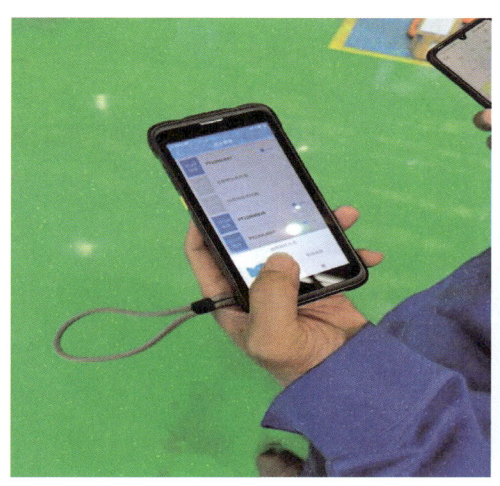

图 10-10 物资入库操扫码上架

图 10-11 地台物资摆放监测

其中,绿色提示代表符合入库标准,可以进行后续上架操作。物资摆放合格界面如图 10-12 所示。

红色提示代表箱体摆放异常,摆放不合格及异常界面如图 10-13 所示,需要检查并重新码放不超边界后方可进行后续上架操作。

AGV 和输送线同样有入库物资复核功能,其中 AGV 对物资进行尺寸超限检测,如图 10-14 所示,当物资超出 AGV 光电限制时,会报警提示;输送线对物资进行重量超限检测,当物资超出输送线重量限制时,入库托盘会被退回地台,需要检查并重新码放后入库。

7) 物资出库

现场生产部门通过线上预约领料模块,如图 10-15 所示,可申请物资领取。当有物资领用需求时,可通过机电设备管理模块的预约领料功能线上提前申请,仓储管理人员审批后,模块生成出库计划任务并进行发任务派工,同时出库任务派工到相应仓储人员的手持终端。仓

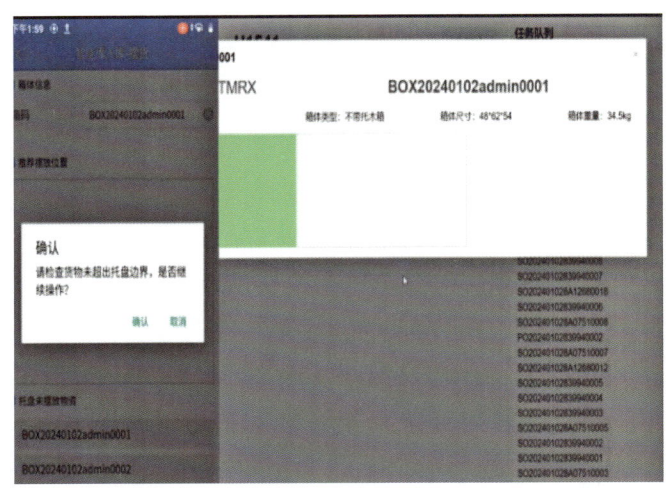
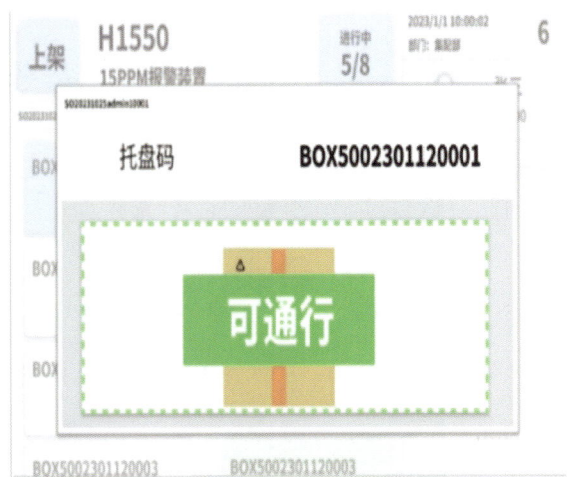

图 10‑12　物资摆放合格界面

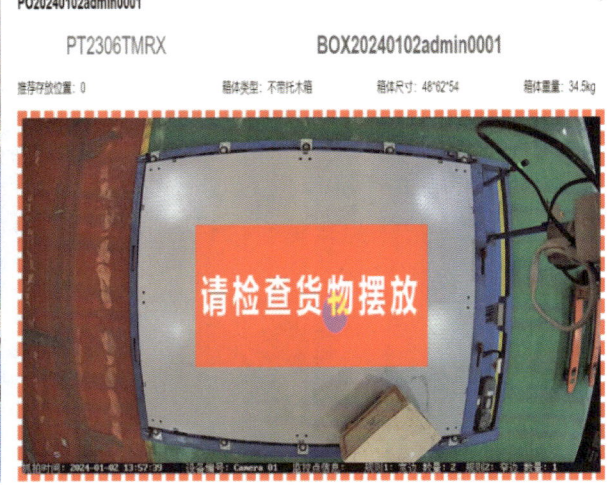

图 10‑13　物资摆放不合格界面

超限测量

- 布置于麦轮AGV上的超限检测装置（用于高度超限检测）
- 布置于地台上方的摄像头，可通过投影监测物资是否摆放超过集配托盘（用于集配托盘边界超限检测）

重量复测

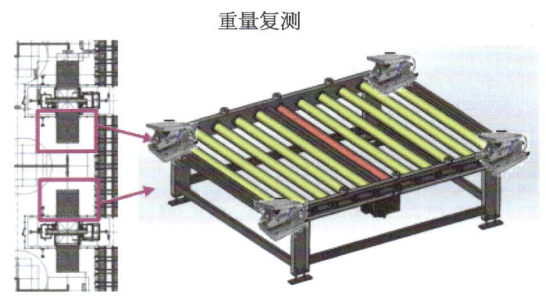

- 物资在每次通过称重叉车摆放至集配托盘上时都会绑定数据至集配托盘上，实时确认该集配托盘是否超重
- 集配托盘在输送至入库输送线上时会进行称重二次确认上至堆垛机上物资无超重问题

图 10‑14　AGV 和输送线复核

储人员呼叫出库托盘至地台,根据任务指导,完成出库物资的配货并发放,发货完成后推盘回库,完成发货操作。

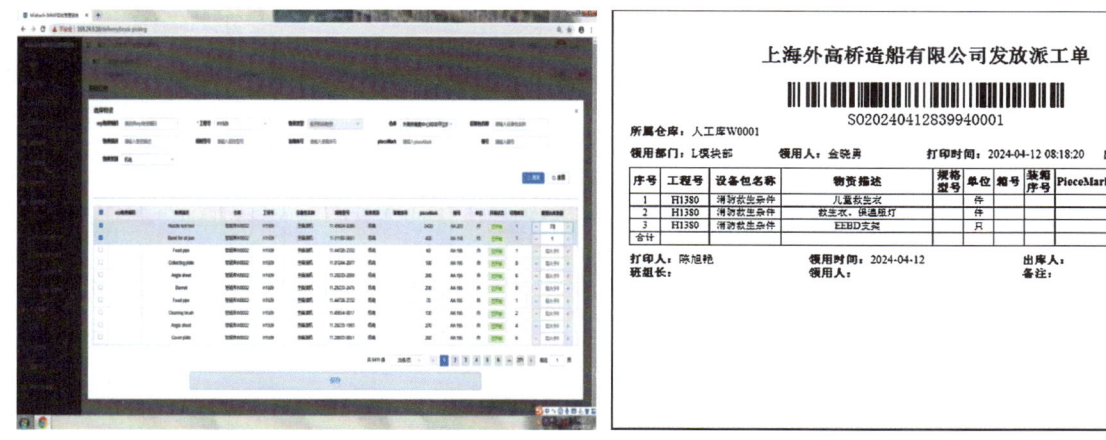

图 10-15 领料预约申请

8)仓储数据收集

管理人员通过数据可视化看板和 U3D 看板,如图 10-16 和图 10-17 所示,可查看各类仓储区域实时运行数据,如物资库存情况、物资周转率、物资在库周期、协同系统任务派发情况等。管理者也可根据不同的管理需求,人工选择挑选出想要呈现的看板内容,实现看板内容的可定制化。运用机电物资管理模块数据可视化看板和 U3D 看板,能够实现仓储数据的快速收集,大大减轻管理人员的数据统计负担。

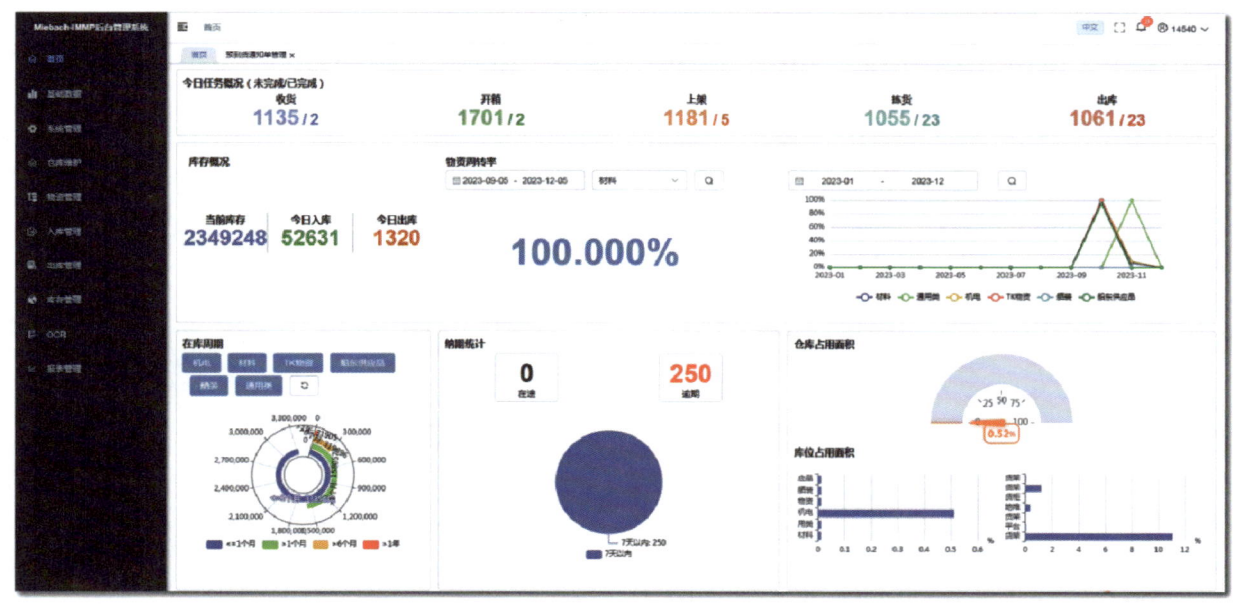

图 10-16 数据看板

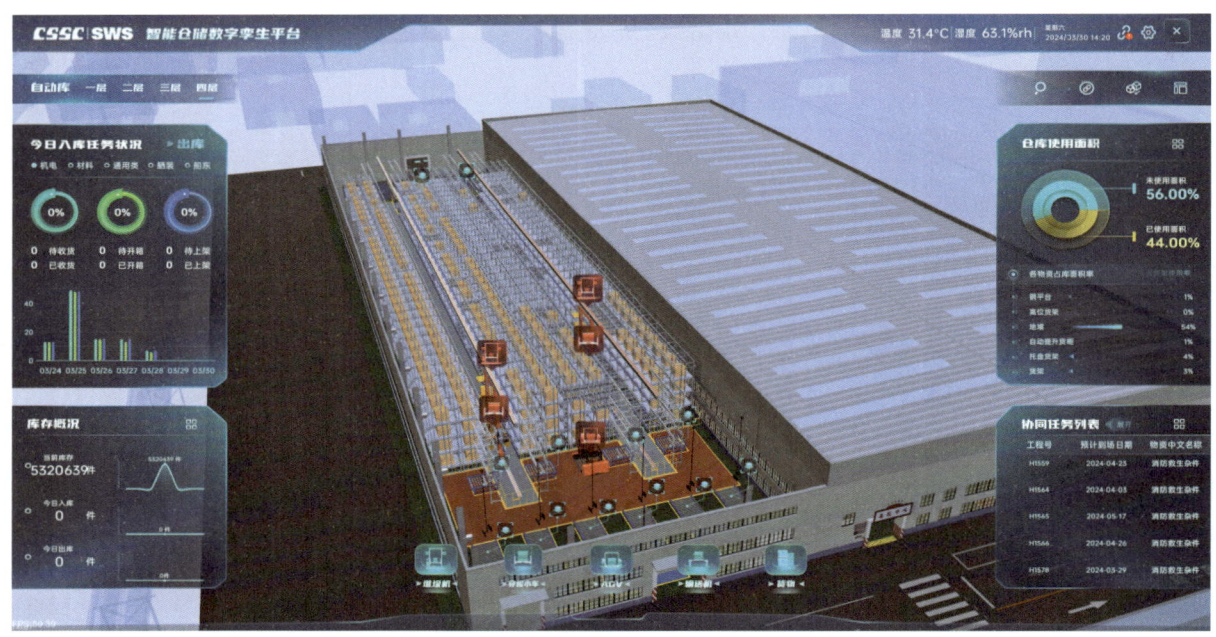

图 10-17 驾驶舱数据栏

9）库存精准定位

在仓库各区域布置定位模块，库内定位设备如图 10-18 所示，实现了将仓储实况上传至数字物理系统，依托数字孪生技术，仓库运作状态在数字化空间能够实时映射。切换至仓储巡检模式，如图 10-19 所示，管理人员可以监测各项设备、人员的位置和状态。巡检途中，可随时停止查看各库位面积使用详细情况如图 10-20 所示，物资库存明细会在统计列表展示。通过 UWB 定位技术搭配数字物理系统，实现对仓储区域的远程精准管控，提升仓储管理的智能化水平和整体运营效率。

图 10-18 库内定位设备

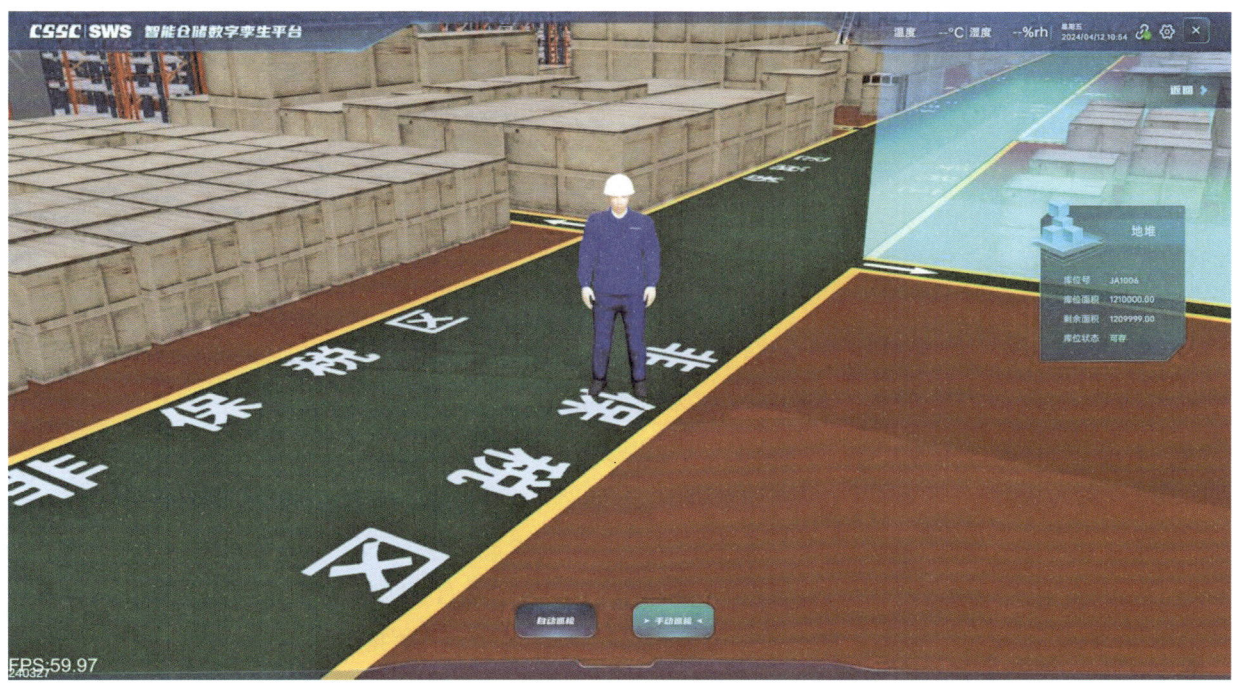

图 10-19 库内巡检模式

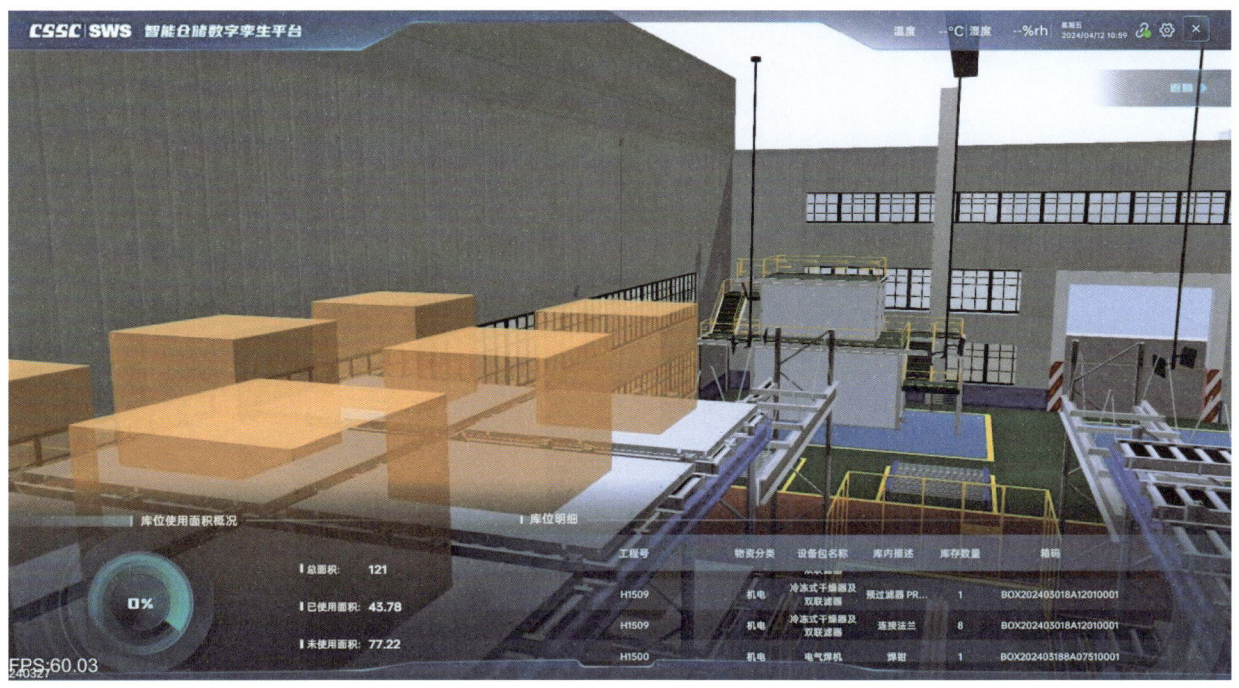

图 10-20 库位面积使用情况查看

10.1.4 效果评估

（1）仓储利用率提高：通过制定物资的预到货计划，提前预配仓储场地，实现了减少物资仓储场地占用、加快场地流转的目的。同时，智能化立体仓库和提升式货柜的使用，提高了立体方向仓储场地利用率。

（2）物资管理标准化：通过编码技术的运用，实现数量庞大、规格不一的大型邮轮机电物资的统一标准管理。改变原有物资管理极度依赖仓储人员管理经验的困境，物资管理变得具有普适性。

（3）物资出入库效率提升：通过 OCR 识别，实现大量清单关键信息快速准确；通过设备托盘三维尺寸和重量信息采集，实现大量箱体尺寸重量信息的记录；通过云开箱技术，实现实物开箱过程，物资各方的线上远程参与和事后追溯。快速出入库技术的使用，大大减少了物资入库/出库时间，仓储人员的工作负荷和数据记录的及时准确性。

（4）数据统计高效化：各项数据可视化看板大大减轻了管理者进行数据分析和整理的工作负担，管理者通过对关键数据的分析，能够准确地把握智能库运营状态，为后续仓储作业提供指导。

（5）实现远程仓储管控：通过 UWB 定位和数字孪生在数字物理系统的应用，实现了仓储实况的远程管控。

（6）控制仓储风险：通过智能化仓储管理技术可以有效实现仓储风险控制，不仅可以提高仓储效率和质量，还可以降低人为因素和设备故障带来的风险。如清单 OCR 识别，减少了人工录入清单的偶然误差性；云开箱技术，留存开箱视频，避免了开箱过程中产生不必要的纠纷等。

10.2 舾装件仓储管理实践

10.2.1 舾装件管理流程

首制大型邮轮舾装件数量达到 233.8 万件，分布在 14 492 个安装托盘内，根据实际管理需求物流集配部门制定了舾装件管理托盘化的策略，管理阶段分为 POR 下发、计划管控、清点检验及发货、物资储存、托盘预配、托盘配送六个阶段。

具体流程如图 10-21 所示。

1）POR 下发

设计部门根据设计要求，下达 POR 作为采购指令，采购部根据 POR 进行选商采购。

2）计划管控

物流集配部门编制纳期计划指导供应商生产，编制双周需求计划指导供应商送货。

3）物资清点检验及发

驻厂人员对于供应商制作完成的舾装件，进行质量检验、纳期核对、物资清点，合格后供应商安排发货。

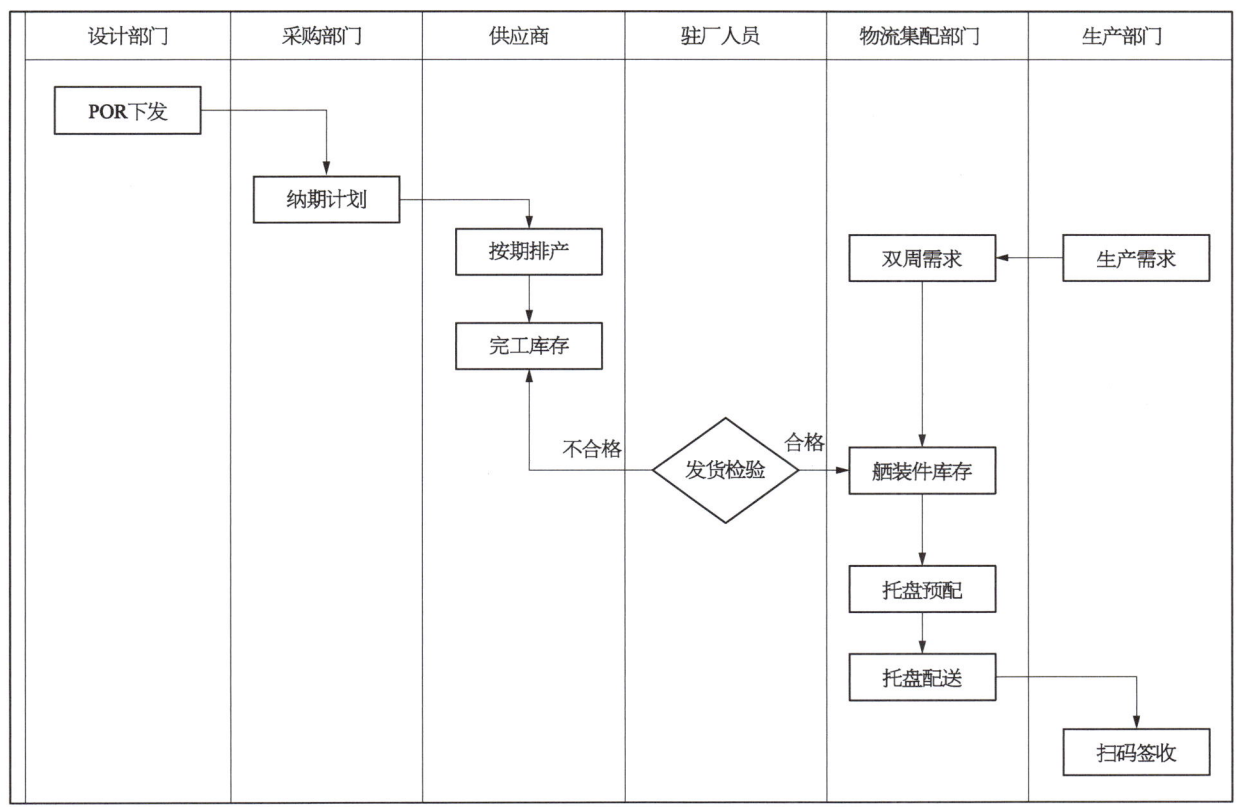

图 10-21　舾装件物资管理流程

4）物资储存

物流集配部门根据到货计划提前安排场地，舾装件到货后确认签收并按要求存储。

5）托盘预配

根据设计部门下发的 PML 托盘清单，完成舾装件预配托盘的工作，并放置于待送货区域。

6）托盘配送

根据生产部门需求计划，舾装件仓储管理人员将预配托盘交接给配送人员，舾装件完成出库。

10.2.2　舾装件管理痛点

1）舾装件物资量大、管理幅度大

国产首艘大型邮轮舾装件的储存场地一度达到 13 000 m^2，邮轮单个安装托盘体量庞大使普通民船的 4~8 倍，最大可达到 20~30 t，且仓储场地分散，物资形状不规则，在舾装件配托盘时难以第一时间找到，大大加长了物流集配部门的托盘预配时间。同时舾装件设计修改较多，修改前和修改后的物资存放在同一场地，仓储人员难以分辨那些物资是生产部门需要的。

2) 供应商自身管理体系不健全,排产及送货体系不健全

舾装件供应商没有统一的管理标准,物资生产的质量和进度难以监控。当需要短时间大批量集中供货时,部分供应商难以按船厂提供的纳期计划组织生产。

3) 舾装件质量参差不齐,影响生产进度

部分舾装件供应商缺乏质量管理体系的建立,对其生产舾装件的品质把控不足,舾装件到货后因质量缺陷未能通过检验导致退货或返工,从而影响工程的生产进度。

10.2.3 舾装件实践

1) POR 下发

POR 下发不仅能够确保舾装件图纸和清单的准确性和完整性,还能加强舾装件的管理和跟踪。由设计部门将舾装件的图纸和清单进行统一整理形成完整的 POR,工程计划人员根据 POR 明确舾装件的种类、数量和技术要求,制定合理的节点计划并下发给采购部门,采购部门根据计划针对性地选择合适的供应商,避免了盲目采购和浪费资源的情况。同时,通过 POR 下发可直接将清单和设计图纸发送至供应商,便于供应商根据图纸完整生产,采购部门也能根据 POR 再次确认供应商是否按照清单要求配齐托盘,从而保证了舾装件的及时供应。

物流集配部门根据 POR 中的清单要求,如图 10-22 所示,对到货舾装件及时进行分类、标识和存储,便于后续按照需求计划快速出库,提高配托盘和出库的效率。

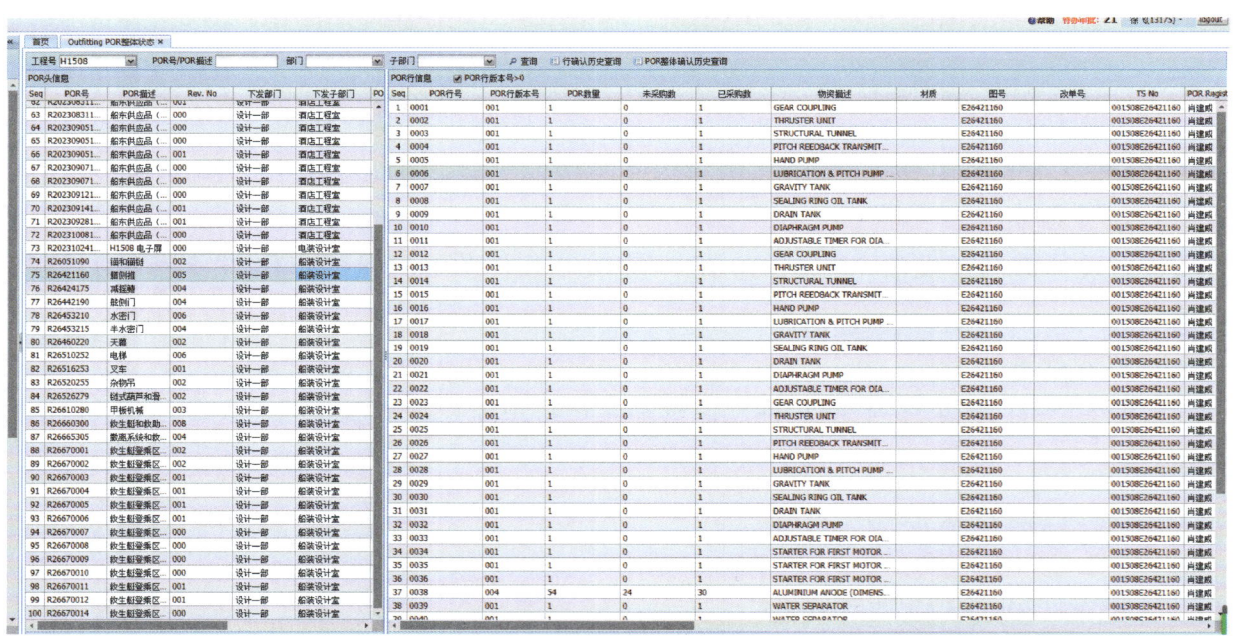

图 10-22 舾装件 POR 清单

2) 计划管控

SMART-POR 通过精确的需求预估和细化模型梳理,为舾装件计划提供了科学的依据。设计部门在三维设计建模过程中,预估各区域涉及物资的需求量,并梳理出理论上的 SMART-

POR，如图 10－23 所示。这一过程不仅考虑了工艺信息，还从原需求量预估清单中抽离出实际需要的订单需求量，并排布了理论对应的安装阶段。SMART－POR 结合分段的中日程建造计划，反推出分段物资的需求到货时间和对应的物资需求，从而细分出分批到货计划。这一计划的制定，充分考虑了舾装件供应商的实际情况，避免了因供应商自身管理体系缺陷导致的不按计划组织生产、打包物资和送货等问题。采购部门根据细分到货计划要求供应商按此生产供货，确保了舾装件按计划到货，减少了物资长期占用有限场地的情况，提高了场地的利用率。

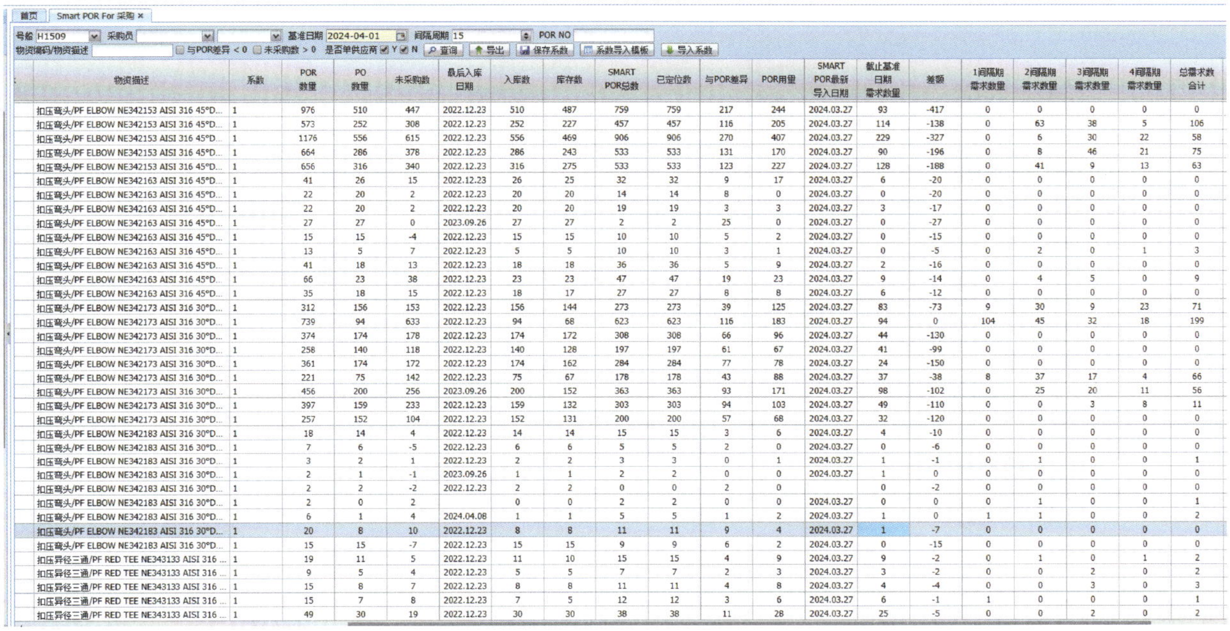

物资描述	系数	POR数量	PO数量	未采购数	最后入库日期	入库数	库存数	SMART POR总数	已定位数	与POR差异	POR用量	SMART POR最新导入日期	截止基准日期需求数量	差额	1间隔期需求数量	2间隔期需求数量	3间隔期需求数量	4间隔期需求数量	总需求数合计
扣压弯头/PF ELBOW NE342153 AISI 316 45°D...	1	976	510	447	2022.12.23	510	487	759	759	217	244	2024.03.27	93	-417	0	0	0	0	0
扣压弯头/PF ELBOW NE342153 AISI 316 45°D...	1	573	252	308	2022.12.23	252	227	457	457	116	205	2024.03.27	114	-138	0	63	38	5	106
扣压弯头/PF ELBOW NE342153 AISI 316 45°D...	1	1176	556	615	2022.12.23	556	469	906	906	270	407	2024.03.27	229	-327	0	6	30	22	58
扣压弯头/PF ELBOW NE342153 AISI 316 45°D...	1	664	286	378	2022.12.23	286	243	533	533	131	170	2024.03.27	90	-196	0	8	46	21	75
扣压弯头/PF ELBOW NE342153 AISI 316 45°D...	1	656	316	340	2022.12.23	316	275	533	533	123	227	2024.03.27	128	-188	0	41	9	13	63
扣压弯头/PF ELBOW NE342163 AISI 316 45°D...	1	41	26	15	2022.12.23	26	25	32	32	9	17	2024.03.27	6	-20	0	0	0	0	0
扣压弯头/PF ELBOW NE342163 AISI 316 45°D...	1	22	20	2	2022.12.23	20	20	14	14	8	0	2024.03.27	0	-20	0	0	0	0	0
扣压弯头/PF ELBOW NE342163 AISI 316 45°D...	1	22	20	2	2022.12.23	20	20	19	19	3	3	2024.03.27	3	-17	0	0	0	0	0
扣压弯头/PF ELBOW NE342163 AISI 316 45°D...	1	27	27	0	2023.09.26	27	27	2	2	25	0	2024.03.27	0	-27	0	0	0	0	0
扣压弯头/PF ELBOW NE342163 AISI 316 45°D...	1	15	15	-4	2022.12.23	15	15	10	10	5	2	2024.03.27	0	-15	0	0	0	0	0
扣压弯头/PF ELBOW NE342163 AISI 316 45°D...	1	13	5	7	2022.12.23	5	5	10	10	3	1	2024.03.27	0	-5	0	2	0	1	3
扣压弯头/PF ELBOW NE342163 AISI 316 45°D...	1	41	18	13	2022.12.23	18	18	36	36	5	9	2024.03.27	2	-16	0	0	0	0	0
扣压弯头/PF ELBOW NE342163 AISI 316 45°D...	1	66	23	38	2022.12.23	23	23	47	47	19	23	2024.03.27	9	-14	0	4	5	0	9
扣压弯头/PF ELBOW NE342163 AISI 316 45°D...	1	35	18	15	2022.12.23	18	17	27	27	8	8	2024.03.27	6	-12	0	0	0	0	0
扣压弯头/PF ELBOW NE342173 AISI 316 30°D...	1	312	156	153	2022.12.23	156	144	273	273	39	125	2024.03.27	83	-73	9	30	9	23	71
扣压弯头/PF ELBOW NE342173 AISI 316 30°D...	1	739	94	633	2022.12.23	94	68	623	623	116	183	2024.03.27	94	0	104	45	32	18	199
扣压弯头/PF ELBOW NE342173 AISI 316 30°D...	1	374	174	178	2022.12.23	174	172	308	308	66	96	2024.03.27	44	-130	0	0	0	0	0
扣压弯头/PF ELBOW NE342173 AISI 316 30°D...	1	258	140	118	2022.12.23	140	128	197	197	61	67	2024.03.27	41	-99	0	0	0	0	0
扣压弯头/PF ELBOW NE342173 AISI 316 30°D...	1	361	174	172	2022.12.23	174	162	284	284	77	78	2024.03.27	24	-150	0	0	0	0	0
扣压弯头/PF ELBOW NE342173 AISI 316 30°D...	1	221	75	142	2022.12.23	75	67	178	178	43	88	2024.03.27	37	-38	8	37	17	4	66
扣压弯头/PF ELBOW NE342173 AISI 316 30°D...	1	456	200	256	2023.09.26	200	152	363	363	93	171	2024.03.27	98	-102	0	25	20	11	56
扣压弯头/PF ELBOW NE342173 AISI 316 30°D...	1	397	159	233	2022.12.23	159	132	303	303	94	103	2024.03.27	49	-110	0	0	3	8	11
扣压弯头/PF ELBOW NE342173 AISI 316 30°D...	1	257	152	104	2022.12.23	152	131	200	200	57	68	2024.03.27	32	-120	0	0	0	0	0
扣压弯头/PF ELBOW NE342183 AISI 316 30°D...	1	18	14	4	2022.12.23	14	14	15	15	3	6	2024.03.27	4	-10	0	0	0	0	0
扣压弯头/PF ELBOW NE342183 AISI 316 30°D...	1	7	6	-5	2022.12.23	6	6	5	5	2	0	2024.03.27	0	-6	0	0	0	0	0
扣压弯头/PF ELBOW NE342183 AISI 316 30°D...	1	3	2	1	2022.12.23	2	2	3	3	0	1	2024.03.27	1	-1	0	1	0	0	1
扣压弯头/PF ELBOW NE342183 AISI 316 30°D...	1	2	1	-1	2023.09.26	1	1	2	2	0	0	2024.03.27	1	0	0	0	0	0	0
扣压弯头/PF ELBOW NE342183 AISI 316 30°D...	1	2	2	-2	2022.12.23	2	2	0	0	2	0		0	-2	0	0	0	0	0
扣压弯头/PF ELBOW NE342183 AISI 316 30°D...	1	2	0	2		0	0	2	2	0	0	2024.03.27	0	0	0	1	0	0	1
扣压弯头/PF ELBOW NE342183 AISI 316 30°D...	1	6	1	4	2024.04.08	1	1	5	5	1	2	2024.03.27	1	0	1	1	0	0	2
扣压弯头/PF ELBOW NE342183 AISI 316 30°D...	1	20	8	10	2022.12.23	8	8	11	11	9	4	2024.03.27	1	-7	0	0	0	0	0
扣压弯头/PF ELBOW NE342183 AISI 316 30°D...	1	15	15	-7	2022.12.23	15	15	9	9	6	2	2024.03.27	0	-15	0	0	0	0	0
扣压异径三通/PF RED TEE NE343133 AISI 316 ...	1	19	11	5	2022.12.23	11	10	15	15	4	9	2024.03.27	9	-2	0	1	0	1	2
扣压异径三通/PF RED TEE NE343133 AISI 316 ...	1	9	5	4	2022.12.23	5	5	7	7	2	3	2024.03.27	3	-2	0	0	2	0	2
扣压异径三通/PF RED TEE NE343133 AISI 316 ...	1	15	8	7	2022.12.23	8	8	11	11	4	8	2024.03.27	4	-4	0	0	3	0	3
扣压异径三通/PF RED TEE NE343133 AISI 316 ...	1	15	7	8	2022.12.23	7	5	12	12	3	6	2024.03.27	6	-1	1	0	0	0	1
扣压异径三通/PF RED TEE NE343133 AISI 316 ...	1	49	30	19	2022.12.23	30	30	38	38	11	28	2024.03.27	25	-5	0	0	2	0	2

图 10－23　SMART－POR

通过 P6 系统可对任务进行细化和跟踪，更精细地利用人员和资源，及时发现和解决舾装件计划执行过程中的问题，确保计划的顺利实施。此外，通过 P6 系统的进度监控，能迅速调整计划，确保生产顺利进行。在舾装件计划管控中，这有助于及时获取客户需求和反馈，为计划的调整和优化提供依据。

3）物资清点、检验及发货

为了实现数量庞大，规格不一的大型邮轮舾装件的仓储管理，在供应商送货前，引入了物资编码技术，通过工程号、托盘号、物资编码等关键信息为每一件预到货舾装件赋予唯一身份标识——物资二维码，如图 10－24 所示。基于订单需求和计划节点安排完成舾装件的生产后，要求供应商张贴二维码，便于舾装件识别并通知驻厂人员验收。验收人员在核对舾装件供货计划、产品数量和重量等信息后，并在质量检验完成后扫描舾装件上的二维码，如图 10－25 所示，如发现问题直接在供应商生产场地就地解决，避免物资到厂后因质量或数量等各类问题产生退货，影响生产节奏。物资在确认无误发货后，厂内仓储人员会在信息系统中将收到送货提醒，即可按照送货计划提前准备现场收货、安排堆放场地、接收人员等。

图 10-24 物资二维码

图 10-25 舾装件发货扫码

4）舾装件全流程跟踪

物资到厂后，仓储人员利用舾装件管理模块扫描来货舾装件二维码，录入物资信息至后台管理程序。通过对预到货舾装件的编码、贴码、扫码录入工作，由船厂仓储人员管理物资实物的模式转变为软件系统对二维码标签的管理。实现了舾装件物资的标准化管理和管理的全流程贯通，大幅度提升了物资管理效率和准确性。

5）物资储存

根据舾装件到货计划物流集配部门根据舾装件物资仓储策略、到货物资属性等提前安排合适的堆场，清理库位并安排合适的装卸工具。物资完成卸车后，扫描物资二维码完成入库，如图 10-26 所示，库存期间定期开展盘点，确保库存物资的数量及储存状态可控。

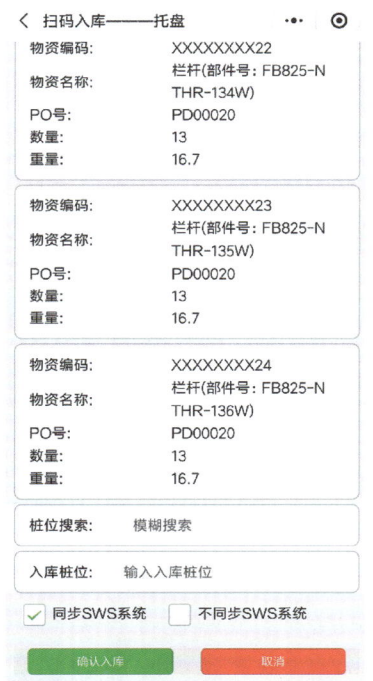

图 10-26 扫码入库

6）托盘预配

仓储管理人员根据物流集配计划节点，如图 10-27 所示，按照设计部门下发的 PML 托盘表,如图 10-28 所示,内容提前一周开展托盘集配,并将配好的舾装件托盘暂存于仓库。

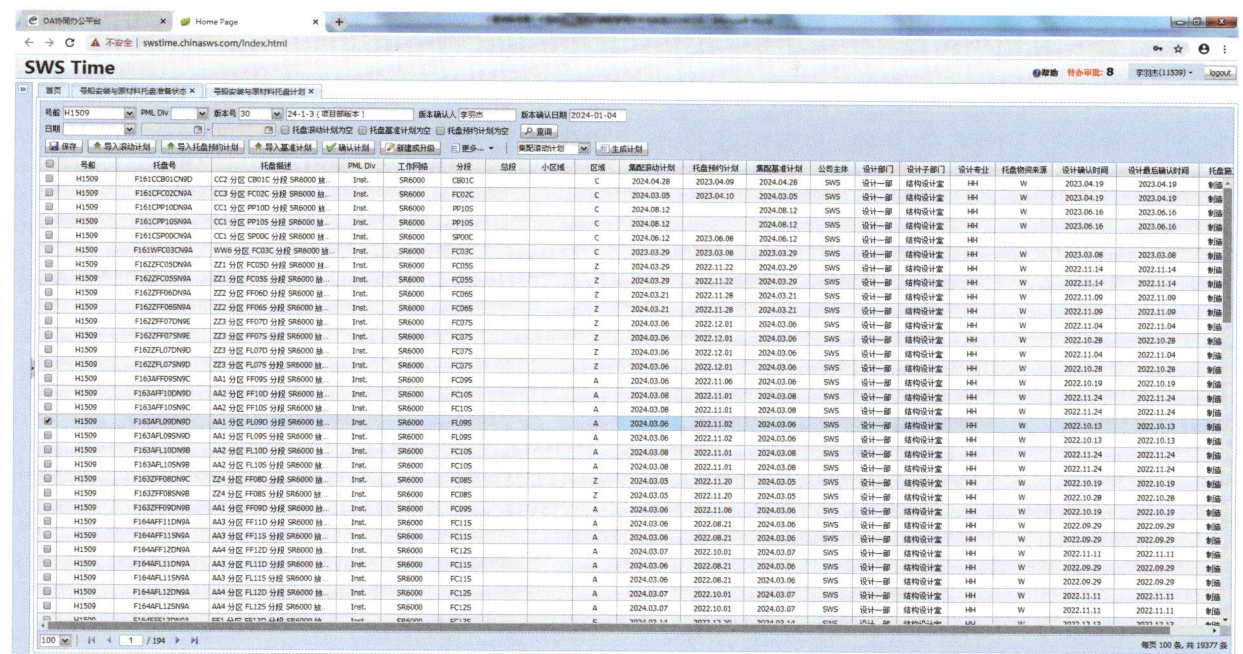

图 10-27 集配计划

图 10-28 设计 PML 托盘清单

7) 托盘配送

生产部门通过舾装件管理模块申请物资,物流集配人员收到需求后将预配完毕的物资运送到指定地点,扫描二维码完成物资的现场交接。

10.2.4 效果评估

(1) 计划管理效率提升：供应商根据 SMART-POR 有针对性地安排生产,组织物流运输,船厂和供应商的库存都得到了有效的控制,计划按期到货率由 2019 年的 93% 上升至交船前的 97.98%。通过 P6 系统监控并改善了舾装件计划执行过程中的缺陷和风险，在遇到变更时及时调整计划，确保舾装件计划的执行质量，进一步提升了舾装件计划管控的效率。

（2）驻厂延伸管理提升产品质量：舾装件驻厂延伸管理使舾装件易发频发问题逐步降低，实现舾装件质量风险的有效控制。通过驻厂管理人员在供应商端对发货计划、托盘完整性、制作质量等方面有效管控，改善舾装件供货和到货不及时、数量不准确、质量有问题等情况，促进供应商自身质量管理体系的提升，节省了传统模式下舾装件到厂后大批量的清点、报验时间，显著提高舾装件物流效率。通过驻厂管理方式还可统一各供应商之间的生产工艺标准，为舾装件设计优化和标准化奠定良好基础，提升舾装件剩余物资的利用率，实现成本有效管控。

（3）舾装件状态全过程可追溯：通过到货、检验、入库、配送及实物安装等环节的二维码全流程跟踪，实现了舾装件全生命周期的管理。物流集配部门通过信息化手段主动跟踪舾装件状态，对异常状态及时响应。通过系统模块的管理，将分散于厂内的舾装件堆场统一管控，明确物资位置、状态和数量，便于根据需求计划及时完成托盘预配工作。通过信息化管控，大型邮轮舾装件托盘完整性也由 2019 年的 93.9% 上升至交船前的 99.94%，在提高作业效率的同时大幅降低了舾装件物资现场管理人员负荷。

（4）物量管理过程清晰：通过舾装件管理模块可对员工物量进行清晰记录，通过数据分析可得出员工当日最大产出，为员工实物量考核提供数据支撑。同时也可得出相关设备的使用效率，为后期设备的维护保养及设备数量增减提供可靠的数据支撑。

10.3 Turnkey 类物资仓储管理实践

10.3.1 Turnkey 类物资管理流程

在大型邮轮建造过程中，Turnkey 类物资是根据分包模式，由分包商完成对 Turnkey 类物资的采购、管理、物资接收发放的管理的，物流集配部门通过计划管控、出入库打卡的方式对 Turnkey 类物资到货及出入库情况进行监管，并完成分包商场地资源进行协调。

大型邮轮 Turnkey 类物资管理流程分为计划到货、到货准备、物资接收、物资出库四个主要流程，通过 Turnkey 类物资管理模块全流程跟踪，物资出入库全流程如图 10-29 所示，模块包括出入库流程涉及的计划及资源需求，场地看板，物资接收及发放确认等功能。

（1）计划到货：Turnkey 分包商根据船厂总体计划进行对 Turnkey 类物资制定计划，包括制定物资配送计划和物资领用计划等，通过 Turnkey 类物资管理模块提前反馈至物流集配部门。

（2）到货准备：物流集配部门根据分包商反馈的到货计划提前评估场地并打印物资码，分包商需提前准备好相关单据。

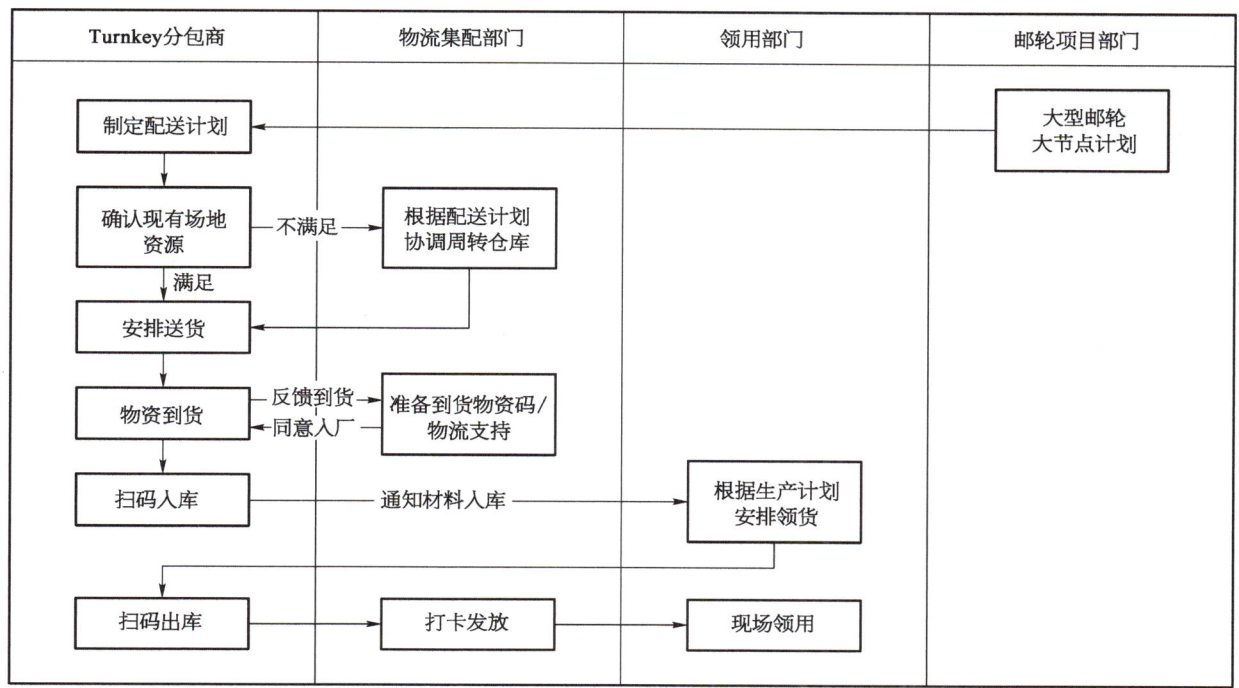

图 10-29 Turnkey 类物资出入库管理流程

(3) 物资接收：分包商根据到货清单对到货物资清点、检查，张贴物资码后扫码入库。

(4) 物资出库：根据生产计划，分包商对出库物资根据物资码进行扫码出库。

(5) 其他：在项目实际运行过程中，也存在着如零散件快递、随供应商配送入场等方式直接存放到分包商仓库或者办公室的 Turnkey 类物资，分包商需做好信息留存，每月定期进行一次整体反馈物资出入库情况，以便物流集配部门纳入大型邮轮物资信息记录中。

10.3.2 Turnkey 类物资管理痛点

1) Turnkey 类物资量大，物资环境要求高，场地管理难

在大型邮轮建造过程中，Turnkey 类物资根据大型邮轮分包模式被分成 100 多个包，由 50 多家分包商对 Turnkey 类物资进行分包管理，仓储又由船厂总体负责，这使得物资的管理界面变得复杂。Turnkey 类物资涉及的非常规材料物量就非常大，如舱室包材料，舱室的仓储面积需求超过 20 000 m^2，相比较而言，一艘常规船舶的整船物资仅需占用 4 000 m^2 的仓储面积。

许多 Turnkey 类物资对仓储环境有着特定的要求，这进一步增加了管理难度，如蛭石板、铝蜂窝板等材料需要在特定的温度和湿度条件下保存，以确保其性能和质量不受影响。这就要求仓库必须配备相应的温湿度控制设备，并定期对仓库环境进行监测和调整。

2) Turnkey 类物资"黑盒"信息流程不透明

Turnkey 建造模式中涉及的非常规物资由分包商进行采购和管理，这种管理方法使物资的详细信息如同一个黑盒，物流集配部门无法准确掌握其数关键数据，如物资的数量、规格、来源、去向等。

这种信息的不透明性不仅限制了物流集配部门对物资状况的全面了解,更难以对后续的船型物流集配管理提供有力的信息支持。由于分包商在 Turnkey 类物资管理中扮演着重要角色,物流集配部门对其管理过程的监控和控制力度相对较弱。这意味着,即使物流集配部门设定了严格的管理标准和要求,也难以确保分包商能够完全遵守,进而满足 Turnkey 类物资管理过程中的各项需求。这种管理上的不确定性增加了 Turnkey 类物资出现问题的风险,穿透式的管理需要与分包商共同协商应对。

10.3.3 Turnkey 类物资实践

1) 设置物流经理以应对分包商数量众多

物流集配部门设置物流经理岗位加强对分包商进行管理,确保每个分包商及其 Turnkey 包都有专人负责。如图 10-30 所示,物流经理通过深入了解所负责的分包商和物资情况,包括物资的种类、数量、存储位置及出入库情况等,与分包商保持密切沟通,确保物资信息的准确性和及时性,及时发现和解决潜在问题。

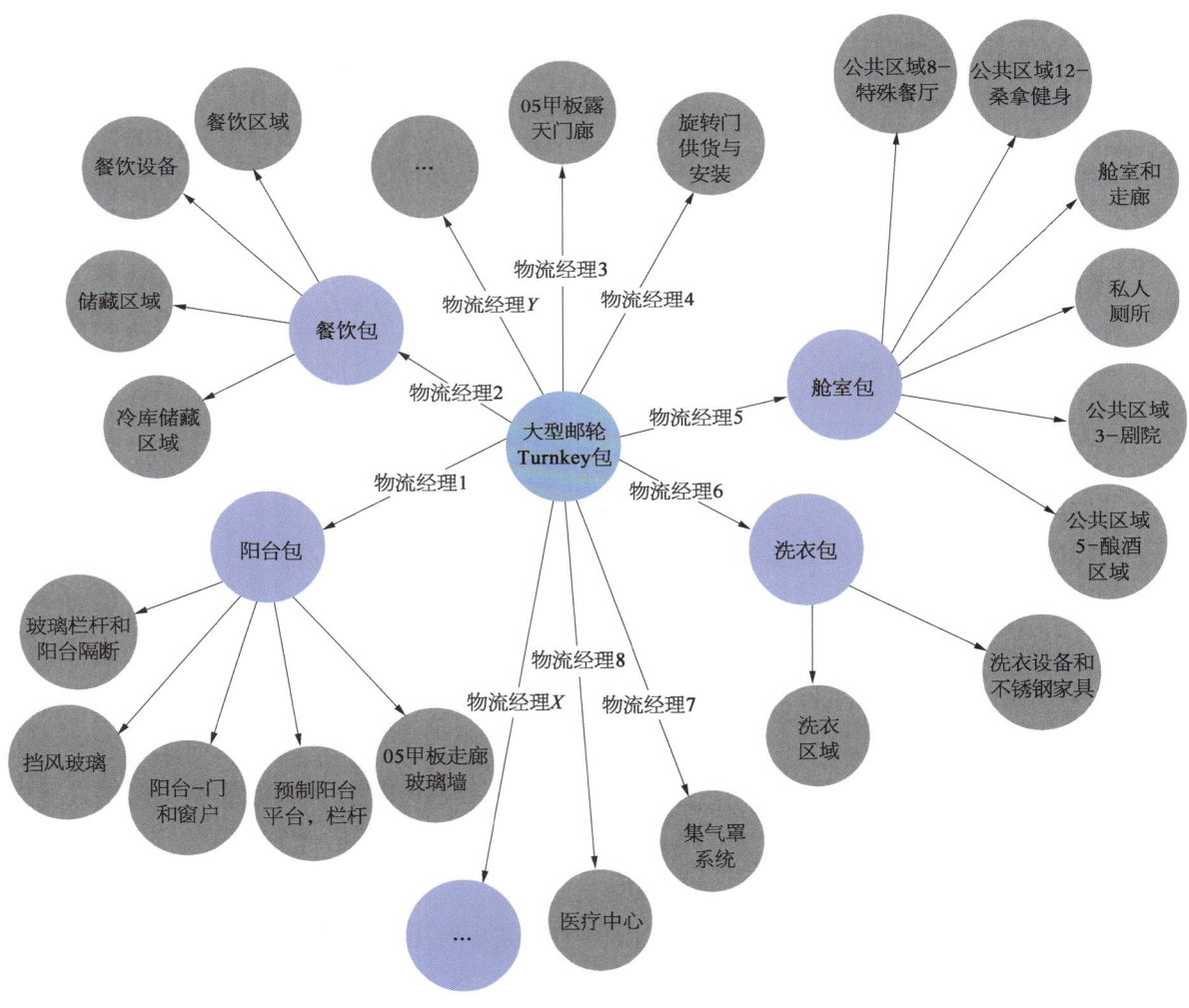

图 10-30 Turnkey 物流经理分包管理

物流经理需要协调和整合各个分包商之间的物资管理工作，通过根据物流集配部门制定的物资管理流程和规范，确保各个分包商能够按照统一的标准和要求进行操作。在出现纠纷或问题时，物流经理将作为中间人进行调解和协调，促进各方之间的合作与配合。物流经理根据建造进度和物资需求情况，制定合理的仓储物流资源调配计划，对物资的使用情况进行监控和分析，提出优化建议，降低物资浪费和成本。通过设立船厂物流经理，物流集配部门进一步提升了物资管理的专业化和精细化水平，提高了物资管理的效率和质量。

2）制定统一的场地管理要求以解决场地资源问题

(1) 统一周转仓库使用时间。

对于分包商厂内仓库，原则上不允许分包商将厂内仓库长期存储物资，设立定期中转时间，如若超过 3 个月，超期物资需提前报备或接受物流集配部门移库。分包商在考虑物资到货时需考虑生产计划，提前和挂靠部门进行沟通，根据实际生产需求对物资供应商提出发货要求，采用分批次到货的方式，按需发货。库存天数监控界面如图 10－31 所示。

首页　库存报警 ×

物资占用超过：1 天　查询

物资描述	单据名称	单位	数量	分包商	Ts No	箱单号	仓库	库位	入库时间	占用天数
镀锌弹簧垫圈		个	400	华南建材	ts1	a2	A仓	1	2022-05-18 15:05:44	4
镀锌弹簧垫圈		个	7400	华南建材	ts1	a2	A仓	1	2022-05-18 15:05:44	4
镀锌平垫		个	7400	华南建材	ts1	a2	A仓	1	2022-05-18 15:05:44	4
镀锌螺母		个	400	华南建材	ts1	a2	A仓	1	2022-05-18 15:05:44	4
螺杆M8		米	3700	华南建材	ts1	a2	A仓	1	2022-05-18 15:05:44	4
螺杆M10	第一批	米	200	华南建材	ts1	a2	A仓	1	2022-05-18 15:05:44	4
镀锌螺母		个	7399	华南建材	ts1	a2	A仓	1	2022-05-18 15:05:44	4
镀锌平垫	第一批	个	400	华南建材	ts1	a2	A仓	1	2022-05-18 15:05:44	4
U型包边	第一批	条	60	华南建材	ts2	y3	B仓	q	2022-05-18 11:48:23	4
U型件		条	60	华南建材	ts2	y3	B仓	q	2022-05-18 11:48:23	4
不等边底型材	第一批	条	60	华南建材	ts2	y3	B仓	q	2022-05-18 11:48:23	4
L型材	第一批	条	60	华南建材	ts2	y3	B仓	q	2022-05-18 11:48:23	4
U型包边		条	40	华南建材	ts2	y3	B仓	q	2022-05-18 11:48:23	4
不等边底型材		条	20	华南建材	ts2	y3	B仓	q	2022-05-18 11:48:23	4
U型包边		条	40	华南建材	ts2	y3	B仓	q	2022-05-18 11:48:23	4
不等边底型材		条	20	华南建材	ts2	y3	B仓	q	2022-05-18 11:48:23	4
镀锌螺母		个	7400	华南建材	ts1	y2	A仓		2022-05-18 11:09:36	4
螺杆M10	第一批	米	200	华南建材	ts1	y2	A仓		2022-05-18 11:09:36	4
螺杆M8		米	3700	华南建材	ts1	y2	A仓		2022-05-18 11:09:36	4
镀锌螺母		个	400	华南建材	ts1	y2	A仓		2022-05-18 11:09:36	4

20　1 /3　每页 20 条，共 48 条

图 10－31　库存天数监控

(2) 统一分包商仓库类型。

根据不同物资的仓储属性和仓储要求对分包商仓储场地资源划分，将分包商场地分为厂内分包商仓储区、厂外分包商仓储区、室内仓储区域、室外仓储区域。如可以露天存放的分包商材料分配室外仓储区域、精密仪器或不耐腐蚀的分包商材料存放至室内区域、根据材料是否需要二次回厂考虑存放至厂内或者是厂外仓库。分包商不同仓库类型如图 10－32～图10－34 所示。

(3) 场地标准化管理。

所有的场地进行标准化操作，即分类存放、集中堆放，据仓储场地资源的优化技术对仓储场地资源进行优化配置，如对于需要保持恒温恒湿的物资，建立专门的存储区域，并配置相应的设备，以确保物资在仓储期间的质量稳定。场地标准化管理及监控方式如图 10－35 所示。

图 10-32 分包商周转仓库

图 10-33 分包商半露天仓库

图 10-34 分包商室内仓库

3) 开发 Turnkey 类物资管理模块以应对物资不透明的难题

为打破 Turnkey 类物资的管理"黑盒",通过对分包商到货及出入库计划填报提升对于分包商计划及资源的掌控,应用二维码等物联技术实现邮轮 Turnkey 类物资从到货到上船安装全流程信息化管理,系统性提升 Turnkey 类物资及仓储资源管控能力。通过要求分包商通过 Turnkey 类物资管理模块反馈到货及出入库计划,物流集配部门可以实时掌握物资的动态情况,从而提升对分包商计划及资源的掌控能力,实现邮轮 Turnkey 类物资从到货到上船安装的全流程信息化管理。

通过 Turnkey 类物资管理模块,物流集配部门可以及时了解物资的入库、出库、库存量等动态信息,通过动态监管 Turnkey 类物资状态为决策提供支持。例如,当分包商场地使用不足时将部分场地临时协调给其他分包商,或者对于分包商物资大量集中到货时,安排临时仓储场地,共同应对场地使用高峰期。

Turnkey 类物资管理看板图如 10-36 所示。

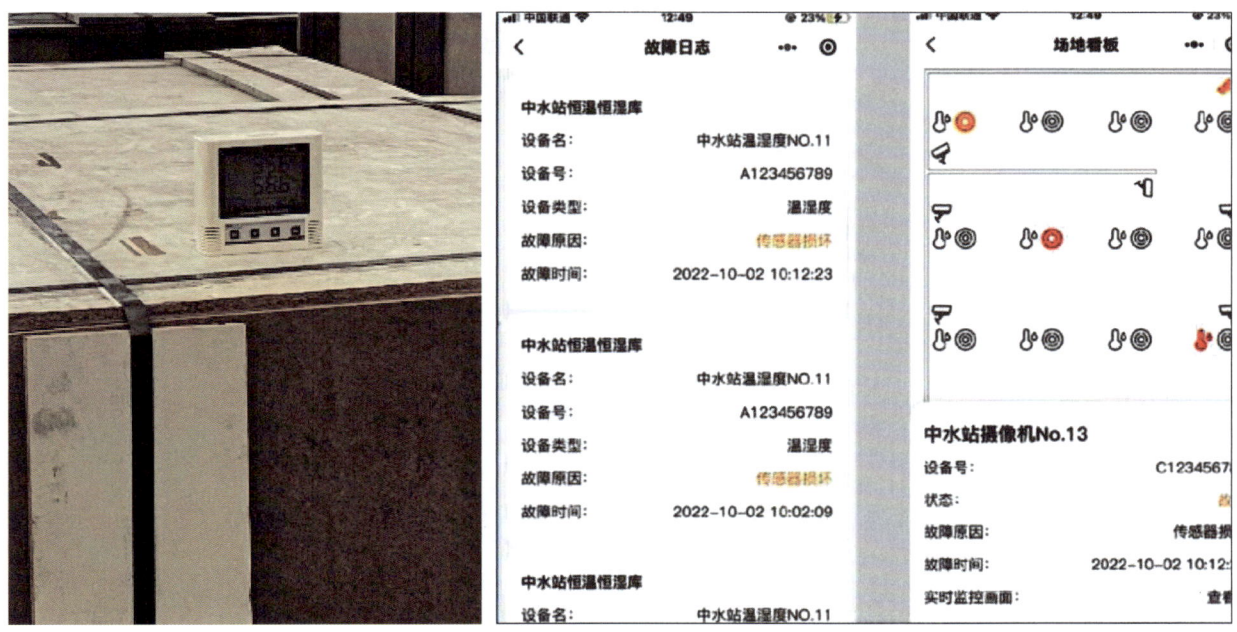

图 10-35　场地安全监控

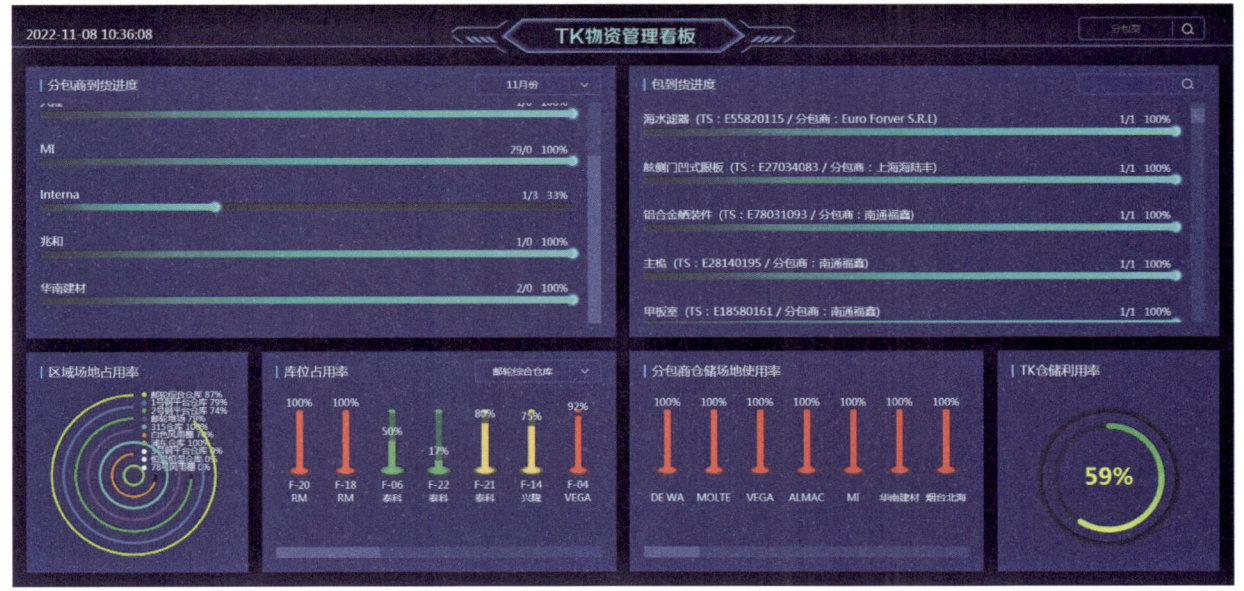

图 10-36　Turnkey 类物资管理模块总看板

（1）Turnkey 计划管控可视化。

到货计划：Turnkey 类物资管理模块通过先行计划管控对分包商物资到货计划进行管理，分包方根据各自建造任务进行任务分解，对于物资配送制定详细计划后在 Turnkey 系统中通过月度计划、批次计划等方式提前反馈至物流集配部门，以便物流集配部门根据先行计划为各工程包分配仓储场地资源。计划管理界面如图 10-37 所示。

图 10-37 到货计划明细

(2) 物资到货前准备。

分包商通过 Turnkey 系统上船出入库计划后，系统为每一批物资生成二维码，通过唯一的二维码标签，物流集配部门可以轻松追踪 Turnkey 类物资的流转轨迹，确保物资得到妥善管理，防止物资出现材料丢失的情况。分包商张贴二维码及扫码追踪如图 10-38 所示。

图 10-38 物资贴码及扫码追踪

(3) 出入库管理可视化。

分包商通过管理模块将出入库物资数据透明化，明确出入库物资的存放仓库、库位、物资描述、单位、出入库数量等详细信息，确保每一批次的物资的数量、规格、质量等方面都符合要求，实现有效监控。有效的仓储管理可以提升整个建造过程的效率。通过优化物资存储、调配和使用，可以减少不必要的等工时间。出入库管理可视化如图 10-39 所示。

图 10-39　出入库明细

（4）物资抽检。

通过物资抽检，如图 10-40 所示，物流集配部门重点关注分包商是否按时进行系统操作，如到货及出入库计划的填报、二维码标签的使用等以确保其后续能够严格按照要求执行。此外，通过对物资的抽检，物流集配部门还可以及时发现并解决材料管控问题。例如，检查物资是否存在损坏、丢失或错放等情况，以及仓储环境是否满足物资保存的要求等。

图 10-40　物资抽检

10.3.4　效果评估

Turnkey 类物资仓储管理实践实现了项目管理、物资管理、计划管理等多个方面的集成化管理，提高了物资管理效率和准确性。Turnkey 类物资管理模块通过设置物流经理，确保物资信息的准确性和及时性，及时发现和解决潜在问题，进一步提升物资管理的专业化和精细化水平，提高物资管理的效率和质量；通过对分包商仓储场地制定统一的场地管理要求，对仓储场地进行标准化管理和优化配置,从而满足Turnkey类物资对仓储场地的需求,提高仓储管理效率;通过制定统一的出入库流程和标准,使得Turnkey类物资管理更加规范和可控;利用信息化技术,实现了数据共享、实时监控等功能,提高了管理水平和决策效率。

  物流集配部门结合Turnkey分包模式的特点,通过实现实时数据共享和在线协同工作,使各方能够更为高效地进行协作,共同解决项目过程中遇到的各种问题,从而推动项目顺利进行,极大地促进了分包商和物流集配部门的信息共享与沟通协作。这一穿透式管理模式不仅提升了项目执行效率,也确保了项目质量和进度的稳定可控,为项目的成功实施奠定了坚实基础,有效避免Turnkey类物资"黑盒"信息流程不透明造成的各种风险。

第 11 章　物流配送管理实践

物流配送管理实践将精益配送管理技术应用于复杂多样的物流配送网络中,实现各层级物流间的高效协同,其核心在于通过合适的管理模式、合理的资源调度和路径规划,提高运输效率、减少运输风险、降低运输成本。本章从常规物资物流配送管理、非常规物资物流配送管理、分段物流管理三个方面阐述了厂内物流配送管理实践,通过配送资源调度技术及路径规划技术的应用,实现了合理的资源调度,并对厂内物流配送网络及路径的优化,实现配送资源利用最大化,保障物流配送及时性的同时,提高配送效率,有效保障了大型邮轮的顺利建造。

11.1　常规物资物流配送管理

常规物资经由生产部门按需求提出物资配送申请,物流集配部门接收需求后进行物资准备和车辆安排,物资配送到生产线边后,与生产部门进行物资交接,生产部门清点无误后确认接收。面对大型邮轮常规物资庞大的物流配送需求,通过信息化、资源调度技术和路径规划技术,针对不同的物资对其配送流程和模式进行优化,提高配送的及时性和效率,有效缩短配送距离和配送时间。以舾装件和焊材配送为例。

11.1.1　舾装件配送管理实践

舾装件物流配送的流程主要包含配送申请、配送分派、配送实施、配送确认四个环节,中间穿插着舾装件配托完成后的装货,送货车辆的卸货。过程信息的高速流通,实现各环节人员的高速协同是舾装件配送的重点,同时,合理的资源配置和车辆调度,也有助于提升配送的及时性与安全性。

1) 物资到货

舾装件厂内配送从物资到货正式开始,舾装件的日常配送过程,往往伴随着送货车辆的进厂,配送与卸货的交叉作业不仅效率低,还会造成仓储区域道路拥堵,产生极大的安全风险。

为此,规定供应商每天送货车辆上下午固定时间段集中进厂,集中安排卸货,提高整体卸货效率。并于门卫处放置 GPS 定位设备,供应商送货人员扫码进行领用。通过送货人员反馈的物资信息,由系统将送货车辆的定位位置与所需卸货的仓库进行匹配,并完成相应的路径规划,如图 11-1 所示,过程实时监控送货车辆动态及车速,安全引导其前往对应仓库完成卸货工作,及时离厂并归还定位设备,避免因长时间在厂内逗留,阻碍交通,产生安全风险。卸货位置点位图如图 11-2 所示。

2) 配送申请

生产部门通过线上申请模式,在智慧物流平台提出舾装件需求申请,如图 11-3 所示,系统自动生成订单信息,订单状态后台界面随时查看,各环节信息在平台直接流转,操作人直接通过移动设备或电脑进行确认操作,实现信息高效传递。

3) 配送资源分派

舾装件的配送主要通过叉车进行搬运装卸,牵引车配合拖斗完成长距离运输。管支架与电舾件托盘以木托盘承载,且包装较为规整,3 t 叉车更为灵活,且具有足够的承载力进行搬运。铁舾件大多形状不规则,且大件物资较多,如平台基座等,一般选用 5 t 叉车,承载力更大,性能更稳定。

图 11-1 送货车辆路径导航

当生产部门完成舾装件配送申请后,系统自动推送订单信息给车辆调度员,调度员通过智慧物流平台派工界面,如图 11-4 所示,对订单进行派工。

厂内配送设备安装有定位设备及监控设备,通过系统大屏对其位置、行进轨迹、驾驶员状态等进行实时监控,并结合智慧物流平台订单分派及完成情况,了解各车辆实际作业状态。如图 11-5 所示,设立了专门的调度室,配备展示大屏,调度员于调度室中,分析大屏展示信息,基于车辆调度技术中先来先服务(FCFS)、最短作业优先(SJF)原则,通过智慧物流平台对距离最近的空闲司机进行派工,并对同目的地或同路径的订单进行拼单,提升配送的及时性和效率,以更少的车次完成更多的配送任务,有效降低物流配送成本。

通过智慧物流平台抢单功能,当整体作业车辆已派订单处于富余状态时,调度员可将订单派往抢单界面,由完成订单的司机进行抢单,激发人员劳动积极性,提高资源调度效率。

4) 配送实施

生产部门完成订单申请后,订单信息同时推送给物资管理员,当调度员完成派工时,物资管理员也能查看接单司机信息。当物资管理员完成舾装件配托后,通知配送人员上门取货。

配送人员通过系统规划的路径前往仓库进行装货,为保障运输安全,小件舾装件必须由托盘进行承载,大件舾装件必须用扎带绑扎牢固。确认装货完毕后,按系统规划路径将舾装件配

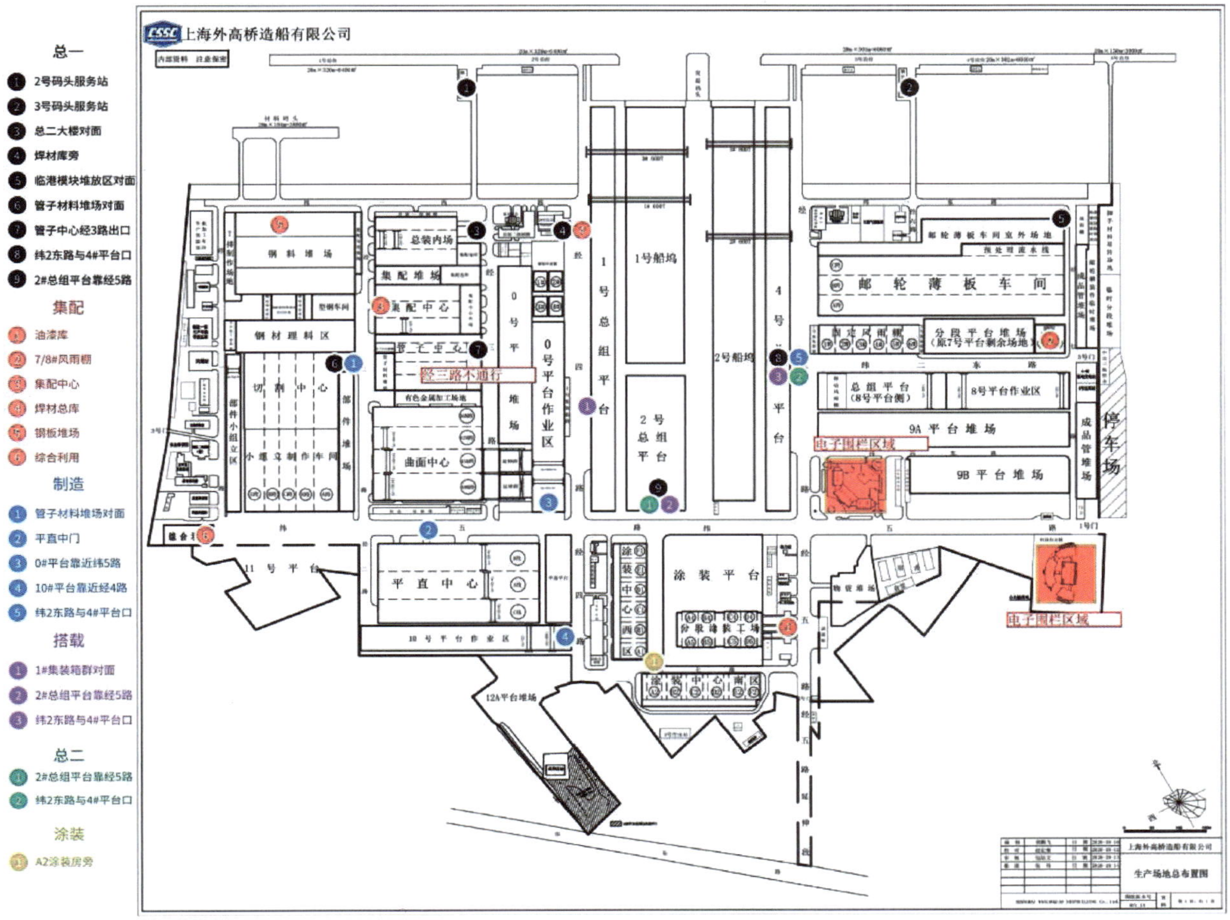

图 11－2　点位布置图

配送申请

配送申请　申请记录　申请撤回记录

工程号：　分段号：　安装托盘号：　托盘名称：　库位编号：　查询

每页显示：100

全选	序号	部门信息	工程号	分段号	安装托盘号	托盘名称	托盘状态	库位编号
☐	1		H1462	407	407FF120121	407分段铁舾件安装图托盘表（B）		
☐	2		H1462	183	183FP120121	183分段管子安装托盘表(B)		
☐	3		H1462	90A	90AFW231328	90A总段E甲板碰钉安装托盘表(P)		
☐	4		H1462	404	404FP120121	404分段管子安装托盘表(B)		
☐	5		H1462	235	235FP110151	235分段阀附件安装托盘表(C)		
☐	6		H1462	223	223FP120199	223分段螺栓螺母垫片安装托盘表(B)		
☐	7		H1462	90A	90AFW334718	90A总段驾驶甲板F-2型材安装托盘表 (P)		
☐	8		H1462	90A	90AFW331328	90A总段驾驶甲板覆盖板安装托盘表(P)		
☐	9		H1462	90A	90AFW530912	90A总段A甲板卫生单元安装托盘表(P)		
☐	10		H1462	239	239FP110199	239分段螺栓螺母垫片安装托盘表(C)		

<< < > >> (1/15) 到　页 确定

申请配送　库位保存

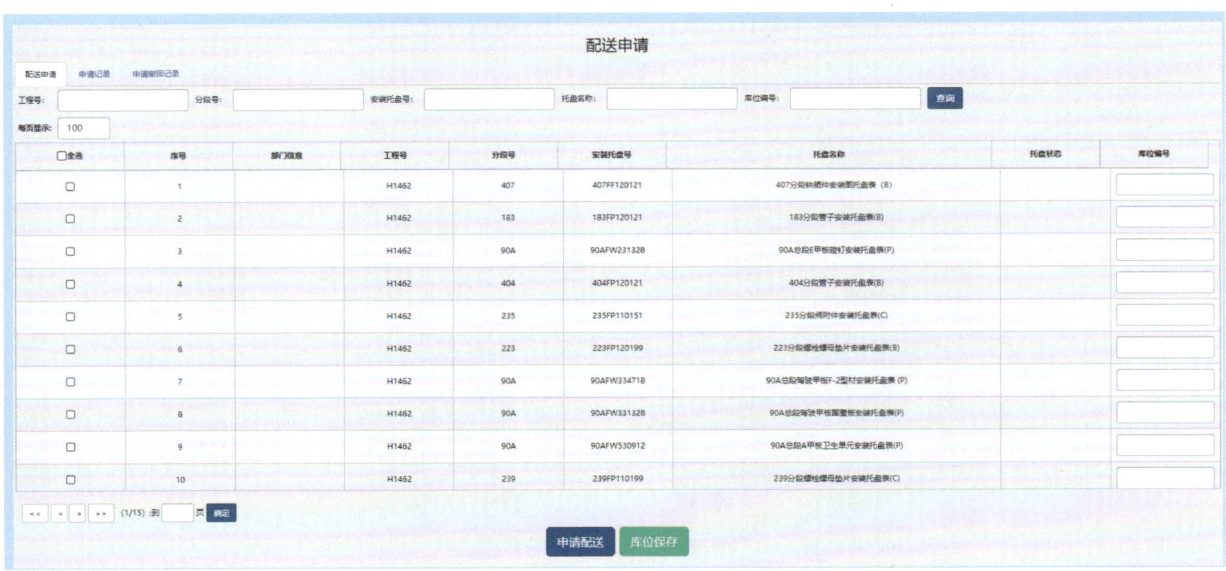

图 11‑3　配送申请界面

图 11‑4　派工界面

图 11-5　调度室

送至指定的生产现场,联系现场接收人完成物资的清点接收,确认无误后出示订单二维码,如图 11-6 和图 11-7 所示,由接收人扫码确认配送完成,也可由申请人从 PC 端确认界面,完成确认。

图 11-6　配送确认界面(PC 端)

如图 11-8 所示,订单过程信息系统实时记录,并形成配送数据可视化看板由大屏进行展示,管理人员与调度员可实时查看订单状态,针对长时间未完成订单及时了解情况。若配送人员无法完成订单则及时进行改派,若为漏扫码则要求配送人员立即联系申请人完成扫码确认,确保所有订单及时完成。

图 11-7　配送确认界面(手机端)

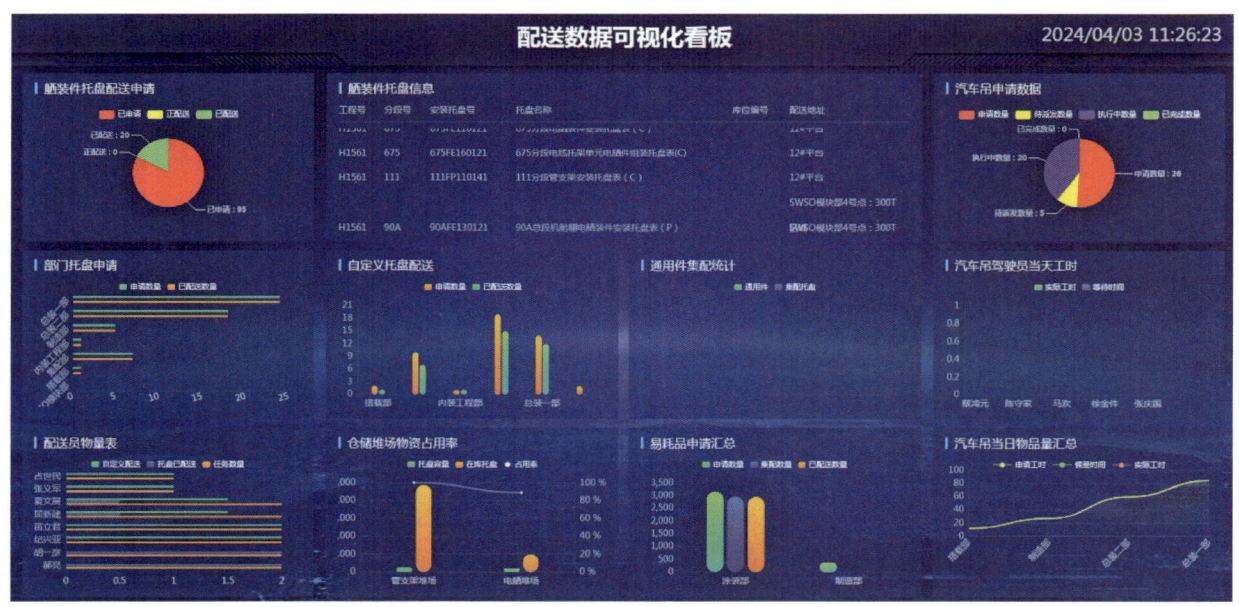

图 11-8　数据可视化看板

如图 11-9 所示，所有配送记录可 PC 端导出，随时分析近期或往年配送数据，寻找可能存在的问题，优化流程，不断提升舾装件配送效率。

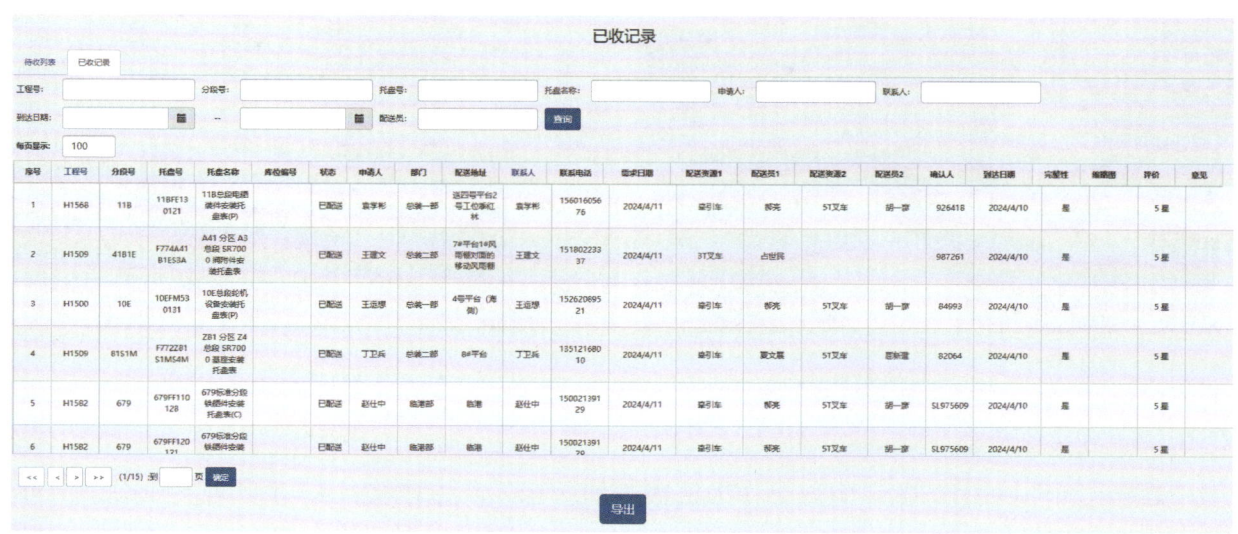

图 11-9　配送记录界面

通过全流程信息化，配合相应的资源调度和路径规划，大大提升了舾装件的配送效率和及时性，舾装件日需求配送完成率达到 100%。

11.1.2　焊材配送管理实践

焊材作为典型的小批量、大批次需求类型的直送物资，及时进行焊材供应，满足生产现场随时随地的焊材需求，是焊材配送的主要目标。因生产现场不具备相应保存条件，大批量领用焊材会因焊材未及时使用完而导致剩余焊材出现质量问题，而小批量、高批次的焊材配送会对车辆设备造成长时间占用，为此需要多样化的配送形式，全面满足生产现场需求。

1) 焊材分库发放

如图 11-10 所示，为及时向生产部门供应焊材，在主要生产区域和车间设置了具备恒温恒湿设备的焊材分库共 10 个，由生产人员带着空焊丝盘上门，如图 11-11 所示，通过打卡换领新焊丝盘，并打印信息二维码对新领焊丝盘进行张贴，生产现场可通过扫码追溯焊材领用信息。分库物资管理员根据近期领用数据及分库实际库存，定期提出一定数量的补货申请，由配送人员从焊材总库配送焊材至对应分库。

图 11-10　焊材分库

图 11-11 焊丝盘分库领用

图 11-12 焊丝发料车

2）焊丝流动发放

受场地和环境因素影响，焊丝分库无法覆盖到所有区域的焊丝需求，生产现场于焊丝分库领用焊丝后仍需自行搬运一段距离才能达到自身工位，船坞区域搬运距离甚至能达到一公里的搬运距离。为减轻一线施工人员负担，解决施工人员将生产焊丝从分库领出后自行搬运至施工现场这最后一段距离的难题，如图 11-12 所示，物流集配部门设计制造了专用的焊丝发料车，内置恒温恒湿设备，保障焊丝质量。

通过分析现场焊丝需求情况，并利用路径规划技术，针对船坞及薄板车间区域分析得出了 5 个流动发放点，并规划最优循环路径，如图 11-13 所示，每日上午 8 点、下午 1 点前，现场员工进行开工准备的时候，从焊材总库装载焊丝盘，按规划好的循环路径，对船坞及薄板车间区域进行维持 1 h 的焊丝流动发放。通过 PDA 离线打卡机，现场人员打卡进行领用，并回收空焊丝盘，平均每日可发放焊丝 80 盘，最高峰可达 100 盘，有效解决"最后一公里"的配送需求。发放完毕后联网上传发放数据至系统后台，保障数据的及时更新。

图 11-13 焊丝流动发放

厂内流动发放路线及焊材分库位置如图 11-14 所示。

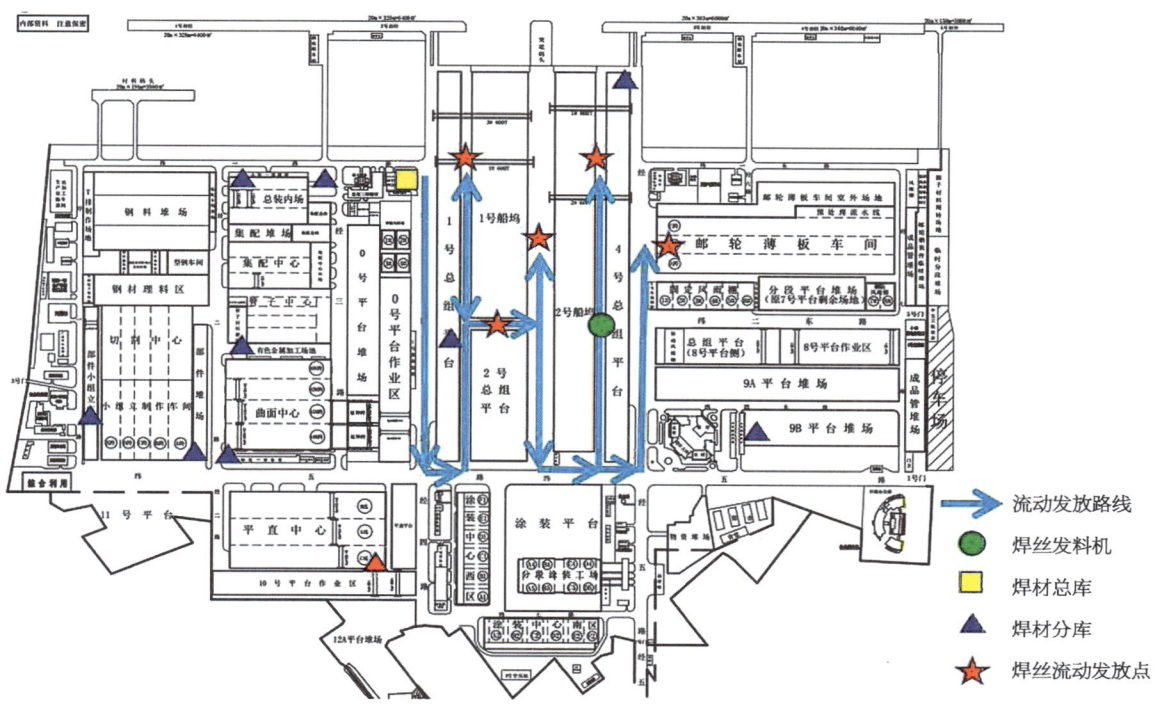

图 11-14 焊丝流动发放路径

3）焊丝发料机发放

如图 11-15 所示，为满足现场人员随时随地的焊材需求，实现配送到工位这最后一段距离，以自动贩卖机为原理制作了专业的焊丝发料机，内置恒温恒湿设备，可有效保存焊丝。直接设置在现场实际工位附近，有效解决焊材分库及流动发放所无法覆盖到的焊材需求位置。

图 11-15 焊丝发料机现场发放

焊丝发料机内置打卡机，生产部门通过打卡进行领用，系统自动进行台账记录，并以看板补货的形式，库存低于安全库存立即报警，由物流中心前往进行补货。焊丝发料机库存及发放数据如图 11-16 所示。

图 11-16　焊丝发料机库存及发放数据

如图 11-17 所示，现场设有焊丝盘回收架，补货完成后同步进行空焊丝盘回收。及时满足现场焊丝需求，同时替代焊材分库功能，减少了一个焊材分库的场地投入，有效降低仓储成本。

图 11-17　现场空焊丝盘存放点

通过焊材分库、焊丝发料车流动发放及焊丝发料机发放形式，平均每月发放焊丝 1 246.26 t，其中流动发放焊丝 34.98 t，约 2 332 盘，焊丝发料机发放 1.83 t，约 122 盘，及时、高效地满足了现场焊丝需求。

综上，通过管理流程优化并建设信息化管理平台，实现了舾装件配送全流程信息透明化；结合定位技术及路径规划技术，合理调度资源，规划最短路径，有效提高舾装件的配送效率，阀件、管附件等类似物资也与其类似。通过多样化的配送形式，有效解决"最后一公里"的配送需求，及时满足现场焊丝需求，并在易耗品、劳防用品等同类型物资中在同样有所体现。

11.2　非常规物资物流配送管理

大型邮轮非常规物资包含 Turnkey 类物资和船东供应品数量庞大，种类多样，不同的物资特性及各方职责界面不同使得厂内物流配送变得更为复杂，需要应对不同物资的多样化物流配送需求。

11.2.1　Turnkey 类物资配送管理

Turnkey 类物资由 Turnkey 供应商负责厂前物流，船厂负责仓储，根据船厂统筹的现场安装计划，由供应商提出物资需求计划，物资集配部门负责配送，安装计划和物资配送存在大量的界面协调工作，需要各方全方位协同。以邮轮舱室包为例。

1) 舱室运输流程

舱室运输主要分为预制舱室运输和壁板、天花板、家具、卫生单元等散装舱室材料运输两部分[99]，大部分舱室集装箱在厂外完成掏箱，掏出的预制舱室材料送往舱室预制车间，制作成预制舱室后，通过平板卡车运输至厂内舱室临时堆放场地，按需求计划驳运至升降平台处，完成上船推舱；掏出的散装舱室材料，通过卡车直接运输至厂内暂存仓库，按需求计划托盘化后配送至升降平台，再送到船上，进行散装舱室的拼装。

2) 配送资源调度

深入分析舱室运输的整体流程，舱室物流配送业务可分为装卸、运输、掏箱三部分，涉及对象包含散装舱室材料和预制舱室两项。由于业务周期长，工作量大，需求连续且集中，舱室物资配送的及时性要求大大提高。为保障整体项目进度，采用专人专车专班的物流配送模式，固定舱室配送业务的人力与设备资源，明确人员分工职责，确保随时随地满足物流配送需求。

(1) 设备资源。

在舱室的物流配送中，针对不同的业务，选择合适的装卸和运输工具，不仅能有效提升运输效率，更能保障物流配送的安全性。

对于散装舱室材料，由于其比较轻便，3 t 叉车的承载能力即可满足要求，且其灵活性高，能适应许多狭小空间内的作业。而对于预制舱室，由于其结构复杂且体积较大，5 t 叉车具有更强的承载能力，能够确保预制舱室在装卸过程中的稳定性和安全性。

预制舱室的壁板、天花板均为薄板，五面体的预制舱室的框架结构易产生变形，因此在陆地运输过程中要特别注意保证平稳和避免碰撞，确保舱室结构以及固定在壁板商的家具等不产生损坏，选择配备平坦、宽敞的货运平台的平板卡车，可以容纳更多预制舱室，稳定性和安全性也更高。

经由舱室物流配送调度仿真建议与实际物流分析，最终安排 2 辆 8 t 卡车进行散装舱室材料从厂边仓库至厂内的运输工作；1 辆 3 t 叉车配合 1 台牵引车搭配 20 t 拖斗进行厂内散装舱室材料运输；1 辆 5 t 叉车配合 1 台牵引车搭配 20 t 拖斗进行厂内预制舱室运输，在满足安装任务计划的需求的同时，具有较高作业效率的同时降低成本，使总体效益最高。

(2) 人力资源。

针对舱室业务特点及各环节所配置车辆，经过层层选拔，甄选了 8 名专业且经验丰富的员工。其中，2 人负责驾驶 2 辆 8 t 卡车完成散装舱室材料从厂边仓库运输至厂内仓库的业务。2 人负责散装舱室材料在厂内的掏箱、装卸和配送工作，1 人驾驶叉车、1 人驾驶牵引车。2 人负责预制舱室在厂内的装卸和配送工作，1 人驾驶叉车、1 人驾驶牵引车。最后，安排 2 人负责各环节车辆的调度协同，保障各人员之间的高效协作。

针对舱室厂内的装卸及配送，还设置了中班，专门配合分包商完成夜间作业，全方位进行物流配合，保障项目整体进度。

(3) 专用工装与适应性改装。

针对物资的特点及相应的作业要求，对现有车辆进行了适应性改装。为了提高掏箱和物资驳运的效率与安全性,将 3 t 叉车的叉齿长度由 1.5 m 加长至 1.8 m,可以更加稳固地抓取和搬运物资;如图 11-18 所示,5 t 叉车的叉齿也从 1.8 m 加长至 3 m,以满足预制舱室此类大重量、大体积的物资搬运需求。同时,如图 11-19 所示,为了保证预制舱室在运输过程中的平稳性及安全性,将平板拖斗的宽度由 2.3 m 加宽至 3 m,更好地适应预制舱室的尺寸。

图 11-18 叉齿改造前后对比

图 11-19 拖斗加宽前后对比

(4) 配送实施。

如图 11-20 所示,根据分包商实际配送需求,专班人员随时响应需求,驾驶 8 t 卡车,前往厂边仓库等待预制舱室材料装车,待分包商装车完毕后,立即返程拉回厂内。当车辆进入厂内后,填报对应卸货地点,通过系统进行导航,快速抵达对应仓库,厂内专班人员配合完成卸货。

通过路径规划技术,对舱室物资的仓储位置及船坞边的升降平台进行布局,得出舱室物资的仓储配送网络,并依托路径规划系统对整体路径进行规划,得出最佳行进路径。舱室运输路线的配送网络路径布局图和实图如图 11-21 和图 11-22 所示。

图 11-20 舱室材料装车

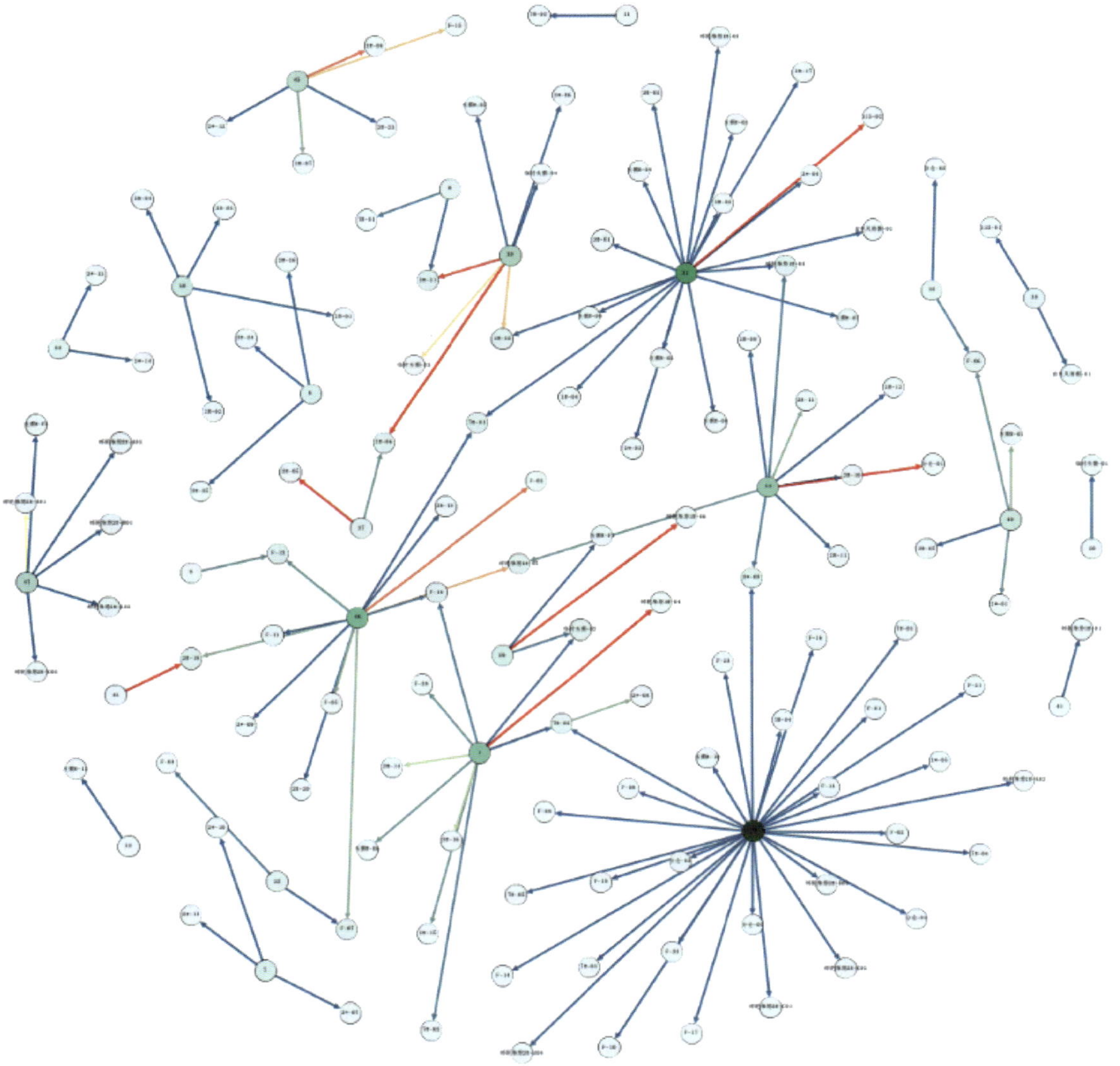

图 11-21 舱室物流配送网络的 Fruchterman Reingold 布局

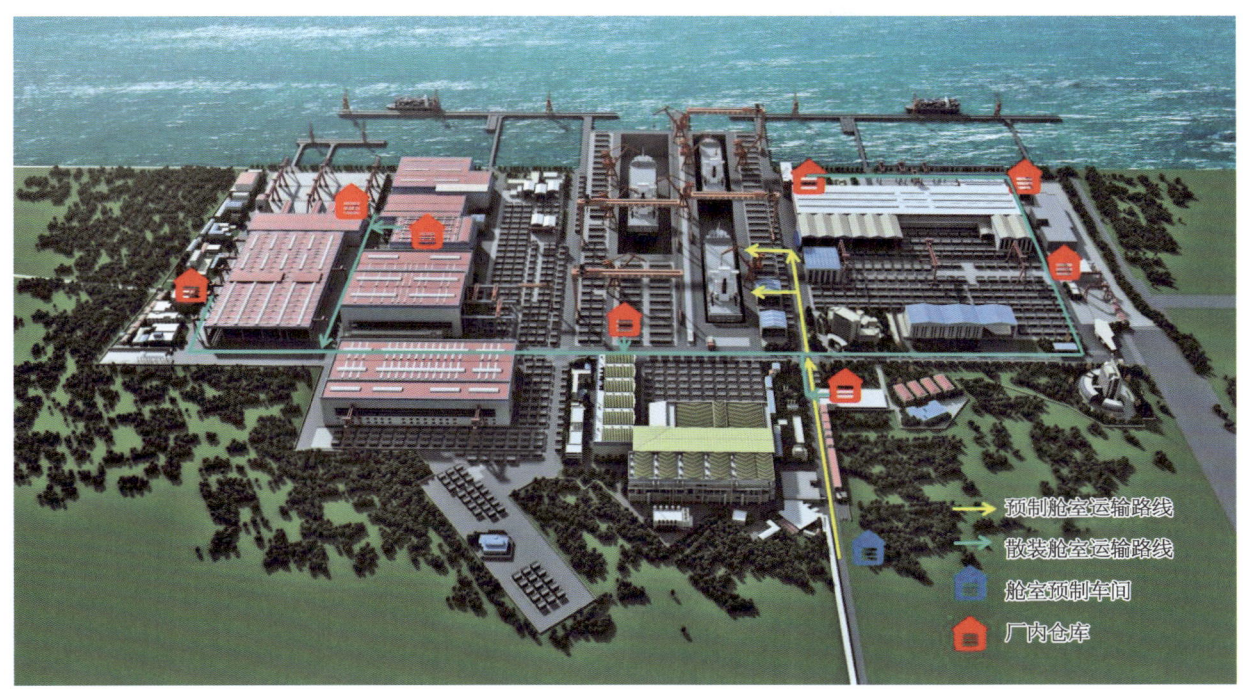

图 11-22　舱室运输路线

厂内专班人员通过 3 t 叉车从狭小的集装箱中,将舱室材料掏出后装上 20 t 拖斗,运往对应仓库完成卸车,过程中同步对 8 t 卡车运输进厂内的舱室材料进行卸车。此外,根据舱室上船计划,通过将多个仓库的任务进行拼单,由系统规划合理路径,专班人员完成散装舱室材料的多点循环取货。必要时还可对同目的地的其他业务进行拼单,将多项需求物资一同配送至升降平台,提升整体配送效率。散装舱室材料掏箱及运输如图 11-23 和图 11-24 所示。

图 11-23　散装舱室材料掏箱

图 11-24 散装舱室材料厂内运输

预制舱室由平板卡车直接拉运至升降平台边的暂存场地,专班人员通过 10 t 叉车将其卸在场地上进行暂存,并根据实际的舱室上船计划,将对应预制舱室装上加宽过的拖斗上,由驾驶牵引车的专班人员通过倒车完成拖斗与升降平台的对接,然后由分包商将预制舱室搬运上升降平台。预制舱室运输如图 11-25 所示。

图 11-25 预制舱室运输

通过对舱室流程的透彻分析,通过专人专车专班的模式,固定最合适的人员与车辆,及时满足配送需求,并运用路径规划技术,对舱室物资物流配送网络及路径进行规划,在实际配送过程中由系统根据实际任务进行路径规划,实现最短距离的物流配送,提高效率,降低物流成本。

最终顺利完成总计 1 160 个预制舱室及 1 666 个散装舱室材料的运输,平均每天运输 12 个舱室上船,最多一天包含中班运输可达 17 个;平均每月运输 236 个舱室上船,最多的一个月可达 483 个;并额外帮助分包商完成散装舱室材料厂内掏箱 392 个,避免了大量的滞箱费。舱室运输情况如图 11-26 所示。

图 11-26 舱室运输折线图

11.2.2 船东供应品配送管理

大型邮轮船东供应品作为大型邮轮的重要组成部分,船东委托船厂进行厂内的物流集配管理,涉及 90 大类,总件数 280 多万件,庞大的数量与超高的价值,且物资到货批次集中,对物流集配管理带来了不小的难度。

1)前期准备

由于船东供应品包含大量高价值、易损物资,装卸、运输过程中的安全是不可忽视的一部分,物流集配部门将邮轮内装物资的配送经验应用到船东供应品上,对于船东供应品的配送业务固化流程、标准化作业,新增《大型邮轮船东供应品配送作业标准说明书》和《大型邮轮船东供应品配送作业 JSA》各一份,提高安全意识,降低过程风险。

2)专班建设

为快速响应船东供应品的到货及上船计划,有效应对因船东供应品大批量集中到货带来的高强度装卸货及配送任务,设立了船东供应品物流专班。

(1)设备资源。

通过前期的船东供应品配送作业分析,选择 3 t 和 5 t 卡车、25 t 汽车吊作为船东供应品的装卸工具,3 t 叉车承载力足够,且灵活性更好,能有效应对大批量船东供应品的装卸工作;5 t 叉车承载力更强,稳定性更高,适合大件船东供应品的搬运,25 t 汽车吊用于大型设备类船东供应品的吊装,如信号塔等。考虑船东供应品到货集中,物量庞大,过程穿插着送货车辆直送码头的卸货、送货车辆仓库卸货和从仓库送往码头的船东供应品卸货。为保障整体高效协同,分别在码头和仓库位置设置 2 辆叉车,3 t、5 t 各一部,总计 4 辆叉车,明确分工,必要时可以交叉作业。物资的运输通过牵引车搭配 20 t 平板车,稳定性高,承载能利足够,由于主要负责厂内仓储部分的船东供应品运输,1 辆牵引车足矣,拖斗可按仓储位置进行布置。

最终合计安排 3 t 叉车 2 辆、5 t 叉车 2 辆、牵引车 1 辆,25 t 汽车吊 1 辆。

(2) 人员配置。

专班人员包含 6 名驾驶员,分别对应每台设备,同时设置白班中班,满足船东供应品的夜间上船需求。

(3) 配送实施。

如图 11-27 所示,国内船东供应品船厂要求供应商按需到货,到货后直接上船,由物流经理与船东及供应商进行沟通,确定物资到货时间,协调 2 名专班人员当天前往码头配合来货车辆卸货。

图 11-27 物资直送码头卸货

国外船东供应品要求提前 3 d 提供到货时间,物流经理协调人员前往对应仓库进行卸货。且国外船东供应品仓储时间不能超过 2 周,由物流经理进行沟通协调,按计划时间安排专班人员驾驶 2 辆叉车游走于各个船东供应品仓库将船东供应品装上拖斗,搬运卫星通信塔等大件设备时,通过汽车吊配合装车。装车完毕后由牵引车将拖着对应的拖斗前往码头,并由另 2 辆叉车随行进行卸车,完毕后前往下一个仓库进行配送。船东供应品物流配送情况如图 11-28 所示。

如图 11-29 所示,根据厂内道路情况及码头区域划分,针对来货车辆及船东供应品厂内配送设备进行相应的路径规划,规避拥堵路段,保证运输过程平稳,指定码头区域行进道路,实现快速出入。

送货车辆进厂通过导航系统,按要求行进路段,快速被引导到码头对应位置,完成卸货后,按引导路段,快速驶离码头区域并出厂,减少与人和物的接触时间,规避安全风险。

运用资源调度技术的理念,选择合适的人员、设备及工装,并专人专车专班的模式将其固化,专班人员随时待命,及时响应现场需求。并分析厂内的配送网络布局,根据厂内实际道路情况进行路径规划,实现 Turnkey 物资及船东供应品安全高效地抵达目的地,保障了大型邮轮整体建造进度。

图 11-28 船东供应品物流配送

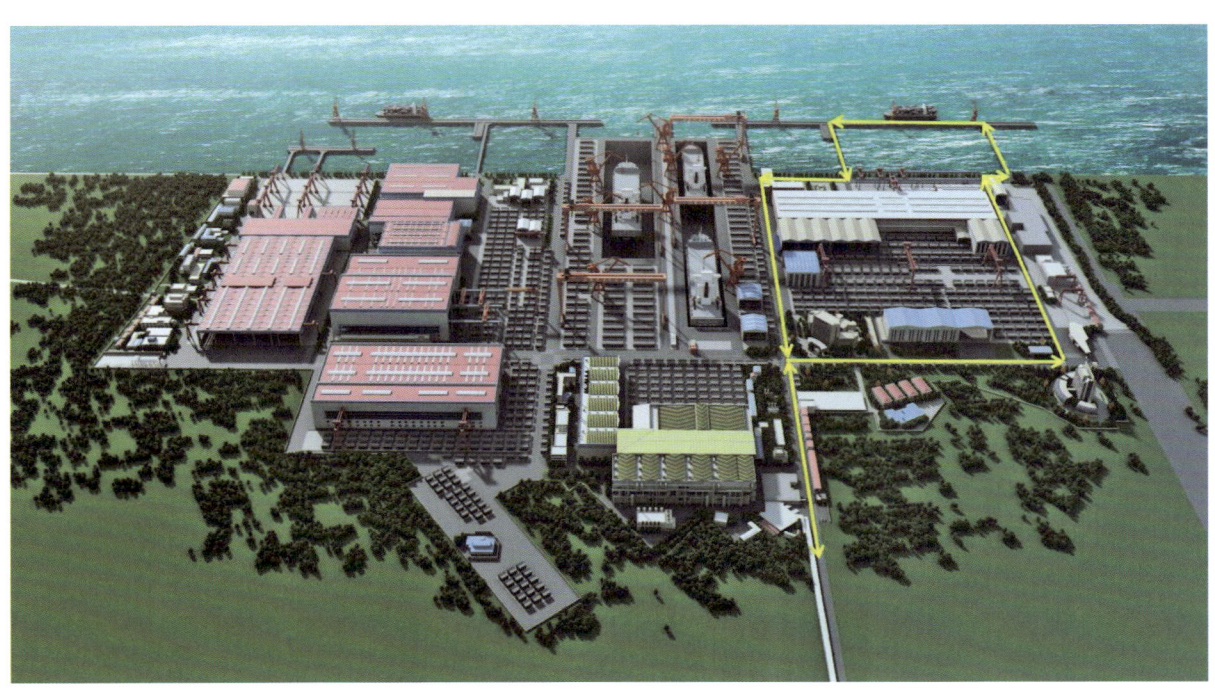

图 11-29 船东供应品送货路径规划

11.3 中间产品物流管理

大型邮轮中间产品物流包含了大量的薄板分段运输,为保障薄板分段驳运次数可控,防止薄板变形,在原传统分段驳运申请模式下,通过信息化手段逐渐从"对讲机"找分段时代转变为线上申请,且根据薄板的特性,定制专业的工装产品替代原传统的门架支撑分段。

1) 模式转变

大型邮轮分段厂内分布广,位置坐落错综复杂,且每日盘运分段次数多,对车辆作业运输数据、任务数据及其他数据准确的统计带来困难。通过 GNSS 和惯导的深度融合,实现车辆室内外高精度定位的无缝连接及分段的高精度定位[100],可随时随地可查询所需分段和车辆的定位及任务信息,为车辆就近派工提供数据依据,避免大车小用、车辆空转等现象。平板车定位如图 11-30 所示。

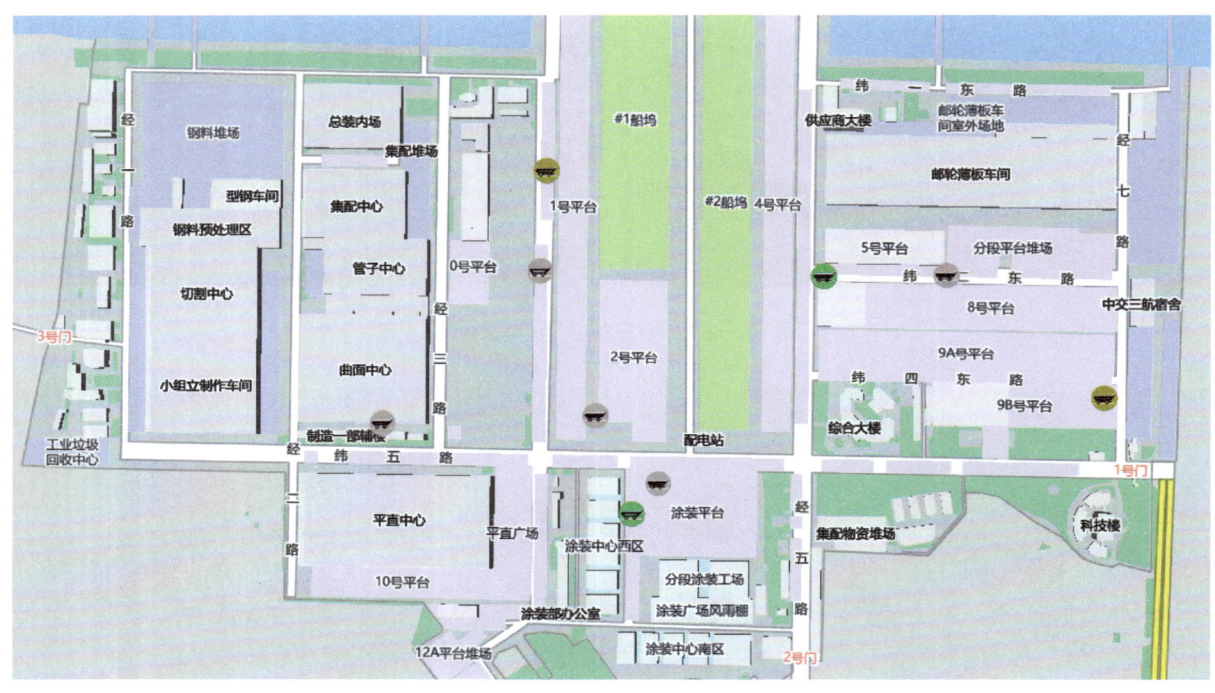

图 11-30 平板车定位

2) 资源分派

超大型邮轮总组分段大多在 450~550 t,且邮轮分段零部件形状特殊,需要特殊规格的平板车进行驳运,为更好地驳运邮轮分段作业区成立专业邮轮运输保障班,对现有平板车进行了梳理,并合理安排适合驳运邮轮分段的车辆,选择规格为 320、380 和 420 载重吨较大的平板车驳运邮轮分段,制定出邮轮分段驳运的固定线路,用于减少邮轮分段的驳运次数,后又新增两台 650 t 平板车用于 2 车联运可运输超大型邮轮总段,和一台 230 t 平板车并采用邮轮薄板专用工装辅助薄板分段驳运,防止分段变形。车辆配置及设备新增见表 11-1 和图 11-31。

表 11-1　原有设备配置情况

序号	规格/t	尺寸(长×宽)	数量/辆	备　注
1	90	12 m×4 m	2	运送材料或物资
2	150	16 m×4 m	1	运送材料或物资
3	250	16 m×6 m	2	运送民海分段
4	270	16 m×6 m	1	运送民海分段
5	320	18 m×7 m	1	运送民海邮分段
6	380	18 m×7 m	4	运送民海邮分段
7	420	21 m×7 m	1	运送民海邮分段
8	1 000	23.5 m×10 m	1	运送民海总段

图 11-31　新增设备及工装

薄板分段：薄板中心→制造平台→分段舾装→分段待运区域→搭载平台。

厚板分段：制造脱胎→制造平台→涂装冲砂→涂装油漆→涂装平台→涂装广场→搭载平台。

3）物流实践

原模式下生产部通过面对面或社交工具向生产管理部提出任务申请，生产管理部再通过生产物流会上进行物量平衡，再由集配部向平板车驾驶员发出调度指令，最终完成闭环；新模式下生产部门通过线上申请分段驳运，由生产管理部审核通过后，集配部向平板车驾驶员下发任务单，最终由平板车驾驶员完成从 A 地到 B 地的线上申请模式；新模式实现了每个分段位置在平台可查，每个分段全生命周期在平台实现可追溯，并通过分段建造状态共享，实现各生产部门间工作协同及分段全生命周期透明化。

如图 11-32 所示，通过分段物流管理平台实现了以分段为核心的中间产品全流程动态数字化协同，实时掌控场地、人员、车辆等资源信息，有效平衡各部门的生产需求，增强邮轮总装建造科学调度、精准决策的核心能力[101]，同时配合新设备和新工装的使用。

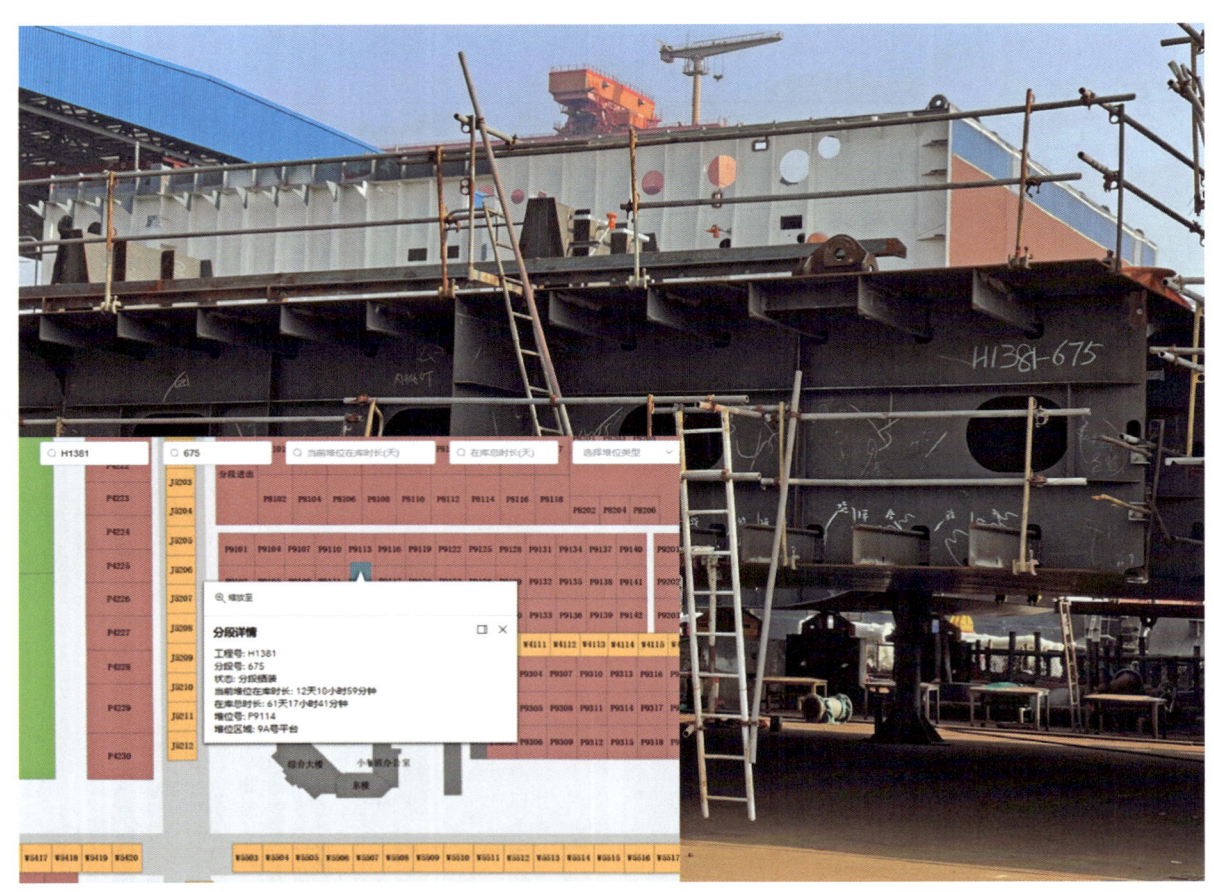

图 11-32 分段物流管理平台

管理平台还包含分段投影功能，实现分段及库位面积的真实还原，帮助管理人员更好地了解分段的分布情况，及厂内库位情况，进行最优分段位置规划，减少整体转运、挪位次数，减少分段变形风险；同时系统可对驳运数据及人员及车辆能效进行分析，帮助管理人员及时返现问题,解决问题,不断对中间产品的物流管理进行优化,提升物流质量,降低物流成本。

如图 11-33 所示,通过对管理平台记录的驳运数据分析发现,薄板分段和厚板分段驳运次数≥10 次的情况均控制在 5% 以下,薄板分段最高驳运次数控制在 10 次,厚板分段最高次数控制在 12 次,有效控制了大型邮轮分段变形风险,降低大型邮轮分段驳运次数,实现了邮轮分段全生命周期可视化。

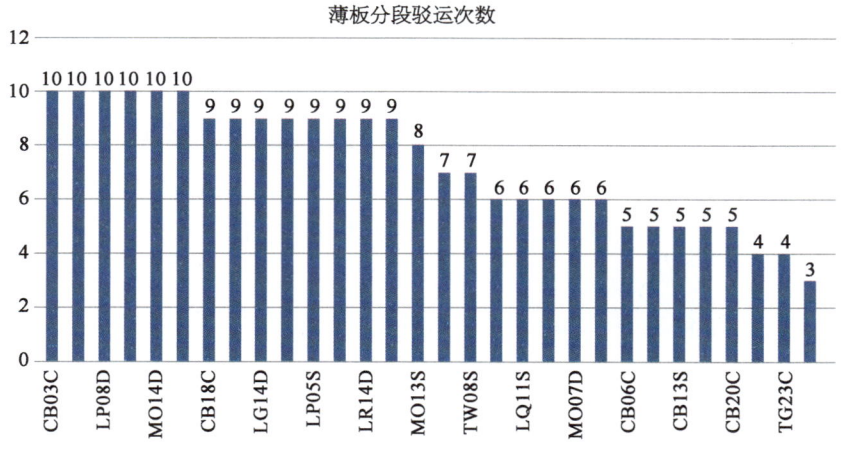

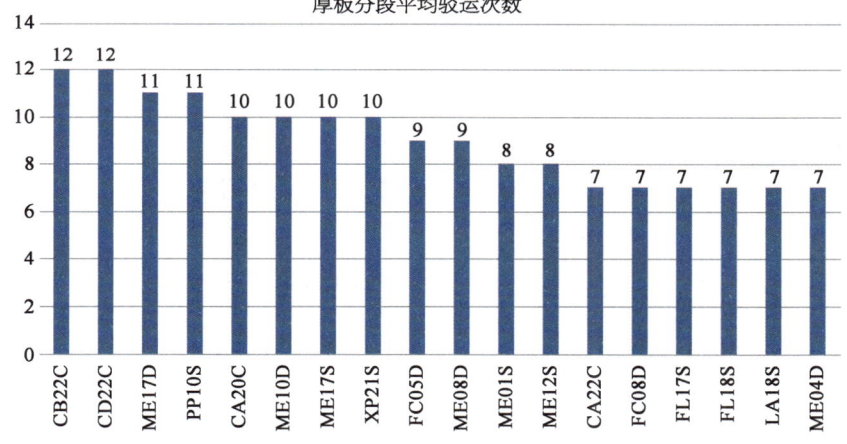

图 11-33　大型邮轮分段驳运次数统计

参 考 文 献

[1] 唐浩.铁路物流基地智能化运营管理体系设计[J].铁道运输与经济,2021,43(03):25-30.

[2] 冯华,何佳莉,刘洋.供应链物流能力绩效评价体系的调研分析[J].中南财经政法大学学报,2014(01):113-118.

[3] 孙佳峥,张虹.物流企业中管理现代化的作用与意义[J].物流科技,2023,46(08):39-41,49.

[4] 马士华,龚凤美,刘风华.基于集配中心的生产和配送协同决策研究[J].计算机集成制造系统,2008,14(12):2421-2430.

[5] 杨信廷,钱建平,范蓓蕾,等.农产品物流过程追溯中的智能配送系统[J].农业机械学报,2011,42(05):125-130.

[6] 康开洁.虚拟现实VR技术在现代物流管理教学中的应用[J].科技资讯,2023,21(08):187-191,204.

[7] 卢秉恒,邵新宇,张俊,等.离散型制造智能工厂发展战略[J].中国工程科学,2018,20(04):44-50.

[8] 蔡建湖,曹朕纲,周倩,等.供应商产出不确定环境下装配系统的VMI库存决策模型研究[J].中国管理科学,2023-08-28.

[9] 于辉,陈飞平.基于供应链协同的汽车制造企业入厂物流模式选择[J].系统工程理论与实践,2011,31(07):1230-1239.

[10] 杨安海,于津伟,朱若凡,等.豪华邮轮工程的"大邮轮"平台及效益风险分析[J].船舶工程,2021,43(01):22-27.

[11] 翁雨波.国外邮轮建造供应链管理启示[J].中国船检,2019(03):50-52.

[12] 韩端锋,周青骅,李敬花,等.船舶建造物资追溯实体单元信息模型及追溯管理系统[J].计算机集成制造系统,2017,23(09):1983-1991.

[13] 张晶靓.多智能体船舶建造物资追溯管理系统[J].舰船科学技术,2019,41(04):160-162.

[14] 郑凌垚,徐靖,王海燕.邮轮建造钢板物资物流集配风险评估[J].安全与环境工程,2022,29(03):37-46,54.

[15] 潘馨悦,杨家其,余欣怡,等.邮轮建造过程中内装物资需求量组合预测[J].武汉理工大学学报(信息与管理工程版),2023,45(02):241-245,257.

[16] 郑凌垚,王海燕,曹洁.邮轮建造物资仓储风险预警研究[J].中国航海,2023,46(02):74-81,89.

[17] 岳卫宏.现代造船模式下的造船企业生产物流管理研究[D].武汉:武汉理工大学,2011.

[18] 彭公武.造船设备的精益管理模式探讨[J].中国设备工程,2022(04):60-61.

[19] 薄桂华,黄敏,柳欣.考虑提前/拖期风险的第四方物流路径优化问题研究[J].南京信息工程大学学报(自然科学版),2021,13(05):589-595.

[20] 高祥.《国际贸易术语解释通则》的使用方式与适用范围[J].中国外汇,2023(22):42-45.

[21] 张道宏,王维莉,古华莹,等.考虑供应商风险偏好的供应链系统动力学分析[J].计算机工程与应用,2020,56(03):224-231.

[22] 张海峰,高亚琼.基于混合策略的船舶制造业供应链企业信息资源协同效益的博弈研究[J].中国管理科学,2015,23(S1):836-841.

[23] 沈立刚,刘新东.船舶舾装件自动化、智能化生产设计与制造研究[J].广东造船,2021,40(03):59-62.

[24] 郭彦君.造船生产设计计划管理的现状及改进模式[J].船舶物资与市场,2021,29(08):41-42.

[25] 吴拥军,储年生,李锟林.造船精益供应链管理体系的建立[J].船舶与海洋工程,2020,36(05):65-69.

[26] 陈观富,王峰,康志永,等.船舶制造业仓储智能化推进实施[J].中国水运(下半月),2018,18(05):35-37.

[27] 都锦健,初建宇,刘则成,等.基于改进区间TOPSIS-FMEA的全过程工程咨询联合体风险评估[J].华北理工大学学报(自然科学版),2023,45(04):105-113.

[28] 孙荣,邵健.基于WBS-RBS的政府购买公共服务风险识别与防范[J].福建行政学院学报,2016(04):1-8.

[29] 陈红军,刘波,任鑫.基于改进的WBS-RBS与FHAP方法的煤炭企业管理信息化项目建设关键风险识别[J].中国煤炭,2015,41(06):30-37.

[30] 贺政纲,郭静妮,徐君翔.基于WBS-RBS和PFWA算子的多式联运网络安全风险评估[J].安全与环境学报,2020,20(02):441-446.

[31] 马旭平,郝俊,孙晓蕾,等.基于工作分解结构-风险分解结构(WBS-RBS)耦合矩阵的海外电力工程投资风险识别与分析[J].科技促进发展,2019,15(03):225-233.

[32] 王海燕,王湾,侯华保,等.基于改进GA-BP的邮轮建造仓储物流风险预警研究[J].中国航海,2022,45(03):57-64.

[33] 法慧妍,帅斌,吕敏,等.基于WBS-RBS和IFWA算子的中欧班列多式联运安全风险评估[J].中国安全科学学报,2022,32(06):200-206.

[34] 杜小敏,胡远新,余咏平.基于改进K-means聚类模型的应急运输风险评估[J].公路,2021,66(06):222-226.

[35] 陈桂香,廉晓敏,刘庆,等.基于WBS-RBS的机场建设工程施工过程风险管理研究[J].

施工技术,2018,47(20):129-133.

[36] 赵杰.船舶物流风险综合评估算法研究[J].舰船科学技术,2016,38(22):169-171.

[37] 王立恩,刘虎沉.基于模糊集和COPRAS的改进FMEA方法[J].模糊系统与数学,2017,31(03):69-78.

[38] 王景春,林佳秀,靳俊中.基于改进K-Means聚类模型的公路隧道施工风险分析及其应用[J].公路交通科技,2019,36(06):58-64.

[39] 曹洁,王海燕,郑凌垚.基于改进TOPSIS-模糊贝叶斯网络的邮轮建造物资物流风险评估[J].上海海事大学学报,2022,43(04):91-98,104.

[40] 王海燕,万忠菊,赵宗可,等.基于粗糙三角模糊数的邮轮建造舾装物流集配流程风险评估[J].安全与环境工程,2019,26(02):117-123.

[41] 曹鹏,俞洪良,段军朝,等.基于AHP-模糊综合评价法的特殊地层盾构始发安全风险评估[J].施工技术(中英文),2021,50(17):80-86.

[42] 许洁,李正瑶.基于模糊贴近度的仓储式超市火灾风险评估[J].今日消防,2021,6(02):30-32.

[43] 常兴月,陈立杰.基于AHP-FCE模型的危险品仓储企业风险评价[J].保险职业学院学报,2018,32(05):17-21.

[44] 刘佳琦,徐靖,杨家其,等.基于物流关系和非物流关系的邮轮分段车间布局优化[J].武汉理工大学学报(交通科学与工程版),2022,46(05):806-811.

[45] 周旻,郑和辉,欧书博,等.船舶建造企业物流执行系统的应用[J].船海工程,2023,52(04):6-9,13.

[46] 谢露强,徐靖,王海燕.基于RS-RBFNN的邮轮建造物资物流集配风险预警[J].中国安全科学学报,2023,33(06):114-121.

[47] 张杨,李贞,卞川明.需求波动的供应链仓储协作策略[J].交通运输工程与信息学报,2015,13(04):9-17,22.

[48] 邓俊.物流管理发展对牛鞭效应的影响分析[J].中国市场,2007(23):64-65.

[49] 王蓓琪.浅析物流效益的相互作用关系[J].中国市场,2013(22):13-14.

[50] 王艳超.制造企业库存管理问题和对策研究[J].中国集体经济,2021(06):41-43.

[51] 严健翔,王宇,王靖.基于精益物流的工位制仓储配送仿真研究[J].科技与创新,2023(05):56-58.

[52] 徐志涛,胡玉玲,刘慧,等.基于Anylogic的智能工厂立体物流系统仿真与优化研究[J].制造业自动化,2023,45(05):129-134.

[53] 李海芬,周丽.AutoStore仓储系统的运作与效率优化研究[J].包装工程,2022,43(19):216-225.

[54] 尚鹏程,陈一村,罗光亮,等.基于Anylogic的地下物流系统终端货运仿真分析[J].信息技术与网络安全,2019,38(08):78-84.

[55] 冯思齐.供应链管理视角下的造船成本控制与优化[J].应用科技,2018,45(01):47-50.

[56] 王小惠.面向船舶智能制造的舾装件标识与采集技术应用研究[D].钦州：北部湾大学,2021.

[57] 沈臻,韩震宇.基于机器视觉的OCR自动识别系统的研发[J].科技与创新,2019(08)：144-145,147.

[58] 朱炳旭.基于需求量预测与服务满意度的船用钢材加工配送中心选址研究[D].镇江：江苏科技大学,2018.

[59] 杨博文.浅析物资编码在物资管理中的利与弊[J].中国石油和化工,2016(S1)：145.

[60] 王昌辉,王贺,田堂振,等.物资编码研究与实现[J].中国标准化,2015(08)：83-88.

[61] 李鑫生,郑七振,袁云刚,等.基于物资编码体系的BIM构件库管理方法研究[J].建设科技,2020(01)：22-25.

[62] 王文娟.基于无线射频识别技术的数字化物流仓储管理系统[J].科学技术与工程,2019,19(02)：170-174.

[63] 高宁,杨永锋,顾亮,等.基于条码识别及物联网的移动智慧仓储系统的构建[J].计算机应用,2019,39(S1)：228-234.

[64] 张泽建,王晓东,晏芳.基于物联网技术的仓储环境感知系统设计[J].物流技术,2016,35(08)：119-121,125.

[65] 汪苑,林锦国.几种常用室内定位技术的探讨[J].中国仪器仪表,2011(02)：54-57.

[66] 陶飞,刘蔚然,刘检华,等.数字孪生及其应用探索[J].计算机集成制造系统,2018,24(01)：1-18.

[67] 杨浩雄,王雯.第三方物流企业顾客满意度测评体系研究[J].管理评论,2015,27(01)：181-193.

[68] 赵广华.基于共享物流的农村电子商务共同配送运作模式[J].中国流通经济,2018,32(07)：36-44.

[69] 郭秀萍,胡运霞.卡车与无人机联合配送模式下物流调度的优化研究[J].工业工程与管理,2021,26(01)：1-8.

[70] 霍凤财,迟金,黄梓健,等.移动机器人路径规划算法综述[J].吉林大学学报(信息科学版),2018,36(06)：639-647.

[71] 戴君,谢玾,王强.第三方物流整合对物流服务质量、伙伴关系及企业运营绩效的影响研究[J].管理评论,2015,27(05)：188-197.

[72] 王道勇.4PL物流服务供应商关系管理研究[J].中国储运,2022(10)：66.

[73] 王晶,曲冲冲,易显强.道路修复条件下灾后应急资源配送LRP研究[J].运筹与管理,2017,26(12)：77-82.

[74] 徐琪.物流仓储配送优化及其基于射频识别的可视化运作管理[J].中国流通经济,2011,25(01)：26-30.

[75] 徐子豪,黄伟泉,王胤.基于深度学习的监控视频中多类别车辆检测[J].计算机应用,2019,39(03)：700-705.

[76] 冯亮,梁工谦.基于GPS/GIS协同的动态车辆调度和路径规划问题研究[J].计算机科学,2017,44(09):272-276,285.

[77] 吴倩云,谢乃明,邵雨婷.考虑时间窗和装载约束的装配线集成物流调度[J].计算机集成制造系统,2020,26(03):806-814.

[78] 王雷,王欣,赵秋红,等.多地点协同恐怖袭击下的多目标警务应急物流调度[J].系统工程理论与实践,2017,37(10):2680-2689.

[79] 张文峰,梁凯豪.生鲜农产品冷链物流网络节点和配送的优化[J].系统工程,2017,35(01):119-123.

[80] 张晓楠,范厚明,李剑锋.B2C物流配送网络双目标模糊选址模型与算法[J].系统工程理论与实践,2015,35(05):1202-1213.

[81] 侯玉梅,贾震环,田歆,等.带软时间窗整车物流配送路径优化研究[J].系统工程学报,2015,30(02):240-250.

[82] 刘奕,贾元华,税常峰.基于引力模型的城际交通网络布局规划方法研究[J].人文地理,2011,26(06):127-132.

[83] 彭翀,林樱子,顾朝林.长江中游城市网络结构韧性评估及其优化策略[J].地理研究,2018,37(06):1193-1207.

[84] 黄戈文,蔡延光,戚远航,等.自适应遗传灰狼优化算法求解带容量约束的车辆路径问题[J].电子学报,2019,47(12):2602-2610.

[85] 张文博,苏秦,程光路.基于动态需求的带时间窗的车辆路径问题[J].工业工程与管理,2016,21(06):68-74.

[86] 庞燕,罗华丽,邢立宁,等.车辆路径优化问题及求解方法研究综述[J].控制理论与应用,2019,36(10):1573-1584.

[87] 王道平,徐展,杨岑.基于两阶段启发式算法的物流配送选址-路径问题研究[J].运筹与管理,2017,26(04):70-75,83.

[88] 李晨,蒋永旭.关于船舶制造数字化和信息化的思考[J].船舶物资与市场,2022,30(11):44-46.

[89] 廖岚岚,陈广仁.基于RFID和GPS技术的冷库储存配送管理系统的实现[J].淮海工学院学报(自然科学版),2014,23(03):72-76.

[90] 钟晓英.基于物联网的智能仓储管理系统设计[J].信息记录材料,2023,24(08):86-88.

[91] 刘鲤君,丁红,祁鸿燕,等.PaaS架构后端管理平台的云边协同调度算法设计[J].现代电子技术,2023,46(16):91-96.

[92] 李蜀湘,张拥华.SaaS模式下物流园区公共信息平台的构建[J].商业时代,2010(24):29-30.

[93] 储泽楠,王伟.基于轻量级J2EE架构的ERP物流管理系统的设计与实现[J].计算机时代,2019(03):36-38.

[94] 唐文哲,雷振,王姝力,等.国际工程EPC项目采购集成管理[J].清华大学学报(自然科学

版),2017,57(08):838-844.

[95] 邹星琪.基于复杂网络的研发项目组合管理研究[D].北京:北京科技大学,2021.

[96] 翟艳彬,刘子兵,赵如春,等.中国工艺美术馆中国非物质文化遗产馆项目管理探讨[J].建筑科学,2022,38(05):100-107.

[97] 盛强,张佳,孙军艳.制造企业物料库存控制策略研究[J].机械设计与制造,2020(11):301-304.

[98] 要凯青.S医药公司物流中心药品1号库仓储管理优化研究[D].石家庄:河北科技大学,2023.

[99] 叶笛.大型邮轮居住类舱室配置设计[J].船舶工程,2019,41(S2):152-155.

[100] 毛清华,周庆,安炎基,等.惯导与视觉信息融合的掘进机精确定位方法[J].煤炭科学技术,2024(05):236-248.

[101] 聂兰顺,靳金涛,战德臣,等.基于配置空间理论的启发式空间调度算法[J].计算机集成制造系统,2013,19(10):2590-2598.

中英文名称及简称对照

ABS	Acrylonitrile Butadiene Styrene	丙烯腈-苯乙烯-丁二烯共聚物
ACO	Ant Colony Optimization	蚁群算法
AGV	Automated Guided Vehicle	自动导引车
AHP	Analytic Hierarchy Process	层次分析法
AHU	Air Handling Unit	空调机组
AI	Artificial Intelligence	人工智能
ALARP	As Low As Reasonably Practicable	最低合理可行原则
AOA	Angle of Arrival	基于信号角度
AOD	Angle of Departure	与 AOA 相反的基于信号角度
API	Application Programming Interface	应用程序编程接口
AR	Augmented Reality	增强现实
ATO	Assemble to Order	按订单装配
BLO	Business Logic Object	业务逻辑对象
CDSP	Certified Data Security Professional	数据安全认证
CIF	Cost Insurance and Freight	成本加保险费加运费
CNN	Convolutional Neural Networks	深度卷积神经网络
CPU	Central Processing Unit	中央处理器
CVRP	Capacitated Vehicle Routing Problem	带装载能力约束的车辆路径问题
C-W	Curtiss-Wright	节约算法
DAO	Data Access Object	数据访问对象
DAP	Delivered at Place	所在地交货
DT	Decision Trees	决策树
DTO	Data Transfer Object	数据传输对象
DWS	Diffusing Wave Spectroscopy	信息采集模块展示
EJB	Enterprise Java Beans	Java 技术重要组成部分
EP	Evolution Programming	进化规划
ERP	Enterprise Resource Planning	企业资源计划
ES	Evolution Strategies	进化策略

ETC	Electronic Toll Collection	电子不停车收费
ETV	Elevating Transfer Vehicles	双立柱单轨
EXT	Extended File System	延伸文件系统
EXW	EX Works	工厂交货
FAT	Factory Acceptance Test	FAT 工厂验收试验
FCA	Free Carrier	指定地点"货交承运人"
FCFS	First Come First Served	先来先服务
FDOA	Frequency Difference of Arrival	定位算法
GA	Genetic Algorithm	遗传算法
GIS	Geographic Information System	地理信息系统
GNSS	Global Navigation Satellite System	全球导航卫星系统
GP	Genetic Programming	遗传规划
GPS	Global Positioning System	全球定位系统
GVA	Grid Variant Algorithm	网格变体算法
HVAC	Heating Ventilation and Air Conditioning	供暖通风与空气调节
HRRN	Highest Response Ratio Next	最高响应比优先调度算法
HTTP	Hypertext Transfer Protocol	超文本传输协议
IaaS	Infrastructure-as-a-Service	基础设施服务层
IMMP	Intelligent Material Management Platform	智能物料管理平台
ISO/TC	International Organization for Standardization/Technical Committee	国际标准化组织/技术委员会
JIT	Just in SWS TIME	准时制生产方式
JSA	Job Safety Analysis	工作安全分析
JSP	Java Server Pages	动态网页技术标准
J2EE	Java 2 Platform Enterprise Edition	开发应用程序标准平台
LS	Local Search	局部搜索
Max C/I	Maximum Carrier to Interference	最大载干比算法
MLFQ	Multi-level Feedback Queue	多级反馈队列调度算法
MQTT	Message Queuing Telemetry Transport	消息队列遥测传输
MVC	Model View Controller	模型视图控制器
NBC	Naive Bayesian Classification	朴素贝叶斯分类
NFC	Near Field Communication	近距离无线通信
OCR	Optical Character Recognition	光学字符识别
PaaS	Platform-as-a-Service	平台服务层
PC	Polycarbonate	聚碳酸酯
PDA	Personal Digital Assistant	手持终端

PDF	Portable Document Format	可携带文件格式
PLC	Programmable Logic Controller	可编程逻辑控制器
PML	Pallet Material List	托盘物资清单
PO	Purchase Order	采购指令
POR	Purchase Order Requisition	采购需求
PSO	Particle Swarm Optimization	粒子群算法
PVC	Polyvinyl Chloride	聚氯乙烯
QC	Quality Control	品质控制
RBS	Resource Breakdown Structure	资源分解结构
SaaS	Software as a Service	应用软件服务层
SED	Squared Euclidean Distance	欧式距离平方法
SJF	Shortest Job First	最短作业优先
SLAM	Simultaneous Localization and Mapping	同时定位与地图创建
SPSS	Statistical Package for the Social Sciences	社会科学统计软件包
SVM	Support Vector Machine	支持向量机
SWS	Shanghai Waigaoqiao Shipbuilding	外高桥造船有限公司
TCP/IP	Transmission Control Protocol/Internet Protocol	传输控制协议/因特网互联协议
TDOA	SWS TIME Difference of Arrival	时间差
TK	TurnKey	交钥匙工程
TOA	SWS TIME of Arrival	基于信号到达时间
ToF SDK	SWS TIME of Flight Software Development Kit	飞行时间软件开发工具包
TOPSIS	Technique for Order Preference by Similarity to Ideal Solution	优劣解距离法
TR	Turnover Rate	周转率
TSP	Traveling Salesman Problem	旅行商问题
U3D	Universal 3D	通用3D看板
UDP	User Datagram Protocol	用户数据报协议
UWB	Ultra-Wideband	定位超宽带
VMI	Vendor Managed Inventory	供应商管理库存模式
VR	Virtual Reality	虚拟现实
WBS	Work Breakdown Structure	工作分解结构
WCS	Warehouse Control System	仓库控制系统
WM	Warehouse Management	仓库管理模块
WMS	Warehouse Management System	仓库管理系统

全文示意图一览

图 1-1	物流分类	4
图 1-2	集配中心的运营模式	5
图 1-3	物流自动化系统	7
图 1-4	仿真流程	8
图 1-5	物流物联网系统	9
图 2-1	建造物资管理综合评价体系示意图	20
图 2-2	聚类分析树形图	21
图 2-3	面向大型邮轮的主要物资分类	22
图 3-1	欧洲大型邮轮物流集配模式的发展历程	26
图 3-2	日本大型邮轮物流集配模式的发展历程	27
图 3-3	常规类物资物流集配管理流程	32
图 3-4	非常规物资物流集配管理流程	34
图 3-5	大型邮轮物流多层级配送流程图	36
图 3-6	国产物资厂前配送流程	37
图 3-7	常规进口物资厂前配送流程	37
图 3-8	非常规进口物资厂前配送流程	38
图 3-9	大型邮轮常规物资厂内配送流程	39
图 3-10	大型邮轮舱室物流流程	41
图 4-1	大型邮轮建造 HVAC 物资物流集配工作分解结构图	52
图 4-2	大型邮轮建造 HVAC 物资物流集配风险分解结构	52
图 4-3	大型邮轮 HVAC 物资配送延迟事故树	60
图 4-4	大型邮轮 HVAC 物资质量损失事故树	61
图 4-5	大型邮轮 HVAC 物资物流成本超支事故树	61
图 4-6	大型邮轮 HVAC 物流集配人员伤亡事故树	61
图 4-7	大型邮轮 HVAC 物资配送延迟贝叶斯网络	62
图 4-8	大型邮轮 HVAC 物资质量损失贝叶斯网络	63
图 4-9	大型邮轮 HVAC 物资物流成本超支贝叶斯网络	64
图 4-10	大型邮轮 HVAC 物流集配人员伤亡贝叶斯网络	65

图 4-11	梯形模糊数示意图	66
图 4-12	物资配送延迟贝叶斯网络的预测推理结果	69
图 4-13	物资质量损失贝叶斯网络的预测推理结果	69
图 4-14	成本超支贝叶斯网络的预测推理结果	70
图 4-15	人员伤亡贝叶斯网络的预测推理结果	70
图 4-16	物资配送延迟贝叶斯网络逆向推理结果	71
图 4-17	物资质量损失贝叶斯网络逆向推理结果	72
图 4-18	成本超支贝叶斯网络逆向推理结果	72
图 4-19	人员伤亡贝叶斯网络逆向推理结果	73
图 4-20	大型邮轮物流集配风险预警工作机制	94
图 5-1	波动性指标体系	102
图 5-2	各层级间运输时间波动性	104
图 5-3	管理量化指标体系	105
图 5-4	库存管理指标体系	107
图 5-5	舱室物流流程示意图	109
图 5-6	舱室仿真的位置标记	113
图 5-7	预制车间仿真逻辑	113
图 5-8	散装车间仿真逻辑	113
图 5-9	预制车间仓库的建立	114
图 5-10	散装车间仓库的建立	114
图 5-11	散装车间仓库的建立	114
图 5-12	两个仓库的位置	114
图 5-13	运输车辆的逻辑构建	115
图 5-14	舱室物流场地利用率的变化情况(预制舱室配置1辆车)	115
图 5-15	舱室物流场地周转率的变化情况(预制舱室配置1辆车)	116
图 5-16	车辆工作时间的变化情况(预制舱室配置1辆车)	116
图 5-17	舱室物流场地利用率的变化情况(预制舱室配置2辆车)	116
图 5-18	舱室物流场地周转率的变化情况(预制舱室配置2辆车)	117
图 5-19	车辆工作时间的变化情况(预制舱室配置2辆车)	117
图 5-20	邮轮钢板业务流程	118
图 5-21	薄板堆场及钢料堆场仿真逻辑(部分)	120
图 5-22	钢料堆场模型细节	121
图 5-23	参数的设计和导入(部分)	121
图 5-24	钢料堆场和薄板堆场的库存周转率(月度)	121
图 5-25	钢料堆场和薄板堆场的场地储存密度(月度)	122
图 5-26	钢料堆场的实际入库与计划入库的对比(月度)	122

图 5-27	薄板堆场的实际入库与计划入库的对比(月度)	122
图 5-28	两类钢板堆场的平均库存	123
图 5-29	钢料堆场和薄板堆场的月库存需求面积(月度)	123
图 5-30	邮轮中间产品物流流程	124
图 5-31	邮轮中间产品仿真流程	125
图 5-32	中间产品仿真的位置标记	126
图 5-33	预制车间仿真逻辑	127
图 5-34	运输车辆的信息	127
图 5-35	预制车间仓库的建立	127
图 5-36	配置2辆平板车的使用率因子	128
图 5-37	配置2辆平板车的库存周转率	128
图 5-38	配置3辆平板车的使用率因子	128
图 5-39	配置3辆平板车的库存周转率	129
图 5-40	配置4辆平板车的使用率因子	129
图 5-41	配置4辆平板车的库存周转率	129
图 5-42	配置5辆平板车的库存波动率	130
图 5-43	配置5辆平板车的库存周转率	130
图 5-44	配置6辆平板车的使用率因子	130
图 5-45	配置6辆平板车的库存周转率	131
图 5-46	配置7辆平板车的使用率因子	131
图 5-47	配置7辆平板车的库存周转率	131
图 5-48	配置8辆平板车的使用率因子	132
图 5-49	配置8辆平板车的库存周转率	132
图 6-1	货架示意图	138
图 6-2	钢平台示意图	138
图 6-3	自动提升货柜结构示意图	139
图 6-4	重型堆垛机示意图	140
图 6-5	货架系统示意图	140
图 6-6	可升降AGV示意图	140
图 6-7	物流集配信息编码体系结构图	142
图 6-8	对象编码体系结构示意图	143
图 6-9	物流集配信息自动编码过程示意图	143
图 6-10	一维条码与二维条码	144
图 6-11	RFID电子标签分类	145
图 6-12	贴纸式与塑料式RFID标签	147
图 6-13	玻璃与抗金属RFID标签	147

图 6-14	条码识别技术工作原理	148
图 6-15	RFID 系统工作原理图	150
图 6-16	云开箱头盔	153
图 6-17	云开箱视频直播平台	153
图 6-18	智能 OCR 识别系统	155
图 6-19	利用 3D 轮廓扫描仪采集来货物资尺寸信息	156
图 6-20	WM 模块展示	157
图 6-21	DWS 信息采集模块展示	158
图 6-22	环境监测总体架构	160
图 6-23	看板系统展示	162
图 6-24	超宽带 UWB 定位系统接收器	163
图 6-25	人员、物资、设备行运轨迹	164
图 6-26	定位技术示意图	165
图 6-27	定位轨迹图	165
图 7-1	常规拖斗与加宽拖斗	173
图 7-2	常规叉齿	174
图 7-3	加长叉齿	174
图 7-4	门架	175
图 7-5	托架	175
图 7-6	加宽托架	175
图 7-7	伸缩臂式叉车	176
图 7-8	正面吊	176
图 7-9	汽车吊	176
图 7-10	蜘蛛吊	177
图 7-11	叉车	177
图 7-12	卡车	178
图 7-13	打包机	178
图 7-14	舱室手推车	178
图 7-15	推舱辅助轮架	178
图 7-16	多场景应用的 AGV	179
图 7-17	牵引车	179
图 7-18	无人牵引车	179
图 7-19	激光雷达的"点云"视图	180
图 7-20	GNSS 系统结构图	182
图 7-21	单队列—单阶段—多服务台并联模型	185
图 7-22	单队列—多阶段—多服务台串联模型	186

图 7 - 23	单队列—多阶段—多服务台混联模型	186
图 7 - 24	配货作业优化流程	187
图 7 - 25	配送网络层级图	191
图 7 - 26	船厂物流配送网络图	191
图 8 - 1	仓储配送管理系统架构	198
图 8 - 2	仓储配送系统主要功能	199
图 8 - 3	机电设备仓储管理模块概况	200
图 8 - 4	机电设备仓储管理业务流程图	201
图 8 - 5	机电设备仓储管理模块架构图	202
图 8 - 6	机电设备仓储管理模块功能图	203
图 8 - 7	云开箱管理功能示意图	203
图 8 - 8	多维信息录入与采集功能示意图	203
图 8 - 9	OCR 视觉识别功能示意图	204
图 8 - 10	数字物理系统功能示意图	204
图 8 - 11	库位管理功能示意图	205
图 8 - 12	库位推荐与物资调度功能示意图	205
图 8 - 13	实时定位功能示意图	206
图 8 - 14	计划管理功能示意图	206
图 8 - 15	舾装件物资管理业务流程图	208
图 8 - 16	舾装件物资管理模块架构图	209
图 8 - 17	舾装件物资管理模块功能图	210
图 8 - 18	舾装件物资仓储全流程扫码	210
图 8 - 19	舾装件物资流转进度表	211
图 8 - 20	托盘预约界面	211
图 8 - 21	阀件物资管理业务流程	213
图 8 - 22	阀件物资管理模块架构图	214
图 8 - 23	阀件物资管理模块功能图	215
图 8 - 24	Turnkey 类物资管理业务流程图	216
图 8 - 25	Turnkey 类物资管理架构图	217
图 8 - 26	Turnkey 类物资管理模块功能图	218
图 8 - 27	Turnkey 计划管理	219
图 8 - 28	Turnkey 看板管理	219
图 8 - 29	易耗品类物资管理业务流程图	221
图 8 - 30	易耗品类物资管理模块架构图	222
图 8 - 31	易耗品类物资管理功能图	222
图 8 - 32	易耗品定额设置	223

图 8-33	易耗品报表展示示意图	224
图 8-34	机电设备配送管理业务流程图	225
图 8-35	舾装件配送模块架构图	227
图 8-36	机电设备配送模块功能图	228
图 8-37	车辆调度示意图	228
图 8-38	舾装件配送业务流程	229
图 8-39	舾装件配送模块架构图	230
图 8-40	舾装件配送模块功能图	231
图 8-41	供应商协同管理功能示意图	231
图 8-42	计划管理功能示意图	231
图 8-43	托盘申请功能示意图	232
图 8-44	任务分派功能示意图	232
图 8-45	物资交接功能示意图	232
图 8-46	服务评价功能示意图	233
图 8-47	数据分析功能示意图	233
图 8-48	中间产品配送模块概况	233
图 8-49	中间产品配送模块业务流程图	234
图 8-50	中间产品配送模块架构图	235
图 8-51	中间产品配送模块功能图	236
图 8-52	车辆定位设备图	237
图 8-53	分段投影图	238
图 8-54	数据分析图	238
图 8-55	邮轮专班配送模块概况	239
图 8-56	专班车辆配送管理业务流程图	240
图 8-57	邮轮专班配送模块架构图	241
图 8-58	邮轮专班配送模块功能图	242
图 8-59	厂区电子地图	243
图 8-60	统计看板图	243
图 8-61	工单数据统计图	244
图 9-1	三大管理系统关系图	248
图 9-2	SWS TIME 系统框架	248
图 9-3	SMART-POR 整体数据流程	250
图 9-4	CDSP 全船模型	251
图 9-5	SWS TIME 系统 SMART-POR 各类物资到货需求	251
图 9-6	P6 系统托盘包	252
图 9-7	P6 系统 Turnkey 包	253

图9-8	各建造项目的整体进度曲线	254
图9-9	物料控制目标	255
图9-10	物料控制工作小组	255
图9-11	物料控制方案流程图	257
图9-12	物流集配计划体系	257
图9-13	物流集配计划流程图	258
图9-14	常规船舶托盘计划流程图	260
图9-15	先行中日程计划	262
图9-16	后行中日程计划	263
图9-17	托盘计划编制策略	263
图9-18	托盘计划的生成	264
图9-19	SMART-POR物资需求展示图	265
图9-20	托盘缺件清单	265
图9-21	SMART-POR物资间隔需求展示图	266
图9-22	托盘配齐率改善情况	267
图9-23	托盘配送全流程跟踪	267
图9-24	采购标准周期流程	268
图9-25	钢材订货统计表	269
图9-26	钢材到货统计表	269
图9-27	SWS TIME系统钢板预处理申请界面	269
图9-28	预处理冲板	270
图9-29	设备纳期制定表	270
图9-30	SWS TIME系统设备到货看板	271
图9-31	设备订货/到货流程图	272
图9-32	Turnkey物资管理看板	273
图9-33	Turnkey计划管理模块	273
图9-34	出入库管理模块	274
图9-35	Turnkey物资场地使用看板	274
图10-1	机电设备管理流程	277
图10-2	救生艇存放	279
图10-3	灯具物资存放	279
图10-4	重型堆垛机立库布局	280
图10-5	OCR识别	280
图10-6	二维码打印和张贴	281
图10-7	三维尺寸采集	282
图10-8	重量信息采集	282

图 10-9	开箱过程记录	282
图 10-10	物资入库操扫码上架	283
图 10-11	地台物资摆放监测	283
图 10-12	物资摆放合格界面	284
图 10-13	物资摆放不合格界面	284
图 10-14	AGV 和输送线复核	284
图 10-15	领料预约申请	285
图 10-16	数据看板	285
图 10-17	驾驶舱数据栏	286
图 10-18	库内定位设备	286
图 10-19	库内巡检模式	287
图 10-20	库位面积使用情况查看	287
图 10-21	舾装件物资管理流程	289
图 10-22	舾装件 POR 清单	290
图 10-23	SMART-POR	291
图 10-24	物资二维码	292
图 10-25	舾装件发货扫码	292
图 10-26	扫码入库	292
图 10-27	集配计划	293
图 10-28	设计 PML 托盘清单	293
图 10-29	Turnkey 类物资出入库管理流程	295
图 10-30	Turnkey 物流经理分包管理	296
图 10-31	库存天数监控	297
图 10-32	分包商周转仓库	298
图 10-33	分包商半露天仓库	298
图 10-34	分包商室内仓库	298
图 10-35	场地安全监控	299
图 10-36	Turnkey 类物资管理模块总看板	299
图 10-37	到货计划明细	300
图 10-38	物资贴码及扫码追踪	300
图 10-39	出入库明细	301
图 10-40	物资抽检	301
图 11-1	送货车辆路径导航	304
图 11-2	点位布置图	305
图 11-3	配送申请界面	306
图 11-4	派工界面	306

图 11-5	调度室	307
图 11-6	配送确认界面(PC端)	307
图 11-7	配送确认界面(手机端)	308
图 11-8	数据可视化看板	308
图 11-9	配送记录界面	309
图 11-10	焊材分库	309
图 11-11	焊丝盘分库领用	310
图 11-12	焊丝发料车	310
图 11-13	焊丝流动发放	310
图 11-14	焊丝流动发放路径	311
图 11-15	焊丝发料机现场发放	311
图 11-16	焊丝发料机库存及发放数据	312
图 11-17	现场空焊丝盘存放点	313
图 11-18	叉齿改造前后对比	315
图 11-19	拖斗加宽前后对比	315
图 11-20	舱室材料装车	316
图 11-21	舱室物流配送网络的 Fruchterman Reingold 布局	316
图 11-22	舱室运输路线	317
图 11-23	散装舱室材料掏箱	317
图 11-24	散装舱室材料厂内运输	318
图 11-25	预制舱室运输	318
图 11-26	舱室运输折线图	319
图 11-27	物资直送码头卸货	320
图 11-28	船东供应品物流配送	321
图 11-29	船东供应品送货路径规划	321
图 11-30	平板车定位	322
图 11-31	新增设备及工装	323
图 11-32	分段物流管理平台	324
图 11-33	大型邮轮分段驳运次数统计	325

全文表格一览

表1-1	大型邮轮与常规船舶物流集配管理比较	11
表2-1	大型邮轮与常规船舶物资数量对比表	15
表2-2	常规船舶建造物资分类情况	18
表2-3	大型邮轮主要物资影响因素综合评价表	20
表2-4	物资分类方法对比表	23
表3-1	设计变更带来物流集配问题	43
表3-2	分包商发货延迟带来的问题	43
表3-3	生产需求变化带来的问题	44
表3-4	物流信息丢失带来的问题	44
表3-5	质量异常问题	45
表3-6	环境因素产生的问题	46
表4-1	大型邮轮建造HVAC物资物流集配工作-风险分解结构	53
表4-2	大型邮轮建造HVAC物流集配风险因素清单	53
表4-3	风险等级评定及评分标准	55
表4-4	改进TOPSIS和熵值法筛选后的风险因素	57
表4-5	事故树的符号名称及意义	59
表4-6	大型邮轮HVAC物资配送延迟贝叶斯网络结构节点名称及编号	62
表4-7	大型邮轮HVAC物资质量损失贝叶斯网络结构节点名称及编号	63
表4-8	大型邮轮HVAC物资物流成本超支贝叶斯网络结构节点名称及编号	64
表4-9	大型邮轮HVAC物流集配人员伤亡贝叶斯网络结构节点名称及编号	65
表4-10	大型邮轮建造HVAC物资物流集配贝叶斯网络根节点先验概率	67
表4-11	大型邮轮HVAC配送延迟事故风险敏感性分析	73
表4-12	大型邮轮HVAC质量损失事故风险敏感性分析	74
表4-13	大型邮轮HVAC物流成本超支事故风险敏感性分析	75
表4-14	大型邮轮HVAC物流集配人员伤亡风险敏感性分析	76
表4-15	配送延迟事故风险重要度分析结果	78
表4-16	质量损失事故风险重要度分析结果	79
表4-17	成本超支事故风险重要度分析结果	80

表 4-18	人员伤亡事故风险重要度分析结果	81
表 4-19	大型邮轮建造 HVAC 物流集配关键风险	82
表 4-20	HVAC 物流集配风险预警指标体系	86
表 4-21	HVAC 物流集配风险预警指标警兆测算	86
表 4-22	各级指标权重计算	89
表 4-23	RI 取值	90
表 4-24	AHP 模型一致性检验结果	90
表 4-25	预警指标的均值、标准差、变异系数	92
表 4-26	预警指标的修正系数	93
表 4-27	风险接受接收准则描述表	94
表 5-1	物流集配效益评价体系	101
表 5-2	各项指标评估统计	117
表 6-1	物资按重量存储规则	140
表 6-2	物资按类型存储规则	141
表 6-3	两种条码对比	144
表 6-4	有源与无源 RFID 标签对比	145
表 6-5	低频/中高频/超高频 RFID 标签对比	146
表 7-1	常规门架与托架	175
表 7-2	邮轮专用加宽托架	176
表 7-3	网络韧性指标体系	194
表 9-1	子模块 SWS TIME 系统仓储管理模块信息统计	249
表 9-2	SWS TIME 系统 Turnkey 物流模块信息统计	249
表 9-3	物料控制小组职能职责	255
表 9-4	邮轮阶段定义	261
表 11-1	原有设备配置情况	323